普通高等教育经济管理类专业精品教材

PPT
（详见前言）

管理信息系统

管理视角

MIS
MANAGERIAL APPROACH

郭捷◎编著

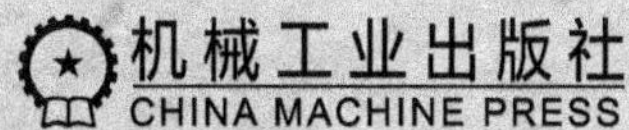

本书立足管理视角，紧跟信息系统网络化、知识化和商业应用智能化的发展趋势，在介绍管理信息系统的基本概念、基本理论和相关技术的基础上，阐释管理信息系统的开发、管理和应用，使读者获得对管理信息系统的整体认识。全书共分十三章，分别从管理、开发和应用三个层面阐述了管理信息系统对组织变革的作用，管理信息系统的开发过程和管理要点，以及管理信息系统的主要应用和发展。在保留“管理信息系统”教材传统体例和内容的基础上，本书增加了数据仓库、云计算和电子商务等新知识，以及基于IT和信息系统的新商务模式方面的探讨。

本书按照国际化的教材体例编写，引入大量实例，使得原本深奥、复杂、枯燥的理论、原则、规范变得鲜活有趣，并易于理解。同时通过案例分析、课程实践和延伸阅读等实践环节，强化教学互动，增强创新思维能力。

本书可供管理类专业本科和MBA的学生、教师作教材，也可供从事实际工作的管理人员用于了解信息管理的基本原理和技术，掌握信息系统的开发方法，便于正确地运用信息系统，科学组织和管理信息系统的开发、运行、维护，充分发挥信息系统的潜在作用，提高经营管理水平和决策的科学性。

图书在版编目（CIP）数据

管理信息系统——管理视角/郭捷编著. —北京：机械工业出版社，2014.1（2020.9重印）

普通高等教育经济管理类专业精品教材

ISBN 978-7-111-45037-5

Ⅰ.①管…　Ⅱ.①郭…　Ⅲ.①管理信息系统－高等学校－教材　Ⅳ.①C931.6

中国版本图书馆CIP数据核字（2013）第292549号

机械工业出版社（北京市百万庄大街22号　邮政编码100037）
策划编辑：易　敏　责任编辑：易　敏　刘　静
版式设计：常天培　责任校对：赵　蕊
封面设计：鞠　杨　责任印制：常天培
北京虎彩文化传播有限公司印刷
2020年9月第1版第3次印刷
184mm×260mm·21印张·513千字
标准书号：ISBN 978-7-111-45037-5
定价：38.00元

电话服务	网络服务
客服电话：010-88361066	机　工　官　网：www.cmpbook.com
010-88379833	机　工　官　博：weibo.com/cmp1952
010-68326294	金　　书　　网：www.golden-book.com
封底无防伪标均为盗版	机工教育服务网：www.cmpedu.com

前　　言

进入21世纪，管理信息系统得到了前所未有的长足发展。信息系统从来没有像现在这样全面而又深刻地影响到当下我们每一个个体和组织的生活、工作与学习。从零售业的销售终端（POS）系统到组织的决策支持系统（DSS），从高校教务管理信息系统到办公自动化（OA）系统等，每个人都与管理信息系统有着直接或间接的关系。作为一种管理思想和应用工具，管理信息系统已广泛地应用到各种类型的组织和社会经济活动的信息管理之中，并发挥着日益重要的作用。

掌握管理信息系统的基本原理和基础技术，了解系统开发过程及管理方法，注重信息系统在组织管理中的实际应用，是管理者最基本的素质之一。本书旨在介绍管理信息系统基础知识的同时，从管理视角关注管理信息系统的新技术、新模式、新发展。

本书的特点可以概述如下：

1. 体系完善

本书以通过管理信息系统获得竞争优势作为切入点，系统介绍了管理信息系统的理论与技术、管理信息系统的开发与管理，以及管理信息系统的应用与发展，基于管理视角，形成了完整的体系结构。

本书导论部分主要阐述信息社会对信息系统的需求，信息系统与企业战略、组织和管理变革的关系，现代企业信息化与企业可持续竞争优势之间的关系等。第一篇“管理信息系统的理论与技术”：从四个方面阐述信息系统的原理和与信息系统相关的理论与技术，包括：信息和信息系统的基本理论，计算机系统基础知识，数据资源管理与数据库技术，数据通信与计算机网络技术，使读者理解信息系统的内涵及其与管理的相互作用和相互融合的本质。第二篇“管理信息系统的开发与管理”：介绍建立管理信息系统的五个阶段，包括系统规划、系统分析、系统设计、系统实施和系统的运行与维护，以及企业信息系统成功标准和失败归因，信息系统的项目管理与风险控制。第三篇“管理信息系统的应用与发展”：介绍信息系统的应用与发展，包括知识管理（KM）、客户关系管理（CRM）、企业资源计划（ERP）、供应链管理（SCM）和电子商务（EC）。

2. 实用性强

管理信息系统是一门综合性、应用性较强的学科。本书按照国际化的教材体例来编写，为使一些理论、原则、规范更鲜活，在每章前通过引例导入本章的核心内容，为每章知识点配有相应的实例和“MIS视窗”，章后附案例。这样既兼顾基本原理的系统阐述，又介绍理论和技术的最新发展，深浅适度。本书在紧跟学科国际前沿的同时，也兼顾了管理的本土化，以提高学科前沿的牵引性和管理信息系统管理实践的应用性。每章均有“本章小结”和“本章习题”，便于学生自主学习和掌握知识要点。

本书从学科的发展和教学的实际需求出发，吸收了国内外信息技术与管理实践方面的新知识、新技术，强化了案例分析、MIS视窗等内容，在应用篇章加入了有关电子商务、物流和供应链管理、客户关系管理、企业资源计划的内容。同时，在章后增加了课程实践和讨论分析方面的问题思考，从知识的点、面、体三个层面，将知识进一步巩固和升华，以期学生的能力从知识识记层面，提升到问题分析和解决层面。

3. 立足管理视角

管理信息系统是一个人机系统，信息系统的建立、应用及其发展直接受社会、组织和技术等多方面的影响。管理信息系统改进组织管理和提高工作效率的成效大小与组织结构和管理模式的创新是密不可分的。本书对这种如何发挥人、组织、管理职能对信息系统的功能，管理人员又如何认识技术在管理中的应用、信息系统规划事半功倍的作用等问题，从理论、方法和实例上进行了较充分的阐述，书中大量的案例和延伸阅读的内容，也凸显了本书管理视角的初衷。本书侧重管理信息系统的商业应用，不管读者在组织中的位置如何，他们都会因以管理视角看待问题而受益匪浅。

本书由浅入深、循序渐进，知识体系方面注重基础，兼顾广而新。对管理信息系统的每一个知识要点，通过概述，以掌握全貌，再阐述原理，最后通过实例分析加深理解。本书可供管理类专业本科、MBA的学生和教师学习参考，也可供从事实际工作的管理人员用于了解信息管理的基本原理和技术，掌握信息系统的开发方法，便于正确地运用信息系统，科学地组织和管理信息系统的开发、运行、维护，充分发挥信息系统的潜在作用，提高经营管理水平和决策的科学性。

本书作者制作了参考PPT及部分习题参考答案，采用本书做教材授课的教师可联系本书编辑索取（cmp9721@163.com）。

本书在编写过程中，参考和引用了大量国内外专家、学者的研究成果和文献资料，限于篇幅，每章后仅列了部分主要参考文献，在此对这些资料的有关作者一并表示诚挚的谢意。

由于作者水平有限，加上时间仓促，错误和不足之处在所难免，恳请读者批评指正。

目　　录

第二篇 管理信息系统的开发与管理

第三篇 管理信息系统的应用与发展

第一章 导 论

【引例】

沃尔玛运用信息技术进行全球性竞争

经过五十多年的发展，沃尔玛公司已经成为美国最大的私人雇主和世界上最大的连锁零售企业。沃尔玛在信息技术方面的投资不遗余力，计算机技术的应用已经到了无孔不入的地步，专门负责软件设计和维护的工程师就有2000多名。沃尔玛领先于竞争对手，先行对零售信息系统进行了非常积极的投资：最早使用计算机跟踪存货（1969年），全面实现S. K. U. 单品级库存控制（1974年），最早使用条码（1980年），最早使用CM品类管理软件（1984年），最早采用EDI（1985年），最早使用无线扫描枪（1988年），最早与宝洁公司（Procter & Gamble）等供应商实现VMI-ECR产销合作（1989年）。1996年进驻中国市场，2012年，在中国沃尔玛以51%股份绝对控股1号店。2012年推出了一种名为“现金支付”（Pay with Cash）的新功能，允许用户在线下单购买商品，然后在附近的沃尔玛实体零售店进行支付。沃尔玛信息系统的高效功能主要来自于以下几方面：

（1）高效的配送中心。物流成本一般占整个销售额的10%左右，有些食品行业甚至占到20%~30%，而沃尔玛的物流成本往往只占2%。沃尔玛在中国有6000多辆货车、62个面积相当于24个足球场的配送中心，沃尔玛的供应商根据各分店的订单将货品送至沃尔玛的配送中心。

（2）快速的运输系统。沃尔玛的运输车队是其配送系统的另一个无可比拟的优势。沃尔玛可以保证货品从仓库运送到任何一家商店的时间不超过48h。相对于其他同业商店平均两周补发一次，沃尔玛可保证分店货架平均一周补两次。

（3）先进的卫星通信网络。沃尔玛是除美国军方以外的全世界最大的信息处理中心。企业自有的卫星和服务器遍布全球，每一台货物运输车辆上都有卫星移动计算机系统，可以全面监测货物运输。这套系统的应用，使配送中心、供应商及每一分店的每一销售点都能形成在线作业，在短短数小时内便可完成“填妥订单——各分店订单汇总——送出订单”的整个流程，大大提高了营业的高效性和准确性。

沃尔玛信息系统涉及的主要技术如下：

（1）电子数据交换（Electronic Data Interchange，EDI）技术。EDI具有自动化、省力化、及时化和正确化的特点。沃尔玛已与多家供应商中的1800多家实现了电子数据交换，通过计算机联网进行数据传递和订货等交易活动，不需要人工的直接介入。沃尔玛利用更先进的快速反应和联机系统代替采购指令，真正实现了自动订货，这些系统利用条码扫描和卫星通信系统，与供应商每日交换产品销售、运输和订货信息，包括商品规格、款式、颜色等，从发出订单、生产到将货物送到门店，最快的时候甚至不超过10天。

（2）快速反应（Quick Response，QR）系统。1986 年，沃尔玛建立了快速反应系统，主要功能是进行订货业务和付款通知业务，通过 EDI 系统发出订货明细单和受理付款通知，提高订货速度和准确性，节约相关成本。QR 模式改变了传统企业的商业信息保密做法，将销售信息、库存信息、生产信息、成本信息等与合作伙伴交流分享。

（3）数据库管理系统（Database Management System，DBMS）。借助先进的数据库，沃尔玛对其标准店的 6 万件单品、超市中心的 10 万件单品，以及全球 5300 多家连锁门店，实行全面数据管理与分析，每件单品记录保持时间为 65 个星期。沃尔玛利用数据库信息的共享，实现了合作企业绩效的提高，主要表现在以下三个方面①在库位置、库存补足率、补货的正确性、前置时间、销售利润；②新商品的开发、外部委托、定价与商品销售规划相关的决策；③与营销有关的决策，如促销、广告、商品陈列等。

（4）RFID 技术。沃尔玛对其供应链管理系统融入了无线射频识别（RFID）技术。不同于 POS 机，RFID 主要安装在运输线上的检查点，如仓库、码头、机场、车站等地方。而这些地方又能够与物流中心控制室直接联网，这就大大提高了物流运作的效率，提高了数据的准确性、及时性。

（5）Web 2.0 中的沃尔玛。在进入 Web 2.0 后的今天，网络销售无疑是除了传统销售之外最大的一块蛋糕，2012 年沃尔玛百货以 51% 的股份绝对控股中国商务企业 1 号店，实现双赢；正式选择在上海设立沃尔玛电子商务中国区总部，全面负责沃尔玛全球电子商务在中国市场的运营，这也是继美国市场之后沃尔玛在全球设立的第二个电子商务总部。

沃尔玛的全球采购战略、配送系统、商品管理、人力资源管理、天天平价战略在业界都是可圈可点的经典案例。从 20 世纪 70 年代条码的推行，到 80 年代物流管理理念的创新，再到当今成为 RFID 的主力倡导者，所有的成功都是建立在沃尔玛利用信息技术整合优势资源，并将信息技术战略与传统物流整合的基础之上。强大的信息技术和后勤保障体系使沃尔玛不仅经营商品，更生产商店，经营物流，最终所有这些成为沃尔玛的第三利润来源。

思考题：

1. 沃尔玛采用了哪些信息技术和信息系统？沃尔玛的信息系统与经营战略如何紧密联系？

2. 访问 www.wal-martchina.com，在中国，沃尔玛在信息系统的运用上，已经或将会遇到哪些挑战？

学习目标

通过对本章的学习，重点了解和掌握：

1. 管理信息系统与企业组织结构和管理的关系。
2. 管理信息系统支持企业竞争策略的作用方式。
3. 信息化的基本内涵。

关键概念

信息系统（Information System）；组织结构（Organization Structure）；竞争策略（Competition Strategy）；信息化（Informatization）

正如农业时代没能预见火车、电话和蒸汽机等带来的深刻影响一样，1946 年诞生的第一台电子计算机，也没有人能预见它将改变人类社会的轨迹。如今，信息技术、信息系统已成为组织活动的重要战略组成部分。信息技术能够提高企业的劳动生产率和竞争力已经成为一种共识。组织经营管理中的计划、组织、领导和控制等职能领域均离不开信息系统的支持，如面向资本市场的财务管理系统、面向知识市场的人力资源管理系统、面向企业内部运营的企业资源计划系统、面向供应市场的供应链管理系统、面向消费市场的客户关系管理系统等。目前，企业面临着全球化市场竞争，很多企业把信息技术作为一种战略资源，通过采用先进的信息技术改造企业的组织结构、管理方式、生产和销售运作流程，以实现降低成本、提高质量、扩展市场、使企业能够在快速变化的环境中适应市场的目标。信息技术正从各层面推动着社会从工业经济到信息经济的变迁，改变着市场竞争的规则。

管理方法和管理手段是一定社会生产力水平的产物。现代社会分工越来越细，影响问题的因素日趋复杂，对问题的响应越来越要求迅速及时，组织运营效能越来越取决于对信息采集、处理的及时和准确程度。现代企业中的信息系统变得日趋重要，原因在于：

1. 信息系统帮助企业参与全球化的市场竞争

世界经济全球化的趋势极大地提高了信息在企业中的利用价值，为企业的发展提供了新的机会。借助网络，跨区域不限时间的商务运作成为现实。信息系统为企业进行国际贸易和全球规模的管理业务提供了通信和分析能力，使企业比以前更容易进入市场，参与国际竞争。在一个更加开放和一体化的市场中，因为网络化的通信和管理系统，顾客可以全天候地在世界市场上采购物资，获得可靠的价格和质量信息，国内企业也可能面临来自国际市场上的竞争。因此，企业要在国际市场竞争中变得更有效率和获得利润，就必须拥有强大的信息处理和交流的系统。

2. 信息系统成为形成新型企业特征的重要工具

传统层级型的企业结构依赖一系列标准化的运行程序来从事大规模产品或服务的生产，主要依靠正式的计划、严格的劳动分工、正式的规章制度和绝对的管理权威来保证企业的正常运行。同时，传统的层级型企业结构使得很多企业患上了“大企业病”，组织结构膨胀，管理层次增多，不仅有“二级中干”，还出现了“三级中干”，决策的有效性大打折扣。

在新的经济条件下，出现了很多的新型组织，如为适应某些特殊任务而临时组织起来的非正规工作组，通过计算机技术将几个独立的组织连接在一起组成的网络性组织等，这些新型的企业是扁平化、分散型的，能够根据企业的战略需要灵活地安排业务流程，很好地适应特殊市场或大规模客户化的产品生产要求。同时，新型企业的管理者依靠信息系统来确定目标，以合适的团队和个人来灵活安排工作任务，通过面向客户的任务来取得雇员之间的协调，运用专业化和公司的知识资源保证企业正常的运行。信息技术使这种新型的管理方式变得可能。

交易成本理论（Transaction Cost Theory）认为，信息技术可能会帮助公司降低市场参与成本（交易成本），使公司可以与外部供应商签订合同而不用内部供货。即使公司收入增长，其规模（以雇员人数度量）也可能会不变甚至缩减。

3. 信息系统在一定程度上实现了管理决策的科学化

信息资源对于管理的重要在于管理工作的成败取决于能否作出有效的决策。一方面，先进的管理信息系统能够为主管人员的决策提供详尽、完整、准确、及时的信息，使管理者摆脱巨大的信息压力和例行化、程序化的控制活动，及时掌握充分、有效的信息，集中于决策。另一方面，新的信息处理技术的发展，为管理者提供了挖掘深度信息的能力。而决策支持系统和人工智能技术的应用，使管理决策开始走上科学化、智能化的轨道。

4. 信息系统成为提高企业效率的有效工具

管理信息系统和信息技术所提供的信息处理能力，极大地提高了计划与控制的效能。信息系统不仅提供给企业有效的管理工具，同时，企业还能够借它推动其组织和管理结构的改革。

最近20年来，发达国家经济结构逐渐从工业经济向信息与知识经济转变。工业经济时代的主导产业——制造业正在快速地向低工资的发展中国家转移。在以信息和知识为基础的经济中，知识和信息成为创造财富的关键要素，提供新的知识与信息密集型产品或服务正在成为新经济的基础，完全以信息的生产、处理、分配的知识和信息密集型组织已经变得越来越强大。例如信用卡、全天候包裹运送、世界范围的储存系统和采购系统等，都以新型的信息技术为基础。在所有产业中，信息技术已经成为关键的战略性资产，而信息系统可以使企业内部的信息与知识有效地流动并帮助企业实现知识资源最大化。

一、信息系统与组织

（一）组织与信息系统的关系

组织是指由两个或两个以上的人组成的有特定目标和一定资源并保持某种权责结构的群体。组织存在的必要性在于它能够满足人们在日常生活和社会活动中的种种需要。组织具有以下三个特征：

（1）组织有明确的目标。目标是组织的愿望和外部环境结合的产物，任何组织都有其基本的使命和目标。例如：企业是为了生产产品、提供服务以满足顾客需要；教育机构是为了培养人才；医院是为病人提供健康服务等。

（2）组织保持一定的权责结构。组织通过专业分工和协调来实现目标。组织中的活动由基本的专业化分工作业和管理两大类组成。组织为了实现自己的目标，必须开展实际的业务活动，如医院的诊治、银行业务的受理等。管理活动则通过把组织的目标、任务分解成各层次、部门、职位的工作，委托一定的群体、个人按照相应的规则去完成，从而形成组织的分工体系。从某种程度上来说，可以将组织看成是一个处理信息的实体。同时，这种权责结构层次清晰，任务有明确的承担者，并且权力和责任对等。

（3）组织是一个开放系统。组织是一个不断与环境发生作用的开放系统，它会发生变革，具有变动性；同时，组织变革又是发生在组织内部的，仍保持着该组织的形态和特性，具有稳定性。其中会引起组织变革的因素有环境、目标和价值观、技术、结构、社会心理因素和管理。另外，组织的输出反馈给输入，通过影响输入来实现自身机能的完善。

（二）信息系统对组织结构的影响

信息系统是人机系统，人的部分便是由组织结构、组织目标、工作方式等构成。引进信息系统将导致新的组织结构、业务流程的产生。信息系统作用于组织及其所使用的资源，使得组织在许多方面发生变化，如：组织的等级层次减少，组织越来越分权，组织内的信息流动水平化等。

1. 组织结构趋向扁平化

微观经济理论认为，当信息系统的技术被看作一个生产要素时，则它可以自由地与资本和劳动力相互替换。这样信息技术最终代替了中层经理和职员的劳动，会导致他们人数的减少。由于现代管理信息系统可以为管理者提供高质量、及时、相关和相对完整的信息，从而降低了管理工作的复杂性，减少了借助增加组织层级来控制组织行为的需要，还减少了利用管理层级来协调组织行为的需要，从而使管理体系的层次减少，组织结构趋向扁平化。特别是随着信息处理能力的增强，高层管理者的信息获取能力和集中控制能力以及效率不断提高，组织成员所承担的例行性的工作、信息传递与控制责任更多地为管理信息系统所取代，管理人员会不断减少。

【MIS 视窗】

1981 年 4 月 1 日，韦尔奇出任通用电气公司（GE）第 8 任董事长。当时从表面上看，它是个总资产达 250 亿美元的大公司，年利润额为 15 亿美元，拥有 40 多万名雇员。它的产品和服务渗透到国民生产的方方面面：从烤面包到发电机厂，几乎无所不包。员工们自豪地把通用电气公司形容成一个“超级邮轮”——硕壮无比而又稳稳当当地航行在水面上。而实际的情况是，GE 内部拥有太多的管理层级，它已经变成一个正规而又庞大的官僚机构。GE 有 2.5 万多名经理管理者，平均每人直接负责 7 个方面的工作。在这个等级体系中，从生产的工厂到韦尔奇的办公室之间，副总裁以上的头衔名称各式各样，如“公司财务管理副总裁”“企业咨询副总裁”以及“公司运营服务副总裁”等。而韦尔奇却更希望 GE 像一艘快艇，迅速而又灵活，能够在风口浪尖上及时转向。1985 年，韦尔奇展开了约瑟夫·熊彼特所提倡的“创新解构”，将其机构层级从原本的 29 个减为 6 个。当韦尔奇完成这项改造计划时，最上级的管理阶层位于中央，而公司里的其他部门则如轮辐一般向四方散射，公司就像一个车轮。

2. 信息流动水平化

信息系统所提供的网络化的沟通结构，以及信息访问的提升，电子邮件系统、电子化共享文档软件程序的开发，以及企业内联网的加速发展，导致组织内水平沟通信息流的日益增长，打破了传统的部门间的壁垒，促进水平化的、跨部门的信息沟通，促进了组织的分权，组织的响应速度和整体绩效也得到极大提高。

同时，群体工作软件系统和协同网络的出现，打破了沟通的空间限制，实现了实时的、大容量的信息沟通，使人们更有能力协调和控制全球化的组织。

3. 触发业务流程再造

信息系统和信息技术作为革命性的生产力要素，它所支持和实现的自动化，在促进了管理方式和组织形式变革的同时，也极大地提高了工作效率，改变着组织的业务流程和工作内容。此外，信息系统的建立还会对组织中的个人产生影响，使他们的一些工作性质或工作方式发生改变，相应地促进了组织业务流程的变革。

当然，在关于组织的行为学模型里，信息系统的影响并不像经济学模型说的那样简单和直接。信息系统能否减少所有组织的层次而使组织扁平化，信息系统能否让组织以更少量的中层管理人员和职员来运作，能否"再造"组织使其变得精悍、高效等，这些是当今诸多重要的管理问题中的一部分。

二、信息系统与企业竞争策略

（一）企业面临的竞争压力

竞争优势是公司通过竞争而获得的长期的利益。建立和维持竞争优势是很复杂的，要识别在什么地方信息系统能提供竞争优势，必须先了解企业与其周围环境的关系。管理理论学家迈克尔·波特曾提出了被广泛认可的五因素竞争分析模型（见图1-1）。

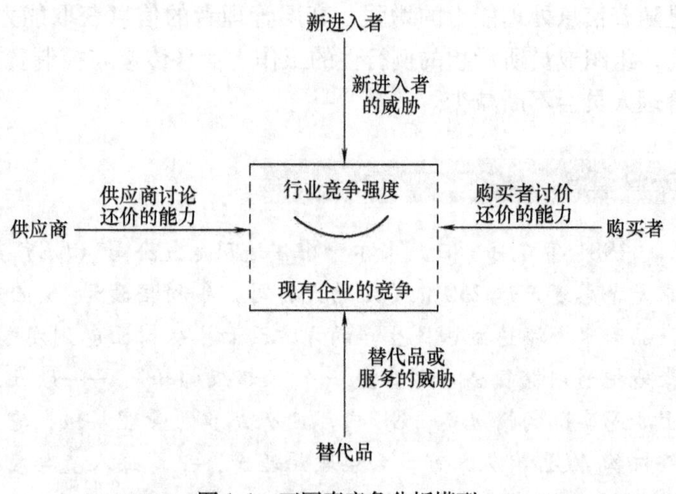

图1-1　五因素竞争分析模型

1. 新进入者

行业的获利性会吸引新进入者进入该行业。这对已处在该行业的企业是极大的威胁。这种威胁的大小取决于进入障碍的高低和原有企业可能产生的反应，如用大幅度降价的方式进行反击等。商业飞机产业目前只有波音和空客，就是因为进入该行业的壁垒太高。例如空客公司在开发A380型飞机上耗资估计为100亿～150亿美元，而波音必须出售200多架飞机（将近全球市场份额的15%）才能补偿投入的成本。包括日本、韩国等各自政府支持的企业都选择了退出该产业。

2. 替代品

替代品是那些其他产业提供的能满足顾客对原产业产品需求的产品，它可以以限制一个行业的价格的方式来影响该行业的盈利潜力。例如，一些在线证券经纪公司为投资者提供实时在线服务，费用相当低廉，对传统证券经纪商构成威胁。这些替代品表现为一种价格优势，从而限制了企业所在行业的产品价格，抑制了行业的利润水平。例如，即使在某种特殊的情况下铝门窗的供给严重不足，铝门窗的供应厂商也不能漫天要价，否则，消费者就会选用钢门窗、木制门窗或其他材料的门窗代替。

3. 供应商

供应商是向企业及其竞争对手提供为生产特定的产品和服务所需各种资源的组织机构或个人。其讨价还价能力是指它可能通过提价或降低产品质量来从另一方面减少某一行业的利润率的能力。例如，在以下这些情况下，供应商的讨价还价能力较强：供应商所处的行业为少数企业垄断，但是买家很多；替代品还未出现；供应商有可能通过后向联合参与其顾客的产业；买家的购货量只占供应商产量的一小部分。例如在个人计算机产业，获利最多的不是IBM、Dell，而是它们的两个供应商——微软（操作系统）和英特尔（微处理器），因为它们分别在这两个关键领域居于垄断地位。当然，下游企业可以通过减少对特定供应商的依赖来增强其自身讨价还价的能力，如沃尔玛不允许任何供应商的供应量超过其总购买量的3%。

4. 购买者

所有顾客在购买企业产品的过程中都有可能拥有一种很强的限制力量，这是因为：顾客的采购份额可能占了企业产出的很大一部分；或者因为采购成本占顾客再生产成本的比例很高，使顾客倾向于多方询价；或者同类产品差别很小，顾客可以随意选择供货商；或者顾客购买力有限，对价格十分敏感等。例如全球数以千计的汽车零件供应商都试图将产品卖给为数不多的大汽车制造商，如宝马、通用以及丰田。在下列情况下购买者的讨价还价能力较强：能购买卖家的大部分产品；有可能通过后向一体化来生产该产品，如高通的两大客户三星和诺基亚开始制造自己的CDMA芯片，使得2004年高通的市场份额下降到80%。

5. 现有企业的竞争

在任何行业中，各个企业都是相互影响的。同行之间的竞争手段主要有频繁的价格战、新产品开发、服务质量提高以及销售促进等。同行的竞争总是由一个或几个企业认为存在改善其市场地位的机会而引发的。遇到下列情况这种竞争将会更激烈：竞争者较多，而且大小差不多；行业增长缓慢；产品或服务的区别不大，转移成本较高；固定成本高，或者产品是一次性的；退出该行业的壁垒大，如专用机器、设备及辅助设施极少有其他用途，且不易售出，就会形成退出壁垒。

（二）信息系统支持企业战略的作用方式

1. 对低成本领先战略的支持

信息系统有助于内部作业、管理控制、计划和人事工作，帮助企业显著降低其内部成本，从而让企业以低于竞争者的价格提供产品和服务，提高利润，并使企业的效率更高。企业利用信息系统降低成本的途径有：

（1）降低采购成本。基于互联网的采购系统可以通过大撒网的方式搜寻低成本的供货商，并采用电子数据交换降低差旅、劳动力、印刷和邮寄的成本，节约采购时间，提高采购质量。

（2）优化库存结构。网络采购和销售彻底改变了过去的库存销售方式，建立起按订单生产（Make-to-Order）模式，极大限度地减少了库存积压，降低了库存成本以及价格保护带来的风险，从而实现最佳库存。沃尔玛公司采用由顾客购物过程驱动的库存补充系统，当顾客为其购买的商品在收银机上付款时，“连续补充系统”就将新商品订单直接下给供货商。其具体过程为：售货终端记录通过收银柜台的每一件商品的条码，并把购物交易记录直接发送到沃尔玛总部的计算机中。总部的计算机收集来自所有沃尔玛连锁市场的订单，并把订单发送给供货商，因为该系统能以闪电般的速度补充库存，沃尔玛公司不需要花费大量资金在自己的仓库里保持大库存量的商品，大大降低了运营成本。

（3）降低销售成本和市场开发成本。基于计算机的销售系统只需提高服务器处理能力就能实现全球化的市场开发与销售，可以节约大量的销售与市场开发成本，从而实现客户数量的增加。

（4）降低生产成本。利用信息技术重组生产流程，使用计算机辅助设计可设计出更个性化的产品，使用计算机辅助制造系统可实施柔性化生产，减少中间生产环节，节约劳动力，提高产品质量，降低生产成本。美国的航空公司收益管理系统让航空公司能对任何折扣票价按售票情况进行最经济、最高效的匹配，使机票的价格对公司最经济。

2. 对产品和服务差异化战略的支持

在竞争异常激烈的市场中，对于后来者而言，最优先的战略选择往往是推出有特色、差异化的产品或服务，找到自己生存的利基（Niche）㊀。当企业用信息系统提供难以复制的产品或服务，或提供面向高度专业化市场的产品或服务时，它们就能提高竞争者的入市成本。招商银行是这方面的典型代表。从最初推行的储蓄“一卡通”，到电话银行、全国联网和“一网通”服务，之后又陆续开通“企业银行”和“网上支付”业务。招商银行在2001年正式提出了“做技术领先的银行”的口号，将IT作为竞争的武器。

3. 对市场细分战略的支持

信息系统通过加工数据、提供数据来提高公司的销售与日常运营技术，从而能为公司带来竞争优势。这种系统将组织已有的信息作为资源，组织可在信息中“淘金”，以增强盈利能力和市场渗入。据估计，争取一个新顾客的成本是保持一个老顾客成本的5倍。公司通过仔细地分析顾客购买过程和行为，从而识别出对利润贡献大的顾客，赢得他们更多的消费。同样，公司还可以利用这些资料识别无利可图的顾客群。

4. 加强与顾客和供应商的紧密联系

通过“套牢”顾客和供应商，信息系统能对抗外部竞争的威胁。战略信息系统能使变换商业关系的成本（顾客转向竞争对手的产品或服务所发生的费用）让顾客不能承受。方便且容易使用的信息系统能提高转换成本（Switching Cost），使顾客不易流失到竞争者那里。例如许多酒店连锁店开发忠诚顾客方案，顾客每次住店，都给予顾客一定的积分，足够的积分可以让顾客在该连锁酒店任意分店免费住宿一次等。很明显，这种“套牢”顾客的方案需要具有一定水平的信息系统的支持。

沃尔玛之所以能够提供“天天平价”和“最周到的服务”，得益于其无所不包的信息网络。沃尔玛利用最先进的信息技术和设备，把供应商、分销商和零售商，直到最终用户连成一个网络，通过对信息流、物流、资金流的有效调控，大幅度节约了成本，并把最细致、完善的服务提供给顾客。

另外，行业利润透明之后，供应商的议价能力有了大幅度的提高。当市场影响力向供应商倾斜时，供应商的权力变大，它们会以提高供应的价格和降低产品质量来提高整个行业的利润。为此，沃尔玛的供应商挑选策略包括：共享品牌优势、在更大甚至全球范围内采购商品。近年来，沃尔玛不断加大在中国市场的商品采购额就是这个目的。借助信息系统的有效调配，沃尔玛实现了全球范围的资源配置，以最低廉的价格服务于顾客，赢得在市场竞争中的优势地位。

（三）信息系统并非万能

很多企业运用信息系统通过提供低成本、高品质的产品，获得了领先于竞争对手的市场优势。但是，一般而言，公司利用新信息系统所获得的竞争优势是暂时的，因为竞争对手很快就会如法炮制。比单纯的技术飞跃更重要的是维持这种竞争优势。管理人员需要找到维持

㊀ （商业用语）是指针对企业的优势细分出来的市场，这个市场不大，而且没有得到令人满意的服务。产品推进这个市场，有盈利的基础。

这种竞争优势的策略与方法。在这个过程中，管理人员需面对如下挑战：

1. 系统集成

尽管有时会设计不同的系统以服务于公司的不同层次和职能部门，但越来越多的公司在集成的系统上发现了好处，如许多公司正追求企业资源计划（ERP）。但是，集成的系统中，不同的组织层次和功能间交换信息从技术上说是困难的，且成本很高。每个组织要充分权衡集成的需要和集成一个规模系统的困难，而这并没有一个权衡标准。管理人员需要确定哪一层次的信息系统需要集成，它的成本有多高。

2. 竞争优势的维持

由战略信息系统带来的竞争优势并不一定能持续足够长的时间，从而保证长期盈利。竞争者也同样可以安装战略信息系统。市场情况在变，商业和经济环境在变，技术和顾客的期望在变，因特网能使某些公司的竞争优势很快消失。联邦快递公司在过去许多年里能比其竞争对手传送的包裹更快、更多，就因为它是第一个实现全部计算机处理的公司。但随着UPS、美国邮政服务公司及其他竞争对手相似系统的建立，联邦快递公司建立在管理信息系统上的准时投递优势几乎全部消失。同样的问题也发生在美国航空公司的SABRE计算机订票系统、花旗银行的自动柜员机（ATM）系统。因此，当信息系统被证明是一种优势时，这种优势便不是永恒的。单单依靠信息系统并不能获得持久的商业优势。系统必须不断地修改和更新，使它能为组织提供持续的优势。企业必须拥有这些系统去参与竞争，但它们却无法保证竞争成功。要想获得竞争优势，关键在于如何应用这些系统，信息的效用变得越来越重要。

【MIS视窗】

美国航空公司在20世纪50年代中期开始着手开发SABRE，并于1963年首次付诸应用。那时，SABRE每天处理85000个电话、40000个预订信息和20000张机票的数据。如今，数据库可以记录4500万条数据，并且每月输入4000万条新记录。在高峰期，SABRE曾每秒处理2000条信息，建立30万名乘客的记录。

SABRE的最初设想只是一个库存控制系统，能够跟踪空闲座位并使每位乘客都能对号入座。到了20世纪70年代中期，SABRE已经可以制订飞行计划、搜索空闲座位、安排机组人员的飞行时间表，并为方便管理开发出了一系列的决策支持系统。1976年，一家旅行社安装了第一个SABRE终端；而如今，SABRE已拥有遍布45个国家的14300家旅行社代理机构用户。20世纪70年代和80年代后期，SABRE已成为包括宾馆预订和出租车预订等服务在内的信息系统。今天，SABRE已经成为连接众多旅行服务（百老汇表演、出租汽车、包车旅游、宾馆预订）的供应商和旅行社或用户的电子旅行超市。

美国航空公司、Marriott公司、希尔顿饭店和Budget Rent-a-car公司已联合投资开发出计算机预订系统。SABRE又通过其收益管理子系统持续不断地带给美国航空公司竞争优势。收益管理是从每一个航班座位上获取最大利润的过程，研究该次航班的售票历史规律，决定留出多少座位给那些愿意在最后时刻付全价的公司总裁们。SABRE的收益管理子系统在航班里设置了不同价位的座位。独家拥有这个软件数年后，美国航空公司现在正将收益管理子系统出售给其他公司，并且能够通过出售信息服务和软件，获得丰厚的利润。

3. 信息系统是一把“双刃剑”

信息系统如果成为行业的某种标准，而企业不具备这样的信息系统，就会被无情淘汰。花旗银行推出自动柜员机24h服务，其他企业的唯一选择是跟随，自动柜员机也就会逐步成为行业标准。从某种意义上可以说，信息系统加剧了现有企业间的竞争。而信息系统像一把双刃剑，既可以加强企业的竞争能力，同时也会危及企业的发展。

一方面，如果运用得当，信息技术会给企业带来巨大的效益；而另一方面，如果缺乏良好的管理，信息系统的应用会将企业拖向黑暗。因特网等快速、廉价的信息传递工具，无疑降低了收集信息的成本，因此企业可以降低寻找供应商的搜寻成本，扩大供应商的搜寻范围，这就在一定程度上削弱了供应商的议价能力；而行业利润的透明化又增强了供应商的议价能力。两者之间的动态均衡，将是下游企业与供应商实现“双赢”的共同选择。但是从另一个角度看，网络和信息系统同样降低了顾客搜集信息的成本，削弱了企业的信息优势，也就是说，对顾客而言，信息系统是福音，而对企业的效果恰恰相反。

三、信息化

信息化（Informatization）是指建立在IT产业发展与IT在社会经济各部门扩散的基础之上，运用IT改造传统的经济、社会结构的过程（林毅夫，2003）。

随着以信息与通信技术（ICT）为核心的现代信息技术的飞速发展，和对各国的经济、社会与信息资源的开发和利用，信息和知识成为企业创新、获取竞争优势的重要手段。信息化已经成为一个国家和社会发展的关键环节，而信息化水平的高低也已经成为衡量一个国家、地区现代化水平的重要标志。1993年，美国政府针对美国社会信息化发展而率先提出国家信息基础设施（National Information Infrastructure，NII），通常称为信息高速公路，是重振美国经济、增强美国国际竞争力的重大举措。之后，日、英、德等发达国家都响应并制订了本国的信息化建设计划，部分发展中国家也都加紧制订本国的信息化计划。而后，1995年提出的全球信息基础设施（GII）的计划，则将信息化浪潮推向了高潮㊀。

美国是最早步入信息时代的国家，其信息经济的发展一直处于世界领先地位。早在1997年，美国信息产品占全球市场的42.4%，100家以上的大银行中60%的银行向用户提供交互式电视网络、计算机和自动取款全天候服务。

第二大信息化强国是日本，它在信息技术和信息产业都取得了相当大的成就。20世纪80年代，日本成功地建立了数据通信专用的数字数据交换网，20世纪90年代初实现了声音、数字、文字和图像等信息通信的数字化。1999年，信息业已占日本国内生产总值的1.98%，从业人员已达57万名。从2002年开始，日本实施了e-Japan战略。

信息经济也正成为印度经济中最有活力的部分。20世纪80年代以来，印度的电子工业年增长率超过40%，电子软件年增长率超过50%。信息企业不断增多，如塔塔咨询服务公司、WPRO信息技术公司、维地沙卡电话有限公司等。到1997年，仅从事软件开发的公司就达730家，先后出现了加尔各答的法卡尔、德里的罗埃达、班加罗尔软件技术园等信息产业基地。印度的信息技术优势表现在软件开发方面。在卡内基—梅隆软件工程学院最高评价

㊀ 企业信息化进阶，http：//www.cnshu.cn/glxxh/24115.html。

的全球21家软件公司中，12家来自印度。1997年，浦那高级计算机发展中心成功研制了Param-10000超级计算机，已向德国、俄罗斯和加拿大等国出口。印度已成为国际知名公司开发软件业务的首选地，如微软（Microsoft）的全球服务中心就设在印度，美国《财富》所列的世界500家大公司中，有230多家的软件产品从印度采购。在美国硅谷的工程技术人员中，有38%的人员来自印度。

芬兰也在信息强国之列。芬兰的有线电话网已实现100%数字化，数字光纤网也已覆盖全国；在芬兰的机关、企业等机构里，使用计算机的人已达到90%以上；人均移动电话拥有量名列世界前茅。芬兰还拥有世界最先进的电子银行系统。在芬兰，通过网络付款或在线购物已是人们习以为常的事情。在一个拥有550万人口的国家，就有二十余所大学和众多的高等技术学院、国际研究机构。在建设信息化社会的过程中，芬兰政府始终重视培养企业急需的信息、电子等领域的高科技人才。与此同时，政府努力为每一位芬兰公民提供培训机会，使其掌握必要的技能以便获得信息服务。教育的普及与提高使得芬兰的劳动力成为世界上受教育程度最高的群体之一。

加速信息化进程是社会、经济发展到一定程度时的必然要求，已成为促进各国经济和社会发展的大趋势。早在人大八届四次会议上就已审议通过的《中华人民共和国国民经济和社会发展“九五”计划和2010年远景目标纲要》，指出“国民经济和社会各领域应用现代电子信息取得很大进展，计算机应用在生产、工作和生活中的普及程度有很大提高”。1993年国家启动了以金卡、金关、金桥、金税为代表的“金”字系列工程。1994年3月，有关专家研讨了“国民经济信息化”和建立“中国信息高速公路”的问题。之后，国家经济信息化联席会议召开了国民经济信息化发展战略高层次研讨会。1996年5月，国务院成立了“国务院信息化工作领导小组”，以加强对全国信息化工作的组织和领导。它的主要任务是制订国家信息化的方针、政策，组织制定国家信息化的发展战略、总体规划，以及协调跨部门、跨地区，关系国民经济和社会发展的国家重大信息工程项目。

20世纪90年代以来，我国信息产业对国民生产总值增长的贡献率不断上升，已经成为当代经济发展的主要驱动力之一。由信息化驱动的经济结构调整，将大大提高各种物质和能量资源的利用效率，大大提高企业在市场经济中的竞争力。在国民经济各部门和社会活动各领域普遍采用现代信息技术，充分、有效地开发和利用各种信息资源，使社会各单位和全体公众都能在任何时间、任何地点，通过各种媒体（声音、数据、图像或影像）共享和传递所需要的任何信息，可以提高各级政府的宏观调控和决策能力，提高各单位和个人的工作效率，促进社会生产力和现代化的发展，提高人民的文化教育水平与生活质量，增强综合国力和国际竞争力。

信息化包括信息的生产和应用两大方面。信息生产要求发展一系列高新信息技术及产业，既涉及微电子产品、通信器材和设施、计算机软硬件、网络设备的制造等领域，又涉及信息和数据的采集、处理、存储等领域。信息技术在经济领域的应用主要表现在用信息技术改造和提升农业、工业等传统产业上。企业信息化实质上是将企业的生产过程、物料移动、事务处理、现金流动、客户交互等业务过程数字化，通过各种信息系统的加工生成新的信息资源，提供给各层次的人们，以作出有利于生产要素组合优化的决策，使企业资源合理配置，求得最大的经济效益。信息技术的充分应用能够帮助企业提高运营效率，降低运营成本。例如，伊利集团在2001年网络分销管理系统上线以后，与1999年相比，运营效率显著改善：交货时间由 3 天缩短为 1 天，存货周转天数从 15 天缩短为 5 天，库存成本降低将近 30%。

同时，信息化有效地解决了以下矛盾：产业分工和融合的矛盾，企业规模大和小的矛盾，企业总部和分公司之间的集权和分权的矛盾，企业内部专业化分工和一体化业务流程的矛盾，消费者个性化、多样化需求与企业落后的信息收集处理能力之间的矛盾，直销模式和分销模式之间的矛盾，上下游合作伙伴间的“买”和“卖”的矛盾，大规模生产和个性化定制的矛盾，IT“公共服务”和客户个性化需求的矛盾等（宋乐永，2005）。

信息化是当今世界发展的大趋势，是推动经济社会发展和变革的重要力量。未来五年，工业和信息化部将从强化信息化专业服务能力和提升中小企业信息化应用能力等方面采取措施，发挥云计算、大数据、移动互联等新一代信息技术和互联网的优势，支持更多中小企业有效运用信息技术和互联网，提高生产经营的效率、效益和信息化应用水平，增强抵御风险的能力和竞争力（工业和信息化部，许科敏，2013 年 9 月）。

本章小结

了解信息系统如何帮助企业提升效率和获利能力是一名企业管理人员的基本素质。本章从信息系统在当今市场环境中扮演的重要角色开始阐述，分析了信息系统与组织之间的相互作用，以及信息系统支持企业战略的作用方式，最后对企业信息化作了简单概述。

本章习题

一、简答题

1. 通过对组织的物资流、资金流、事务流的信息流之间的关系，分析信息在企业管理中的重要性。

2. 结合本章提供的部分管理信息系统应用的实例，说明利用管理信息系统，企业能获得哪些竞争优势？

3. 调研一个你熟悉的公司，了解该公司使用的信息技术和信息系统。该公司是怎样用信息系统创建新的产品或服务的？该公司现有的信息系统是否需要整合、更新或精简？

二、讨论分析

跨越数字鸿沟

与计算机有关的另一项重要道德观产物就是数字鸿沟，它涉及了在不同的人群中不平等的计算机技术使用权。这种划分出现在不同的等级上：社会经济学（贫穷或富有），种族（多数或少数），地理位置（城市或郊区，发达或不发达）。研究表明随着信息时代的发展，那些有权使用计算机技术和有机会去学习计算机技术的人通常都有着教育的优势。

计算机科学家尼古拉斯·尼葛洛庞帝创办了麻省理工学院媒体实验室，2005 年在瑞士达沃斯举办的世界经济论坛上，提出要实现“每个孩子一台笔记本”计划。该项目用 200 万美元的启动资金，将计算机送给世界各地的孩子们。这些计算机将会在孩子很小的时候送给他们，让孩子们拥有并使用，计算机有内置的互联网接入，让他们自由、开放地访问互联网。

这项工程的目标是消除数字鸿沟，并且通过给孩子提供使用计算机的权利来改变教育，让那些没有机会使用计算机的孩子充分参与这个信息时代。

问题：

1. 为什么数字鸿沟与孩子和他们的家庭有关？
2. “每个孩子一台笔记本”这项工程会成功吗？为什么？
3. “每个孩子一台笔记本”工程面临的主要挑战是什么？如何克服这些挑战？

参考文献

[1] Kenneth C Laudon，Jane P Laudon. 管理信息系统——网络化企业的组织与技术（影印版）[M]. 6版. 北京：高等教育出版社，2001.
[2] 许晶华. 管理信息系统 [M]. 广州：华南理工大学出版社，2003.
[3] 陈恭和. 管理信息系统——理论与实践 [M]. 北京：高等教育出版社，2006.

延伸阅读

[1] 北京新华信商业风险管理有限责任公司. 信息技术的商业价值 [M]. 北京：中国人民大学出版社，2004.
[2] 我国“十二金工程”建设应用成效研究，www. itsec. gov. cn/webportal/download/2005-shierjingongchengxianzhuang. doc.

第一篇　管理信息系统的理论与技术

- 信息系统理论基础
- 计算机技术与管理信息系统
- 数据库技术与数据资源管理
- 计算机网络与数据通信技术

第二章　信息系统理论基础

【引例】

信息出售给迪士尼度假胜地

分时度假是休闲娱乐业的一项生意。简单地说，分时度假就是允许消费者每年可以有几周时间来享用度假设施。当他们不用这些设施的时候，公司还可以将时间份额销售给其他人，有些分时协议甚至允许消费者将自己的分时度假地与另一个分时度假地进行交换，这种对换可以是世界的任何地方。为了寻找这类度假计划的最佳潜在消费者，就要收集那些喜欢经常旅游的人的信息，这些人常到那些迷人（有时甚至是昂贵）的度假地，而不介意预付10000美元之多的昂贵费用，而且每年还要付1500美元以确保每年都能享用两周度假地。

1991年，沃尔特·迪士尼（Walt Disney）公司决定进入这一赚钱的市场，并在迪士尼度假村销售分时度假。这些度假村都坐落在沃尔特·迪士尼乐园内，这意味着分时度假者将有可能在为度假时间付出消费的同时在乐园中也进行大量消费。开发迪士尼分时战略要克服的首要障碍就是建立一个能完整描述那些潜在的分时度假者信息的信息仓库。迪士尼公司投资了50万美元，并在短短的15个月后，就完成了数据仓库的建立和信息准备工作，迪士尼将信用卡用户的信息、沃尔特·迪士尼公司的股东信息，以及曾在其他迪士尼旅馆中住宿过的顾客清单都装入该数据库中。

现在在迪士尼的分时数据库中，已有15000条客户信息，还有30万条市场信息。迪士尼定期向每一位潜在客户发出直销信，信中包括有关欢快的迪士尼度假村的客人们的趣闻以及有关分时度假可能性的全面信息。迪士尼还与那些近期通过他人介绍得知的客户取得联系，对每一位通过他人介绍而来并最终达成分时度假交易的客人，迪士尼还奖励免费住宿，并对介绍人馈赠礼物。至今，这类由介绍达成的交易已超过3000人次。

迪士尼期望分时度假业务的销售额能在未来几年内产生引人注目的增长。这些分时度假业务的收益对迪士尼是十分重要的，因为它大约占公司总收入的6%。

思考题：

1. 迪士尼分时度假系统中使用了哪些输入、输出信息？迪士尼如何收集信息？相关的道德问题都有哪些？

2. 迪士尼采用什么信息系统建设方案来获取新的竞争优势？

学习目标

通过对本章的学习，重点掌握：

1. 数据和信息的基本概念、信息的属性、信息的价值。
2. 信息系统的基本概念和类型。

3. 管理信息系统的概念、结构。

关键概念

信息（Information）；管理信息系统（Management Information System）；知识工作系统（KWS）；办公自动化系统（OAS）；业务处理系统（TPS）；决策支持系统（DSS）；高级经理支持系统（ESS）

第一节　信　　息

人类自古就对信息（Information）有一定的认识，但信息从来没有像现在这样对人类社会产生如此广泛、深入、持久的影响。然而要对信息给出一个定义却十分困难。生活中，人们频繁使用信息二字，如信息中心、信息技术、信息产业、信息高速公路、信息社会、信息经济、信息服务业、信息管理、信息论等。正是由于信息的使用十分广泛，所以，不同学科对其有不同的解释，如信息是使人们促进知识更新和认识事物的客观存在；信息是维系事物内部结构和外部联系，感知、表达并反映其属性和差异的状态和方式；信息是指应用文字、数据或信号等形式通过一定的传递和处理，来表现各种相互联系的客观事物在运动变化中所具有特征性内容的总称；信息是减少不确定性的一种客观存在和能动过程。不同学科也都从自身角度对信息进行了界定，如从数理角度视信息为概率论的发展和熵的数理化；从通信角度认为信息为不确定性的描述；从管理的角度则可视信息为提供决策支持的有效数据等。它们都从不同的侧面反映了信息的某些特征。同时，现代信息的概念，已经与半导体技术、微电子技术、计算机技术、通信技术、网络技术、多媒体技术、信息服务业、信息产业、信息管理等概念紧密地联系在一起。而且，随着时间的推移，时代将赋予信息新的含义。

信息是现代社会最普遍和应用最广泛的概念。但在使用信息这个概念时，其具体内容有时指的是消息，有时指的是数据，有时指的是知识。所以首先需要确定什么是信息，它与数据和知识有什么区别和联系，计算机处理的信息与日常生活中所指的信息有什么区别。

下面从数据、信息和知识的辨识中去把握信息的内涵。

一、信息和数据、知识

（一）数据

数据是一组表示数量、行动和目标的非随机的可鉴别的符号，这些符号是对客观事物的性质、状态以及相互关系等进行的记载。例如生产进度表、学生学号、产品合格率等。这些符号不仅包括数字，而且包括字符、文字、图形等，如描述 5 个人可以用 5、五、伍、正、101（二进制）、five、☆、条码等。一般可将数据分为数值型数据和非数值型数据两大类。数值型数据一般认为是可以直接进行科学运算的数字或字母。例如某地区的大学升学率为 85%，我国有 56 个民族，水的温度为 15℃ 等。非数值型数据包括除了数值型数据以外的其他数据，如图形数据、声音数据、图像数据等。数值型数据使得客观世界严谨有序，非数值型数据则使得客观世界丰富多彩。随着计算机技术的发展，数据的类型日益丰富，数据已无所不包。

（二）信息

如前所述，关于信息的定义很多，从信息系统的角度，本书将信息定义为：信息是经过加工后对接收者的行为能产生影响、对接收者的决策具有价值的可通信的数据。

首先，信息来源于数据。数据是对客观事物记录下来的可以识别的符号。这些符号的形式可以是数字、字符、图形等。数据经过处理和解释后才能成为信息。例如行驶的汽车中里程表上的数据不是信息，只有当驾驶员看了里程表后作了加速或减速的决定，那个数据才是信息。再如，股票价格是用来表示客观事实的，对于不炒股的人来说，这些数字只是一些简单的符号，所以它只是数据。发票和单据对会计人员来说，是原始数据。当会计人员将它们按照一定的规定和处理顺序进行加工，形成各种不同需求的账目和报表后，才能用以提供各种信息。

其次，信息是可以通信的。由于人们通过感觉器官获得的信息相当有限，大量的信息需要通过信息的传输工具获得，如信息系统。消息是传递过程中的信息。如果传递的信息全面而准确，则消息就是真实的；如果传递的信息片面或错误，则消息就是虚假的。消息的真假还与传递的媒介有关，信息在传递媒介的失真也会导致消息的不真实。

最后，信息对接收者的决策具有价值。信息是形成知识的基础。实际上，不同的人对同一个数据可能会有不同的解释，从而得到不同的信息来作出不同的决策。对数据解释的正确与否取决于对数据来源的认知程度。

从某种程度上来说，信息和数据相互联系又相互区别：

（1）信息和数据都是对客观事实的反映，数据是物理的反映，而信息是抽象的反映。例如要对产品加工这一个运动过程进行描述，可以采用绘制工序图、拍照片、录像、写文字说明和报告等手段来反映。所得到的图表、图片、说明书、报告等为数据，而关于“该产品的加工技术”这一抽象认识则是信息。

（2）信息是数据内在逻辑关系的体现。如果将数据比喻为原料，信息则是产品。同一数据，因每个人对其解释的差异，它对决策的影响也可能不同。例如派车单对驾驶员来说可能是信息，而对公司副总经理来说只是数据。一个系统输出的信息可能成为另一个系统输入的数据。例如将原始凭证采用会计分录的形式输入到记账凭证，对于输入过程来说，原始凭证是数据，记账凭证是信息。当将记账凭证按一级科目或明细科目汇总到总账或明细账，对汇总过程来说，记账凭证是数据，总账或明细账则为信息。

（3）数据是信息的符号表示，或称载体；而信息是数据的内涵，是数据的语义解释。数据是信息存在的一种形式，只有通过解释或处理才能成为有用的信息。数据可用不同的形式表示，而信息不会随数据不同的形式而改变。例如，某一时间段的CPI就是一个信息，但它不会因为这个信息的描述形式是数据、图表或语言等形式而改变。

在某些不需要严格区分的场合，也可以把两者不加区别地使用。例如数据源可以说成信息源，信息处理也可以说成数据处理。

（三）知识

从广义的角度讲，知识是人类社会经验的总结，是对人类社会及思维方式与运动规律的认识与掌握。从狭义的角度来理解，知识是以某种方式把一个或多个信息关联在一起的信息结构，是人的大脑通过思维重新组合的、系统化的信息集合。

有关数据、信息和知识特征的比较如表2-1所示。

表 2-1 信息系统中数据、信息和知识特征的比较

	数 据	信 息	知 识
描述的水平	元素，集合	分类，关系	定义，过程，规则
计算机表述	业务处理系统	分析模型（如电子表格、统计模型）模拟，图形	专家系统，知识管理系统，面向对象的系统

二、信息的属性

1. 客观性

客观性是信息的第一属性。事实是信息的中心价值，不符合事实的信息不仅没有价值，而且可能价值为负，既害他人，也害自己。信息必须真实、准确，必须如实地反映客观实际。而破坏信息的客观性在实际管理中是普遍存在的，如粉饰财务报表、散布谣言、谎报销售量等。维护信息的客观性，也就是维护信息的真实性、准确性、精确性等。

2. 时效性

信息的时效性是指从信息源发送信息，经过接收、加工、传递，到利用的时间间隔对信息价值的影响。时间间隔太长，信息可能已经失去作用。时间间隔越短，信息使用越及时，使用程度越高，则时效性越强。有些信息的时效性特别强，如期货价格和天气预报信息等。

3. 不完全性

客观事物的无限复杂与动态变化，决定了信息的不完全性。信息的完全性只能是相对的，而其不完全性是绝对的。因此，在信息的处理过程中，要在信息不完全的情况下，以各种可能的方法，进行分析和判断，舍弃无用的和次要的信息，才能正确使用信息，从而提供比较合理的信息服务与支持。

4. 可压缩性

利用图形、摘要、模型等可以对信息进行压缩、集中、概括和综合，而不失去信息的本质。在压缩的过程中，可以舍弃一些不重要的或无用的干扰信息和冗余信息等。现代社会产生的信息数量成倍增长，增加了信息传输、存储和接收的困难。通过对信息的压缩，排除其中的冗余信息，可以提高信息存储、传输和利用的效率。

5. 可共享性

从信息的固有性质来说，信息是可以共享的。例如一个企业采购原材料的信息，既可传递给生产部门，也可传递给财务部门和销售部门，使企业的许多相关部门都掌握原材料的供应情况。严格说，只有达到企业信息的共享，信息才能真正成为企业的资源。

信息共享是非零和的，一方告诉另一方一个消息，并不会使告之方失去对该消息的记忆。可共享性使信息的供给具有无穷大的规模效应，具有巨大的经济价值。信息的分享不会造成直接的损失，但有时也会造成间接的损失。例如共享信息可能提高员工的士气，也可能会导致员工士气的低落。另外，信息产品的消费具有非排他性，一个人的消费并不能排除他人的消费，如软件、音乐、文学作品都具有相同的性质。因此，创作新诗、编写程序、开发新产品的思想经常处于被无偿占用的威胁之中。

6. 可传输性

信息可以传输，并且其传输成本远远低于物质和能源的传输。利用现代通信设备和先进

的传输形式，可以对各种形式的信息进行传输。信息的传输存在两面性，一方面信息的可传输性加快了资源的交流，加快了社会的变化；另一方面可能造成信息的贬值。

7. 增值性

信息是经过加工并对生产经营活动产生影响的数据，是由劳动创造的，是一种资源，因而是有价值的。索取一份经济情报或者利用大型数据库查阅文献所支出的费用是信息价值的部分体现。信息是自增值积累，越用越多，在量变的基础上可能产生质变，在积累的基础上可能产生飞跃。例如天气预报的信息，预报期过后，对指导生产生活就不再有用，但可以用来和各年同时期的天气比较，总结变化规律，验证模型。信息的增值性和再生性，使我们可以从信息废品中提炼有用信息。同时，信息产品不能等值交换，如 1KB 的信息与另 1KB 的信息不存在等值关系。例如，嵌入式操作系统的核心代码 2KB 价值连城；连篇累牍的会议文章、垃圾新闻却没有任何价值。

8. 资源性

信息具有稀缺性，因而也是一种资源。信息资源因以非物质形态存在，被称为非物质资源或无形资源。信息资源对组织的管理、控制和决策有重要的支持作用，它是信息社会的一种战略性资源，具有独特的经济价值。表 2-2 是物质资源与信息资源的对比。

表 2-2 物质资源与信息资源的对比

序 号	物质资源	信息资源
1	损耗速度快	不会损耗
2	不可再生	可再生
3	复制成本高	复制成本低
4	优势递减	优势递增
5	便于模仿	难以模仿

9. 扩散性

扩散是信息的本质。信息通过各种渠道向各个方向扩散，信息的密度越高，信息源和接收者之间的梯度越大，则扩散的速度越快，扩散的面越广。越离奇的消息、越耸人听闻的新闻，其传播速度越快，扩散的面越广。信息的扩散可能带来正面或负面的影响，正面的影响有利于加速知识的传播，负面的影响可能造成混乱和恐慌。例如通过远程网络电视会议，企业更多的人可以更方便地参与会议，提升会议效率；而如果通过网络传播虚假和有损身心健康的信息，则会给社会造成危害。

10. 等级性

管理系统是分等级的（如公司级、工厂级、车间级等），处在不同级别的管理者有不同的职责，处理的决策类型不同，需要的信息也不一样。因此，信息也是分级的。通常把管理信息分为以下三级：

（1）战略级。战略级信息是关系到企业长远发展战略和目标的信息，涉及对企业的目标、为实现这一目标所必需的资源水平和种类，以及确定获得资源、使用资源和处理资源的指导方针等进行决策的信息，如产品投产、停产，新厂厂址选择，开拓新市场等决策相关信息。制定战略要大量地获取来自外部的信息，管理部门往往把外部信息和内部信息结合起来进行预测。

（2）策略级。策略级信息是与企业运营管理相关的信息，如月度计划生产状况、供应状况、产品成本信息。管理人员通过对资源利用情况的掌握，并将实际结果与计划相比较，从而了解是否达到预定目的，并采取必要措施更有效地利用资源。策略级信息一般来自所属各部门，并跨越各部门。

（3）执行级。执行级信息是与企业业务处理相关的信息，如职工考勤情况、设备运行状况信息等。它与组织日常活动有关，并用以保证切实完成具体任务。

不同等级的信息在信息来源、信息使用寿命、保密程度、加工方法、使用的频率、信息的精度等方面有所不同，如图2-1所示。

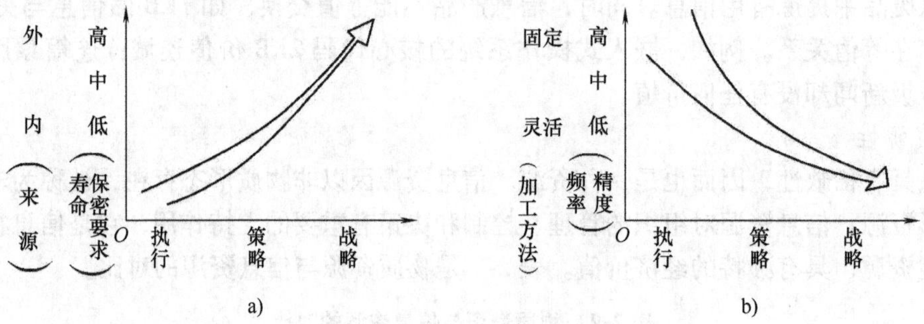

图2-1　不同等级信息的属性比较

信息可以从不同的角度划分为多种类型。按照管理层次可分为战略信息、策略信息和执行信息；按加工的深度可以分为一次信息、二次信息和三次信息；按应用领域可以分为科技信息、经济信息、管理信息；按表现形式可以分为数字信息、图像信息和声音信息等。

信息还有其他方面的特征，如生产信息的固定成本很高，边际成本却很低。微软公司开发Windows操作系统以及其他系统软件，投资数亿美元，而制作一张光盘的成本不足1美元。这些都丰富了信息的内涵。

三、信息的度量㊀

不同的数据资料中包含的信息量可能差别很大，数据资料所含信息量的多少是由消除对事物认识的“不确定性程度”来决定的。在获得数据资料前，人们对事物的认识不清楚，存在不确定性，而获得数据资料后，则有可能消除部分不确定性。数据资料所消除的人们认识上的不确定性的大小，就是数据资料所含信息量的大小。也就是说，信息量的大小取决于信息内容消除人们认识的不确定性程度。消除的不确定性程度大，则信息的信息量就大；反之，信息量则小。事先就确切地知道消息的内容，其信息量则为零。

熵是一个系统的状态函数，是对系统无序程度或混乱程度的度量和对不确定性的最佳测度，是现代动力系统和遍历理论的重要概念。系统的信息量增加总是表明不确定性的减少、有序程度的增加，因此，信息在系统的运动过程中可以看成是负熵。E. T. Jaynes最大熵的基本思路是对于信息熵H的表达式。可以从两个角度来考察：一是在已知实验结果的先验概

㊀　参考资料：Thomas M. Cover，Joy A. Thomas著，《信息论基础》，第2版，阮古寿、张华译，机械工业出版社，2008年。

率分布的情况下，由表达式求得熵的数值；二是可以将信息熵 H 看作先验概率分布的泛函，这意味着，在先验概率分布发生变化时，H 也随之变化，从而在给定约束条件下，在所有可能的先验概率分布中，以使得 H 取最大值的分布为最优。

可以利用概率来度量信息。先看一个例子，现在小张到有10000人的学校找小李，这时，小张的头脑里，小李所处的可能性空间是该学校的10000人，而后他获得“小李在管理学院”的信息，而管理学院有1000人，那么他获得的信息量为1000人/10000人=1/10。如果他又获得了一个信息是“小李在工商管理专业”，而工商管理专业的学生为100人，这样一来，其搜寻范围又缩小到原来的（1000人/10000人）×（100人/1000人）=1/100。通常，用负对数来表示信息量，即

$$-\log(1000/10000)+(-\log(100/1000))=-\log(10/1000)$$

只要可能范围缩小，获得的信息量总是正的。如果可能性范围没有改变，即 $-\log 1=0$，获得的信息量为零。如果可能范围扩大，人们对事情的认识就更加模糊和不确定了。

按照信息论创始人香农（C. E. Shannon）的定义，信息量的公式是：$I=\log$（先验概率/后验概率），信息量的单位为比特（bit），一个比特的信息是指含有两个独立均等概率的事件所具有的不确定性能被全部消除掉所需要的信息。因此，在这种单位制度下，信息量的度量如下：

$$H(x)=-\sum P(X_i)\log_2 P(X_i)\ (i=1,2,3,\cdots,n)$$

式中，X_i 表示第 i 个状态（共有 n 个状态）；$P(X_i)$ 代表出现第 i 个状态时的概率；$H(x)$ 为消除系统不确定性所需的信息量。

例如投硬币，硬币落下有两种可能状态，而出现这两种可能状态的概率为 $P(X_i)=0.5$，这时，$H(x)=-[P(X_1)\log_2 P(X_1)+P(X_2)\log_2 P(X_2)]=-(-0.5-0.5)\text{bit}=1\text{bit}$，同样，投正六面体色子，则有：$P(X_i)=1/6$，$H(x)=2.6\text{bit}$。

四、信息的价值

企业生产经营的成败取决于能否作出正确有效的决策，而正确的决策依赖于正确信息的获取。也就是说，信息是有价值的。

衡量信息的价值通常可有两种方法：一种是按花费的社会必要劳动量来计算；另一种是按使用效果来衡量。

1. 按花费的社会必要劳动量计算

按花费的社会必要劳动量计算，其计算方法与计算其他产品价值的方法相同，即

$$\text{Value}=\text{Cost}+\text{Profit}$$

式中，Value 为信息产品的价值；Cost 为生产该信息所花费的成本；Profit 为利润。

例如，出版书籍的成本包括版权费、制作费、作者的酬金、宣传费和发行费用等，在此基础上，确定适当的比例作为公司的利润，就可以计算出此信息产品的价值。

2. 按使用效果衡量

该方法认为信息的价值是在决策过程中用了该信息所增加的收益减去获得信息所花费用。在设计选择方案时，由于用了信息进行方案比较，在多个方案中选出一个最优的与不用信息随便选一个方案，两种方案所获经济效益的差额叫作收益。

衡量使用效果的方法为：

$$P = P_{max} - P_i$$

式中，P 为信息价值；P_{max} 为获取信息所能得到的最好收益；P_i 为未获取信息任选某个方案所能得到的收益。

此方法认为：信息的价值体现在决策过程中应用了信息后增加了收益，用获取信息所能得到的收益减去未获取信息所能得到的收益，便是信息的价值。如果使用信息的方案有多个，可以从中选出一个最优的方案参与比较。

值不值得收集信息，或值不值得使用新的信息系统，要用全情报价值（EVPI）来衡量。所谓全情报价值，是指获得全部情报，对客观环境完全了解，得到最优决策，与不收集情报所能得到的最好收益之差。例如，考虑某新产品的市场预测信息，预测其市场需求很大。如果该市场信息被用来开发新产品，可以为企业增加 100 万元以上的利润，但是如果企业没有采纳该市场信息，自主决定开发新产品，也能为企业增加 80 万元以上的利润，那么该企业为这条市场信息支付的费用最多不应超过 20 万元。

例如，某企业向某二级市场销售一产品，如市场状况好，可按原价每月卖出 18000 件；如市场状况为中，每月可卖 12000 件；如市场状况差，每月只能卖 6000 件。每件产品赚 1 元。如超过以上市场情况多运产品，则多运的部分要亏本处理，每件损失 0.5 元。按照以往的统计规律，市场状况好的概率为 0.3，中的概率为 0.5，差的概率为 0.2，各种方案和各种情况下的收益矩阵见表 2-3。

表 2-3　收益矩阵

运输方案	θ_1 好 0.3	θ_2 中 0.5	θ_3 差 0.2	期望收益
a_1：6000 件	6000 元	6000 元	6000 元*	0.3×6000 元+0.5×6000 元+0.2×6000 元=6000 元
a_2：12000 件	12000 元	12000 元*	3000 元	0.3×12000 元+0.5×12000 元+0.2×3000 元=10200 元
a_3：18000 件	18000 元*	9000 元	0	0.3×18000 元+0.5×9000 元=9900 元

表 2-3 中，a_1、a_2、a_3 表示三种运输方案，即每月运 6000 件、12000 件或 18000 件。

全情报价值：

$$\text{EVPI} = \sum_{i=1}^{3} p(\theta_i)\max[C(a_i,\theta_i)] - \max E(a_i)$$

式中第一项是：市场状况为好，每月运 18000 件，为中，每月运 12000 件，为差，每月运 6000 件。表 2-3 中的 * 表示每月均能得到该种情况下的最大收益。这样卖一段时间的平均收益为：

$$(0.3\times18000+0.5\times12000+0.2\times6000)\text{元} = 12600\text{ 元}$$

式中第二项是按照期望收益最大来选择一种方案，以此方案坚持一段时间，所得的平均收益为 10200 元。因此，

$$\text{EVPI} = 12600\text{ 元} - 10200\text{ 元} = 2400\text{ 元}$$

全情报价值给出了一个界限，如果我们购买市场情报的花费超过这个值，就不值得了。

上例说明在市场条件下，信息的确可以转化为价值。如果我们把第一种方法计算所得的

信息价值叫作内在价值，那么我们可以把第二种方法计算所得的价值叫作外延价值。对生产信息商品的企业，应用内在价值确定信息的定价；对使用信息的企业，应用信息的外延价值衡量信息或信息系统是否适用。在信息系统的分析中，应当采用外延价值。

第二节 信息系统

一、系统及其特征

系统的概念是管理信息系统三大基础概念之一。系统是由相互依赖的若干个要素为了实现一个共同的目标而结合在一起的一个有机整体。可以说，处处是系统，事事是系统。企业信息系统有很多要素，人、财、原料、能源这些都是资源信息，企业目标就是为社会提供一定的产品和服务，取得经济效益。而企业是由各个要素组合而成的，企业本身就是一个系统。与其说系统是一种具体对象，还不如说是一种研究事物的方法。

信息系统是一个人工系统。所谓人工系统，是指人类为了达到某种目的而对一系列要素作出有规律的安排，使之成为一个相关联的整体，如财务管理系统和物流系统等。实际上，大多数系统属于自然系统和人工系统相结合的复合系统，而且许多系统有人参加，是人机系统。例如信息系统看起来是一个人工系统，但是它的建立、运行和发展往往不以设计者的意志为转移，而有其内在规律，特别是与开发和使用信息系统的人的行为有紧密的联系。了解自然系统的运行规律及人与自然系统的关系是建立和发展信息系统的关键。

开环系统是指系统由输入转换到输出是一个开环的过程，就是输入了相应的资源以后，转换成产品提供社会，至于社会对提供的产品和服务反应如何，是不是完成了生产计划的要求等，这些并没有反馈信息，它只有输入、转换和输出。

闭环系统就是输出以后返到控制机构，控制机构又返到输入。例如，产品到社会以后，社会对产品产生反馈信息，这些反馈信息通过反馈机制进入输入端，如果产品质量有问题，这样就可以改变输入，即采取相应的改进质量措施；如果生产过量就减少生产数量，使系统更加符合实际的需求。闭环系统因为有反馈可以进行控制，正如管理学家西蒙所说的“没有反馈就没有控制”。所以，只有通过反馈信息了解现实情况和预期之间的差距，才能够更好地控制整个管理过程。多数系统都是闭环系统。

系统的特征包括整体性、目的性、相关性、环境适应性等。

（1）整体性。一个系统至少要由两个或更多的可以相互区别的要素（或称子系统）所组成，它是这些要素和子系统的集合。作为集合的整体系统的功能要大于所有子系统的功能之和。

（2）目的性。任何一个系统的发生和发展都具有明确的目的性。所谓目的，就是系统运行要实现的预期目标，它表现为系统所要实现的各项功能。系统目的或功能决定着系统各要素的组成和结构。

（3）相关性。系统内的各要素既相互作用，又相互联系。这里所说的联系包括结构联系、功能联系、因果联系等。这些联系决定了整个系统的运行机制，分析这些联系是构建一个系统的基础。

（4）环境适应性。系统在环境中运转，环境是一种更高层次的系统。系统与其所处的环境相互交流，相互影响，进行物质的、能量的或信息的交换。不能适应环境变化的系统是没有生命力的。

二、系统性能的评价

判断一个系统的好坏可以由以下四个方面来进行：

(1) 目标明确。每个系统均为一个目标而运行。这个目标可能由一组子目标组成。系统的好坏要看它运行后对目标的贡献。因此，目标明确是评价系统的第一指标。

(2) 结构合理。一个系统由若干子系统组成，子系统又可划分为更细的子系统。子系统的连接方式组成系统的结构。连接清晰、路径通畅、冗余少的系统，更易于实现系统的目标。

(3) 接口清楚。子系统之间有接口，系统和外部也有接口，好的接口其定义应十分清楚。例如世界各国组成的系统，各国之间发生交往均要通过海关进行，海关有明确的人员和货物的出入境规定。

(4) 能观能控。通过接口，外界可以输入信息，控制系统的行为，可以通过输出观测系统的行为。只有系统能观能控，系统才会有用，才会对系统目标作出贡献。

以系统的思维方式来观察企业和公司的运作，将企业和公司看作嵌入大系统（或环境）中的一个系统。这种抽象思维方式，对经理们具有如下潜在的价值：

1) 防止经理们在错综复杂的组织结构和琐碎庞杂的工作中茫然不知所措。

2) 根据整体的需要来设定正确的目标。

3) 强调各部门协调运作的重要性。

4) 认识到系统与环境间要相互沟通和联系。

5) 由闭环系统得到的反馈信息具有很高的价值。

三、信息系统的组成

一个系统作为抽象模型来看，有其共同的基本组成部分。一般来说，系统由输入部分、处理部分、输出部分和反馈机制组成。信息系统是一系列相互关联的可以收集（输入）、操作和存储（处理）、传播（输出）数据和信息并提供反馈机制以实现其目标的元素或组成部分的集合，如图 2-2 所示。下面将从系统的一般模型来分析信息系统的各组成部分。

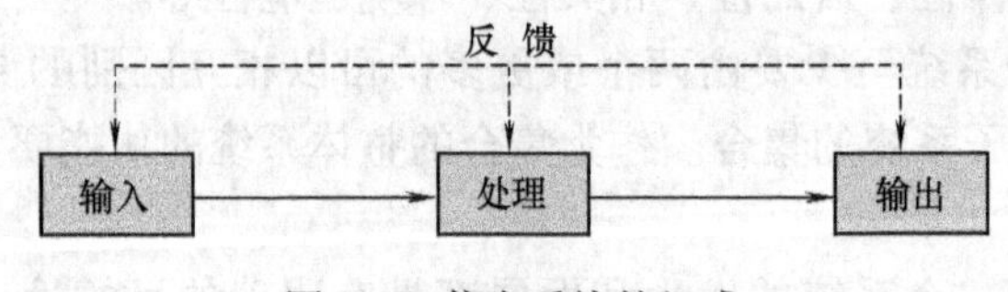

图 2-2 信息系统的组成

（一）信息的采集和输入

在信息系统中，输入是获取和收集原始数据的活动。例如，要制作学生成绩单，首先应该在打印成绩之前，收集该学生各科成绩方面的数据；制作产品销售计划表时，应该从数据库中检索出所需数据。无论是从数据库中检索，还是将收集来的市场信息输入计算机，都属于信息系统的输入活动。输入的内容可以是原始数据，也可以是来自其他系统的输出信息。

输入可以是手工过程，也可以是自动的。例如市场调查数据一般是手工输入计算机，而超市销售数据可由条码阅读器自动输入计算机。

数据收集的关键是完整、准确、及时地把所需要的数据收集起来，记录下来，做到不漏、不错、不误时。因此，它要求时间性强、校验功能强、系统稳定可靠。如果收集的数据不正确，处理得到的信息就毫无价值，依据这些信息所作的决策也就毫无意义了。收集数据的时效性对把握决策时机也至关重要。

收集数据时，应尽量减少人工参与，因为人工操作不仅速度慢，而且出错率也高。统计资料表明，用键盘输入数据时，60% 以上的输入错误是由击键错误造成的。

（二）信息的加工和处理

在信息系统中，处理是将数据转换或变换为有用的输出。加工的方法可以是文件的建立、排序、更新、检索等基本操作，也可以是计算、汇总、逻辑判断等带有决策功能的操作。处理方式可以是批处理，也可以是实时处理。批处理是指将数据累积到一定量再处理。实时处理是指得到数据后立即进行处理。例如，到银行存取款或到售票点预订机票都属于实时处理，而会计中的凭证录入、汇总账就属于批处理类型。处理可以手工完成，也可以由计算机辅助完成。

由于管理决策常常要用到一些相当复杂的加工方法，在各类信息系统中，决策支持系统对信息的要求是最高的。管理信息系统往往是以比较固定的方式使用的，因此处理起来比较容易。业务处理系统与办公自动化系统所使用的加工方法比较简单，由于数据更新频繁，要求加工速度快，在制定具体算法时，应认真考虑其效率问题。

（三）信息的存储

存储是将收集到的数据和数据处理产生的信息保存起来，用作输出、查询和反馈的数据来源，而且保存的信息是信息系统中十分重要的资源。手工处理时，信息主要以纸张方式保存，而由计算机处理时主要保存在存储器中。信息的存储关键是要考虑信息的存储量、信息格式、存储方式、使用方式、存储时间、安全保密等问题。

业务处理系统中，需要存储的信息格式比较简单，存储时间比较短，但数量较大。相反，管理信息系统与决策支持系统中的信息格式比较复杂，要求存储形式比较灵活，存储的时间也较长，相应的信息存储的难度较大。

（四）信息的输出

输出是指以文档、报告或业务数据形式出现的有用信息。输出的方式可以是打印机打印，也可以通过显示器显示，或存储起来以备以后加工时使用。一个系统的输出可能是另一个系统的输入。例如，工资处理中输出的是该月每位职工的工资单、各部门发放的工资总额以及整个企业的工资总额。而这些输出是会计信息系统中的成本数据，因而它又是会计信息系统中的输入部分。信息输出方式的简明易用是十分重要的，系统的设计者应当利用各种方法，避免误解，提高清晰程度，以保证信息被正确地理解与使用。

（五）信息的反馈

在信息系统中，反馈是指为了校核和控制的目的，将计算机的部分输出信息返回给计算机作为输入，反馈回来的误差或问题可以用来修正输入数据，或者改变某过程。反馈对管理人员和决策者也很重要，如库存控制中将存货清单反馈给系统，作为缺货报警和订货的依据。除了这种反馈方式，信息系统还能够通过预测未来事件来防止问题的出现。

信息的输入、处理、输出、存储与反馈构成了一个信息系统。信息系统是一系列相互关联的可以输入、处理、输出数据和信息并提供反馈机制，以实现其目标的元素或组成部分的集合。例如，学生成绩系统是一个信息系统。首先，系统需要获取所有学生各科的考试成绩（输入）；然后累计每个学生各科成绩的总分（处理），输出各门课程的平均分数和依据总分高低来排序的名次表（输出）；同时保存学生的成绩用于日后的处理和查询（保存），依据每门课程的平均成绩分析得分偏高或偏低的原因，必要时对考分作适当的调整（反馈）等。

四、信息系统的类型

从技术角度看，信息系统是能够通过收集、处理、储存和分配信息来支持组织的管理、控制和决策等一系列相互联系的系统。经过半个世纪的发展，可从以下几个方面来对信息系统分类。

根据组织内部系统使用不同组织层次，信息系统可划分为以下四种：操作层（作业层）、知识层、管理层（控制层）和战略层。

操作层信息系统支持日常管理人员对基本经营活动和交易进行跟踪和记录，如销售、现金、工资、原材料进出、劳动等数据。系统主要是记录日常交易活动，解决日常规范问题，如销售系统中今天销售多少、库存多少等基本问题，如业务处理系统（TPS）。

知识层信息系统是用来支持知识和数据工作人员展开工作，帮助公司整理和提炼有用的信息和知识，减少对纸张的依赖，提高信息处理的效率和效用，如销售统计人员统计和分析销售情况，供上级进行管理和决策使用，解决的主要是结构化问题，如办公自动化系统（OAS）、知识工作系统（KWS）、专家系统（ES）等。

管理层信息系统是用来为中层经理的监督、控制、决策以及管理活动提供服务，管理层提供的是中期报告而不是即时报告，主要用来管理业务进行、发现存在的问题等，充分发挥组织内部效用，主要解决半结构化问题，如管理信息系统（MIS）、决策支持系统（DSS）等。

战略层主要是关注外部环境和企业规划的长期发展方向，关心现有组织能力能否适应外部环境变化，以及企业的长期发展和行业发展趋势问题，这些通常是非结构化系统，如高级经理支持系统（ESS）等。

按信息系统在组织中的位置来划分，可分为组织内的信息系统，如生产管理信息系统、财务管理信息系统、人力资源管理信息系统、销售管理信息系统等，以及组织间的信息系统，如供应链管理信息系统、客户关系信息系统、企业资源计划（ERP）系统和广义的电子商务等。

各类信息系统在开发和应用的时间上有先后，在信息处理技术水平和对管理者的支持能力和层次上有差距，呈现不断深化和扩展的趋势。正因为如此，许多组织和企业都加大了对信息技术和信息系统的投资，以提高工作效率，加快工作流程和信息的流转速度，提高管理水平，缩减企业与客户、企业与政府、企业与企业之间的空间距离。表2-4从管理和信息等级层次的角度，分析几种不同的信息系统所支持的组织职能层次、主要使用者，以及其信息输入、信息处理、信息输出等方面的不同特点。

表 2-4　不同的信息系统特征比较

系统类型	职能层次	主要使用者	信息输入	信息处理	信息输出
高级经理支持系统（ESS）	战略层	高级经理	汇集数据，包括内部的、外部的，以外部为主	图形、模拟、对话	预测、数据挖掘、查询响应
决策支持系统（DSS）	控制层	专业人员、部门经理	少量数据、分析模型	对话、模拟、分析	专项报告、决策分析、查询响应
管理信息系统（MIS）	控制层	中层经理	汇总交易数据、大量数据、简单模型	常规报告、简单模型、低级分析	总结报告、异常报告
专家系统（ES）	知识层	专业人员、技术人员	设计说明、知识库	建模、模拟	模型、图形、解决方案
办公自动化系统（OAS）	知识层	文员	文件、日程安排	文档、计划、通信	文件、日程表、信函
业务处理系统（TPS）	作业层	作业人员、监控人员	处理事件	分类、列表、合并、更新	详细报告、清单、汇总

（一）业务处理系统

业务是完成某种工作任务的手续的集合。例如，在银行完成一个客户的存取款，在理发店理完一个人的头发，在学校完成一次学生选课，企业接受一笔订货等。业务处理系统（TPS）就是处理这些业务的系统，是用来处理大量例行业务的循环作业系统。它记录每天常规的管理商务活动必需的事务，例如销售订单的录入、工资发放、员工信息的维护与更新等。

TPS 又可称为电子数据处理系统（Electronic Data Processing，EDP），是计算机在管理方面早期应用的最初级形式。这些系统通常是一种分离式单独处理某一项具体业务的系统，如账务处理系统、工资处理系统、库存管理系统、合同管理系统等。各个子系统有自己专有的硬件、软件和数据文件。它们之间一般不交流、不共享某些专用数据库文件，如银行的管理者使用业务处理系统把储蓄和付款业务分别计入和划出银行账户；超市的管理者使用业务处理系统记录销售项目和跟踪库存水平。更普遍的是，许多大型组织的管理者使用业务处理系统来完成诸如工资单准备和发放、旅馆预约、客房账单的处理和供应商付款等任务。

TPS 的主要功能是对企业管理中日常事务所发生的数据进行输入、处理和输出。由于它处理的是较低管理层的比较结构化的问题，处理程序较固定。其主要的操作是排序、列表、更新和生成，使用的运算是简单的加、减、乘、除。常见的事务处理包括五个步骤或活动：①数据输入；②业务处理；③文件和数据库处理；④文件和报告产生；⑤查询处理活动。主要的 TPS 类型有销售/市场系统、制造/生产系统、财务/会计系统、人事/组织系统等。

TPS 的发展经历了下面两个阶段：

1. 单项数据处理阶段（20 世纪 50 年代中期到 60 年代中期）

这一阶段是电子数据处理的初级阶段，主要是用计算机部分地代替手工劳动，进行一些简单的单项数据处理工作，如工资计算、产量统计等。

2. 综合数据处理阶段（20 世纪 60 年代中期到 70 年代初期）

这一时期的计算机技术有了很大发展，出现了大容量直接存取的外存储器。此外，一台计算机能够带动若干终端，可以对多个过程的有关业务数据进行综合处理。这时，各类信息报告系统应运而生。信息报告系统是管理信息系统的雏形，其特点是按事先规定的要求提供各类状态报告：

（1）生产状态报告。例如IBM公司生产计算机时，由状态报告系统监视每一个元件生产的进度。它大大加快了计划调度的速度，减少了库存。再如，化工厂通过传感器对生产数据进行监测，并予以实时调整。

（2）服务状态报告。例如能反映库存数量的库存状态报告系统、自动化汽车停车场状况报告系统等。

（3）研究状态报告。例如美国的国家技术信息服务系统（NTIS），能提供技术问题简介、有关研究人员和著作出版等情况。

TPS是信息系统的最初形式，在业务层，任务、资源和目标是提前订好且高度结构化的，是其他较高级信息系统的基础。但这并不意味着TPS不重要甚至不需要。这是因为：

首先，TPS提升了企业的运作效率。现在，企业的TPS所处理的数据量大得惊人，是手工无法完成的。例如一个银行营业厅白天8h所积累的业务，用手工至少加班4h才能处理完，而计算机只需几分钟。

其次，TPS支持的是企业的日常业务管理。TPS一旦出现故障，就有可能导致企业正常运作发生紊乱。TPS的故障将造成银行、超市、订票处的工作停止，造成极大的损失，甚至可能意味着公司的破产。可以想象一下，如果包裹跟踪系统瘫痪，UPS会怎样？如果没有计算机订单系统，航空公司会发生什么情况？

最后，TPS是其他类型信息系统的信息源，是企业信息的生产者。企业在推进全面信息化的过程中往往是从开发TPS入手的，其他系统将利用TPS所产生的信息为企业作出更多的贡献。可以说，现代的企业若没有TPS，简直无法工作。并且，TPS有跨越组织和部门的趋势。不同组织的TPS连接起来，如供应链系统和银行的清算系统相连，超市的POS系统和供应商的供货系统相连等，这些组织甚至结成动态联盟。

（二）知识工作系统和办公自动化系统

知识工作系统（KWS）和办公自动化系统（OAS）都是服务于组织中知识层的需要的。知识工作系统辅助知识工作者的工作，而办公自动化系统主要辅助数据工作者的工作。

一般来说，知识工作者是指一些拥有较高学历的工作者，如工程师、医生和科学家等。他们的工作内容之一是收集新信息、新知识。例如科学或工程设计工作站，可以促使新知识的建立并且确保新知识和新技能完全和企业结合。

数据工作者一般来说是处理信息而不是建立信息的，他们主要由秘书、会计、档案管理员、或者使用、控制或传递信息的经理们组成。早期的办公自动化系统是信息系统在办公室活动中的应用，它通过支持办公室的协调和交流，提高办公室数据处理人员的劳动效率。办公自动化系统的使用者主要是秘书、会计以及主要处理和传播信息的管理人员。现在，办公自动化系统使不同的地域、不同的职能部门协调工作，如系统可以和顾客、供应商以及其他外部组织交流，并可用作信息和知识流动的交换所。

典型的OAS用来管理文件（通过字处理系统、桌面出版系统和数字文件记录），安排日程（通过电子日历），建立通信（通过电子邮件、语音邮件、电视会议等）。字处理系统是指用于文件的建立、编辑、版式设计、存储、打印等的软件和硬件。字处理系统是办公工作信息技术应用系统的典型。之所以如此，部分原因是因为文件管理工作是办公工作的主要内容。桌面出版系统通过和来自字处理软件的输出信息相连，可以生成达到专业出版质量的文件。

（三）专家系统

专家系统（Expert System，ES）是指使用储存在计算机中的人类知识来解决一般需要专家才能解决的问题的信息系统。专家系统实际上是人工智能的另一种形式，是一种知识管理系统。智能技术模仿人类专家（和智能）至少需要计算机具有三个方面的能力：一是认识、形成和解决问题；二是解释解决问题的办法；三是从经验中学习。

近年来，人工智能方面的一些发展成果（如“模糊逻辑”和“神经网络”）已经初步推出模拟人类思维过程的计算机程序。尽管人工智能还处于早期的发展阶段，但是越来越多的商业应用产品已经以专家系统的面目出现了。例如通用电气公司就开发了一种专家系统，帮助诊断和解决柴油发动机的故障问题。这套专家系统最初是基于有经验的专业人员的知识——发动机故障排除专家的知识而建立的。在计算机终端上，使用这个系统的新工程师或技术员可以仅用几分钟就发现发动机故障。这个系统还能够向使用者解释它提供建议的逻辑过程，因此，它既能担任问题的解决者又能充当老师。该系统建立在一个灵活的、类似人类思维过程的程序的基础上，能够通过吸收新知识来更新自己。通用电气公司在它所服务的每个铁路维修店里都装了这个系统，从而消除了不能及时进行维护的情况，并且大大提高了维护的效率。

（四）管理信息系统

TPS 主要针对管理中某个具体的事务来帮助处于企业底层的管理人员，减轻处理原始数据的负担，它对数据的处理仅限于状态报告、更新、统计和查询，虽然也生成许多有用的报表，但由于不同的 TPS 之间一般不进行数据交流和共享，因此这些报表对中高层管理人员虽有一定的参考价值，却远远无法满足他们对某个部门或企业整体管理活动的控制、预测、规划和辅助决策的需求。例如，账务 TPS 能完成记账、对账和查询，将记账人员从原来烦琐的手工劳动中解脱出来。可是，账务 TPS 与市场销售、生产管理、采购业务等没有信息共享，导致无法充分利用现有的信息资源进行成本核算、利润预测和投资规划。

为此，人们希望能建立一个针对企业各种事务的全面、集成管理的信息系统，这就是管理信息系统（MIS）。MIS 是建立在 TPS 基础之上，引进大量管理方法实现对企业整体信息的处理，并利用信息进行预测、控制、计划、辅助企业全面管理的信息系统。从 MIS 应用的历史和现状来看，MIS 是一个高度集成化的人机系统，它是企业信息系统中职能明确、体系机构较为稳定、处理技术成熟、应用也最为成功的分支。MIS 的产生和发展与信息技术提供的有力支持是密不可分的。正是因为 20 世纪 60 年代中后期数据库技术、网络技术的产生和迅速发展，才能实现 MIS 的高度集成化，实现信息资源的共享。

管理信息系统的发展是一个循序渐进的过程，它离不开数据处理系统和业务处理系统的功能。因此，管理信息系统中通常包含了数据处理和业务处理的功能，但是管理信息系统主要是用来提供管理者所需要的管理信息，MIS 归纳、总结公司的基础业务并形成报告，来自 TPS 的基础业务被压缩且提供在按规定时间形成的日常报告中。如图 2-3 所示，管理信息系统将来自 TPS 的业务层数据转换成 MIS 文件，并形成报告提供给管理者。由于管理信息系统是由业务处理系统发展而来的，人们通常混淆了业务处理系统和管理信息系统之间的差别。早期的管理信息系统非常类似于业务处理系统，而目前的许多管理信息系统与业务处理系统相比，为管理者提供了更多的支持。与其他技术演化的过程类似，高级形式并不能完全取代低级形式，而是两者处于长期共存的状态。管理信息系统向管理者提供的信息主要用于支持专项管理控制和决策，同时在一定程度上支持非常规的决策和过程控制。大多数管理信息系统是与业务处理系统相结合的。

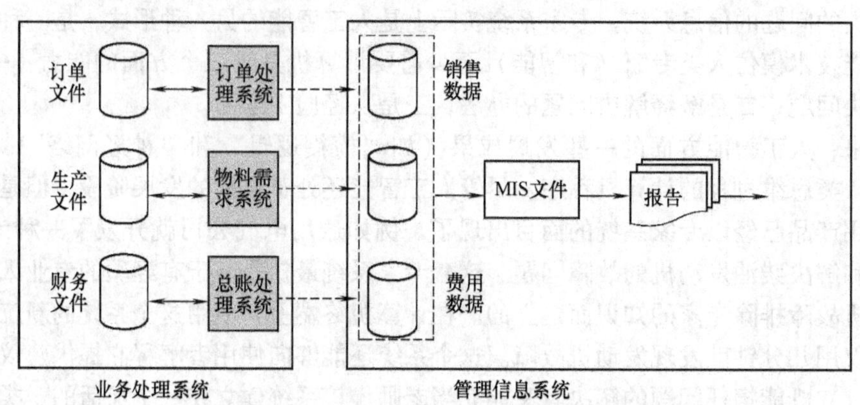

图 2-3　管理信息系统与业务处理系统的关系

20 世纪 60 年代，出现了许多类型的管理信息系统。其中有代表性的是狭义的管理信息系统，或称为运营（控制）信息系统（Operations Information System）。运营信息系统一般要获取业务处理系统收集的数据，把这些数据处理成有用的信息，并且用管理者能够理解的形式组织起来。管理者经常通过管理信息系统获得销售、库存、会计、员工的目标信息和业绩信息。

（五）决策支持系统

管理信息系统所处理的问题都属于结构化问题，即有规章、手续可循，而且可“委托”计算机系统来处理。例如，库存控制系统可以自动输出经济订货量；民航顾客订票的计算机系统可自动确定有无顾客需要的班机，若无，则提出替代班机或替代航线等。从而产生了生产管理信息系统、销售管理信息系统、财务管理信息系统、人事管理信息系统，分别服务于不同业务职能的自动化。但业务职能的自动化不等于一切决策问题的自动化。20 世纪 60 年代到 70 年代初，管理信息系统的功能被过度渲染，甚至夸张到说它将改变经理人员的生活，还会完全改变他们管理其公司的方式与方法。但实际上，信息系统所提供的数据大都不适合管理部门决策之用。经理人员得到的数据虽很丰富，但能得到的信息却很贫乏。

决策支持系统（Decision Support System，DSS）是由计算机支持的交互式信息系统。DSS 也用于管理层，帮助管理人员作出决策，而这些决策往往是半结构化或非结构化的。它能为决策者提供决策所需要的数据、信息和背景材料，帮助明确决策目标和识别问题，建立或修改决策模型，提供各种备选方案，并对各种方案进行评价和优选，通过人机对话进行分析、比较和判断，为正确决策提供有益的帮助。例如帮助对提高生产能力进行投资、开发一项新产品、发动一次新的推广战、进入一个新市场或者进行国际扩张等问题进行决策。管理信息系统能够为管理者组织重要的信息，而决策支持系统则能够赋予管理者建立模型的能力。例如，管理者可以使用决策支持系统帮助他们决定是否提高某个楼盘的销售价格。决策支持系统甚至包括了顾客和竞争对手对提高价格如何反应的模型，管理者可以运用这些模型和结果来作决策。

最早的决策支持系统的形式如交互式财务计划系统（Interactive Financial Planning System，IFPS），它主要用于财务问题。它提供了很好的表格运算，又具有了很好的书写模型的能力。决策支持系统的成功应用有很多，如用于配棉计算的决策支持系统。不同的棉花有不同的强度、不同的耐磨性、不同的吸水性，还有不同的价格和运输费用，致使每种产品要求的棉纱也有不同的特性。实际上，一根成品纱是由几十根不同的纱混纺而成的。那么应当用什么棉、多少支纱来混纺，才能达到强度、耐磨性、吸水性和成本最低的要求呢？这可以用线性规划建立一组包含几十个变量、几十个方程的数学模型。利用决策支持系统进行这种计算，每年节省资金多达几十万元。

DSS 在组织中可能是一个独立的系统，也可能作为 MIS 的一个高层子系统而存在。一般而言，决策支持系统是面向半结构化或非结构化决策问题的，其作用更多地体现在帮助和支持人的决策而不是替代人的直觉和判断。其主要特征如下：

（1）决策支持系统可以把模型或分析技术的使用与传统的数据存取功能结合起来，即能够利用计算机把定量计算和推理分析相结合。

（2）具有良好的人机交互界面，使人们能够非常方便地使用。

（3）具有充分的灵活性和适应能力，能够跟踪用户的决策方法和决策环境的变化。

（4）能够围绕决策问题，组织数据和模型，即应该具有数据生成和模型生成功能。

（5）支持的决策问题和解决方案是不能事前提供的。

（6）由用户启动和控制。

DSS 使用来自 TPS 和 MIS 的信息，同时也经常引用外部资源（诸如目前相关技术的发展水平、竞争对手的产品价格等）帮助决策。可以说，TPS、MIS 和 DSS 各自代表了信息系统发展过程中的某一阶段，如 TPS 是面向业务的信息系统，MIS 是面向管理的信息系统，DSS 是面向决策的信息系统。但至今它们仍各自不断地发展且相互交叉。

DSS 与人工智能、计算机网络技术等结合形成了智能决策支持系统（Intelligent Decision Support System，IDSS）和群体决策支持系统（Group Decision Support System，GDSS）。TPS、MIS 和 OA 技术在商贸中的应用已发展成为电子商贸系统（Electronic Business Processing System，EBPS）。这种系统以通信网络上的电子数据交换（Electronic Data Interchange，EDI）标准为基础，实现了集订货、发货、运输、报关、保险、商检和银行结算为一体的商贸业务，大大方便了商贸业务和进出口贸易。随着 Internet 的发展，电子商务（Electronic Commerce，EC）应运而生。此外还出现了不少新的概念，诸如总裁信息系统、战略信息系统、计算机集成制造系统（CIMS）和其他基于知识的信息系统等。

高层管理者很少使用决策支持系统。造成这种情况的一个原因可能是大多数计算机管理信息系统还不够复杂，不能有效地应付高层管理者面对的那些模糊的问题。为了改变这种状况，信息系统专家正在着手开发决策支持系统的变体——高级经理支持系统或称战略信息管理系统。

（六）高级经理支持系统

高级经理支持系统（Executive Support System，ESS）是 DSS 的高级版本，是 DSS 功能对高层主管的剪裁。它依靠先进的存取手段，可以存取 DSS 和 MIS 数据库中的数据，而且可以存取外界包括市场行情、新的税收规定以及竞争者情况的信息，被设计用来满足高层管理者的需求。ESS 的特征之一是用户界面友好，具有很好的图形显示能力和实用的分析能力。许多 ESS 都采用了简单的下拉式菜单来引导管理者进行决策分析。而且，它们还可能包括很好的图形和其他可视化特点来吸引高层管理者使用。ESS 不仅支持主管进行决策，提高效益，而且支持主管日常办公，提高效率。

ESS 能帮助回答如下问题：对手在做什么？获得什么能使我们免于周期性的商业波动？我们应该干什么？

ESS 还越来越多地被用于把高层管理者们连接起来，这样他们就可以作为一个团队来工作。这种类型的 ESS 被称作群体决策支持系统（GDSS）。这个群体可能是一个组织、一个委员会、一个工作组或是一个讨论会。GDSS 往往包含一个电子会议系统，可以是同时进行或同步进行，也可以是不同时异步进行。

【MIS 视窗】

美国金属公司子公司的主要业务是为其母公司运输大宗的煤、石油、矿石以及成品。该公司自己拥有一些船只并包租一些，同时在市场上竞标运输合同，运输一般货物。航运估算系统从财务上和技术上对航运的细节进行计算。财务计算包括计算运输成本（燃料、劳力、资金)、各种货物的费率和港口使用费。技术细节包括大量相关因素，如货物装载量、速度、港口距离、燃料和水的消耗、装载模式（利于到港后卸货的装载方法)。系统可以回答如下问题：给定一个用户运输时间表和一个费率，派哪艘船在什么情况下利润才能最大？一艘特定的货船在既能使利润最优，又能满足运输时间要求的情况下，理想的速度是多少？对一艘驶向美国西海岸的货船来说，最适应的装载模式是什么？该系统运行在一台高性能的个人计算机上，用户很容易输入数据，获得信息。

（资料来源：薛华成，《管理信息系统》，第 4 版，清华大学出版社，2004 年。）

第三节　管理信息系统

管理信息系统同其他任何学科一样，都有一个不断发展和不断完善的过程。20 世纪 60 年代，美国经营管理协会及其事业部第一次提出了建立管理信息系统的设想，即建立一个有效的 MIS，使各级管理部门都能了解本单位一切有关的经营活动，为各级决策人员提供所需要的信息。但由于当时硬件、软件水平的限制和开发方法的落后，效果并不明显。进入 20 世纪 80 年代以后，随着各种技术特别是信息技术的迅速发展，MIS 才得以进一步发展，MIS 的概念逐步充实和完善。

从国内外学者给 MIS 所下的定义来看，人们对 MIS 的认识在逐步加深，MIS 的定义也在逐渐发展和成熟。

瓦尔特·肯万尼（Walter T. Kennevan）在 1970 年对管理信息系统给出的定义是："以书面或口头形式，在合适的时间向经理、职员提供过去、现在和未来关于企业内部及其环境的信息，以帮助他们进行决策"。在那个时代，由于计算机应用还不普及，管理信息系统提供信息还停留在书面和口头的方式，目的是支持决策。

1985 年，管理信息系统的创始人戈登・戴维斯（Gordon Davis）给出了较为完整的定义：它是一个以计算机硬件和软件、手工作业为基础，利用分析、计划、控制和决策模型，以及数据库的人机系统。它具有提供信息，支持企业或组织的运行、管理和决策的功能。这个定义强调了管理信息系统的三个核心问题：计算机工具，信息处理的模型和系统的功能。

在我国，《中国企业管理百科全书》中将管理信息系统定义为：管理信息系统是一个由人、计算机等组成的进行信息的收集、传递、加工、维护和使用的系统。它能实测企业的各种运行情况，利用过去的数据预测未来，从全局出发辅助企业进行决策，利用信息控制企业的行为，帮助企业实现其规划的目标。这个定义强调了管理信息系统能够记录和保存企业内部和外部各种活动的相关信息，利用按时间序列记录的历史数据和信息掌握企业的变化过程，根据变化规律预测企业的发展趋势，为企业决策提供依据。

由此看来，对管理信息系统定义的不断完善是人们更好地理解其本质的过程。由于技术的不断进步和应用的不断深入，管理信息系统的结构和功能也在不断改进。从早期的电子数据交换系统到现在以互联网为基础的供应链管理系统，就是管理信息系统发展的最好例证。

总之，管理信息系统是把人和计算机结合起来对组织进行全面管理的系统。它综合运用了计算机技术、通信技术、管理技术和决策技术，与现代管理思想、方法和手段结合起来，为组织的管理活动提供支持。

由上述管理信息系统的定义，可以看出管理信息系统具有如下的特点：

1. 面向管理决策

管理信息系统是继管理学的思想方法、管理与决策的行为理论之后的一个重要发展，它是一个为管理决策服务的信息系统，它必须能够根据管理的需要，及时提供所需要的信息，帮助决策者作出决策。

2. 综合性

从广义上说，管理信息系统是一个对组织进行全面管理的综合系统。一个组织在建设管理信息系统时，可根据需要逐步应用个别领域的子系统，然后进行综合，最终达到应用管理信息系统进行综合管理的目的。管理信息系统综合的意义在于产生更高层次的管理信息，为管理决策服务。

3. 人机系统

管理信息系统的目的在于辅助决策，而决策只能由人来作，因而管理信息系统必然是一个人机结合的系统。在管理信息系统中，各级管理人员既是系统的使用者，又是系统的组成部分。在管理信息系统开发过程中，要根据这一特点，正确界定人和计算机在系统中的地位和作用，充分发挥人和计算机各自的长处，使系统整体性达到最优。

4. 现代管理方法和手段相结合

人们在管理信息系统应用的实践中发现，只简单地采用计算机技术提高处理速度，而不采用先进的管理方法，管理信息系统充其量只是减轻了管理人员的劳动，作用十分有限。管理信息系统要发挥其在管理中的作用，就必须与先进的管理手段和方法结合起来，在开发管理信息系统时，融进现代化的管理思想和方法。

5. 多学科交叉的边缘科学

管理信息系统作为一门新的学科，产生较晚，其理论体系尚处于发展和完善的过程中。

研究者从计算机科学与技术、应用数学、管理学、决策学、运筹学等相关学科中抽取相应的理论，构成管理信息系统的理论基础，从而形成一个有着鲜明特色的边缘科学。

一、管理信息系统的发展过程

管理信息系统的发展与信息技术的进步和管理方法的改进密切相关。按信息系统应用的变化，可以把管理信息系统的发展分为如表 2-5 所示的四个阶段。

表 2-5　管理信息系统的发展阶段时期说明

阶　段	信息技术时代	时　期	备　注
集中数据处理	大型机系统时代	1954 ~ 1964 年	会计和事务性应用
面向管理的数据处理	微机系统时代	1965 ~ 1979 年	直接支持管理和作业职能
分布式终端用户计算	分布式信息系统时代	1980 ~ 1985 年	在用户直接控制下的个人计算机
交互式网络	网络化系统时代	1986 年至今	连接个人最终用户

1. 集中数据处理阶段

在计算机应用于企业活动以前，许多的中层管理者和办公室员工需要处理业务数据。伴随着信息与知识的爆炸性增长，传统的以手工和纸张为基础的信息系统难以应付复杂的业务处理。第一台用于商业目的的计算机是在 1954 年安装的，从很大的程度上讲，这标志着管理信息系统的开始。在大型机时代，信息管理的主要领域出现在信息密集的公司（如保险业、银行业、零售业等），以改进办公和财务处理工作的效率为目标。直到 20 世纪 60 年代的中期，管理信息系统仅仅是处理如工资、账单和类似的文书工作的数据。由于其应用范围很窄，所以负责管理信息系统的人常常是一个组织中的财务总监。

在大型机时代，工作的性质本身没有改变，只是计算机应用程序取代了手工的记录和运算工作，这种应用是操作层面的，还没有使用计算机系统进行管理。当时购买大型计算机需要相当大的一笔资金，需要特别的设备，维护和操作也需要专门技术。通信技术也限制了这种大型机运用，只能传递一条信息或存取一条数据，所有数据都存储起来然后统一处理，即批处理的集中数据处理。集中数据处理在产生月度会计报表方面很好，但不能提供关于组织当前活动的信息，这必然限制管理信息系统的应用。

2. 面向管理的数据处理阶段

1965 ~ 1979 年，集中式的数据处理扩展到能为管理和作业活动提供辅助信息。这时的信息系统被专门设计来帮助不同职能部门的管理者作出更好的决策。不仅财务部门涉及信息控制问题，其他部门也都一样，如采购、市场、工程、研究和与开发、生产作业等。在该阶段，建立了分离的信息系统部门，远程终端也引入到系统中。

直到 20 世纪 60 年代中期，各个行业的管理者才开始注意到如何运用计算机使他们的工作做得更好、更有效的问题。市场部门的负责人不仅可以看到每位销售人员每周的销售报告，还可以看到按产品分组的销售报告。如果某一种产品的销量突然下降，计算机生成的分析报告可以迅速地发出警告并建议立即采取相应措施。与集中数据处理阶段的情形相比，该阶段才算是真正地开始了“管理”信息系统。

随着计算机化的信息控制作用的增强，产生了对组织进行重组的要求。由于管理信息系统逐渐从单纯的财务控制手段变成越来越重要的管理工具，就需要将其从原来的财务部门中分离出来。因此，在该阶段，管理信息系统变成了一个独立的部门。组织中由此增加了一些新的部门和职位，如由管理信息系统专家负责数据系统或信息系统。

3. 分布式终端用户计算阶段

在该阶段，个人计算机变得非常普及，管理者变成了终端用户，信息系统进入了客户机/服务器和多种类型的信息系统的时代。客户机/服务器结构的最大优点是一个用户可以通过高性能的局域网络，获取、交流组织内部信息，实现企业内部和外部信息共享。一小部分有远见的管理者在信息工作密集的行业中采用分布式数据处理方式，以此建立信息和管理优势，从而改变公司间实力的平衡和竞争位置。

该阶段产生的另外一个结果是将数据系统部门转变成了一个信息支持中心。这些部门不再向管理者提供信息，而是帮助管理者成为一个高效率的终端用户。例如，它们可以为管理者提出使用软件的建议，进行软件使用培训，告诉管理者如何进入主计算机获得数据库中的信息，提供热线服务等。

4. 交互式网络阶段

当许多企业还在努力运用主机和微机时代的技术来更换过时的系统时，分布式的客户机/服务器处理系统正迅速成为20世纪90年代占统治地位的信息系统。同时，一种新的信息系统结构模式正在出现，即建立在互联网基础上的信息系统。它将层次结构式的客户机/服务器网络发展成为一个灵活的、无结构的信息和通信网络，提供了一种完全自由的交互式信息交流的方式。

在该阶段，重点是建立和实现终端用户间的联络机制。借助于交互网络，一位管理者的计算机可以与其他计算机进行通信。这样就可以实现电子邮件、电视会议和企业间的互联等，也可以将自己的计算机作为一个终端来进入大型计算机系统，可以共享打印机和记录外部数据库中的数据。

这一阶段，网络正改变着管理者的工作。电子邮件可以减少管理者对电话和传统邮递业务的需求。电子信息可以在几秒钟就传送出去，不论收件人是否在终端旁。电视会议可以大大减少外出旅行，相隔遥远的人也可以在一起开小组会议。远程通信可以使工作人员包括管理者通过个人计算机在家里工作并且与办公室保持联系。网络还可以使管理者更密切地关注下属的工作。由于雇员是在计算机终端旁工作，所以通过软件可以详细统计其每小时的产量、次品率等。

5. 专家系统和蜂窝通信

下一阶段的管理信息系统将会是什么样的？可以肯定的是将会看到更多的个人计算机、更多的终端用户，以及更庞大的迷宫般的互联网络将它们连接在一起。反过来，这又会改变办公室的面貌。一个高度发达的管理信息系统将会应用人工智能进行管理决策。专家系统是把各类专家的有关经验编入到计算机程序中去的软件，这种系统可以像专家一样分析和解决非结构化的问题。

另一个让人兴奋的发展就是蜂窝技术的产生。蜂窝式调制解调器可以大大扩展连接计算机的网络范围。使用蜂窝技术的无线通信把全世界的计算机全天候地连接在一起。在很短的几年内，我们将会看到每一位管理者携带一个口袋大小的移动电话和一个非常轻便的全功能计算机。这个计算机内会有一个蜂窝式调制解调器，它能够与办公室中的主计算机随时保持联系。更进一步，计算机将变为依附于人而不是地方，固定办公室的概念将会被24h运作的、移动的决策者所取代。

管理信息系统模式比较见表2-6。

表2-6 管理信息系统模式比较

	主机系统	微机系统	分布式系统	互联网系统
主要技术	主机/小型机集中式处理	微机分散式处理	客户机/服务器结构的网络分布式处理	非结构的网络/互联网技术
组织形态	等级制	企业化	混合制	信息化
作用	现有工序的自动化	增加个人/团体效率	产业/组织变革	价值创造
典型用户	计算机专家	企业分析员	管理者和在线雇员	任何人
使用地点	计算机室	桌面	延伸场所	随处
使用效果	投资回报率	生产率和决策质量	竞争优势	价值创造
信息管理				
信息层次	数据	分析	信息	知识
信息模型	特殊模型	数据驱动	过程驱动	知识驱动
信息存储	应用特殊数据文件	层次数据库管理系统；早期关系模型	关系数据库和文件管理系统	超文本和面向知识管理系统
集成水平	计算机仅支持数据	计算机开始支持类型信息但集成度有限	集成声音、图像、数据、文本和图形	所有类型信息提供集成支持
通信管理				
媒体连接	厚壁同轴电缆、微波与卫星传输	双绞线、薄壁同轴电缆	电缆、光纤、卫星频道	所有通信渠道集成
传输协议	信息包和环形的专用传输网（WAN）	以太网和令牌环的专用区域网（LAN）	路由器管理的广域网和局域网的集成	局域网和广域网技术的融合，异步传输
传送最大速率	56KB	1MB	3～20MB	10GB以上
工具				
信息报道	纸记录形式	电子数据表、建模、文字处理、纸记录	多种形式	公告牌、视窗和链接等形式
信息分析	成批处理	结构化决策模型和创建文件	关系模型和开始出现面向对象的方法	非结构化、实时处理模型和知识创造
通信	大型机、电子邮件	局域网、电子邮件	独立的组件产品	任何时候/地点/形式
系统发展	汇编语言	终端用户工具	计算机辅助软件开发环境	面向对象的开发环境
用户界面				
输入/输出设备	键盘和显示器	键盘、鼠标和显示器	键盘、光笔、鼠标和远程个人数字助理	基于远程数字助理的自然界面
应用程序界面	命令激活	菜单激活	图标激活、视窗、声音和映像	三维图像浏览器和虚拟现实
结构和控制				
信息管理组织结构	集中化	非集中化的自动平台	分布式	协作伙伴关系（包括外部供应商和产业伙伴）

（续）

	主 机 系 统	微 机 系 统	分布式系统	互联网系统
信息管理计划和控制过程	集中控制、定期计划和预算循环	控制平台	过渡	分布式/交互式管理过程
信息管理运行过程	单一的结构化模式（如系统开发生命周期）	复合模式（如系统开发生命周期、原型法、终端用户开发法）	复合的高速原型法	交互、过程集成、质量管理、持续改进
IT 专业人才	技术专家	技术和终端用户专家	复合型：流程顾问、信息专家	领域专家、企业信息技术总监

资料来源：许晶华，《管理信息系统》，华南理工大学出版社，2003 年。有调整。

二、管理信息系统的结构

MIS 的体系是由一个企业能完成不同职能的各子系统按逻辑方式组合而成的。逻辑方式组合与按企业现行组织机构的联合方式不同，它必须事先对各职能子系统的数据进行分析和综合，根据不同管理层次的信息需求，建立公共数据库、各子系统的专用数据文件，以及根据各子系统处理信息工作的需求建立公共模型库及公用程序和各子系统的专用程序。每个职能子系统均可按管理层次对信息的不同需求，分成低层的作业处理、中层的管理控制和高层的战略计划。它包括概念结构、功能结构、硬件结构和软件结构。

（一）管理信息系统的概念结构

作为一个人工应用系统，管理信息系统的概念结构由信息源、信息处理器、信息用户和信息管理者四部分组成，如图 2-4 所示。

（1）信息源是提供信息来源的对象。它可以是实体，也可以是过程和现象。在组织中，可以把信息源分为内部信息源和外部信息源，内部信息源是组织内部产生信息的一切实体和活动过程，组织外部信息源是能够提供与组织活动相关信息的信息源。

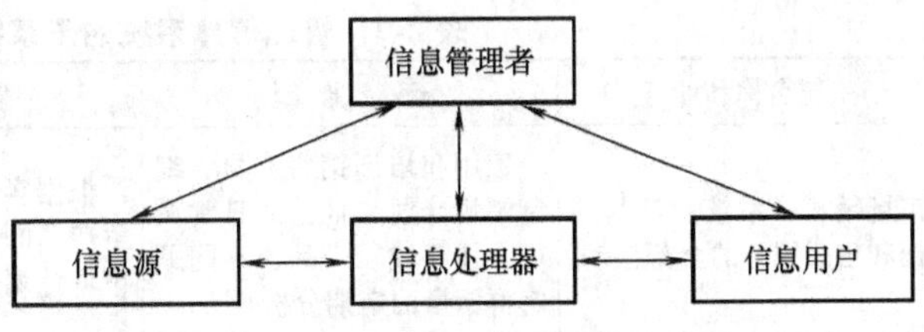

图 2-4　MIS 的概念结构

组织内部的信息源较为固定，提供信息的渠道和方式相对稳定，而组织外部信息源时常变化，提供信息的方式具有随机性。

（2）信息处理器承担信息的收集、加工、储存和传输任务。它利用各种统计、分析与预测模型和数据库技术对信息进行加工处理。

（3）信息用户是信息的使用者。可以按照不同使用目的对用户进行分级，如通过设定使用权限把用户分为内部用户和外部用户，或初级用户、中级用户和核心用户。

（4）信息管理者负责信息系统的运行、管理、维护和协调。信息管理者包括系统分析员、系统管理员、数据库管理员和操作员。

管理信息系统的工作原理是信息管理者从信息源收集原始数据和信息，鉴别、筛选后进行加工，输入信息处理器并进行处理和保存，然后提供给信息用户使用。信息管理者控制和协调整个过程。

由于一般的组织管理分为战略计划、管理控制、运行控制三层，为它们服务的 MIS 也相应可划分为三层，再加上最基础的业务处理层。而一般管理按职能划分为市场、生产或服务、财务、人力资源等，处于最下层的系统的信息处理量最大，最上层的信息处理量最小。横向划分和纵向划分的结合组成了 MIS 纵横交织的金字塔结构。

（二）管理信息系统的功能结构㊀

从管理信息系统的定义来看，一个管理信息系统具有收集、处理和传输信息的功能。这是它的基本功能。但如果把这些基本功能应用于管理各种业务过程时，如财务管理、人事管理、生产管理等，管理信息系统就被赋予了具体的任务。早期的管理信息系统应用是单一功能的系统，随着系统开发技术的进步，这些单一功能的系统被集成，形成了多功能的管理信息系统。因为企业的业务处理是一系列连续的、相互配合的过程，所以多功能的集成系统比单功能的管理系统能够更好地发挥管理的作用。

一般来讲，管理信息系统的功能结构与组织的职能结构相对应，但管理信息系统往往把具有相同信息处理过程的职能部门合并在一起。例如企业的采购和仓储是两个密切相关的业务过程，在职能结构上可能将其分为采购部门和储运部门，但在管理信息系统的功能结构中，却将它们合并成供应部门，形成供应链管理系统。一个功能全面的管理信息系统，可以细分为许多子系统，每个子系统中又可能包含许多业务处理过程，因此又可以分为更细的子系统。所以，子系统具有等级性，可以按职能分为一级子系统、二级子系统，甚至三级、四级子系统。例如财务管理子系统可以分为工资子系统、预算子系统、账目处理子系统；而工资管理子系统又可细分为工资的输入与修改、工资的计算与打印、工资的查询等。这种细分的业务处理过程又被称为模块。按管理职能划分，管理信息系统的子系统结构及功能如表2-7所示。

表 2-7　管理信息系统的子系统结构及功能

子系统名称和业务	运行控制	管理控制	战略计划
市场销售子系统：产品的营销和售后服务的全部活动	雇用和培训销售人员、编制销售计划和推销的日常调度，按区域、产品、不同顾客群销量的定期分析	根据客户、竞争对手和竞争产品的信息对销售业绩与市场计划进行比较	新市场的开拓和新市场的发展战略
生产管理子系统：产品设计、生产设备计划、生产设备的调度与运行、生产人员的雇用与培训、质量控制与检验等	生产计划指令、装配单、成品单、废品单和工时单的处理；把实际的生产进度与计划的生产进度进行比较，找出产生差距的原因	掌握进度计划、单位成本、所用工时等项目在整个计划中的绩效变动情况	分析制造方法和各种自动化方案的选择
物资供应子系统：采购、收货、仓储控制、发放等管理活动	采购的征收、采购订货、订单处理、储存、收货、发货和供应状况报告等	计划库存与实际库存的比较、采购成本、缺货情况及库存周转率等	新的物资供应战略、对供应商的新政策以及供应的市场变化分析等
人力资源管理子系统：人员录用、培训、考核、工资核算和解雇等	聘用、培训、解聘、工资调整和福利发放等	对人事计划与实际情况进行比较分析	对企业人力资源发展战略、就业政策、地区工资变化率进行分析

㊀ 薛华成，《管理信息系统》，第4版，清华大学出版社，2004年。

（续）

子系统名称和业务	运行控制	管理控制	战略计划
财务会计子系统：财务是资金的控制和调度；会计则是标准财务报表、预算及对成本数据进行分类和分析	处理每天的差错和异常情况报告、延迟处理记录和未处理业务的报告等	预算和成本数据的比较分析、会计数据处理的成本和差错率等	资金调配的长期战略计划，减少税收影响的长期计划，成本会计和预算系统的计划等
信息管理子系统：收集数据、处理请求、处理数据、软硬件运行管理及规划	日常任务的调度，统计差错率、设备故障信息等	对计划情况与实际情况进行比较分析	信息系统的总体计划、软硬件总体结构及系统实施方案
高层管理子系统：查询信息和支持决策、编写文件、向企业其他部门发送指令	会议安排、信函和邮件管理、会晤记录文件管理等	汇总各子系统执行计划的总结报告	企业的经营方针和必要的资源计划等

（1）市场销售子系统。它包含营销和售后服务的全部活动。其事务处理主要是销售订单、广告推销等的处理。在运行控制方面，它包括雇用和培训销售人员，编制销售或推销的日常调度，以及按区域、产品、顾客分类的销售量定期分析等。在管理控制方面，涉及总的成果与市场计划的比较。它所用的信息有客户、竞争者、竞争产品和销售力量要求等。在战略计划方面，它包含新市场的开拓和新市场的发展战略，使用的信息主要是客户分析、竞争者分析、客户调查的信息，以及收入预测、产品预测、技术预测等。

（2）生产管理子系统。其功能包括产品设计、生产设备计划、生产设备的调度和运行、生产人员的雇用与培训、质量控制与检验等。生产管理子系统中，典型的事务处理是生产计划指令、装配单、成品单、废品单和工时单等的处理。在运行控制要求方面，将实际进度和计划进行比较，找出薄弱环节。管理控制方面包括进行总调度，将单位成本和单位工时消耗的计划进行比较。战略计划要考虑加工方法和自动化的方法。

（3）物资供应子系统。它包括采购、收货、仓储控制和发放等管理活动。其运行控制主要包括库存水平报告、库存缺货报告、库存积压报告等。管理控制包括计划库存与实际库存水平的比较、采购成本、库存缺货分析、库存周转率分析等。其战略计划包括新的物资供应战略、对供应商的新政策，以及“自制与外购”的比较分析等。

（4）人力资源管理子系统。它包括人员雇用、培训、考核、工资核算和解聘等。其事务处理主要是产生有关雇用需求、工作岗位责任、培训计划、职员基本情况、工资变化、工作小时和终止聘用的文件及说明。其运行控制要完成聘用、培训、解聘、工资调整和福利发放等任务。其管理控制主要包括进行实际情况与计划比较，产生各种报告和分析结果，说明雇工职员数量、招聘费用、技术构成、培训费用、支付工资和工资率的分配等和计划相比的符合情况。其战略计划包括雇用战略和方案评价、职工培训方式、就业制度、地区工资率的变化及聘用留用人员的分析等。

（5）财务会计子系统。财务和会计既有区别又密切相关。财务的职责是在尽可能低的成本下，保证企业的正常资金运转。会计的主要工作则是进行财务数据分类、汇总，编制财务报表，制定预算和成本数据的分类和分析。与财务会计有关的事务处理包括处理赊账申请、销售单据、支票、收款凭证、付款凭证、日记账、分类账等。财务会计子系统的运行控制包括产生每日差错报告和例外报告，处理延迟记录及未处理的业务报告等。财务会计子系统的管理控制包括预算和成本数据的比较分析。财务会计子系统的战略计划关心的是财务的长远计划，如减少税收影响的长期税务会计政策以及成本会计和预算系统的计划等。

（6）信息管理子系统。该系统的作用是保证其他功能有必要的信息资源和信息服务。其事务处理有工作请求、收集数据、校正或变更数据和程序的请求、软硬件情况的报告以及规划和设计建议等。其运行控制包括日常任务调度、统计差错率和设备故障信息等。其管理控制包括计划和实际的比较，如设备费用、程序员情况、项目的进度和计划的比较等。其战略计划包括制订整个信息系统的计划、规划硬件和软件的总体结构、明确功能组织是分散还是集中等。

（7）高层管理子系统。高层管理子系统为组织的高层领导服务。该系统的事务处理活动主要是信息查询、决策咨询、处理文件、向组织其他部门发送指令等。运行控制包括会议安排计划、控制文件、联系记录等内容。管理控制要求各功能子系统执行计划的当前综合报告情况；战略计划要求广泛、综合的外部信息和内部信息。这里可能包括特别数据检索和分析，以及决策支持系统。它所需要的外部信息可能包括竞争者信息、区域经济指数、顾客喜好、提供的服务质量等。

（三）管理信息系统的硬件结构

管理信息系统的硬件结构是指系统的硬件组成部分、物理性能和连接方式。构成一个管理信息系统的硬件一般有计算机设备、通信设备和其他与计算机相连接的外部设备。

计算机设备包括主机和终端。主机是整个系统的核心硬件部分，它管理和控制各个子系统的信息处理与传输；终端是分布在各个业务部门从事信息处理的设备。主机和终端用通信设备连接。在网络化的管理信息系统中，通信设备是指通信线路、集线器、网卡等设备。其他外部设备包括打印机、摄像机、传真机、绘图仪等。硬件的物理特性决定了系统的信息处理能力，如处理和传输信息的速度等。

（四）管理信息系统的软件结构

MIS 的软件结构，是指 MIS 的软件组成，包括支持 MIS 各种管理子系统的软件模块，如操作系统、数据库管理系统、程序语言、网络软件、通用工具以及有支持特定管理功能的程序，以及公用模型库、公用应用程序模块、公用数据文件、数据库管理系统、专用文件等。其结构见图 2-5。

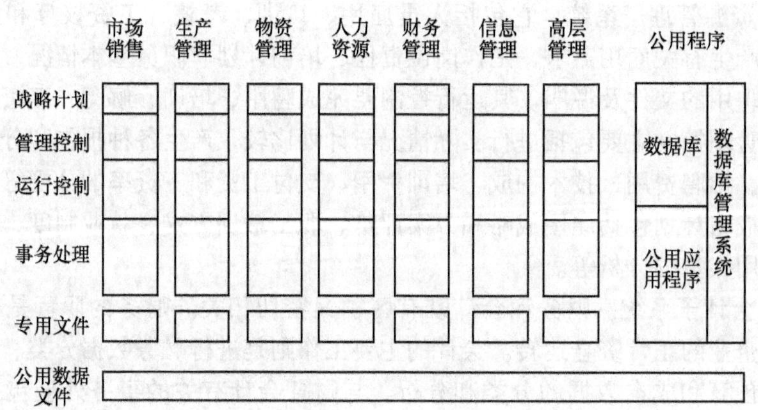

图 2-5　MIS 软件结构

图 2-5 中，每个方块代表一段程序块或一个文件，每一个纵行表示支持某一管理领域的

软件子系统，如市场销售子系统、生产管理子系统等。每个管理软件子系统又是由支持战略计划、管理控制、运行控制及事务处理的模块所组成。各子系统既有自己的专用数据文件，同时又作为整个 MIS 的一部分共享为全系统服务的公用数据文件和公用程序、公用模型库及数据库管理系统等。

三、管理信息系统的学科内容及与其他学科的关系

管理信息系统不仅是一个应用领域，而且是一门学科。它是介于管理科学、数学和计算机科学之间的一门边缘性、综合性、系统性的交叉学科。它运用这些学科的概念和方法，融合提炼组成一套新的体系和方法。

1. 管理信息系统与管理科学

管理信息系统的研究开发对象是管理，服务目标也是管理，即提高品质、发展生产力；管理是科学，同时也是关于怎样建立目标，然后用最好的方法来实现目标的艺术。其艺术性体现在团队建设与项目沟通方面。团队是一组个体成员为实现一个共同目标而相互依赖、协同工作的项目组织。成功开发管理信息系统，必须深刻理解管理对象与管理过程。

2. 管理信息系统与数学、运筹学

管理中的许多问题需要进行优化处理，需要建立数学模型才能解决。数学能力是系统开发的基本功，也是程序设计的基本功。数学中，运筹学是一种适用于系统运行的方法和工具，它是一种科学方法，能对运行管理人员的问题提供最合适的解答。运筹学中常用的模型也就是管理信息系统常用的模型。

3. 管理信息系统与系统论、信息论及控制论

系统论是研究系统的一般模式、结构和规律的学问。它研究各种系统的共同特征，用数学方法定量地描述其功能，寻求并确立适用于一切系统的原理、原则和数学模型，是具有逻辑和数学性质的一门新兴科学。管理信息系统的开发必须遵循系统方法。

信息论是关于信息的本质和传输规律的科学的理论，是研究信息的计量、发送、传递、交换、接收和储存的一门新兴学科。

控制论（Cybernetics）是研究各类系统的调节和控制规律的科学。它是自动控制、通信技术、计算机科学、数理逻辑、神经生理学、统计力学、行为科学等多种科学技术相互渗透形成的一门横断性学科。

4. 管理信息系统与突变论、耗散结构论和协同论

信息论、控制论和系统论，俗称“老三论”，也已成为管理信息系统的理论基础。但是这些学科的发展还远远不能满足管理的要求。随着市场的全球化、管理的过程化、职能的综合化、组织的扁平化，许多新的问题出现，呼唤着新的数学。也可以这样说，现代管理呼唤着新的数学，任何新的数学的出现均会在管理中找到用武之地。

继“老三论”之后对管理信息系统最有影响的理论是模糊数学、“新三论”（突变论、耗散结构论和协同论），以及非线性科学（包括分形、分维和混沌理论）。

耗散结构论是研究开放系统的理论，而管理信息系统本身就是开放系统。耗散结构论认为一个远离平衡的非线性系统，通过与外界交换物质、能量和信息，当控制参量越过某一阈值后，系统可能失稳，由无序状态变为一种时间、空间或功能有序的新状态。

突变论是研究由于结构不稳定而产生突变现象的数学分支。突变论通过对结构稳定性的

分析，说明和预测形态变化的发生。突变有两种含义：一种是当某一参数达到一个界限时，系统就被破坏，这是普通的突变；另一种突变并不是原系统的解体，而是系统的生存手段，通过状态的大的变化，维持系统本质不变。

协同论（Synergetics）集中研究自组织现象，寻找支配自组织过程的一般原理和普通规律。自组织是在没有外力的干预下，通过少数变量控制，通过子系统合作能够达到宏观有序的结构。当代的企业和企业联盟、在网络支持下的管理信息系统，实际上都是自组织系统。协同论的思想对管理的应用一定会有广阔的前途。

5. 管理信息系统与软件工程

软件工程（Software Engineering）是指导软件开发和维护的学科。管理信息系统的开发必须严格遵循软件工程的基本要求进行，从而提高软件质量，保证新的 MIS 软件具有很高的稳定性和可靠性，最大限度地减少漏洞（Bug）的出现，减轻后期的维护工作。

四、管理信息系统学科在我国的总体发展情况

管理信息系统学科在国内出现的时间并不长，但发展十分迅速。管理信息系统作为一种应用工具，又广泛地应用于工业、农业、交通、运输、文教、卫体以及各种社会经济活动的信息管理之中，并起着日益重要的作用，显示出强大的生命力。管理信息系统被引入我国以后，至今总体上经历了以下四个阶段：

1. 第一阶段

这一阶段还没有一个完整的课程体系，授课内容随意，没有系统性的知识，主要来源于项目管理人员的经验。当时管理信息系统的应用很少，加上该学科在我国的发展还处于起步阶段，授课对象是管理科学专业的本科生，授课教师是外请的 IT 行业内具有一定信息系统开发经验的项目管理人员，讲授信息系统的开发方法及信息管理在实践中的问题。

2. 第二阶段

随着管理信息系统学科在我国的发展，管理信息系统应用有所发展，但还是仅限于银行、证券等行业。高等院校开始出现管理信息系统专业，管理信息系统课程只对本专业学生开设，主要目的是使学生对管理信息系统专业的学科基础有一个初步的了解，为今后的专业学习作准备。授课内容主要侧重于学科基础知识，包括管理信息系统的概念、各种应用系统的介绍、信息技术的基础、系统开发的基本知识。

3. 第三阶段

与国外交流的进一步发展，使管理信息系统学科进一步成熟，应用开始普及。我国加入世界贸易组织（WTO）后，多数企业面临国内外的竞争压力，开始大张旗鼓地进行信息化建设，MIS 在各行各业开始普及。学校开始对所有管理专业的学生介绍 MIS，但是不同专业的侧重点不一样。其开课对象为管理学科的本科生，课程的主要目的是使管理学科的学生具备信息管理和信息系统方面的知识。其主要内容包括管理信息系统的基本概念、各类应用系统的主要模块及运作流程、系统开发的方法和过程。

4. 第四阶段

近几年来由于全球化、信息化进程不断加快，信息系统已经成为企业不可分割的一部分，许多企业把它作为公司战略的重要部分，信息系统的战略作用及其和企业组织变革之间的关系成为讨论焦点。MIS 课程的内容开始有很大的变化，信息和信息系统分析与设计改成

专门的课程进行介绍，管理信息系统课程开始“大众化”了。管理信息系统课程的授课对象为管理学科的本科生及其他专业的选课生，课程的目的是介绍管理信息系统的学科及基础知识，使学生具备利用信息技术支持企业的战略目标、创造企业的竞争力、合理利用和规划企业的信息资源等方面的基础知识。课程的内容增加了信息系统的作用、信息系统与企业战略的对应、信息系统的资源管理方面的基础知识。授课形式以多媒体教学为主，渐渐向网络教学方向发展。

当今，在竞争激烈的环境中，信息已成为现代生产系统中最重要的投入。管理人员和决策者所面临的新课题是如何把信息看作一种有价值的基础性资源，认识信息在物质社会活动中的先导作用，充分发掘其潜力并卓有成效地加以利用。建立计算机信息系统是完成这个使命的重要途径，也是实现管理现代化的主要步骤，已成为经营管理和决策部门的客观需要，也是一项基础性的建设。

五、管理信息系统面临的挑战

（一）面临的社会挑战

信息技术和管理信息系统的发展极大地促进了生产、经营和管理，提高了效率和质量，但同时也提出了许多根本性的问题：

（1）如何深刻地认识管理信息系统不仅是一个技术系统，还是一个社会系统。自20世纪50年代将计算机引入数据处理以来，管理信息系统发展经历了多个阶段，一方面是信息技术应用的迅猛发展；另一方面，许多管理信息系统在耗费了大量的人力、物力、财力之后夭折了，或者根本没有实现原定的系统开发目标。

管理信息系统不仅是技术系统，而且还是社会系统。推进管理信息系统的变革犹如推进社会变革。MIS技术的复杂性、需用资源的密集性和用户需求的多样性仅是问题的一个方面，而更重要的则涉及管理思想、管理制度、管理方法、权力结构和人们习惯的变化。这是在开发和实施MIS过程中必须十分明确的一个关键性的认识问题。

（2）如何提高科学管理水平，为信息系统的使用创造有利的条件。只有输入数据十分可靠，才能获得有用的管理信息。如果企业本身没有建立符合大生产客观要求的制度，就无法让信息系统正确工作。期望信息系统把企业从混乱中拯救出来，轻而易举地实现现代化管理，是不现实的。相反，企业应扎扎实实地搞好管理工作的科学化，为信息系统的发展创造条件。

（3）如何用信息技术来促进组织管理。信息技术的飞跃，正在促使组织的管理发生深刻的变化。由于信息系统改变了企业的通信状况，可能引起工作流程重组、重新分工、重新划分职权、重新进行组织的设计，甚至服务地点、时间、办公桌相对位置等也都可能作很大的调整。

（4）如何提高组织的文化，培养新一代的工作人员，使之适应新技术应用和企业转型的挑战。人是组织中最积极的因素，人的素质和文化水平对信息活动的效率起着决定性的作用。为此，提高组织的文化、作好人员选择和培训具有重要的战略意义。

（5）政府部门如何促进信息系统的应用和发展。信息系统的发展对政府的管理部门提出了更高的要求。企业的发展不仅需要良好的市场环境，同时也要求有协调的社会总体环境。信息技术成果的商品化不仅与企业本身的工作有关，在相当大的程度上还受到整个社会的信息交流环境的影响。政府部门应积极推动网络建设，发展国家信息基础设施，创造开放的信息环境，促进信息交流，加强信息标准化工作，鼓励组织间、行业间的竞争和协作。

（二）面临的技术挑战

（1）跨平台运行：便于组织根据业务需要和投资能力选择最佳平台，并且帮助组织顺利实现不同应用水平阶段的平滑过渡。

（2）支持多种应用系统的数据交换：使信息系统能与原有的系统进行数据交流和集成，从而有效利用已有的信息资源和投资。

（3）系统高度集成：进入系统的数据能够根据预先的设定及管理工作的内在规律和联系，传递到相关的功能模块中，达到数据的高度共享和系统的高度集成。

（4）高度模块化：在系统的分析设计和开发过程中，保证各子系统、各子系统中的各项功能高度模块化，以实现对系统的自由裁剪和重新配置。

（5）分布式应用系统：支持分布式应用和分布式数据库。

（6）多语种支持和个性化用户界面：按照用户的设定，可以实现不同的语种应用界面，同时可由用户自行设定个性化的用户界面。

（7）高可靠性和安全性：在远程通信线路故障、多用户操作冲突、共享数据的大量分发与传递等方面具有超强的稳定性；对黑客入侵、越权操作等有健全的安全防线。

（8）支持组织的工作流程定义和重组：不断适应组织外部环境的变化，能够支持小到某项业务的重新定义，大到组织的合并、分离、重组以及虚拟组织的重组等操作。

（9）支持智能化的信息处理功能：实现智能化业务过滤、计划优化及智能化数据分析。

（10）具有可扩展的业务框架和标准的对外接口：能够适应管理思想的发展、用户需求的变化和多样性，便于二次开发；同时，除支持固定和可移动的计算机外，能够支持更广泛的各类数字终端。

本章小结

信息是管理者掌握的五种资源之一。信息系统的地位随着企业间竞争的加剧、生存环境的复杂化和计算机功能的日益强大而变得越来越重要。通过本章对信息、数据、系统、和信息系统基本概念的阐述，让读者重点了解数据与信息的关系、信息的价值、信息系统特征以及企业信息系统的主要类型，从而认识、描述，进而改造和管理组织中的信息系统。

【MIS 本土化】
北京东城区万米单元网格管理法和城市部件管理法

北京东城区创新城市管理思想，创建万米单元网格管理法和城市部件管理法。

“万米单元网格管理法”就是在城市管理中运用网格地图的思想，以 1 万 m^2 为基本单位，将东城区所辖区域划分为若干个网格状单元，由城市管理监督员对所分管的万米单元实施全时段监控，从而对管理空间实现分层、分级、全区域管理。

“城市部件管理法”就是运用地理编码技术，将城市部件按照地理坐标定位到万米单元网格地图上，通过网格化城市管理信息平台对其进行分类管理的方法。其具体内容为：

一是全区域覆盖，592 条街道全部划入管理网络系统。根据这种方法，东城区全区

25.38km^2 内 592 条街道的范围被划分为 1652 个网络单元，城市管理监督中心的主要职能是负责监控城市公共区域范围内的 6 大类 56 种城市部件和 7 大类 33 种城市事件问题。

二是全时段监督。300 名监督员 20min 检查所有设施，每个监督员人手一部信息采集器——"城管通"。该设备具备接打电话、短信群呼、信息提示、图片采集、表单填写、定位、录音上报、地图浏览、单键拨号、数据同步 10 项主要功能。监督员使用"城管通"通过城市管理 13910001000 特别服务号，在第一时间、第一现场对发生在东城区居民生活中的各种井盖丢失、公共设施损坏、垃圾渣土、占道经营、无照游商、小广告等问题进行上报，对公众举报的以上问题进行现场核实后上报，同时负责对专业部门的处理结果进行核查，实现监督员和城市管理问题的准确定位。实行这一办法后，原来由每十几个人共同管理 2～5km^2，现在缩至为监督员每人管理大约 12 个网络单元、18 万 m^2 和 1400 个城市部件。

三是全方位管理，16 万多个公共设施按分类配备"身份证"。配合"万米单元网络管理法"，东城区对全区所有城市部件进行了拉网式调查，请专业部门进行了勘测普查、定位标图，按照不同功能把部件分为 6 大类、56 种、168339 个城市部件，建立多个数据库。这些公共设施部件包括井盖、射灯、出租站牌、路名牌、垃圾站、公共卫生间、花架、雕塑等，每个部件都被赋予一个 8 位代码，相当于它的身份证，同时将部件标注在相应的万米单元网络图中。只要键入任意一个代码，就能在监督中心和指挥中心的大屏幕上找到它的名称、现状、归属部门和准确位置等信息，城市管理更为具体化。过去接受市政府专项检查部署到汇总结果后汇报大约需要 3 天时间，而现在城市管理监督中心通过短信群发的方式对城市管理监督员进行工作部署，2h 就能将检查结果汇总上报。

四是零距离解决问题，保证及时发现问题、准确派遣任务、及时处理问题。根据"万米单元网络管理法"试运行四个月以来的初步测试结果，该系统对城市管理问题发现率达到 90% 以上，指挥中心的任务派遣准确率达到 98%，问题处理平均时间为 13.5h，结案率为 94.18%。特别是 13910001000 城市管理特别服务号的开通，让该系统与居民真正实现了"零距离"接触。居民身边的"琐事"，只要拨打 13910001000，就可直接反映到政府的案头。

新模式不但使城市管理效率大幅度提高，而且降低了管理成本，成本节约 11%，还使过去由于管理落后造成的自来水管破裂漏水、井盖丢失等损失明显减少。新模式充分发挥了专业部门间的协同效应，促进了政府城市管理职能由重审批、重处罚向重管理、重服务的转变，为全面提高城市管理水平奠定了基础。

（资料来源：北京市东城区探索"万米单元网格管理"模式，中国政务信息化网，2007 年。）

思考题：

1. 信息技术和信息系统对组织的主要作用是什么？
2. 该案例中的"万米单元网格管理法"模式对其他城市有什么样的借鉴作用？

本章习题

一、选择题

1. 数据资料中信息量的大小，是由（　　）。

A. 数据资料中数据的多少来确定的　　　　　　B. 数据资料的多少来确定的
C. 消除不确定性的程度来确定的　　　　　　　D. 数据资料的可靠程度来确定的

2. 将库存控制中的存货清单作为（　　）信息给系统，作为缺货报警和订货的依据。
A. 输入　　　　B. 处理　　　　C. 反馈　　　　D. 输出

3. 基于计算机的信息系统是以（　　）为主导的。
A. 计算机　　　　B. 信息　　　　C. 人　　　　D. 都是

4. 按照不同级别管理者对管理信息的需要，通常把管理信息分为以下三级：（　　）。
A. 公司级、工厂级、车间级　　　　B. 厂级、处级、科级
C. 工厂级、车间级、工段级　　　　D. 战略级、策略级、执行级

5. 管理信息是（　　）。
A. 加工后反映和控制管理活动的数据　　　　B. 客观世界的实际记录
C. 数据处理的基础　　　　D. 管理者的指令

6. 从管理决策问题的性质来看，在控制层上的决策大多属于（　　）的问题。
A. 结构化　　　　B. 半结构化　　　　C. 非结构化　　　　D. 以上都有

7. 哪一种特性不属于战略层所需要的信息特征？（　　）。
A. 来源于系统外部　　　　B. 内容详细　　　　C. 面向未来　　　　D. 精确性低

8. 有益和有害的信息可以在互联网上迅速扩散，体现了信息的（　　）；而数据库中的数据可以被各种应用程序所调用体现的是信息的（　　）。
A. 可传输性、可共享性　　　　B. 扩散性、增值性
C. 可存储性、可共享性　　　　D. 增值性、可传输性

二、简答题

1. 管理信息系统经历了哪几个发展阶段？
2. 数据和信息的区别与联系是什么？
3. 管理信息系统的发展面临哪些挑战？

三、课程实践

1. 思考一个你熟悉的或以前合作接触过的组织，描述该组织使用的信息系统的类型，实施和使用是否有效。举例说明如何更新和使用信息系统来提高生产效率。

2. 假设你是一个销售经理。你希望客户关系管理系统提供哪些销售绩效的衡量方法来更好地管理你的销售效能？对于每个方法，阐述你将如何使用及更新信息的频率。

四、讨论分析

当信息系统瘫痪的时候会发生什么？

在 2008 年早些时候的一则新闻就是信息系统运行错误的一个例子，即花费了 85 亿美元打造的伦敦希斯罗国际机场（英国最大的国际机场）5 号航站楼的自动行李装卸系统。5 号航站楼是专门为英国航空事务而建造的，每年客流量达到 3500 万人次，并且机场努力使其最优化以适应飞长途路线的像新的 A380 那样的大飞机。

如新建成的航站楼一样，这个新的自动行李装卸系统被人们寄予厚望。管理层意识到他们不能在真正运行之前进行一次试验，因为那是他们无法再支付的费用，但是他们也想确定这个系统是真正最先进的。所以在系统十分复杂的情况下，他们花费了 400000h 的人力时间

去开发这个自动行李装卸系统的软件程序。为了确保它的效果非凡，生产商甚至在真实的系统被开发之前用了仿真技术和模型。这个系统最终花费了5亿美元，它有以下的优势：11英里的传送带；8500个电子发动机；每小时可以装卸6000个行李；132个办理登记手续的站点；行李存储仓库可以存储4000件行李，可以在任何时间独立地提取行李；11条行李认领带等。

在航站楼开启的第一天，麻烦来了。由于系统软件中的错误，这个系统发布了错误的货物路线和报告，这使得本来还在路上的行李显示已经送达，以至于行李被滞留到下一航班，而许多飞机最终也没有载着行李起飞。甚至有些航班取消，有些乘客在行李没有登记的情况下就旅行去了。在系统运行了一周以后，500个航班被取消并且已经堆积了28000个由于报告错误线路而留下的行李。为了清理这个杂乱的局面，其中上千件行李被装车运往意大利的米兰，在那里它们将被分类并且寄送给旅客们。分析师估算这次事件的损失达到5000万美元。

正如它的开始一样，这个故事有一个好的结尾。他们修好了系统软件，现在自动行李装卸系统正常运转了。其实，这个行李装卸系统是希斯罗机场尝试成为该领域竞争中的先驱和优胜者的方式之一。这个机场事件是在信息系统出问题的情况下对组织绩效影响的一个具体案例。

问题：

（1）如何理解信息系统是把“双刃剑”？

（2）如何规避信息系统使用过程中的风险？

参考文献

[1] 薛华成. 管理信息系统［M］. 4版. 北京：清华大学出版社，2004.

[2] 许晶华. 管理信息系统［M］. 广州：华南理工大学出版社，2003.

[3] 黄梯云. 管理信息系统［M］. 2版. 北京：高等教育出版社，2000.

[4] 陈晓红. 管理信息系统教程［M］. 北京：清华大学出版社，2003.

[5] 李东. 管理信息系统理论与应用［M］. 北京：北京大学出版社，2001.

[6] Kenneth C Laudon，Jane P Laudon. 管理信息系统——网络化企业的组织与技术（影印版）［M］. 6版. 北京：高等教育出版社，2001.

[7] Kenneth C Laudon，Jane P Laudon. 管理信息系统——管理数字化公司［M］. 周宣光，等译. 8版. 北京：清华大学出版社，2005.

互联网学习

访问UPS网站（www. ups. com）和宝供物流企业集团有限公司网站（www. pgl-world. com），了解企业是如何使用信息技术和信息系统进行运营的，并写下信息系统如何能帮助企业的客户、零售商和消费者进行增值服务。

第三章 计算机技术与管理信息系统

【引例】

德意志银行仍使用大型机

金融业已成为一个计算机高度密集和依赖计算机的行业。并且，银行为信息技术投下巨额资金，信息系统的预算极高。德国是少数几个对金融服务的范围无限制的发达国家之一，新产品竞争极其激烈。

德意志银行（Deutsche Bank）是欧洲最大的银行。德意志银行的计算机中运行着大约220个应用程序。其中最大的一个应用程序是分支银行系统，它每个月处理1亿项事务。它有1000多个用户的金融服务系统每月产生1200万项事务。它的数据处理部门有1000多名雇员，其中一半人在编制新应用程序。

20世纪90年代，当人们普遍认为微机和小型机可以提高绩效而又节省资金时，德意志银行的管理层却仍决定保留昂贵的大型机。银行的信息管理系统运用情况表明，与联网的微机和小型机相比，大型机能够节省资金，同时能为用户提供更好的服务。

在信息系统的预算额度已经确定的条件下，信息系统的开支消耗就对银行的盈亏有举足轻重的作用。因此，银行非常重视减少信息系统的开支。虽然人们普遍认为计算机小型化——让小一些的计算机连成网络，不但能大幅度减少开支而且能提高效率，但德意志银行仍然选择大型机。德意志银行的资金预算主管 Mathias Junger 认为，当考虑整体开支时，大型机要比联网的微小型机或工作站便宜。硬件上也许微机更便宜，但考虑到整体联网、技术支持及对员工的再培训时，就不便宜了。另一个没有进行小型化的重要原因是银行必须为上千万用户提供金融服务，用户不能容忍回应时间的延迟，否则他们就会跑到其他银行去了。为使银行的计算机能在严格限定的时间内处理储存的大量数据，数据必须储存在大型机上。

思考题：

1. 哪些因素影响了德意志银行是否实现计算机小型化的决策？
2. “计算机在买下的那一时刻就已经过时了”。在一个信息技术作出投资后不久，如果新技术能力更强且花费更低，管理者会发现已完成的系统过时了、太贵了。如何作出明智的技术购买决定？

学习目标

通过对本章的学习，重点了解和掌握：

1. 计算机的发展过程及方向、计算机的性能指标和应用。
2. 计算机系统的层次结构、计算机的组成和工作原理。

关键概念

计算机系统（Computer System）；操作系统（Operation System）；微型计算机（Microcomputer）

第一节 计算机系统

计算机是20世纪最重大的科学发明之一。自1946年世界上第一台电子数字计算机诞生至今，在短短几十年的时间里，计算机技术得到了飞速发展。目前，计算机已广泛应用于工业、农业、科技、国防、文教、卫生、家庭生活等各个领域中，已成为现代人类生活不可缺少的智能工具。

一、计算机的发展过程

1. 第一代计算机

世界上第一台电子计算机诞生于1946年。它的诞生标志着计算工具随着世界文明的进步飞跃到一个崭新的阶段。这个时期的计算机的特点是：①计算机所使用的逻辑元件是真空电子管；存储器采用延迟线或磁鼓。由于当时电子技术的限制，运算速度为每秒几千次至几万次基本运算，内存容量仅几千字。②软件主要使用机器语言，后期使用汇编语言，计算机程序设计语言还处于最低阶段，工作十分烦琐。③计算机体积大、功耗大、价格贵且可靠性差，难维护。

【MIS视窗】

第一台可操作的电子数字计算机称为ENIAC（Electronic Numerical Integrator and Calculator），由美国宾夕法尼亚大学的John Mauchly和J. P. Eckert于1946年发明。ENIAC是个庞然大物，其占地170m^2，重量超过30t，并使用了多于18000个电真空管，而每个电子管大约有一个普通家用25W灯泡那么大，耗电150kW。它每秒能进行5000次加法运算（据测算，人最快的运算速度每秒仅5次加法运算），耗资40万美元。

2. 第二代计算机

这一时期的计算机主要采用晶体管为基本元件，体积缩小，功耗降低，速度（每秒运算可达几十万次）和可靠性得以提高。其主要特点是：①使用的逻辑元件是晶体管，普遍采用磁心作为主存储器，采用磁带或磁盘作为辅助存储器。②出现了FORTRAN、COBOL等高级语言，并出现了机器内部的管理程序。③使用晶体管代替电子管，可靠性和运算速度均得到了提高。

3. 第三代计算机

这一时期的计算机采用集成电路作为基本元件。其主要特点是：①硬件上，采用中、小规模集成电路（MSI、SSI）取代晶体管，用半导体存储器淘汰了磁心存储器，运算速度每秒可达几十万次到几百万次。②软件上，操作系统日臻完善，把管理程序发展成为现在的操作系统，采用了微程序控制技术，高级语言更为流行，如BASIC、Pascal等。③集成电路的发展使计算机向小型化发展，体积减小，功耗、价格进一步降低，而速度及可靠性则有更大的提高。这时期计算机设计思想已逐步向标准化、模块化和系统化发展。

4. 第四代计算机

第四代计算机是前三代计算机的扩展和延伸。其主要特点是：①硬件上，大规模集成电路（LSI）及超大规模集成电路（VLSI）取代了MSI、SSI集成电路。1976年，随着大规模集成电路技术的发展，出现了微型计算机。微型计算机的升级换代及发展取决于微处理器的发展。②软件上，计算机的操作系统更加完善，在语音、图像处理、多媒体技术、网络技术、人工智能等方面逐步成熟。

5. 第五代计算机

第五代计算机是通信、存储、信息处理和人工智能相结合的超型计算机，其系统由知识库机、推理机、智能接口等硬件和非程序设计语言（即说明性语言）LISP、Prolog和Hope语言等软件组成，它是一种更接近人体功能和人工智能的计算机。

知识库机具有大容量的知识存储机构和高速检索机构。推理机的功能主要是根据存储的知识进行判断、推理。智能接口能处理如文字、声音、图像等各种信息，使人们更方便地与计算机交换信息。

前四代计算机的技术换代都是基于基础元件的技术更新，都是在速度、容量和可靠性方面的提高，第五代计算机则向人工智能方向前进了一步。

作为计算机核心元件的集成电路的制造工艺很快将达到极限，许多科学家开始探讨采用更新的光电子元件、超导电子元件或生物电子元件作为计算机的核心元件。光电子计算机由于传输的是光信号，其处理速度将提高1000倍，体积也会缩小；超导器件几乎不耗电，因此功耗极低，散热极少，其集成度是任何半导体芯片都无可比拟的，同样也能使信息处理能力提高100倍；生物计算机不用电，用遗传工程方法，以超功能的生物化学反应模拟人的机能以处理大量复杂信息。

二、计算机的分类

计算机传统的分类一般是巨型计算机、大型主机、小型计算机、工作站、微型计算机。

（一）巨型计算机

通常把最大、最快、最贵的主机称为巨型计算机，又称巨型机、超级计算机。它们对尖端科学、战略武器、社会及经济模拟等领域的研究有着重要的意义。世界上只有几个国家能生产巨型机。例如美国的克雷公司就是生产巨型机的重要厂家，它生产的产品有Cray-1、Cray-2和Cray-3等。我国也成功研制了银河系列的巨型机。巨型计算机传统常被用在机密的武器研究、天气预测、石油开发和工程应用上，它们都用到复杂的数学模型和模拟实验。尽管极其昂贵，巨型计算机还是已被商业上用作数据挖掘和海量数据的操作。一些巨型计算机能处理每秒超过1万亿次的数学计算，用于处理具有数十万个变量的运算，运用于并行处理和需要快速和极为复杂运算的工作。

（二）大型主机

大型主机又称大型机，采用专用的操作系统，具有强有力的传输数据和处理数据能力，具有大容量的内外存，可以作为中央计算机和批处理计算机。一般只有大、中型企、事业单位才配置和管理大型主机，以大型主机及外设为基础建立一个计算中心，统一安排对主机资源的使用。在大型商场、银行、航空公司订票处理机构、国民经济管理部门中，一般都需要采用大型主机来进行后台服务处理等。美国 IBM、日本富士通和 NEC 等公司都生产大型主机，IBM 公司生产的有 IBM360、IBM370、IBM4300 及 IBM9000 系列等。

（三）小型计算机

小型计算机采用专用操作系统、多 CPU 结构，具有较大容量的内存和多个大容量硬盘、数据处理功能较强、实时处理性能较好等特征，可作为联机事务处理系统的服务器和有较大数据流量的局域网服务器。它能满足部门级需求，为中小企业、事业单位所采用。美国 DEC 公司的 VAX 系统、IBM 公司的 AS/400 系列等都是小型计算机的代表；我国生产的太极系列计算机也属于小型计算机。

（四）工作站

工作站的运算速度通常比微型计算机要快，要求配置大屏幕显示器和大容量存储器，有较强的网络通信功能。它是介于微型计算机与小型计算机的过渡机种，一般采用 UNIX 操作系统，具有多任务、多用户的功能，适合于分布式处理，包括工程工作站、图形工作站等。典型的工作站有 Apollo 工作站、Sun 工作站等。

（五）个人计算机

个人计算机简称 PC，即通常所说的微型计算机（Microcomputer），又分成商用计算机、家用计算机以及多媒体计算机。PC 的性能指标是由各个硬件组成部件的配置参数决定的。按外形大小不同，PC 分为台式机、便携机（笔记本型、掌上型）。管理信息系统多用台式机作为基本的信息处理工具，其主要作用是数据的输入输出、分布式的数据处理、数据存储等。

三、微型计算机

最早的微型计算机是于 1971 年诞生的以英特尔（Intel）4004 为微处理器的 4bit 微机。它最早的开发设计者是 Intel 公司的工程师 Hoff。

凡是有一片或几片大规模集成电路组成的具有运算器和控制器功能的中央处理器（CPU），统称为微处理器（Microprocessor），又称微处理机。微型计算机是以微处理器为中心，配上存储器、输入输出接口以及系统总线组成的计算机，简称微机。微型计算机自 1971 年诞生以来，得到了惊人的飞速发展。

（一）微型计算机的发展过程

按微处理器的位数来划分，即把微处理器的字长作为分类标准，通常可将微机分为 4bit、8 bit、16 bit、32 bit 以及 64 bit 机；按微机的组装形式，则可分为单片机、单板机以及多板机。

1. 第一代微型计算机

继 1971 年世界上第一个微处理器 Intel 4004 诞生之后，生产了以它为 CPU 的 4 bit 微机。很快又生产出了以 8 bit 微处理器 Intel 8008 为 CPU 的 8 bit 微机。

2. 第二代微型计算机

1973 年，出现了第二代微型计算机，其 CPU 以 8 bit 的 Intel 8080 和 8 bit 的 Intel 8085 为代表。其集成度和运算速度都比第一代微机的 CPU 提高了十多倍。

3. 第三代微型计算机

1978 年，出现了 16 bit 微处理器，标志着微型计算机的发展进入了第三代。由于它采用了 HMOS（High Performance MOS）工艺，可把 2.9 万个晶体管集成在 32.9mm^2 的芯片上，使微处理器的性能比第二代提高了近 10 倍。这期间具有代表性的产品有 Intel 8086/8088 等。

4. 第四代微型计算机

1980 年以后，超大规模集成电路技术进一步发展，随之出现了 32 bit 高性能微处理器。集成度达每片 32 万个晶体管以上，主要代表是 Intel 80386 和 Intel 80486。这一代的微型计算机有人称为超级计算机，因为其性能可以相当于甚至超过了 20 世纪 70 年代的大、中型计算机。

5. 第五代微型计算机

1993 年，Intel 公司正式推出奔腾（Pentium）微处理器，随后各种以 Pentium 为 CPU 的微机纷纷出现在市场上；1995 年推出了性能更优越的有多媒体扩展（MMX）指令集的奔腾 2；1999 年 2 月推出有更多 MMX 指令的奔腾 3。现在，我们的计算机几乎都是性能更高、速度更快的奔腾 4，其主频可达数个吉赫兹（1GHz = 1024MHz）。第五代微机的 CPU 字长是 64bit。

表 3-1 分别列出了微处理器和微机操作系统的发展历史。从分析计算机的发展过程来看，大约每隔 5 ~ 8 年，计算机的速度提高 10 倍，其体积缩小 1/10，成本降低 1/10。印证了 IT 产业两大定律之一的摩尔定律（Moore's Law）㊀。

表 3-1 微处理器芯片的发展

年 份	芯片名称	位 数/bit	晶体管数量/万个	简要说明
1976	MOS 6502	8	0.9	制造了 Apple，建立了个人计算机的概念
1978	Inter 8086	16	2.9	采用 80 × 86 指令集
1979	Inter 8088	8/16	2.9	制造了 IBM-PC/DOS 个人计算机
1979	MC 68000	32	6.8	组成 Macintosh，成为图形用户界面（GUI）象征
1982	Inter 80286	16	13.4	时钟频率 8 ~ 12MHz，有保护模式、虚存管理
1985	Inter 80386	32	27.5	时钟频率为 20MHz，4GB 空间，Windows 出现
1986	MIPS R2000	32	18.5	第一个商用 RISC 芯片
1987	Sun SPARC	32	5	定义了 RISC 工作站
1989	Inter 80486	32	120	内置浮点处理与高速缓存
1993	经典奔腾	32	310	双整数单浮点，同时执行两条指令
1995	高能奔腾	32	550	Pentium Pro（686 级的 CPU），同时执行 3 条指令
1997	多能奔腾	32	450	带有 MMX 技术的 Pentium，增加了 57 条多媒体指令集
1997	奔腾 2	32	750	时钟频率为 233M ~ 400MHz

㊀ 同样价格的微处理器容量和运算能力每隔 18 个月增加一倍。IT 产业的另一大定律是梅卡弗定律（Metcalf's Law），它是指伴随着越来越多的计算机联网，网络的处理能力呈指数级增加。

（续）

年　份	芯片名称	位　数/bit	晶体管数量/万个	简要说明
1999	奔腾 3	32	950 ~ 2900	时钟频率为 450MHz ~ 1GHz
2000	奔腾 4	32	4200	时钟频率超过 2GHz，采用 NetBurst
2005	奔腾 D	64		双核，加了 64bit 指令集，时钟频率为 2.80G ~ 3.20GHz

资料来源：http://www.nap.edu/readingroom/books/far/ch1_t3.html。

【MIS 视窗】

尽管摩尔定律告诉我们，在我们购买一款当下最新的电子产品计算机的时候，它就已经过时了。然而，也有一些使用者宁愿使用可靠的、熟知的产品。例如，Vista 仅仅只获得了 3% 的运行系统份额，更远远落后于 Microsoft 更早的 XP 系统。据《纽约时报》报道：在 2008 年年初，超过 900 万的人仍然使用 AOL 的拨号网络连接服务，即使当时的宽带能够在价格上与之比肩；雅虎的电子邮件服务早在 2007 年就过时，可是仍有上百万的使用者选择坚持老版；超过上百万的网络使用者持续使用 Netscape，即使 AOL 已经停止提供这一款受欢迎的浏览器。

（二）计算机的性能指标

1. 主频

主频即计算机的时钟频率。在计算机中，每一个事件必须被排序。控制单元给芯片设定一个节拍，这个节拍由内部时钟建立并用兆赫兹来度量（符号是 MHz，代表数百万周/秒）。例如 Intel 8088 芯片，最初有一个 4.47MHz 的时钟速度，然而 Intel Pentium 3 芯片有 450M ~ 500MHz 的时钟速度，而 Pentium 4 的主频高达数个吉赫兹。主频在很大程度上决定了计算机的运行速度。

2. 字长

字长是指计算机的运算部件能同时处理的二进制数据的位数。一些微处理机芯片被贴上 8bit、16bit 或 24bit 设备的标签，这些标签指明了字长，或者机器一次能处理的位数。一个 8bit 芯片能在一个单独的机器周期里处理 8bit，即 1B 信息。一个 32bit 芯片在一个单独的周期中能处理 4B 信息。字长越大，计算机的速度越快。字长决定了计算机的运算精度，字长越长，计算机的运算精度就越高。微机的字长为 8bit、16bit、32bit、64bit。

3. 总线宽度

数据总线在 CPU、主存储器和其他设备中间充当高速公路的角色，决定了一次有多少数据能被传输。例如在 IBM 最初的个人计算机上使用的 8088 芯片，有 16bit 的字长但只有 8bit 的数据总线宽度。这就意味着数据能被 CPU 芯片处理 16bit 的程序块，但是每次仅仅在 CPU、主存储器和处理设备之间传输 8bit。另外，Alpha 芯片有 64bit 的字长和 64bit 的数据总线带宽。为了使一台计算机每秒执行更多的指令，必须增加处理器的字长、数据总线宽度或者是循环速度三者之中的一个或者全部。

4. 内存容量

内存储器能存储的信息的总字节数称为内存容量。字节是作为一个单位来处理的一串二进制数位，以 8bit 二进制数位作为一个字节，简写为 B。每 1024 个字节称为 1KB。奔腾 4 微机内存都在 128MB 以上。内存容量越大，处理数据就越快。

5. 外存容量

外存容量常以硬盘容量为准。如奔腾 4 微机的硬盘容量都在 40GB 以上。当前，信息急剧膨胀，软件越来越大，用户需要保存的数据也越来越多，所以，有一个性能优良的大硬盘是用户的首选。

6. 运算速度

运算速度是一项综合性的指标。衡量计算机运算速度的单位是每秒百万条指令（Million Instructions per Second，MIPS）。因为指令不同，所需的时间也不一样。现在常用一种等效速度或平均速度来衡量。

其余的性能指标还有系统的可靠性、系统的可维护性、性能/价格比等。

四、计算机的应用

计算机的应用几乎涉及人类社会的所有领域，其主要应用方向如下：

（一）科学技术计算

把科学技术及工程设计应用中的各种数学问题的计算，统称为科学技术计算。计算机的应用最早就是从这一领域开始的。计算机不仅能减轻繁杂的计算工作量，而且解决了过去无法解决或不能及时解决的问题。大型计算机为颇有价值的计算设计项目进行复杂的科学计算、工程设计与仿真模拟，如：宇宙飞船的设计与模拟、宇宙飞船运动轨迹和气动干扰问题的计算；人造卫星和洲际导弹发射后，正确制导入轨的计算；高能物理中热核反应控制条件及能量的计算；天文测量和天气预报的计算等。现代工程中，电站、桥梁、水坝、隧道等最佳设计方案的选择，往往需要详细计算几十个甚至几百个方案，只有借助电子计算机，才可能使上述计算成为现实。

（二）数据信息处理

对数据进行加工、分析、传送、存储及检测等操作都称为数据处理。任何部门都离不开数据处理。

在数据处理领域中，由于数据库技术和网络技术的发展，信息处理系统已从单功能转向多功能、多层次。MIS 逐渐成熟，它把数据处理与经济管理模型的优化计算和仿真结合起来，具有决策、控制和预测功能。MIS 在引入人工智能之后就形成 DSS，它充分运用运筹学、管理学、人工智能、数据库技术和计算机科学技术的最新成就，进一步发展了 MIS。如果将计算机技术、通信技术、系统科学及行为科学应用于传统的数据处理无法解决的结构不分明的，包括非数值数据型的信息的办公事务上，就形成了 OAS。

（三）计算机控制

工业过程控制是计算机应用的一个很重要的领域。所谓过程控制，就是利用计算机对连续的工业生产过程进行控制。被控对象可以是一台机床、一座窑炉、一条生产线、一个车间，甚至整个工厂。计算机与执行机构相配合，使被控对象按照预定算法保持最佳工作状态。适合于工业环境中使用的计算机称为工业控制计算机。这种计算机具有数据采集和控制功能，能在恶劣的环境中可靠运行。目前用于过程控制的有单片微机、可编程序控制器（PLC）、单回路调节器、微机测控系统和分散式计算机测控系统等。

（四）计算机辅助技术

计算机辅助技术包括计算机辅助设计（CAD）、计算机辅助制造（CAM）、计算机辅助测试（CAT）、计算机辅助教学（CAI）等。

CAD 就是利用计算机来帮助设计人员进行设计，包括机械 CAD、建筑 CAD、服装 CAD 及电子电路 CAD。在 CAD 工作站中，所有设计都可以轻松地在计算机中进行测试和修改。使用这种技术能提高设计工作的自动化程度，提高精度，节省人力和时间。Hawakes 海洋科技公司利用 Autodesk 的 Inventor 三维空间设计程序来创作和操作美国海军潜艇的流体线型，并测试它们的应力集中点。

CAM 是利用计算机来进行生产设备的管理、控制和操作。CAM 与 CAD 密切相关。CAD 侧重于设计，CAM 侧重于产品的生产过程。CAM 技术能提高产品质量，降低生产成本，改善工作条件和缩短产品的生产周期。

CAT 是利用计算机帮助人们进行各种测试工作。CAT 系统可快速自动完成对被测设备的各种参数的测试并输出报告结果，还可对产品分类和筛选。

CAI 利用计算机帮助教师和学生进行课程内容的教学和测验。学生可通过人机对话的方式学习有关章节的内容并回答计算机给出的问题，计算机可以判断学生的回答是否正确。学生也可通过一系列测验逐步深入学习某课程。CAI 系统将是一个多媒体计算机系统，这个系统图、文、声、像俱全，将在实现无校舍教学中发挥积极作用。

（五）网络应用

由于计算机网络技术的飞速发展，网络应用已成为面向未来最重要的新技术领域。网络应用包括电子邮件、上网浏览、资料检索、IP 电话、电子商务、远程教育、协作医疗、网上出版、娱乐休闲、聊天及虚拟社区等。总之，计算机网络正在改变人类的生产和生活方式，而计算机是网络中的最重要的部分。

1978 年，美国最大的证券经纪公司——美林集团开发了现金管理账户的金融产品，允许客户的资金在股票市场基金和债券市场基金及货币市场基金之间自由流动，并且还允许客户从这些基金中取支票而无须支付手续费。这种基于网络平台的信息系统提升了金融产品的灵活性，从而把美林集团带进了银行业且拓展了它的大众市场吸引力。

（六）家庭计算机化

随着微型计算机价格的下降及性能的不断提高，特别是多媒体技术、计算机网络及通信技术的发展，家用个人计算机正以空前的速度发展着。这为计算机在家庭方面的应用提供了强有力的基础。

五、计算机的发展方向

（一）巨型化

研制速度快、功能强的大型机和巨型机是为了适应军事和尖端工业的需要。巨型机的发展集中体现了计算机科学技术的发展水平，它可以推动计算机系统结构，硬件、软件的理论及技术，计算数学，以及计算机应用等多个学科的发展，所以它的生产水平标志着一个国家的尖端科技的发展程度。

（二）微型化

微处理技术促使了计算机向微小型化发展，如许多智能部件被用来制造汽车、玩具、手表、照相机和其他基于微处理器的设备。未来日常的设备中将会有更多的智能化。口袋或者笔记本大小的计算机将有大型机和甚至是巨型机的计算能力，钢笔大小的计算机将会和计算器一样普遍。

（三）智能化

微小型化使在日常事务中使用智能卡成为可能。一张智能卡是包含少量存储和一个极小的微处理器的信用卡大小的塑料卡片。它取代了磁条。被嵌入的芯片能传送如个人健康记录、鉴别数据或者电话号码之类的信息，还能代替现金作为"电子钱包"。例如，北京市交通一卡通能被用作地铁、公共汽车和一些超市的代币。尽管一卡通在我国不像在欧美那样流行，但它们是多用途的，并且使用率在增加。智能化就是使计算机具有人工智能，具有学习能力，能自动进行逻辑判断，拥有类似于人脑的思维，具有问题求解和推理功能以及具有知识库系统。

（四）网络化

计算机网络是指把地理位置不同、功能独立自治的计算机系统及数据设备通过通信设备和线路连接起来，在功能完善的网络软件支持下，以实现信息交换和资源共享为目标的系统。它们有数据传输等功能，并具有共享数据、共享计算机资源以及均衡负荷等优点。计算机网络的发展，使用户可在同一时间、不同地点使用同一个计算机网络系统，从而大大提高了计算机系统的使用效率，加速了社会信息化的进程。

（五）多媒体化

多媒体技术是把电视的视听信息传播能力与计算机交互控制能力相结合，创造出能集文、图、声、像于一体的新型信息处理模块。多媒体正在成为新的消费者使用的产品和服务的基础，如电子书和电子报纸、电子课堂、视频会议、图形设计工具和视频、声音邮件。计算机多媒体化后，将具有全数字式、全动态、全屏幕播放、编辑和创作多媒体信息的功能，具有控制和传送多媒体电子邮件、电视会议等多种功能。使用流技术使得音频和视频的复制变得可行，当从网站上下载时，视频或者音频数据形成一个稳定和持续的流。

【MIS视窗】

曾经有人预言，未来的人将会随身携带他们的计算机，而不是像现在一样坐在计算机面前。也许衣服中有金属去接收和发送信息，你的眼镜可以在任何地方连接网络或者你的仿生隐形眼镜会提前报告危害你的疾病或者其他有害的生理现象。这些都可能实现吗？科学家说"当然可以"。如今，能够植入盲人和视力有障碍的人的眼中的仿生眼睛已经取得了很大的进步，它与另外一种不用植入视力有障碍的人的体内的隐形眼镜同为西雅图华盛顿大学的科研成果。现在计算机科学家和电子工程师致力于将植入的电子产品聚合物像隐形眼镜一样佩戴在人们的身上。制作电子晶状体的目的有两个：①尝试是否可以创造出一个隐形眼镜能够让那些视力有障碍的人看到一个清晰的世界；②使得镜片有实际的作用，就像从手机里面展示一篇文档一样，反映身体的化学过程或者可以为军人们观测周围环境的变化。显然，将计算机戴在身上并不是科学家一个不可能实现的梦，它就要变成现实。

第二节　计算机硬件

完整的计算机系统包括两大部分，即硬件系统和软件系统。所谓硬件，是指构成计算机的物理设备，就是常说的计算机。软件是指系统中的程序以及有关文档。

虽然不同类型、不同机种和不同型号的计算机在硬件配置上差别很大，但是绝大多数都是根据冯·诺依曼（John Von Neumann）计算机体系结构来设计的，即具有五大配件：运算器、控制器、存储器、输入设备和输出设备。

一、中央处理器

中央处理器（CPU）是计算机系统最主要的部件，其运算速度是决定计算机系统性能的重要指标。CPU 由运算器与控制器组成，常组装在一个主板上，合称为主机。三种总线连接 CPU、主存储器和计算机系统的其他设备：数据总线为主存储器传送数据；地址总线为主存储器中一个分配的地址传送数据；控制总线传输信号以阐明是否读或写数据到一个分配的主存储器地址或输入设备、输出设备，以及从它们读或者写数据。

1. 运算器

运算器是计算机的运算单元，主要用于完成对数据的算术运算和逻辑运算。在控制器控制下，运算器对取自存储器或其内部寄存器的数据按指令码的规定进行相应的运算，并将结果暂存在内部寄存器或送到存储器中。

算术运算包括加、减、乘、除及它们的复合运算。逻辑运算包括一般的逻辑判断和逻辑比较，如比较、移位、逻辑加、逻辑乘、逻辑反等操作。

2. 控制器

控制器是计算机的神经中枢，按照主频的节拍发出各种控制信息，控制计算机各部分自动协调地工作，完成对指令的解释和执行。它每次从存储器读取一条指令，经分析译码，产生一串操作命令发向各个部件，控制各部件动作，实现该指令的功能；然后再取下一条指令，继续分析、执行，直至程序结束，从而使整个机器能连续、有序地工作。

二、存储器

存储器是计算机的记忆装置，它的主要功能是存放程序和数据。程序是计算机操作的依据，数据是计算机操作的对象。不管是程序还是数据，在存储器中都是用二进制的形式来表示的，统称信息。

在计算机中，位（bit）是最小的数据单位，只能存放一个二进制的“0”或“1”，字节（Byte）是一组长度固定为 8bit 的二进制位的集合，一般一个字节可以存放一个字符。在计算机中，存储器容量以字节（Byte，简写为 B）为基本单位。存储容量的表示单位除了字节以外，还有 KB、MB、GB、TB。其中，1KB = 1024B，1MB = 1024KB，1GB = 1024MB，1TB = 1024GB。

存储器一般分成主存储器（内存）和辅助存储器（外存）。

1. 主存储器（内存）

计算机的主存储器主要是由半导体存储器组成，在计算机运行过程中用来存储数据和程序指令。计算机的主存储器与 CPU 直接相连，存放当前正在运行的程序和有关数据，存取速度快，但价格较贵，容量不能做得太大，比如奔腾 4 微机内存都在 128MB 以上。内存容量越大，处理数据就越快。

主存储器按工作方式又分为随机存取存储器（RAM）和只读存储器（ROM）。

RAM 中的数据可随机地读出或写入，是用来存放从外存调入的程序和有关数据以及从 CPU 送出的数据。人们通常所说的内存实际上指的是 RAM。

ROM 占主存储器（内存）的很小一部分，在通常情况下 CPU 对其只取不存，它一般用来存放固定的、专用的程序或数据。

2. 辅助存储器（外存）

辅助存储器用来存放计算机暂时不用的程序和数据（需要时才调入内存），存取速度相对较慢，但价格比较便宜，停电不丢失信息，容量可以做得很大。例如，现在的硬盘存储容量通常为几十甚至上百吉字节。

辅助存储器一般包括硬盘、软盘、光盘、移动硬盘、磁盘（带）、闪存存储器（USB Flash 盘，又称优盘和闪盘）等。

为了满足数据密集的图形文件的传输、网络交易与其他数字化企业应用程序的迫切需求，企业需要有新的存储基础建设来处理这些由大量增长的存储需要所带来的复杂度与成本。网络式存储技术提供了对企业内所有存储设备的存储规划，从而控制整个存储资源。网络式存储的设计有多种形式，一种是直接附接存储器（Direct - attached Storage，DAS），将存储设备直接连接到单个的服务器主机，并且需要通过服务器使用，从而造成瓶颈。还有一种是网络附接存储器（Network - attached Storage，NAS），将高速磁盘阵列（RAID）存储装置连接到一个网络，而网络中每个设备都可以通过专门用于文件服务与存储的特殊服务器来使用存储装置。另外一种是存储区域网络（Storage Area Network，SAN），是将多个存储装置放在一个独立的高速且专为存储目的设计的网络上。SAN 在管理上会比较昂贵和复杂，但对于需要让使用者跨应用系统与计算平台取得数据的企业是十分有用的。SAN 创造出一种让多服务器分享的大型集中存储区，协助企业整合存储资源，让使用者可以快速地通过 SAN 来分享信息。

三、输入/输出设备

输入设备是外部向计算机传送信息的装置。其功能是将数据、程序及其他信息从人们熟悉的形式转换成计算机能接收的信息形式，输入到计算机内部。常见的输入设备有键盘、鼠标、光笔、纸带输入机、模/数转换器、声音识别输入设备、图文扫描仪、条码阅读器、触摸屏、手写体输入设备等。

输出设备的功能是将计算机内部二进制形式的信息转换成人们所需要的或其他设备能接收和识别的信息形式。常见的输出设备有打印机、显示器、绘图仪、数/模转换器、声音合成输出设备等。

有的设备兼有输入、输出两种功能，如磁盘机、磁带机等。

主要的输入/输出设备如表 3-2 所示。

表 3-2　输入/输出设备

设　　备	说　　明
键盘	文本和数字数据的主要输入方法
鼠标	手握式设备，具有点击功能。跟踪球、触摸板也是鼠标的替换方式
触摸屏	让使用者用手指或指针触碰有感应器的屏幕，在零售商店、银行、餐厅的查询台常见
光学字符识别技术（OCR）	将经过特殊设计的符号、代码转化为数字格式。最常见的有条码
磁墨水字符识别（MICR）	主要用于银行的支票处理程序，可用来辨别银行、账号、票号等
手写式输入器	如手写板、笔记本计算机和平板计算机，是将电子笔触碰感应式平面屏幕所产生的动作转换为数字形式
数字扫描仪	将影像（如图片与文字）转化成数字形式
音频输入器	将语音转化成数字形式，由计算机处理
感应器	直接采集周围的数据输入到计算器中
射频识别（RFID）	嵌有微芯片的小卷标，传送对象的信息与位置给特定的射频识别接收器。这种技术对于追踪物品在供应链上的位置特别有用
阴极射线管（CRT）	电子枪发射电子照射屏幕上的映像点
打印机	击打式（点矩阵）和非击打式（激光、喷墨及热敏式）
音频输出设备	语音输出设备可以将数字数据转换成语音

【MIS 视窗】

2008 年美国人买了大约价值 1730 亿美元的客户电子产品——计算机、监视器、电话、DVD 唱机、微波炉等。消费者丢弃的旧电子产品包含了有毒成分的混合，如铅、水银、镉或者聚氯乙烯，那些有毒物质在垃圾堆中焚烧时能挥发到空气中。例如，一种常见的计算机监视器含有 4 ~ 8 磅的铅，而新的液晶显示屏包含水银。

美国的三个州——加利福尼亚州、缅因州和马里兰州效仿欧洲和日本处理电子废弃物，对消费者和生产商强制征收回收费用，要求生产商回收器材再利用，或者由政府提供再利用中心。尽管美国联邦法律禁止企业不正确地处理电子垃圾，这种法律并没有扩展到普通家庭。

为了降低环境影响和促进再利用效果，2006 年中旬，欧盟已经禁止有毒的原料比如铅、水银、镉等用在电子产品、器械、发光器材、医学器材和其他产品上。美国环境保护代理局估计未来每几年都有 3000 万 ~4000 万台个人计算机的生命周期结束。计算机不是唯一的趋向于退化的电子产品。2009 年作为数字广播的美国电视的机顶盒应用，意味着每年 2500 万台电视机将被撤除服务。另外 9800 万部电话从 2005 年就开始变得不时尚，垃圾堆将呈指数式增长。

不幸的是，尽管 1992 年危险废弃物出口到发展中国家被禁止，50% ~ 80% 的电子垃圾仍在被运到第三世界的国家。现在电子垃圾被走私到中国、亚洲其他地区或者非洲西部国家，如加纳、尼日利亚和科特迪瓦。

第三节 计算机软件

计算机软件是根据解决问题的方法、思想和过程而编写的程序的有序集合。一台计算机中全部程序的集合统称为这台计算机的软件系统。软件按其功能可分为系统软件和应用软件两大类。

一、系统软件

系统软件是用于计算机的管理、维护、控制和运行以及对运行程序进行翻译、注解、装卸等服务工作的程序的总称。系统软件主要由操作系统、语言编译系统、实用软件（常用的例行服务程序）和数据库管理系统组成。

（一）操作系统

操作系统是控制和管理计算机各种资源、自动调度用户作业程序、处理各种中断的软件。操作系统具备两大功能：

1. 系统资源的管理者

通过 CPU 管理、存储管理、设备管理及作业管理对各种资源进行合理的调度与分配，改善资源的共享和利用状况，最大限度地提高计算机在单位时间内处理工作的能力。

2. 用户与计算机之间的接口

使用未配置操作系统的计算机，用户要面对的是难懂的机器语言；配上操作系统后，用户面对的是操作方便、服务周到的操作系统软件，从而明显地提高了用户的工作效率。

操作系统可分为以下几类：

（1）单用户单任务操作系统。在此类操作系统中，计算机工作在单用户单任务的环境下，用户程序只能一个一个地串行执行，个人独占计算机，CPU 运行效率低。例如 DOS 操作系统就是单用户单任务操作系统。

（2）单用户多任务操作系统。此类操作系统允许多个任务同时存在，同时运行。例如 Windows XP 就是单用户多任务操作系统。

（3）批处理操作系统。此类操作系统以作业为处理对象，作业的运行完全由系统自动控制，系统的吞吐量大，资源的利用率高。

（4）分时操作系统。此类操作系统使多个用户在各自的终端上联机使用同一台计算机。CPU 按时间片轮转法轮流为各用户服务。由于 CPU 的速度很高，每个用户都觉得自己“独占”这台计算机。UNIX 就是一种典型的分时操作系统。

（5）实时操作系统。这类操作系统十分强调对随时发生的事件作出及时的响应和处理。实时操作系统广泛用于工业的过程控制和军事指挥作战系统。

（6）网络操作系统。为计算机网络配置的操作系统称为网络操作系统。它负责网络管理、网络通信、资源共享和系统安全等工作，如 Novell 公司的 Netware、Microsoft 公司的 Windows NT。

（7）分布式操作系统。分布式操作系统主要用于分布式计算机系统。分布式计算机系统是由多个并行工作的处理机组成的系统，能提供高度的并行性和有效的同步算法和通信机制，自动实现全系统的任务分配并自动调节各处理机的工作负载。

常见的操作系统如表3-3所示。

表3-3 常见的操作系统

时 间	系统版本	简要说明
1973	CP/M	第一个8bit机操作系统，控制打印机与监视器
1981	DOS 1.0	第一个IBM-PC操作系统，支持单面软驱
1982	DOS 1.1	支持双面软驱的PC
1983	Lisa OS	苹果公司首推GUI，出现鼠标、图标、窗口等
1983	DOS 2.0	支持带硬盘的PC/XT
1984	DOS 3.0	支持高密软驱、硬驱的PC/AT
1985.3	DOS 3.1	支持带硬驱的PC网络服务器
1985.11	Windows 1.0	支持多个窗口，但不能重叠，应用软件很少
1985.12	DOS 3.2	支持3.5in软盘
1987.4	DOS 3.3	支持大容量硬盘
1987.12	Windows 2.0	利用286的保护模式，突破内存640KB的限制
1988.6	Windows 2.1	更名为Windows 286
1988.7	DOS 4.0	支持大容量非分区硬盘文件，扩展内存
1990.5	Windows 3.0	增加了文件管理器
1991.6	DOS 5.0	存储管理，多工转换，支持80486
1992.4	Windows 3.1	增加了许多新功能，市场很成功
1993.5	Windows NT	微机网络操作系统
1995.8	Windows 95	摆脱DOS，增加TCP/IP、拨号入网、长文件名等
1998.6	Windows 98/ Me	集成IE 4.0，支持更多设备，如USB、ACPI等，为家庭使用者设计的较早版本的Windows操作系统，可与万维网的信息资源集成
2000	Windows 2000	IE 5.0，支持更多Web功能，可在个人计算机、工作站与网络服务器上使用的操作系统，支持多任务处理、多重处理与密集使用的网络功能，以及企业运算所需的因特网服务
2001	Windows XP	可靠、功能强的操作系统，在高性能PC上使用，最初发行了两个版本：家庭版（Home）和专业版（Professional）。支持因特网、多媒体与群组协作，强化了网络、安全与企业管理能力
2003	Windows Server 2003	为服务器设计的最新Windows操作系统
2007	Windows Vista	中文全称视窗操作系统远景版。与Windows XP相比，它在界面、安全性和软件驱动集成性上有了很大的改进，分为家庭版和企业版两大类
—	Windows CE	Windows操作系统的简化版本，包括了它的图形用户界面，供掌上型计算机与无线通信设备使用。它用于掌上型计算机以及智能手机（Smart Phone）上的Windows CE系统称为Windows Mobile，2010年10月，微软宣布终止对其的所有技术支持
1969	UNIX	由AT&T公司开发，使用在功能较强大的个人计算机、工作站或网络服务器上，支持多任务处理、多用户处理和网络功能，可跨不同形式的计算机硬件使用

（续）

时　间	系统版本	简要说明
1991	Linux	在UNIX与Windows2000之外的免费、可靠的选择，并提供源代码让开发人员依需求修改。它是自由软件和开放源代码发展中最著名的例子
1987	OS/2	功能强大的32bit操作系统，专用于IBM个人计算机或与IBM兼容且使用英特尔微处理器的个人计算机。它适用于复杂、需要海量存储器的应用程序或是需要网络、多处理器或大型程序的应用程序
—	Mac OS	Macintosh计算机专用操作系统，适合于多任务，且有强大的多媒体与网络能力，并由鼠标驱动的图形用户界面。它支持与因特网的连接与在线出版

【MIS视窗】

1991年，赫尔辛基大学的一位名叫李纳斯·托沃兹的学生在斯托曼软件的基础上建立了他的Linux操作系统，和微软的Windows操作系统进行竞争。他还邀请他的朋友和网上的其他工程师改进这一操作系统，但必须是免费的。从托沃兹第一次发帖后，世界各地的程序员都对GNU/Linux操作系统作出了修改、填补和完善。它的经营许可中这样写道，任何人都可以下载源代码和对其进行完善，但他们必须将改进后的版本免费对其他人开放。

免费软件运动已经构成对微软和其他全球软件巨头的巨大威胁。这场革新的意义早已超过了小小的Linux，几乎任何类型的软件都可以以开放源的方式被找到。虽然对很多网络高手来说这些都是些微不足道的小设计，但很多软件却很有价值。如果你不愿为微软的Office软件花350美元，为Adobe公司的Photoshop花600美元，那你就可以到www. OpenOffice. org和www. gimp. org上寻找高质量的免费产品。

（二）语言编译系统

计算机能识别的语言有很多，如汇编、BASIC、FORTRAN、Pascal与C等，它们各自都规定了一套基本符号和语法规则。用这些语言编制的程序叫作源程序。用“0”或“1”的机器代码按一定规则组成的语言，称为机器语言。用机器语言编制的程序，称为目标程序。而将源程序翻译成目标程序的任务是由语言处理程序来完成的，如图3-1所示。

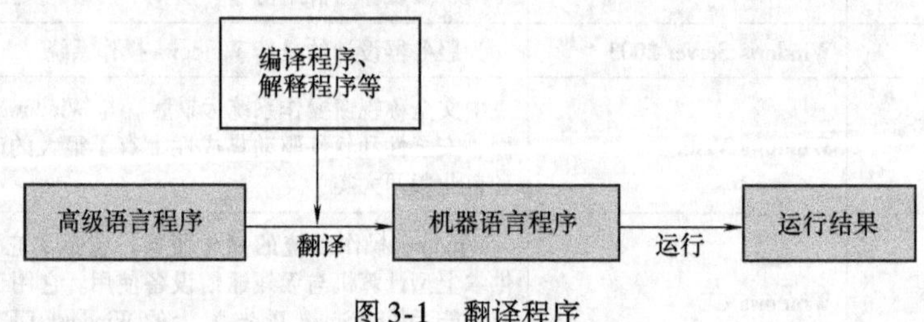

图3-1　翻译程序

语言处理程序有汇编程序、编译程序、解释程序等。汇编程序也称汇编器，其功能是把用汇编语言编写的源程序翻译成机器语言的目标程序，其翻译过程称为“汇编过程”，简称汇编。解释程序对源程序的翻译采用边解释边执行的方法，并不生成目标程序，称为解释执行，如 BASIC 语言；编译程序则先将源程序翻译成目标程序后才能开始执行，称为编译执行，如 Pascal、C 语言等。

计算机指令是用程序设计语言编写的，而程序设计语言是人与计算机进行交流的工具。管理者应该了解哪些程序设计语言与软件工具适合组织的目标。下面介绍几种常见的程序设计语言。

1. 机器语言

这是一种在计算机上可以直接执行的二进制代码指令。用二进制代码“0”和“1”的信息串表示。它能被 CPU 直接识别，直接执行。用这种语言编制的程序称为机器语言程序，既难写又难懂，一般不用这种语言编写程序。任何计算机语言最终要变换为机器语言，CPU 才能执行，因此机器语言是其他几种语言的基础和归宿。

2. 汇编语言

汇编语言被称为第二代语言，用便于人记忆的助记符作为操作指令，是一种十分接近机器语言的符号语言。汇编语言的每条指令对应一条机器语言代码，CPU 不能直接识别和执行用汇编语言编制的程序，必须由“汇编程序”转换为机器语言才能被执行。

汇编语言由于执行速度快、代码紧凑、效率高，主要用于系统软件上，很适合于编写直接控制机器操作的低层程序，如自动控制程序、查毒杀毒程序等。由于汇编语言与机器密切相关，编程难度较大，对程序人员的硬件知识有一定要求。

3. 高级语言

高级语言采用英语词汇作为指令关键词，按照规定的语义和语法结构要求来编写程序。高级语言中每一条语句的功能相当于汇编语言的多条指令的功能。高级语言程序需经过翻译转换为机器语言，才能被 CPU 执行。高级语言由于其容易理解，容易维护，成为广大用户常用的程序语言，也被称为第三代语言（3GL）。

4. 第四代语言

第四代语言（4GL）是为降低程序开发难度和提高程序开发效率而设计的通用语言，包括多种软件工具，如某些数据库系统的查询语句和应用软件包的宏语言就具有第四代语言的特征。编写的程序是非过程化的，即程序指令只要告诉计算机需要“做什么”，而不必详述“怎样做”的具体过程。第四代程序设计语言从面向最终用户到信息系统专家的程度来划分，包括以下几类：

（1）个人计算机软件工具：专为个人计算机设计的一般用途的应用软件包，如 Microsoft Word、Internet Explorer（IE）等。

（2）查询语句：用来存取数据库或文件中数据的语言，并能支持非事先定义好的信息查询要求，如 SQL。

（3）报表生成器：能从文件或数据中取出数据，并制作各种由信息系统例行生成表格的定制化报表。它通常能比查询语言提供对数据的格式、结构与展示方面更多的控制。

（4）图形化语言：能从文件或数据库中取数据，以图形的方式表现。一些图形化软件包也能够进行算术或逻辑运算，如 SAS Graph。

（5）应用程序生成器：包含预先程序化的模块以产生出整个应用程序（包括网站），可加快应用程序开发的速度，使用者只需指定工作，应用程序生成器便能够创造出对应的程序代码，进行输入、输出、验证、更新、处理以及报表制作等工作，如 Microsoft FrontPage、

PowerBuilder 等。

（6）应用软件包：由厂商提供销售或出租的软件，免除用户特别编写内容软件的需要，如 SAPR/3、U8 等。

（7）高级的程序设计语言：比 COBOL 和 FORTRAN 用更少的指令来产生程序代码的程序设计语言，主要是为专业程序设计师提供更高的编写效率，如 APL。

5. 面向对象的程序语言

这是 20 世纪 80 年代后新发展的程序设计语言。面向对象语言将数据与操作合成为对象，对象可以重用，从而大大提高编程效率。面向对象的技术把对象的属性（数据）和处理（方法）封装在一起，是真正的抽象思维。它通过子类对父类的继承，使软件便于维护和扩充，提高了软件的可重用性，如 C + +。面向对象的程序设计孕育出另一种新的程序设计语言——可视化程序设计。利用可视化程序设计，设计师可不必编写程序代码。

近年发展起来的新型的高级语言，如 Java，十分适合网络环境下的编程。用 Java 开发的软件可以在如 Windows、UNIX、IBM 大型主机、Macintosh 以及其他的环境下执行。个人计算机使用者只需要通过网络系统利用浏览器就可以处理数据，而不必编写专门软件。

6. 标记语言

由于因特网广泛应用，标记语言也开始引起人们的注意。HTML 是 Web 通用语言，是用来创造网页之类的超文本或超媒体文档的网页描述语言。HTML 使用标签的指令来标明文字、图形、影像与声音要如何放置在文档中，并且创造动态链接用以连接同一部或远程机器上的文档与其他对象。利用这些链接，使用者只需要指到指示的关键词或图形，在上面单击一下，就可以马上移到另一份文档。

HTML 程序可自行开发，也可以使用一些编辑工具，如 Microsoft FrontPage、Dreamweaver、Adobe GoLive 等。

XML 是可扩展标记语言。HTML 只描述文字与图形如何显示在网页文档中，文件格式的标签集是固定的；而 XML 则表示文档中数据的意义，侧重于数据本身，它的标签集不是固定的。

可扩展超文本标记语言（XHTML）是 HTML 和 XML 的混合，并被万维网联盟推荐为 HTML 的替代品。XHTML 以 XML 文档类型定义改变 HTML，使它有额外的弹性并具备开发可在多种计算平台与网络显示装置上读取的网页的能力。

二、应用软件

应用软件是用户为解决某种应用问题而编制的程序，如科学计算程序、自动控制程序、工程设计程序、数据处理程序、情报检索程序等。随着计算机的广泛应用，应用软件的种类及数量将越来越多。应用软件一般可以分为通用应用软件（如文字处理软件 Microsoft Word、WPS2000 等，简称通用软件）和专用应用软件（如企业的财务管理系统、人力资源管理系统等，简称专用软件）。

（一）通用软件

通用软件是某些具有通用信息处理功能的商品化软件，是指事先写好、有完整的程序代码，并且可以在市场中购买的一组程序。它的特点是通用性，因此可以被许多有类似应用需求的用户所使用。它往往可以通过选择、设置和调配来满足用户的特定需求。比较典型的通用软件有文字处理软件、表格处理软件、数值统计分析软件、财务核算软件、数据管理软件、集成软件包、电子邮件、网络浏览器与群件等，是在企业与消费者中广泛使用的软件工具。

群件（Groupware）提供支持工作群体协调活动的功能和服务，包括群体写作和评论、信息分享、电子会议、时程表及电子邮件，并且由网络来连接群体中分散在各地的台式计算机。商用群件产品的领导者是莲花发展公司的 Lotus Notes 与 OpenText 公司的产品 Livelink。微软的 IE 与网景的 Communicator 的浏览器都包含群件功能，如电子邮件、电子日程表、语音与数据会议以及电子讨论组和数据库。Office 2010 与 Office XP 软件套件包含可以使用万维网技术的群件。

（二）专用软件

专用软件是满足用户特定要求的应用软件。在用户对数据处理的功能需求存在很大的差异性、通用软件不能满足要求时，需要由专业人士采取单独开发的方法，为用户开发具有特定要求的专门应用软件，如为某公司定制的人力资源管理信息系统。

随着大规模集成电路技术的发展和软件逐渐硬化，要明确划分计算机系统的软、硬件已经比较困难了。因为任何操作都可以由软件来实现，也可以由硬件来实现；任何指令的执行都可以由硬件完成，同样也可以由软件来完成。

因此，计算机系统的软件与硬件可以互相转化，它们之间互为补充。随着大规模集成电路技术的发展，软件硬化或固化是必然的趋势。这种将程序固化在 ROM 中组成的部件称为固件。固件是一种具有软件特性的硬件，它兼有硬件的快速性和软件的灵活性，在微机中已普遍采用。

本章小结

随着计算机应用知识的普及，计算机软件知识越来越容易掌握，学习运用计算机将越来越容易。在一些信息专家的支持之下，用户自己就可以完成他所需要的信息处理任务，向用户普及计算机知识更为重要。虽然管理人员和决策者不必成为计算机专家，但应掌握计算机和信息处理的基础知识，对计算机软硬件在组织的信息技术基础设施建设中的角色有基本的了解，才能制定对组织绩效有益的科学决策。本节简单阐述了计算机的硬件系统和软件系统、计算机的应用领域以及发展方向，以便读者了解如何从适应组织发展目标的角度来选用计算机的软硬件资源。

【MIS 新视角】

谁帮助摩根士坦利公司躲过一劫

2001 年 9 月 11 日，当纽约世界贸易中心内许多大公司的商务数据随着大楼的坍塌也灰飞烟灭时，该中心最大的主顾之一——摩根士坦利公司却在灾后的第二天就进入了正常工作状态。公司宣布，除了人员不幸失踪，世界贸易中心大楼的坍塌没有给公司和客户的资产带来重大损失。这是因为在危机时刻，其重要的业务信息已经被完好无损地传送到几英里之外的一个办事处的计算机中。

原来，帮助摩根士坦利公司躲过一劫的幕后英雄是该公司的计算机系统中配备了远程灾难备份系统，系统随时将公司的业务数据备份到地域不同的计算机备份系统中。事后证实，不仅摩根士坦利公司逃出这场灾难，在远程灾难备份系统的保护下，在纽约世界贸易中心以及附近地区的25家公司的关键业务数据都毫发未损。

这个案例对电子商务的安全提供了重要的依据。以往电子商务安全考虑的重点一方面是担心公司内部计算机中的业务数据被竞争对手获取，另一方面是害怕计算机“黑客”的侵入而恶意破坏计算机中的业务数据。事实上，随着电子商务的出现，公司的几乎全部业务信息都保存在计算机系统中，因此对信息安全的要求就显得更加迫切，而公司的业务更加与计算机系统的安全息息相关。

计算机安全就是保护企业的计算机资源不被破坏、篡改和未经授权地使用。主要有两类安全——物理安全和逻辑安全。物理安全是指对计算机本身和存储介质的保护；而使用非物理手段对计算机资源的保护属于逻辑安全。

采取任何安全措施都需要成本。在物理安全方面的投入主要是对计算机设备、通信设备等硬件设备的保护，以及对数据存储介质的备份。对计算机资源的逻辑保护的费用主要用于计算机保密软件、防火墙、版权和知识产权。

有些危及计算机安全的事件发生概率相对较高，影响范围大，容易造成损失，如计算机硬盘故障、公司外部对公司业务信息的窃取等，人们会投入很多精力和财力预防这些事件的发生。而诸如火灾、地震甚至战争等灾难事件，发生的概率很低，但对计算机系统和业务信息的破坏是巨大的，因此对这类事件的防范可能需要投入更多的精力和财力。也就是说，花费99%的力量对付1%的可能。因此，对预防灾难的投入也是一种风险投资。人们不愿意投入大量资金用于对灾难事件的防范，往往是寄希望在这类事件不可能发生。但这类事件一旦发生，后悔晚矣。不过像银行、保险公司之类的行业视业务信息如同公司的生命，应该尽可能地采取安全措施预防灾难的发生。

目前，随着网络技术的发展，一方面使得企业可以利用互联网，把原来分散的数据集中在一个信息中心进行处理和存储。这样处理数据的成本低、效率高，但缺点是将所有的鸡蛋放在一个篮子里，一旦打破，损失巨大。另一方面，企业同样可以利用互联网技术，把业务信息及时地备份到其他地方，防灾能力会大大提高。

（资料来源：陈恭和，《管理信息系统——理论与实践》，高等教育出版社，2006年。）

思考题：

1. 摩根士坦利公司为什么能躲过一劫？
2. 摩根士坦利公司采取了哪些措施？

本章习题

一、选择题

1. 1MB的含义是（　　）。

A. 1024KB　　B. 1000KB　　C. 1024B　　D. 1000B

2. 计算机中的信息都是以（　　）的形式存储在机器内部的。

A. 字符　　B. 二进制　　C. ASCII码　　D. 国际码

3. 使用光学字符识别方法输入数据的方式是（　　）。

A. 电子数据交换　　B. 传统的数据输入方式

C. 交互式输入方式　　D. 源数据自动化输入方式

4. Windows 是一种（　　）的名称，而 Access 是一种（　　）的名称。

A. 数据库管理系统，操作系统　　B. 操作型，应用软件

C. 操作系统，DBMS　　D. 应用软件，操作系统

二、课程实践

1. 调查用户在使用计算机时，遭遇感染病毒、身份被盗窃或者感染其他病毒的经历。试分析未来计算机安全性将会面临哪些挑战，有没有新的技术/法律来提高安全性。

2. 比较移动终端的操作系统，如 IOS㊀和 Android 的优劣。采访一位 IS 的专业人士，咨询有关软件开放源方面的知识。他是否把所有类型的信息系统都看作开放源软件的候选者？并且了解什么样的信息系统最适合和最不适合使用开放源软件。

三、讨论分析

在数字世界运用免费经济学

“不再为产品和服务而向顾客收费可能会成为数字世界未来的商业模式”，Chris Anderson 认为，并强调：“这种策略是一种在几乎所有的行业中都能挣到钱的可行的方法”。

商品的价格是由其边际成本来决定的。由于摩尔定律的作用，信息处理能力在呈指数倍的增长，存储器和频带宽度的价格也呈指数下降。雅虎在建立了其电子邮件的网页环境后，提供电子邮件服务给每一个额外顾客的费用几乎为零。电子邮件服务的边际成本实质上也是零。通过赠送这项服务给越来越多的顾客，雅虎赚取了巨大的利润。

数字技术能力的提高和其价格的下降，将会使得整个行业的成本大幅下降。行业成本的下降又让利于顾客最终走向免费。换句话说，当一个行业越来越依赖于数字技术时，免费将不可避免。

在免费经济学中，对顾客免费并不意味着有的人就可以不用为此付钱；更重要的是，它并不意味着有的人就会因此而挣不到钱。例如，当有人利用某免费搜索引擎搜索出的结果去单击赞助商的链接时，搜索引擎公司就会从赞助商那里获得广告收入。这种基本的基本模式也能被应用于除了广告产业以外的其他各种创意性产业。

有线电视巨头康卡斯特通过给数百万的用户提供免费的 DVR（硬盘录像机），从而为公司赚取高额利润。每个硬盘录像机大约会花费康卡斯特 250 美元，一旦顾客拥有了硬盘录像机，他们每个月都要交纳使用硬盘录像机功能的订阅费，康卡斯特也能够与顾客建立更强大的联系，从而获得包括高速上网、数字技术服务和按次付费电影在内的收入。这个免费的硬盘录像机将会为康卡斯特带来巨大的利润。

音乐巨人 Prince 在 *London's Daily Mail* 的周日版内附赠了 28 万份他最新推出的每份零售价为 19 美元的 CD——*Planet Earth*。尽管 Prince 花了很多钱在赠品上——每张光盘的制作费

㊀ IOS 是由苹果公司为 iPhone 开发的操作系统，它主要是给 iPhone、iPod touch 以及 iPad 使用。IOS 封闭源开发，系统安全性好。Android 是基于 Linux 开放性内核的操作系统，其特点是开放源代码，它的 SDK 开放给任何开发商，所有开发商都可以随意更改界面。例如 HTC 的 HTC Sense、Samsung 的 TouchWiz 等。Android 的众多合作伙伴都可以对 Android 的代码进行修改，来更贴合自己的终端及用户。

为2美元，但他却能从音乐会门票的收入中得到补偿。在发放赠品后，其音乐会的门票销售告罄并打破了在伦敦氧气剧院举办21场音乐会的纪录。在扣除掉支出后，他还赚了将近19万美元。的确，在生活中存在很多采用赠送物品方式赚钱的方法。

问题：

1. 什么是免费经济学？数字世界中如何利用免费经济，获取利润？

2. 利用免费的搜索引擎赚到上亿美元和从基于Web的电子邮件服务获利上百万元，这种典型例子能否轻易被复制？

参考文献

[1] 薛华成．管理信息系统［M］．4版．北京：清华大学出版社，2004.
[2] 许晶华．管理信息系统［M］．广州：华南理工大学出版社，2003.
[3] 陈恭和．管理信息系统——理论与实践［M］．北京：高等教育出版社，2006.
[4] 陈晓红．管理信息系统教程［M］．北京：清华大学出版社，2003.
[5] 李东．管理信息系统理论与应用［M］．北京：北京大学出版社，2001.
[6] Kenneth C Laudon，Jane P Laudon. 管理信息系统——管理数字化公司［M］．周宣光，等译．8版．北京：清华大学出版社，2005.
[7] 张国锋．管理信息系统［M］．北京：机械工业出版社，2001.

互联网学习

1. http：//www. prenhall. com/laudon
2. http：//ais. sit-ym. com（美国信息系统协会）

第四章 数据库技术与数据资源管理

【引例】
你会用奶酪粉刷你的房子吗

你会用奶酪粉刷你的房子吗？是的，也许你不可能真的用奶酪去粉刷你的房子，但你却可以把你爱吃的奶酪的颜色作为房子的底色。确实有一位女士就是这么做的。这位女士非常钟爱Stonyfield农场产的杏黄色的芒果奶酪，以至于她将自己的卧室也粉刷成了杏黄的芒果颜色。

位于美国新罕布什尔州伦敦德里的Stonyfield农场有限公司的首席执行官兼总裁Gary Hirshberg，热衷于倾听来自于客户的评论意见。当你给Stonyfield公司打电话，提出评论、建议或抱怨时，你实际上是在与许多奶酪制作者之一进行交谈，而不是由接线员在给你读稿件上的问题。Gary相信，这种方式能建立起更加个性化的服务，同时也更加有助于面向市场。

因此，当他收到来自客户关系协调员的备忘录，称一个客户打电话来提出需要巧克力奶酪时，他立即想知道是否还有其他客户也曾提出过对巧克力奶酪的需求，巧克力奶酪的需求频度如何？以及最先提出巧克力奶酪需求的地区是哪儿？令他失望的是，公司缺少一种对大量客户意见的文档进行排序的方法，因此难以回答上述问题。

这时Gary意识到，虽然他的免费电话号码是建立客户忠诚关系非常好的途径，但公司却没有一种方法能对大量新产品构思的来源加以利用。为了建立一套跟踪客户电话的系统，Gary很快取得了与Cocci计算机公司的联系。Cocci提出了一套价值10000美元的系统方案，其中包括全部所需的硬件、软件，以及价值约8000美元的程序，还包括对创建所需文件、数据输入屏幕和报告格式进行开发。

今天，公司所有的客户信息都被保存在数据仓库中。利用微软公司的产品Access，Stonyfield的员工能够按照他们所希望的任何顺序快速、方便地检索信息，可根据口味、客户抱怨或意见的类型，按照地区，甚至按照商店对某种口味的产品进货或不进货等进行检索。该系统赋予Stonyfield公司极大的灵活性，使它能在几秒钟内搜寻到一个客户可能作出的任何评论。Gary利用数据仓库确定了一周内曾有11位客户提出巧克力奶酪的需求。几个月后，Stonyfield农场的巧克力奶酪就摆上了全国的各杂货店的货架。

（资料来源：斯蒂芬·哈格·卡明斯，詹姆斯·道金斯，《信息时代的管理信息系统》，第2版，机械工业出版社，2000年。）

思考题：

1. 如何理解信息在成功地创造人们所需产品和服务方面是一种推动力？

2. 成功构建一个数据库管理系统有哪些管理和组织需求？有效地组织和管理数据面临哪些挑战？

学习目标

通过对本章的学习，重点掌握：

1. 数据资源管理的基本概念，数据管理技术发展阶段的特点。
2. 数据库、数据仓库、数据挖掘方面的基本知识，以及发展动态。

关键概念

数据库（DB）；数据库管理系统（DBMS）；数据挖掘（DM/KDD）

第一节　数据处理基础

计算机的主要功能是处理各种形式的信息，如数值、文字、声音、图形、图像等。在计算机内部，各种信息必须经过数字化编码和组织后才能被传递、存储、处理和输出。信息在计算机内的转换方式如图 4-1 所示。

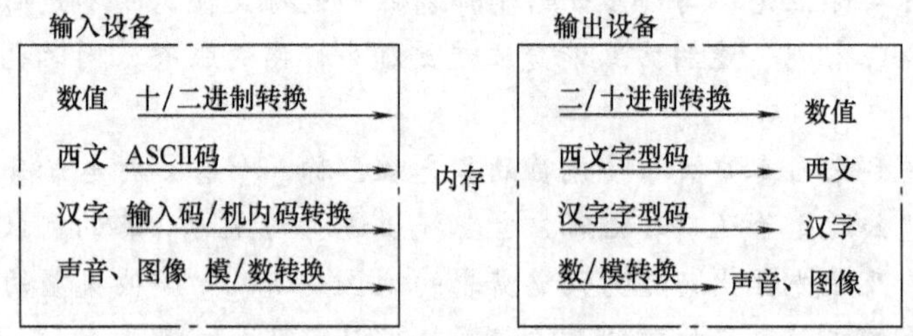

图 4-1　信息在计算机内的转换方式

一、计算机中信息的表示方法

在日常生活中，计数方法除了常见的十进制计数制外，还有六十进制（如 1min 等于 60s）、十六进制（如老秤 1 斤等于 16 两）、十二进制（如 1 打等于 12 个）、二进制（如 1 双手套等于 2 只）等。

计算机中采用二进制计数为基本计数方法。其优势在于：

（1）在计算机中数字的表示是用电子器件的状态来实现的。在电子学中具有两种稳定状态的现象很多，如电压的高低、电容的充电放电、脉冲的有无、晶体管的导通和截止等，但要找到具有 10 个稳定状态的电子器件却很难，因而采用二进制计数在电子器件中实现是很容易的。

（2）在二进制中，只有简单的两个数字 0 和 1。二进制运算法则简单，只有两种：加法法则 $0+0=0$，$0+1=1$，$1+1=10$；求积法则 $0\times0=0$，$0\times1=0$，$1\times1=1$。甚至其求积运算也可以转化为移位求和运算，从而简化了运算电路。

（3）由于逻辑变量和二进制一样只有“0”和“1”两个取值，采用二进制可使算术运算和逻辑运算共享一个运算器。

（一）数值型数据的表示

在计算机中，位（bit）是最小的数据单位，只能存放一个二进制的“0”或“1”，字节（byte）是一组长度固定为8的二进制位的集合。一个字节一般可以存放一个字符。

一个计算机字，或简称为字（word），是在计算机中为作为一个整体被传送和运算的一串二进制数码，它所包含的二进制位数等于字长。

在计算机中，储存数据的长度是统一的，不足的部分则用“0”填充。例如，在微型计算机中，一个整数可能占2个或4个字节，一个非整数占4个或8个字节。数据类型确定后，将使用同样的数据长度，而与数的实际长度（二进制的位数）无关。由于数有正负之分，在计算机中，总是用数的最高位表示数的符号，并约定以“0”代表正数，以“1”代表负数。为了节省存储空间，在计算机中表示数值型的数据时，小数点是隐含的，但其位置是固定的，或是可变的。位置是固定的为定点数，可变的为浮点数。

（二）字符型数据的表示

由于计算机只接收和处理二进制数，因此信息必须用二进制编码。所谓编码，是用一串二进制数码代表一位十进制数字或一个字符。编码工作由计算机在输入、输出时自动进行。对字符信息进行数字化编码，包括英文字母、标志符号、汉字等的编码，都是用一定数位的二进制码表示的。

1. ASCII码

在数据处理、通信系统和外部设备与主机进行信息交换时，用得最多的是ASCII码（American Standard Code for Information Interchange），即美国信息交换标准代码。ASCII码使用7位二进制位，可以表示$2^7=128$个符号。其中，大写字母A～Z这26个英文字母的数值代码是65～90，对应的编码是1000001～1011010，小写字母a～z的数值代码是97～122，对应的编码是1100001～1111010。0～9这10个数字符号对应的编码是0110000～0111001。还可表示可打印的符号，如<、=、?、! 等，以及实现某个动作的控制符号，如NUL、ESC、CR、LF、BEL等。例如BEL，其ASCII码为0000011，是报警符，可以产生一个能听见的响铃声。

容易看出，大写与小写的ASCII码有20H之差，而10个数字的排列从30H起，很有规律。一般使用8bit即1B表示ASCII码，最高位用作校验。

由于标准的7位ASCII码能表示的字符较少，不能满足信息处理的需要。近年来，在ASCII码的基础上又研制了一种扩充的罗马字符集。它要求用8个二进制数据位表示一个字符，总共可以表示256种字符和功能符，称之为扩充的ASCII码。

2. 汉字编码

为了能处理汉字，必须解决汉字的输入、存储、输出问题。英文为拼音文字，汉字为非拼音文字，汉字处理的过程也远比英文处理的过程复杂得多。无论是中文字符（汉字）还是西文字符，在计算机内部一律用二进制编码表示，称为机内码，因此，中文处理与西文处理的本质是一样的。但是由于汉字转换成机内码时要有转换标准，于是就产生了国标码。由于汉字输入较困难，为了便于输入操作，又产生了拼音输入、五笔输入等各种形式的汉字输入码。当汉字输出时，由于汉字是象形文字，具有极大的艺术性，又有各种汉字字型码。

汉字的处理过程可以概括为图4-2。

3. 音频和视频信息

多媒体计算机不仅要处理数值信息和字符型信息，还要处理声音和图像，即音频信息和

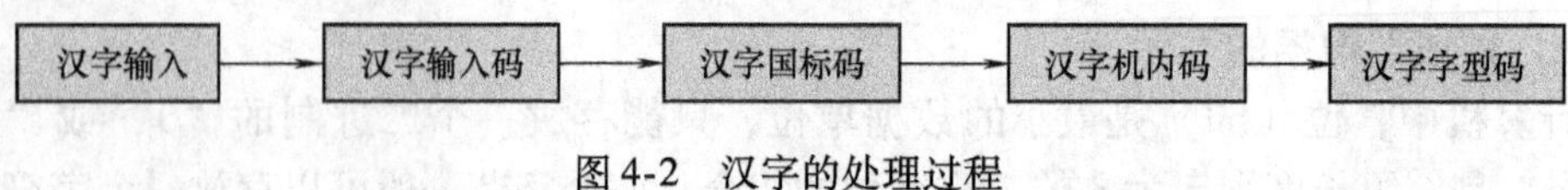

图 4-2　汉字的处理过程

视频信息。

在一般声像设备中，声音和图像信息通常都表示为模拟信号。但计算机的 CPU 却只能处理脉冲数字信号，即二进制数据，因此，音频信息和视频信息在进入 CPU 以前都要先转换为二进制数据，才能交给 CPU 加工处理；反之，从 CPU 输出的声音/图像信息，也要先从二进制数据转换为音频/视频模拟信号，然后交给声像设备播放。在这些输入输出过程中，信息的转换都是由声像设备的接口板完成的，即声频接口板（声频卡）完成声频信息的转换，视频接口板（视频卡）完成视频信息的转换。

目前声像设备已经在向数字化方向发展，如数字荧屏、数码摄像机、数码相机等，已数字化的声像设备可以与计算机直接连接，进行声像处理。

（三）*R* 进制数与十进制数的相互转换

（1）R（$R=2，8，16$）进制数转换为十进制数的方法：按 R 权值展开求和。

例如二进制转换为十进制，只要将二进制数按权展开，如：

$$\begin{aligned}(101.01)_2 &= 1\times2^2+0\times2^1+1\times2^0+0\times2^{-1}+1\times2^{-2}\\ &=2^2+2^0+2^{-2}\\ &=4+1+0.25\\ &=(5.25)_{10}\end{aligned}$$

（2）十进制数转换为 R（$R=2，8，16$）进制数的方法：十进制数的整数部分，除以 R 倒取余数，而对于其小数部分，乘以 R 正取整数。

举例如下：

将十进制数 34.125D 转换为二进制数（D 表示该数为十进制）。

1）将 34 转换为二进制数。

```
2 |34     0   最低位
  2 |17     1
   2 |8     0
   2 |4     0
   2 |2     0
    2 |1     1   最高位
       0
```

即 34D = 100010B（B 表示该数是二进制数）。

2）将 0.125 转换为二进制数。

```
   0.125
 ×     2
   0.250     0
 ×     2
   0.50      0
 ×     2
   1.0       1
```

即 0. 125D = 0. 001B。

所以 34. 125D = 100010. 001B。

若十进制小数不能用有限位二进制小数精确表示，则可以根据精确度要求适可而止。关于其他进制之间的转换，如二进制数与八、十六进制数的相互转换，原理是一样的，可参阅其他书籍。表 4-1 为不同数制间的转换。

表 4-1 不同数制间的转换

八进制	二进制	十六进制	二进制
0	000	0	0000
1	001	1	0001
2	010	2	0010
3	011	3	0011
4	100	4	0100
5	101	5	0101
6	110	6	0110
7	111	7	0111
10	001000	8	1000
11	001001	9	1001
12	001010	A	1010
13	001011	B	1011
14	001100	C	1100
15	001101	D	1101
16	001110	E	1110
17	001111	F	1111

二、数据描述及层次组织

管理信息系统是以数据驱动的，数据库和数据库管理系统在管理系统中，就要研究信息如何存放到计算机里，在计算机里如何组织、管理数据。

信息系统中的信息是从客观事物出发，经过人的综合归纳，抽象成计算机能够接收的信息，流经数据库，通过控制决策机构，最后用来指导客观事物。数据描述是数据处理中的一个重要环节，从事物的特性到计算机中的具体表示，信息实际上经历了几个领域：现实世界、信息世界和计算机世界。在这三个领域中对信息的描述采用不同的术语，三个领域的联系如图 4-3 所示。

在不同的世界中使用的概念与术语是不同的，但它们在转换过程中都有一一对应的关系，如表 4-2 所示。

1. 现实世界

现实世界是存在于人们头脑之外的客观世界，由客观事物及其相互联系组成。现实世界使用的术语有：

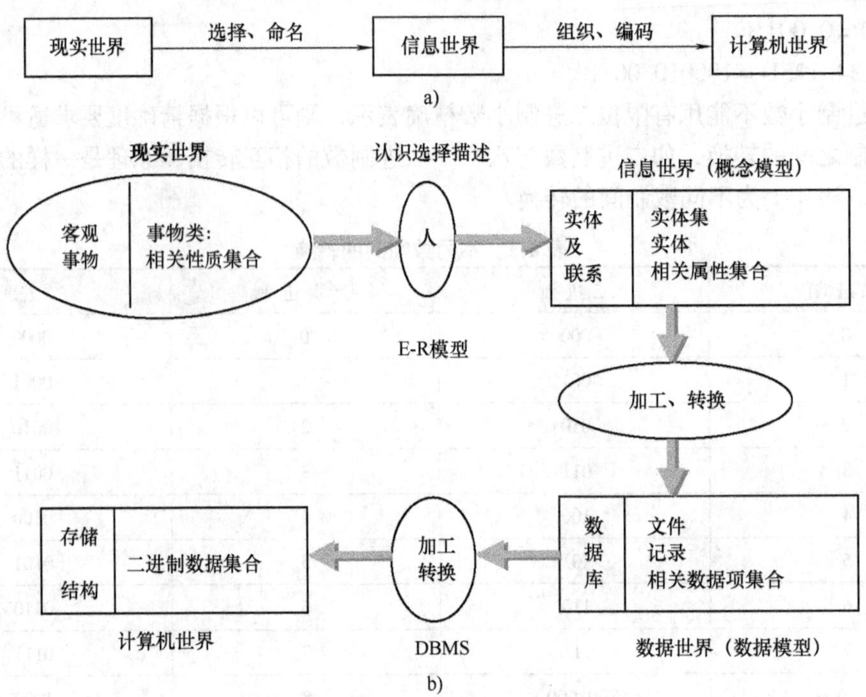

图 4-3　现实世界、信息世界和计算机世界

表 4-2　三个不同世界的术语对照

现实世界	信息世界（概念世界）	计算机世界
组织（事物及其联系）	实体及联系（概念模型）	数据库（数据模型）
事物类（总体）	实体集	文件
事物（对象、个体）	实体	记录
特征（性质）	属性	数据项

（1）客观事物：实际存在的人和事物，如学校、各教学单位、教师、学生等；也可以是事物与事物间的联系，如教师与学生、教学管理等。

（2）事物特征：每一个事物都具有特性，事物通过自身特性与其他事物相区别。例如，教师的特征有姓名、性别、学历、职称等。事物特征有名和值之分，具有相同特性的事物属于同一个事物类。

2. 信息世界

信息世界中的信息是客观世界中实体的特性在人们头脑中的反映，用一种人为的文字、符号、标记来表示。信息世界使用的术语有：

（1）实体：现实世界中客观存在并且可以相互区分的事物。它可以指物，也可以指人；可以指实际的东西，也可以指概念性的东西。

（2）实体集：现实世界中的事物类，在信息世界中称为实体集，是同类实体的集合。

（3）属性：现实世界中事物的特征。属性也有名和值之分，属性名用来划分实体所属的实体集，属性值则是某个实体在该属性下的具体表现。属性值的集合称为属性的域。例如对学生而言，姓名、学号、年龄、性别、年级、管理信息系统成绩等都是他们的属性。

（4）实体标识符：用于和同类实体相互区分的属性集合（不含多余的属性）。

3. 计算机世界

计算机世界又称为数据世界。由于计算机只能处理数据化的信息，因此必须对信息进行数据化处理。计算机系统的数据通过一定的逻辑层次来描述，也按一定层次组织，从位、字节、字段、记录、文件到数据库和数据仓库。其层次结构如图 4-4 所示。

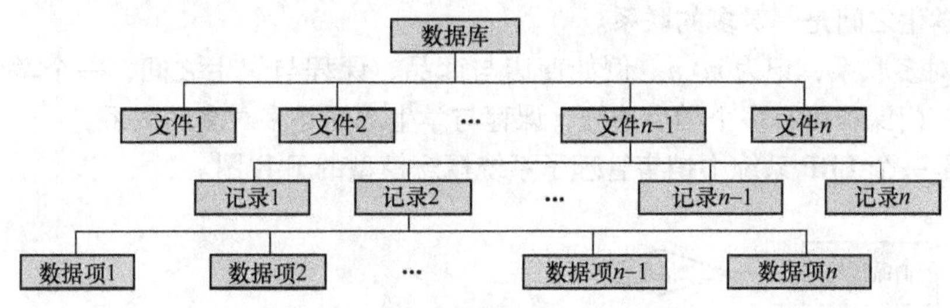

图 4-4　数据世界的层次结构

（1）字段。标记实体属性的命名单位称为字段（Field）或数据项，是组成数据系统的有意义的最小基本单位。例如产品，有产品名、材质、产品数量、价格等字段；对学生而言，其字段有姓名、学号、年龄、院系、专业等。

（2）记录。字段的有序集合称为记录（相当于前面提到的数据元素）。一般用一个记录描述一个实体。例如一个学生记录，由有序的字段集组成：2006、张一、女、20、管理学院。能唯一标识文件中每个记录的字段集，称为文件的主键，如学生学号。

（3）文件。同一类记录的集合称为文件。文件是描述实体集的。例如所有学生记录组成了一个学生文件。

（4）数据库。按一定方式组织起来的逻辑相关的文件集合形成数据库（Database）。数据库技术的出现，把数据的组织推到了新的顶峰。它改进了文件组织形式的不足，形成一个综合的集成化的数据集合。所以，数据组织的层次由低到高依次为：字段——记录——文件——数据库。

如图 4-3 所示，概念模型是现实世界到计算机世界的一个中间层次。现实世界的事物反映到人的大脑中来，人们把这些事物抽象为一种既不依赖于具体的计算机系统又不为某一数据库管理系统支持的概念模型，然后再把概念模型转换为计算机上某一数据库管理系统支持的数据模型。概念模型的表示方法很多，最常用的是实体—联系方法。该方法用 E－R 图来描述现实世界的概念模型。E-R 图提供了表示实体、属性和联系的方法。

（1）实体：用矩形表示，矩形框内写明实体名。

（2）属性：用椭圆形表示，并用无向边将其与相应的实体连接起来。

（3）联系：用菱形表示，菱形框内写明联系名，并用无向边分别与有关实体连接起来，同时在无向边旁标上联系的类型（1∶1，1∶n 或 m∶n）。

一个记录描述一个实体。一个实体可以指一个事物，也可以指“事物”与“事物”之间的联系。例如订货就是一个销售订单文件中一个典型的实体，它是公司销售订单中的联系。每个实体具有的某种（或若干种）特性或特征被称为一个属性。例如，订货号（Order Number）、订货日期（Order Date）、订货数量（Order Amount）、项目号（Item Number）、项目数量（Item Quantity）是订货实体中的各个属性。

现实世界中，事物是相互联系的。这种联系必然在信息世界中体现出来，即实体是相互关联的。两个不同实体集的实体间的联系有以下三种情形：

（1）一对一联系，记为1∶1。例如工厂与厂长之间、科研任务与课题组组长之间都是1∶1联系。

（2）一对多联系，记为1∶n。例如一个学校有若干学生，而每个学生都在一个学校学习，学校与学生之间是一对多的联系。

（3）多对多联系，记为m∶n。例如商店与商品、课程与学生之间，一个学生可选多门课程，而每一门课程可有多个学生选修，课程与学生之间是多对多的联系。

图4-5是一个ERP系统中销售管理子系统概念模型的E-R图。

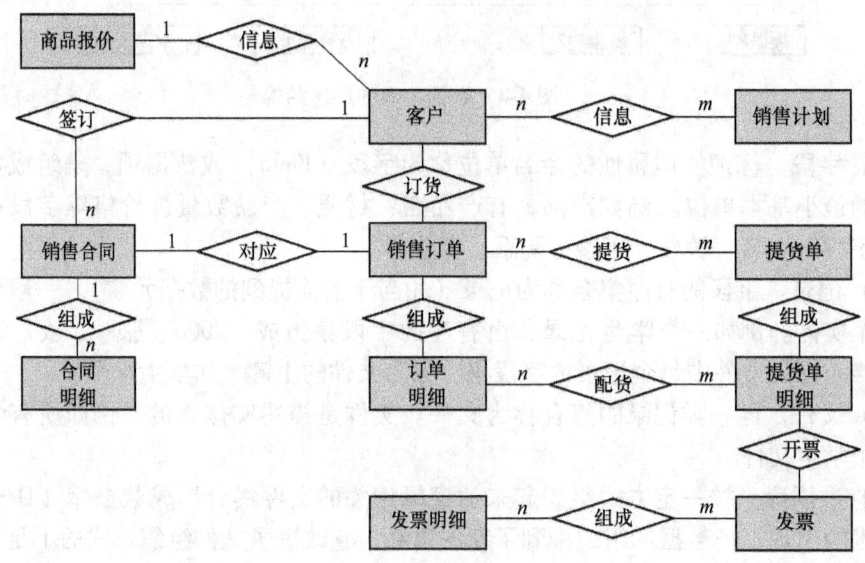

图4-5　ERP系统中销售管理子系统概念模型的E-R图

三、数据管理技术的发展过程

一个有效的信息系统能够及时、准确地提供相关信息，而这些信息是存储在计算机文件中的。只有当文件被适当地安排和维护时，用户才能很容易访问和检索他们所需的信息。

如果在图书馆查找相关资料时曾使用过索引卡片，就会发现文件管理的重要性。同样，对于组织来说，也需要好的文件组织和管理，否则会导致信息处理混乱、费用太大，而且效益也不好。即使用了优秀的硬件和软件，如果没有文件管理，一些机构的信息系统也不会起到相应的作用。

为保证信息的及时性、准确性、完整性和可靠性，需要采用科学的方法和先进的技术来管理信息和数据。怎样把各种数据有效地组织起来，使计算机能有效而方便地处理加工，是数据管理技术要解决的问题。由于内存和外存的硬件特性不同，数据管理分为数据的内存管理和数据的外存管理。数据的内存管理讲述把数据组织成队、栈、链、树的形式，数据的外存管理讲述把数据组织成文件、数据库的形式。

数据管理技术的发展和数据组织管理的方式可分为人工管理、文件系统、数据库系统、基于 Web 的综合信息系统等。

1. 人工管理

20 世纪 50 年代中期以前，计算机主要用于科学计算，数据量不大，一般不需要将数据长期保存，只在输入程序时同时输入数据；外部存储器只有磁带、卡片和纸带等；由于当时未产生操作系统，也无数据管理方面的软件，程序员在设计程序时不仅要规定软件的逻辑结构，而且还要设计其物理结构，使得数据与程序相互依赖，一旦数据的存储方式稍有改变，就必须修改相应程序；只有汇编语言，数据处理方式基本是批处理。这个阶段有如下几个特点：

（1）计算机系统不提供对用户数据的管理功能。用户编制程序时，必须全面考虑好相关的数据，包括数据的定义、存储结构以及存取方法等。程序和数据是一个不可分割的整体。数据无独立性，脱离了程序就无任何存在的价值。

（2）数据不能共享。不同的程序均有各自的数据，这些数据对不同的程序通常是不相同的，不可共享。即使不同的程序使用了相同的一组数据，这些数据也不能共享，在程序中仍然需要各自加入这组数据。这种数据的不可共享性，必然导致程序与程序之间存在大量的重复数据，浪费了存储空间。

（3）不单独保存数据。由于数据与程序是一个整体，数据只为本程序所使用，数据只有与相应的程序一起保存才有价值，否则就毫无用处。所以，所有程序的数据均不单独保存。

早期的计算机上没有完善的操作系统，数据的一切组织管理完全靠人工完成，难以应付复杂的数据处理任务。显然，由人工在繁杂的案卷中查找和使用数据是相当费时和麻烦的事情，于是人工管理很快就被先进的文件系统所代替。

2. 文件系统

20 世纪 50 年代后期至 60 年代中期，计算机不仅用于科学计算，还应用于信息管理方面。随着数据量的增加，数据的存储、检索和维护成为紧迫的需要，数据结构和数据管理技术迅速发展起来。在操作系统的管理下，把计算机需要处理的数据组织成文件，文件有唯一的文件名，操作系统中的文件管理模块会根据文件名准确地找到该文件的物理存储位置，自动完成这种转化。这使得程序员不需要直接与物理设备打交道，即程序员不需要告诉系统该文件的物理存储的具体磁道、具体扇区与任何物理细节。操作系统把文件视为最基本的数据系统，完成文件的逻辑组织到现组织空间的映射。文件管理系统对文件进行统一管理，它提供各种例行程序对文件进行查询、修改、插入、删除等操作。程序员可以集中精力研究算法，而不必过多地考虑数据存储的物理细节。

文件系统阶段是数据管理技术发展中的一个重要阶段。由于有了直接存取设备，文件类型已经多样化，有了索引文件、链接文件、直接存取文件等，而且能对排序文件进行多码检索。在这一阶段中，数据结构和算法丰富了计算机科学，为数据管理技术的进一步发展打下了基础。

但随着数据管理规模的扩大，数据量急剧增加，文件系统也显露出一些缺陷：

（1）数据冗余。文件由记录组成，记录是数据存取的基本单位。一个文件对应一个或几个程序，如果一个程序想用几个文件中的数据产生一个新的报表，则必须重新编写程序。

由于各个应用程序各自建立自己的数据文件，因此各文件之间不可避免地会出现重复项，造成数据冗余。

（2）不一致。这往往是由数据冗余造成的。在进行更新操作时，稍不谨慎，就可能使同样的数据在不同的文件中不一样。例如，银行中商业贷款、业务交易、存款业务可能会收集同样客户的信息。因为客户信息在不同部门被收集和维护，所以同一个数据项在不同部门组织中有不同的意义。

（3）数据联系弱。由于在不同文件中的信息和不同部门之间是不能相互联系的，文件之间相互独立，缺乏联系，灵活性差。文件系统经过全面设计后可以提供日常事务的处理，但是对于特别报告或非预期的信息需求系统则不能及时处理。

3. 数据库系统

随着计算机在管理中的应用更加广泛，数据量急剧增大，对数据共享的要求越来越迫切。为了解决多用户、多应用共享数据的需求，使数据为尽可能多的应用程序服务，出现了数据库系统。它把所有应用程序中使用的数据汇集起来，以记录为单位存储，在数据库管理系统（DBMS）的监督和管理下使用。因此，数据库中的数据是集成的，每个用户享用其中的一部分，克服了文件系统的缺陷，提供了对数据更高级、更有效的管理。数据库方式统一地向整个系统组织数据，把各自文件有机集成起来，减少了冗余，体现了数据与程序的独立性，消除了数据的不一致性。

概括起来，数据库系统阶段的数据管理具有以下特点：

（1）面向全组织的复杂数据结构。采用数据模型表示复杂的数据结构，数据库中的数据结构不仅描述了数据自身，而且描述了整个组织数据之间的联系，实现了整个组织数据的结构化。通过所有存取路径表示自然的数据联系是数据库与传统文件的根本区别。并且，不同用户使用同一个数据库，各自存取数据库的不同子集，实现了数据共享。

（2）数据冗余度小，易于扩充。由于数据库从组织的整体来看待数据，减少了数据冗余和数据之间不一致的现象。虽然一个数据可出现在不同的逻辑文件中，但实际上物理存储可能只有一个，这样就减少了数据冗余。在数据库系统下，可以根据不同的应用需求选择相应的数据加以使用，使系统易于扩充。例如把工资部门的员工的姓名、出生年月、性别、职务这些项目去掉，只保留职工号，相对应的姓名、出生年月项目可以在人事部门找到，教育部门也有职工号、学历和培训时间项目，这个培训是什么时间完成的，可以记录得很详细。

（3）数据与程序独立。数据的结构（元数据）和数据的联系存放在数据字典中，程序通过 DBMS 存取数据库的数据，从数据字典中获取结构与数据的联系，自动维护数据字典以适应数据的变动，用户不需要修改应用程序，实现了数据的独立性。

（4）数据库系统为用户提供了方便的用户接口。用户可以使用查询语言或终端命令操作数据库，也可以用程序方式操作数据库；提供简单易用的数据查询语言 SQL，允许多种语言操纵数据库，如 C++、Delphi、VB，编程难度大减，效率很高。

（5）统一的数据控制功能。有数据库系统提供严密的措施和方法保证数据的安全性和数据的完整性。例如设置多级密码，定义关系完整性规则等，允许多个用户同时使用数据库资源。信息系统的研制也从围绕加工数据的以程序为中心转移到围绕共享的数据库来进行，实现了数据的集中管理，提高了数据的利用率和一致性。

4. 基于 Web 的综合信息系统

基于 Web 的综合信息系统也可称为现代管理信息系统。它采用现代的设计思想、技术和手段，以 Intranet（企业内部网）作为信息基础设施构架，以信息广泛共享为目标，以数据仓库为数据组织和处理的形式，强调数据挖掘和多维数据分析，提供内（Intranet）外（Internet）信息抽取，实现管理信息系统和管理行为的彻底融合。

第二节　数据库系统

数据库系统由数据库管理系统和数据库组成。这两部分有机结合，完成对数据的相应操作。

一、数据库概述

1. 数据库

数据库是长期存储在计算机内有组织的、统一管理的相关数据的集合。从完整意义上讲，简单来说，数据库是一个结构化的相关数据集合，即表、视图和链接等的集合。它独立于应用程序而存在，为每个应用服务，是数据库系统的核心。

2. 数据库系统

数据库系统（DBS）是实现有组织地、动态地存储大量关联数据，方便多用户访问的计算机软硬件和数据资源组成的系统，即它是采用数据库技术的计算机系统。

3. 数据库管理系统

数据库管理系统（DBMS）是管理数据库的系统软件，数据库管理系统是位于用户与操作系统之间的一层数据管理软件，如大型网络数据库管理系统 Oracle、MS SQL 等，小型单机数据库管理系统 FoxPro 等。DBMS 充当应用程序和物理数据文件的接口，为用户或应用程序提供访问数据库的方法，包括数据库的建立、查询、更新及各种数据控制等。

可以用图书管理来通俗地解释数据库管理系统。图书管理员在查找一本书时，首先要通过目录检索找到那本书的分类号和书号，然后在书库找到那一类书的书架，并在那个书架上按照书号的大小次序查找，这样很快就能找到借书人所需要的书。如果所有的书都不按规则胡乱堆在各个书架上，那么图书管理员根本就没有办法找到借书人想要的书。数据库里的数据像图书馆里的图书一样，也要让人能够很方便地找到才行。人们将越来越多的资料存入计算机中，并通过一些编制好的计算机程序对这些资料进行管理，这些程序后来就被称为“数据库管理系统”。它们可以管理输入到计算机中的大量数据，就像图书馆的管理员。

数据库管理系统有三个组成部分：数据定义语言，数据操纵语言和数据字典。

（1）数据定义语言（Data Definition Language，DDL）：程序员用于确定数据库的内容和结构的规范化语言。数据定义语言在数据被转换为应用程序所需要的格式之前，定义了数据库中出现的每个数据元素。

（2）数据操纵语言（Data Manipulation Language，DML）：结合一些传统的第三或第四代程序语言去操纵数据库中的数据。它包含一些命令，允许终端用户和程序设计专家从数据库中获取数据来满足信息需求和开发应用系统，如 SQL。

（3）数据字典（Data Dictionary，DD）：超越数据的计算机分类与目录。字典的内容是关于数据的数据。数据字典含有管理数据定义的数据库，其内容包括组织数据库的结构、数据元素及其他特征。例如包括所有数据记录类型的名称和描述，它们的内部关系和用户存取信息需求概要以及应用程序的使用等。数据字典由数据库管理员管理，并经常被用户查询和向用户报告公司在数据方面有无变动。需要时数据库管理员也可以修改所选数据元素的定义。

数据库管理系统的功能包括：

（1）定义数据库。DBMS 提供模式 DDL，定义数据库的三级结构、两级映象，定义数据的完整性约束、保密限制等约束。例如 Oracle 的数据库管理系统提供 DDL，定义 Oracle 数据库的表、视图、索引等各种对象。DBMS 把用 DDL 写的各种源模式翻译成内部模式，放在数据字典中，作为管理和存取数据的依据。例如 DBMS 可把应用的查询请求从外模式通过模式转化到物理记录，查询出结果返回给应用。

（2）管理数据库。DBMS 提供的数据操纵语言可实现对数据的插入、删除和修改等操作。DML 有两种用法：一种方法是把 DML 语句嵌入到高级语言中，另一种方法是交互式地使用 DML 语句。对于第一种方法，DBMS 必须提供预编译程序，预处理嵌入 DML 语句的源程序，识别 DML 语句，将其转换为相应高级语言能调用的语句，以便原来的编译程序能接收和处理它们。

（3）保护数据库。数据库技术的发展使数据管理上了一个新台阶。在数据完整性、安全性、并发访问和数据恢复方面，数据库管理系统都提供了非常完善的功能选择。DBMS 对数据库的保护主要通过四个方面实现：

1）数据库的恢复。在数据库被破坏或数据不正确时，系统有能力把数据库恢复到正确的状态。

2）数据库的并发控制。在多个用户同时对同一个数据进行操作时，系统应能加以控制，防止数据库被破坏，杜绝提供给用户不正确的数据。

3）数据完整性控制。系统保证数据库中数据及语义的正确性和有效性，防止任何会对数据造成错误的操作。例如预订同一班飞机的旅客不能超过飞机的定员数；订购货物中，库存量不能小于发货量。使用数据库系统提供的存取方法，设计一些完整性规则，对数据值之间的联系进行校验，可以保证数据库中数据的正确性。

4）数据安全性控制。系统能防止未经授权的用户存取数据库中的数据，以避免数据被泄露、更改或破坏。例如在一个公民档案数据库中，只有被授权的访问者才可以读取数据，并进行修改；其他访问者的权限一般限于浏览特定的数据项，而不是全部数据。

（4）维护数据库的功能。此功能包括初始时控制数据库初始数据的装入，运行时记录工作日志，监视数据库性能，在性能变坏时重新组织数据库，在用户要求或系统设备发生变化时修改和更新数据库，在系统软硬件发生变化时修改和更新数据库，在软硬件系统出现故障时恢复数据库。这些功能大部分由实用程序来完成。

（5）数据通信的功能。DBMS 负责数据传输这一部分工作，通常与操作系统协同完成。此外，DBMS 还能实现分时系统和远程作业输入的接口。

上面是一般的 DBMS 所具备的功能。通常，在大、中型计算机上实现的 DBMS 功能较强、较全，在微型计算机上实现的 DBMS 功能较弱。

二、数据库的数据模型

在数据库系统中，根据实体（或数据）之间的联系方式，通常把数据模型分为层次模型、网状模型和关系模型三类。数据库组织的好坏会影响系统的效率和用户对数据库使用的方便程度。

1. 层次模型

层次模型是数据库系统中最早出现的数据模型，它用树形结构表示各类实体以及实体间的联系。层次模型数据库系统的典型代表是IBM公司的信息管理系统（Information Management System，IMS），这是一个曾经广泛使用的数据库管理系统。若用图来表示，层次模型是一棵倒立的树。节点层次（Level）从根开始定义，根为第一层，根的孩子称为第二层，根称为其孩子的双亲，同一双亲的孩子称为兄弟。层次模型有两个特点：①有且仅有一个节点无双亲，这个节点称为“根节点”，即树的最高节点，根只有一个。②其他节点有且仅有一个双亲。即根以外的其他节点都与一个且只与一个双亲节点相连。图4-6所示为一人力资源管理系统中的层次模型。

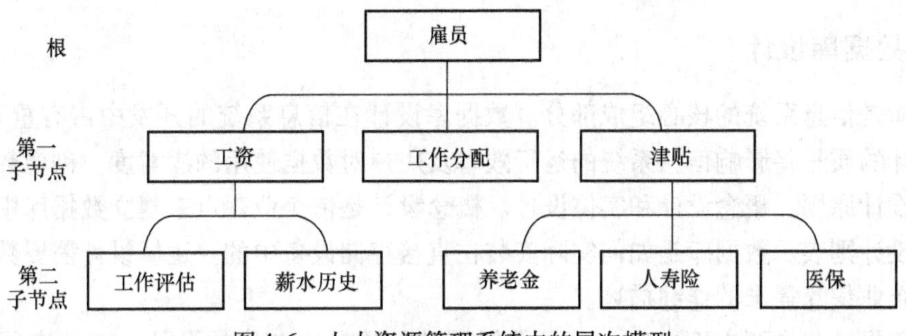

图4-6　人力资源管理系统中的层次模型

层次模型的优点是简单清晰，表示1∶1关系和1∶m关系是最直接而方便的。但要想用层次模型来表示m∶n关系，必须设法先将该关系分解为1∶m关系，然后再用层次模型来表示，这是层次模型的局限性。

2. 网状模型

用网络来表示实体之间联系的模型叫作网状模型。相对于描述一对多关系的层次模型，网状模型描述的则是多对多的关系。典型的多对多关系是学生与课程的关系，多门课程，也有多名学生。一个学生可选多个课程，一个课程也可被多个学生选。显然，层次模型是网状模型的特殊形式，而网状模型是层次模型的一般形式。所以，有时具有m∶n关系的网状结构叫作复杂网状结构，只含1∶n关系的网状结构叫作简单网状结构。网状模型的典型代表是DBTG系统，也称CODASYL系统。

层次模型和网状模型DBMS缺乏弹性，也不支持偶发性或英文语句的信息查询；数据存取的路径必须事先规划，而且若要更改存取的方式，则须耗费相当大的功夫。

当然，在需要集中处理大量业务的数据密集交易的大型系统中，如银行、保险公司和其他有大量交易信息的系统，仍继续使用着可靠的层次数据库的IMS。

3. 关系模型

关系模型是目前使用最广泛的一种模型。关系数据库中所有数据用简单的二维表格来表示，这样的二维表格称作“关系表”。关系表的行代表一些具有唯一性的实体或记录，列代表各种属性，每个表格是一个关系。

由于表格是人们习惯使用而且直观的一种记录数据的方式，所以关系模型具有直观而使用方便的特点。在数据库的物理组织中，表以文件形式存储，每一个表通常对应一种文件结构。只要表格中有共同的数据单元，就可使任何一文件或表格的数据互相发生关系。关系模型的操纵主要包括查询、插入、删除和更新数据。

关系模型与非关系模型不同，它是建立在严格数学概念的基础上的。关系模型的概念单一，无论实体还是实体之间的联系都用关系来表示，对数据的检索结果也是关系（即表），因此结构简单、清晰，用户易懂易用。关系模型的存取路径对用户透明，从而具有更高的数据独立性和更好的保密性，也简化了数据库开发工作。

当然，关系模型也有缺点。其中最主要的缺点是由于存取路径对用户透明，查询效率往往不如非关系模型。因此，为了提高性能，必须对用户的查询请求进行优化，从而增加了开发数据库管理系统的负担。

目前世界上最流行的是关系数据库，如 Oracle、Sybase、Informix 及 FoxPro 都属此类。

三、数据库设计

数据库是信息系统的核心组成部分。数据库设计在信息系统的开发中占有重要的地位。数据库设计的质量将影响信息系统的运行效率及用户对数据使用的满意度。创建数据库必须履行两种设计原则：概念设计和实体设计。概念设计是依企业观点来建立数据库中的抽象模型；实体设计则表示数据库是如何实际安装在直接存储设备中的。逻辑设计需要数据库的终端用户对企业信息需求的详细描述。

数据库设计包含两方面内容，一是数据模型与数据库结构的设计，二是应用程序的设计。在数据模型与数据库结构的设计上，要汇总各用户的要求，尽量减少冗余，实现数据共享，设计出满足各用户的统一的数据模型。它可以分为需求分析、逻辑设计、物理设计、应用程序设计及测试、性能测试及企业确认、装配数据库等几个步骤。其中，需求分析部分是在对被设计对象进行调查研究基础上提出的对系统的描述形式，它不依赖于任何形式的数据库管理系统。逻辑设计与物理设计部分是在需求分析基础上将系统描述形式转换成与选用的数据库管理系统相适应的数据模型。

（一）数据库设计步骤

关系模型原理简单，实现容易，效率高，目前被广泛采用，成为数据库系统开发的首选，并且绝大多数的 DBMS 产品都以关系模型为基础的。为此，下面将以关系模型为基础，对数据库设计步骤进行简单介绍。

1. 对现实世界进行需求分析

对现实世界要处理的对象（组织、部门企业等）进行调查的重点是“数据”和“处理”，通过调查获得每个信息使用者对数据库的要求。具体做法为：

（1）了解组织机构的情况，为分析信息流作准备。

（2）了解各部门业务情况，调查各部门输入和使用的数据，及处理数据的方式与算法。

（3）确定数据库的信息组成及计算机系统应实现的功能。

2. 建立信息世界中的 E-R 模型

E-R 图就是描述实体间关系的图解。通过对现实世界的需求分析，应用 E-R 图建立信息世界中的实体、属性和实体间联系的概念模型，从而转入信息世界。概念模型的建立分两步走：第一步，建立分 E-R 图；第二步，综合分 E-R 图，产生总 E-R 图。

3. 从 E-R 图导出计算机世界的关系数据模型

E-R 图是建立数据模型的基础。从 E-R 图出发导出计算机系统上安装的 DBMS 所能接收的数据模型，这一步工作在数据库设计中称为逻辑设计。其重点是将 E-R 图转换为关系模型，即把 E-R 图转换为一个个关系框架，使之相互联系构成一个整体结构化了的数据模型。转化的原则如下：

（1）E-R 图中每个实体都相应地转换为一个关系。该关系应包括对应实体的全部属性，并应根据该关系表达的语义确定出关键字，因为关系中的关键字属性是实现不同关系联系的主要手段。

（2）对于 E-R 图中的联系，要根据不同的联系方式，或将联系反映在关系中，或将联系转换成一个关系。

（二）设计案例：某学院教学管理数据库模型的设计㊀

1. 设计“系和教师的关系”的分 E-R 图

该学院下设四个系：工商管理系、会计系、人力资源管理系和管理工程系。每个系有一个系主任主管该系工作。将“系”设为一个实体，该实体具有以下属性：系代号、系名称、系主任姓名、办公地点、电话（见图 4-7a）。其中，系代号是主关键字。

该学院聘请了一定数量的专职教师。将“教师”设为一个实体，该实体具有以下属性：教师编号、教师姓名、专业特长。（见图 4-7b）其中，教师编号是主关键字。

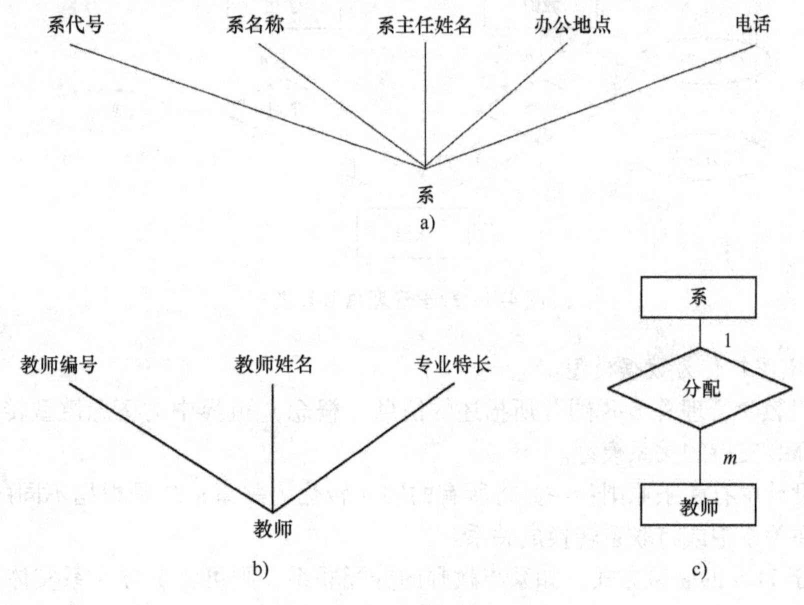

图 4-7　系和教师的关系

㊀ 薛华成，《管理信息系统》，第 4 版，清华大学出版，2004 年。

学院聘请教师后，分配到各系。一个系有多个教师；一个教师只能属于一个系。“教师”实体与“系”实体之间发生一对多（1∶m）的“分配”联系（见图4-7c）。

2. 设计“学生和课程的关系”的分 E-R 图

（1）学院每年招收新生，分配到各个专业。将“学生”设为一个实体，该实体具有如下属性：学号、姓名、性别、年龄、系代号。其中，学号是主关键字。

（2）学院制订了教学计划，设置多项课程。将“课程”设为一个实体，该实体具有如下属性：课程号、课程名、学分。设课程号为主关键字。

（3）学生根据专业要求，每年学习多门课程，每门课程则被多个学生选读。学生必须参加考试，获取成绩。因此，成绩属于学生和课程发生联系后产生的属性。

3. 设计“教师和课程的关系”的分 E-R 图

教师在教学活动中与课程发生联系。一个教师可以上多门课程，一门课程可以由多个教师讲授。教师授课任务完成后，将被学生与院方评估。

4. 将上述三个分 E-R 图综合，建立学院教学管理总 E-R 图

由于学院教学管理各分 E-R 图中，教师与课程是重名实体，根据综合分 E-R 图的原则——消除同名实体，则教学管理总 E-R 图如图 4-8 所示。

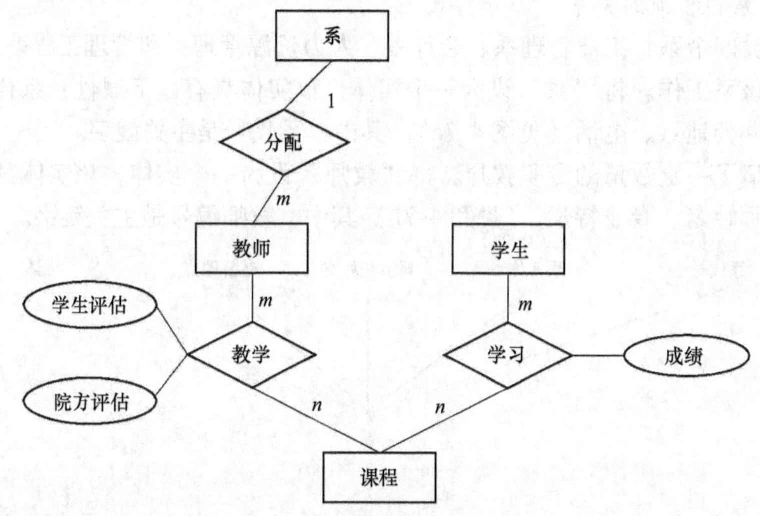

图 4-8　教学管理总 E-R 图

5. 将 E-R 图转化为数据模型

将学院“教学管理总 E-R 图”所描述的信息（概念）世界中的概念模型转化为计算机上由关系 DBMS 支持的关系模型。

数据库设计中有两条原则：一是将所有的实体转化为关系；二是根据不同的联系方式，将联系反映在关系中或将联系转换成关系。

（1）对于 1∶m 的联系方式，如系与教师的分配联系，则可将 1 方（系实体）的主关键字（系代号）加入到多方（教师实体）中，作为多方（教师实体）的一个属性，以此表达系和教师之间的联系。因此，对于图 4-7c “系—教师关系” 分 E-R 图的关系模型可表达如下：

系（系代号，系名称，系主任姓名，办公地点，电话）

教师（教师编号，教师姓名，专业特长，系代号，住址，电话）

（2）对于 $m:n$ 的联系方式，如“学生—课程”的联系，则可以将联系转化为一个关系，该关系的关键字有两个实体的关键字组合在一起成为组合关键字，并附上联系的属性。“学生—课程关系”分 E－R 图的关系模型表达如下：

学生（学号，姓名，性别，年龄，系代号）

课程（课程号，课程名，学分）

学习（学号，课程号，成绩）

（3）根据图 4-8“教学管理”总 E-R 图，“教学管理”数据库的关系数据模型如下：

（实体）系（系代号，系名称，系主任姓名，办公地点，电话）

（实体）教师（教师编号，教师姓名，专业特长，系代号）

（实体）学生（学号，姓名，性别，年龄，系代号）

（实体）课程（课程号，课程名，学分）

（联系）学习（学号，课程号，成绩）

（联系）教学（教师编号，课程号，学生评估，院方评估）

根据关系模型的设计，可以在计算机上实现数据库的建立。

常见的数据库开发工具有 Microsoft Access、Visual FoxPro 和关系数据库语言 SQL 等，有兴趣的读者可查阅相关参考书籍。

四、数据库系统的管理需求

数据库是一种组织化的准则、方法，而不单单是一种工具或技术。它需要组织上和观念上的改变。如果没有管理上的支持和理解，数据库的效果会大打折扣。数据库环境的关键因素包括：数据管理，数据规划和建模方法，数据库技术、管理和用户。

1. 数据管理

数据管理需要组织认识到信息的战略角色，并且把信息作为一种资源来积极地管理和规划。这意味着组织发展数据管理功能，具有定义整体企业信息需求的能力。首席信息官（CIO）成为组织中数据库系统的主要支持者。

数据管理职能负责特定的政策和程序，使数据可以被当成资源来管理。这些责任包括制定信息政策、规划数据、监管逻辑数据库设计和数据字典的开发，以及监管信息系统专业人员和终端用户对数据的使用。

数据不能为任何一个事业部门或者组织单元所独有，必须向任何群组提供其完成任务所需的数据。组织需要制定一个信息政策来确定对组织的所有信息进行共享、分发、获得、标准化、分类和建立目录的规则。信息政策设计好特定的程序和责任，确定哪些部门可以共享信息、信息可以被分发到哪些地方，谁负责信息的更新和维护。信息管理是一个非常重要的组织功能，实施起来却充满挑战性。

2. 数据规划和建模方法

一个数据库能够比传统系统服务于更广泛的用户群体。DBMS 提供给组织的效益远比传统文件更广，因此，组织需要整体规划企业数据。建立数据库所作的企业分析的目的在于确认构建信息的关键的实体、属性和关系，即整个组织的信息需求。

3. 数据库技术、管理和用户

数据库需要新的软件、接受 DBMS 技术培训的员工，以及新的数据管理结构。大多数公司会在公司的信息系统内部单独设立一个数据库设计和管理小组，负责定义与组织数据库的结构与内容，并维护数据库。它所履行的职能叫作数据库管理。其工作任务包括：定义和组织数据库的结构和内容，保护数据库，开发数据库文档，维护数据库管理软件。

拥有第四代查询语言的关系系统允许非信息专业人员访问大型数据库。此外，用户还包括计算机专家。为了使非专业人员能高效地访问数据库，必须投入更多的资源来培训终端用户。

为组织选择一个适当的数据模型和数据管理技术是一个非常关键的管理决策。管理者需要评估运行一个数据库环境的成本和收益，以及不同的 DBMS 和文件管理技术的功能。管理者还需要确保数据库的设计符合信息管理的目的和组织的业务需要。

组织的数据模型应该反映其关键的业务流程和决策制定的需求。数据规划时，必须确定组织的数据模型可以在企业业务流程中有效率地传送，并提升组织的效能。设计数据库需要整个组织的努力。

组织和存储信息时有很多数据库和文件管理系统可以选择。选择关键技术时应该考虑到信息访问的效率、信息组织的灵活性、信息存储、与组织数据模型的配合性，以及与组织硬件和操作系统的兼容性。

第三节　数据仓库和数据挖掘

一、数据库技术新发展

近年来，随着管理信息系统应用领域的扩大，数据库在办公自动化、计算机辅助设计与制造（CAD/CAM）、医学辅助诊断（MAD）等方面得到应用，它们的数据除了数值和文本形式外还采用声音、图形、图像、视频等多种媒体。

1. 面向对象的数据库技术

面向对象技术中描述对象及其属性的方法与关系数据库中的关系描述非常一致，它能精确地处理现实世界中复杂的目标对象。面向对象中属性的继承性可以实现在对象中的数据共享和操作。在面向对象的数据库系统中，把程序和方法作为对象由面向对象数据库管理系统（OODBMS）统一管理。这样使得数据库中的程序和数据能真正共享，任何被开发的应用程序都作为对象目标库的一部分，被用户及开发者共享，这样就大大缩小了数据库和应用程序之间的距离，在降低应用系统开发费用的同时提高了系统的可靠性。

2. 超多媒体数据库系统

数据库除了可以以数据记录、文件和文档形式保存数据，还可以将影像也以电子方式储存在数据库内。例如电子百科全书中上千幅绘画，以及许多栩栩如生的动画，都可以作为数字化的影像与上千页文本储存在一起。

传统的数据库管理系统是为统一类型的数据而设计的，这些数据很容易会按预定义的数据字段和记录构造。由于超多媒体信息类型与传统数据库中的数据类型完全不同，因此要求建立能定义多媒体目标和逻辑概念的数学模型。今天和将来的一些应用程序需要数据库不仅能存取数字和字符，而且能存取图像、声音和电视图像等。超多媒体数据库管理信息的方式是以节点的形式存储大量信息，由使用者指定链接来连接。节点包括文字、图形、声音、动态影像或可执行的计算机程序。搜寻信息时不必遵循既定的组织结构，相反，可以依设计者建立的各类关系，立刻扩展至相关信息。超多媒体数据库可以让用户随时以自己希望的顺序找到网站上各个主题等。

3. 分布式数据库系统

随着企业经营模式的变化，如跨国集团公司、国际连锁经营的需求，数据正从集中式存储和集中式处理模式转向分布式存储和分布式处理。以“数据库系统 + 计算机网络”来实现分布式数据库系统，既能达到对数据的集中管理与共享，又能使地域的分散性被系统隐蔽起来。分布式数据库系统是地理上分布在网络的不同节点而逻辑上属于同一个系统的数据库系统，它通过计算机网络连接在一起。其中，每一个节点都有一个完全的数据库系统，所有节点都可以协同工作。

大型企业集团会发现分布式数据库具备的分布式处理的优越性，它使企业在组织、使用、管理数据资源方面获取更大的灵活性：各地子公司可创建和使用本子公司的数据库，这样可提高本地的工作效率；也可以将本子公司的数据资源提供给总部或其他子公司使用；当情况发生变化，子公司只需更新自己的分布式数据库。

4. 数据仓库

数据仓库是信息技术领域和企业界最热门的流行词汇和概念之一。提高顾客满意度，增加市场份额和利润，增强企业的市场竞争力等所有战略性并与企业历史信息相关的重大决策都需要数据仓库技术的支持。数据仓库是信息的逻辑集合，这些信息来自许多不同的业务数据库，并用于支持企业的分析活动和决策任务。

二、数据仓库

1. 数据仓库的概念

商业活动的复杂性以及顾客对企业响应速度越来越苛刻的需求，使得企业管理人员不仅要了解市场发生了什么，更要知道为什么会发生。而在回答“为什么会发生”的过程中，数据仓库技术可以起到关键作用。

新世纪商业环境的一大特征是外部力量加剧了市场竞争，企业必须寻求市场差异性，或者支持更快的响应速度。企业的历史数据是一种极其重要的信息，它与顾客、顾客/产品关系、顾客购买模式等有关。

但是，目前许多系统无法满足商业用户的需要，会出现不可访问数据，而且数据也不一致。例如不同报表中的销售数据无法匹配，使得商业用户不能精确描述其收入；缺少通用尺度意味着决策者无法认清市场形势并正确地评估企业的经营行为等。

不同的系统对不同数据库中同一顾客保存不同的信息，这样无法按统一且完整的方式来看待每一位顾客，可能会导致在交叉购买、目标市场、产品包装等方面丧失机会。

数据仓库具有将信息转换成知识的潜在能力。它在综合各种业务数据的基础上，以多维数据库和数据挖掘为工具，提供智能查询和大量的总结报告，将市场的深层次信息传送给管理者。

可以从两个层次理解数据仓库的概念：

一是，数据仓库面向分析型数据处理，用于支持决策，它仅储存与决策相关的数据，支持企业的决策任务。因此，数据仓库支持联机分析处理（OLAP）。图 4-9 所示的模型说明了数据仓库在顾客分类和市场竞争方面的应用。在图 4-9 中，数据仓库将企业各个业务数据库中的信息结合起来（通过汇总和合计）。当人们从各类业务数据库中提取信息来创建数据库时，收集的只是那些进行决策所需的信息。例如 MasterCard 公司和它的数据仓库，以及 MasterCard 的联机系统，就提供了这方面的支持。该公司的数据仓库是世界上最大的数据仓库，还可以为与它合作的银行、商店、饭店等合作伙伴挖掘有价值的信息。如果一家酒店想以赠机票作为促销活动的一部分，那么 MasterCard 的数据仓库可以为它建立这样的联机分析查询："那些经常（最少一月两次）入住我们酒店的顾客，他们喜欢的目的地是哪儿?"

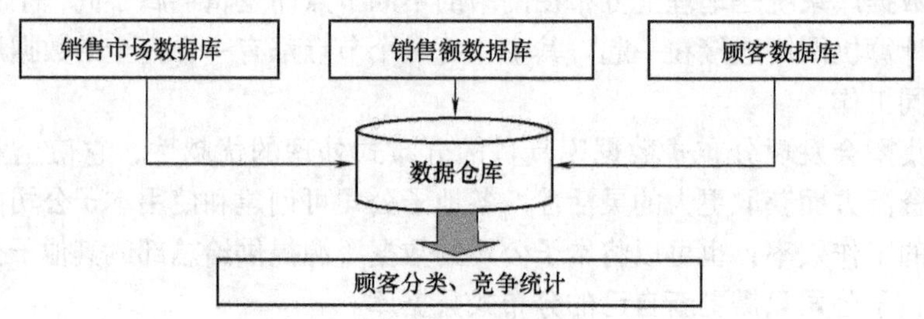

图 4-9　利用数据仓库获得竞争性信息

二是，数据仓库是对多个异构数据源的有效集成，集成后按照主题进行了重组。数据仓库包含历史数据，而且存放在数据仓库中的数据一般不再被修改。数据仓库将企业中各个业务数据库中已获取的信息，通过汇总和总计等数据析取处理后结合起来。如图 4-10 所示，仓库内储存的是按照用户逻辑化决策需求来收集的信息。

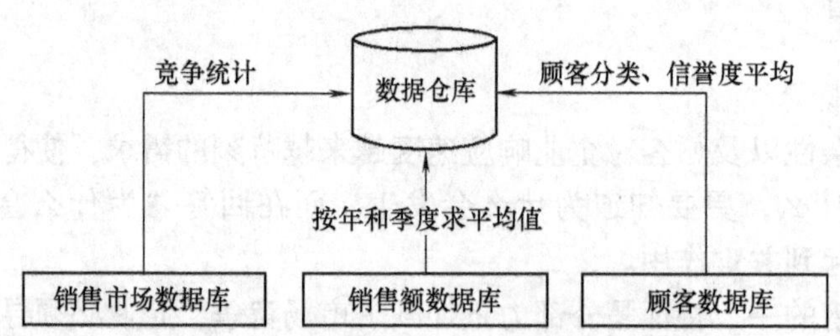

图 4-10　数据仓库源于业务数据库

数据仓库是多维的。与在关系模型中信息用一系列二维表表示不同，数据仓库中的数据是多维度的立体结构，即包含了若干层的行和列。数据的表示用不同层次中的不同维度表达，因此数据仓库又称为"多维数据库"（Multidimensional Database）。表示数据的多维度信息图称为超立体结构（Hypercube），如图 4-11 所示。

虽然数据仓库结构复杂，但是数据仓库的用户不必知道数据在哪一层、哪一行、哪一列。数据仓库的用户通过数据字典了解信息的逻辑结构、信息的来源和处理方式。也就是说，数据仓库的数据字典帮助用户追踪信息由哪个业务库、以何种方法（总计、计数、平均等）析取生成。

数据仓库是面向主题的，数据仓库的一个主题领域的表来源于多个操作型应用，主题领域以一组相关的表来具体实现。相关的表通过公共的键码联系起来，每个键码都有时间元素。数据仓库中的数据面向主题与传统数据库数据面向应用相对应。

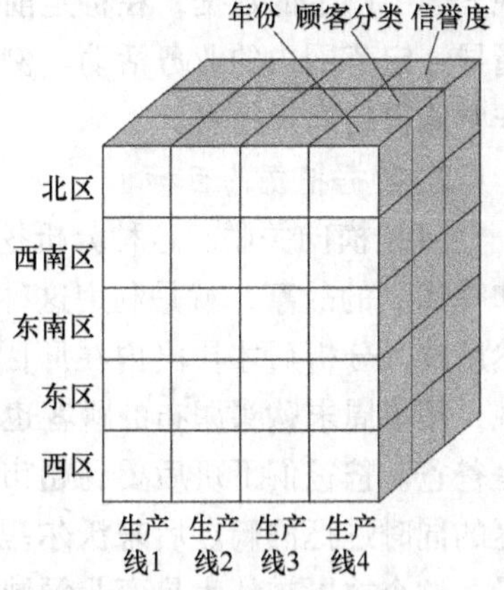

图 4-11　数据仓库的多维性

企业数据仓库的建设，是以现有企业业务系统和大量业务数据的积累为基础的。数据仓库不是静态的概念，只有把信息及时传输给需要这些信息的使用者，供他们作出改善其业务的决策，信息才能发挥作用。而把信息加以整理归纳和重组，并及时提供给相应的管理决策人员，是数据仓库的根本任务。

2. 数据仓库的价值

数据仓库的潜在价值很大，而且随着应用的进一步深入，其价值的体现可能会更强烈。这些价值包括三方面的内容：

（1）成本/效率决策支持。数据仓库可从产品系统中下载报表和即时查询。此外，商业用户不再需要信息技术专家的支持。集成的、简洁的、一致的数据有利于增加报表和查询的质量和可靠性。逻辑集成有助于财务经理更好地管理资产，从而降低资产的损耗并提高资产的回报率。加深对顾客购买模式的理解有助于在恰当的时间和地点进行恰当的存货，这将进一步提高资产回报率。

（2）重组应用系统。将产品系统和决策支持数据仓库分开可使信息技术在产品生命周期中清除历史数据，并改进企业系统结构。此种清除可以增加产品系统的生命力，推迟或消除升级的需求。它要求用简洁并且一致的数据来加载数据仓库，利用反馈来提高产品系统中数据的质量。对于有些企业，数据仓库可能正是它们所期盼的客户机/服务器体系。

（3）重构业务流程。数据仓库也可以评价商业和组织的竞争力。外部数据集成提供了评价和分析竞争力的恰当标准。由于数据仓库事实上主要用于了解为什么发生商业事件，而不是发生了什么事件，设计并使用数据仓库有助于管理者了解企业的商业特性。

重构业务流程带来的潜在利益比使用成本/效益率决策大得多。重组应用系统不仅增强了资产的使用，并且对另两方面价值的实现也是必须的。实际上，这三方面是紧密集成的。使用数据仓库的经验表明，当数据仓库从决策支持变成支持业务流程重构时，商业盈利增多，因为人们的效率、资产以及整个企业的能力都有所增加。

三、数据挖掘

1. 数据挖掘的定义

许多单位和组织在耗费了巨额资金建立了规模庞大、覆盖整个企业所有经济活动的数据仓库之后，仍然被一个基本的问题所困扰：如何把握顾客的消费倾向，跟踪顾客需求并提高产品的市场份额和市场竞争力？

数据挖掘（Data Mining，DM），又称数据库中的知识发现，是指从大型数据库或数据仓库中提取有潜在应用价值的信息或模式。为实现这样的商业目标，数据挖掘可以帮助用户处理大量的数据，以期在数据仓库中得到“意外”的发现。这些发现可以带来潜在顾客，对企业的未来有方向性的指引。

在数据挖掘中发现的知识，是数据之间存在的某种关联。数据挖掘发现的知识都是基于现实当中产生的数据，在特定前提和约束条件下，面向特定领域的知识。用这样的知识可以指导一定范围内的业务活动。例如60%购买果酱的人同时购买了面包，这对超市经营者是非常难得的商业信息。

2. 数据挖掘的目标

(1) 横向关联。这种分析挖掘表面看似独立的事件间的相互关系。例如经典的“尿布和啤酒”的故事，就是利用这种方法，发现二者之间有很高的相关系数，引起人们的重视，然后深入分析后才找出内在原因。全球最大的零售商沃尔玛通过分析顾客购物的数据后发现，很多周末购买尿布的顾客也同时购买啤酒。经过深入研究后发现，美国家庭买尿布的多是爸爸。爸爸们下班后要到超市买尿布，同时要“顺手牵羊”带走啤酒，好在周末看棒球赛的同时过把酒瘾。后来沃尔玛就把尿布和啤酒摆放得很近，从而促进了尿布和啤酒的销量。这个故事被认为是商业领域数据挖掘诞生的雏形。

(2) 次序关联。这种分析的侧重点在于分析事件的前后序列关系，发现诸如“在购买A商品后，一段时间里顾客会接着购买商品B，而后购买商品C”等知识，形成一个客户行为的“A→B→C”模式。例如一个顾客在买了计算机之后，就很有可能购买打印机、扫描仪等配件。

(3) 分类分析。这类分析通过分析样本客户数据库中的数据，为每个类别作出准确的描述或建立分析模型或挖掘出分类规则，然后用这个分类规则对其他客户的记录进行分类。例如，信用卡公司根据顾客的信用记录，把持卡人分成不同等级，并把等级标记赋予数据库中的每个记录。对于每一等级，找出它们的共同点，如，“年收入在10万元以上，年龄在40~50岁之间的外企白领”总体上信用记录最高。有了这样的挖掘结果，客户服务部门就知道一个新的客户的潜在价值，在客户服务投入上就心中有底。

3. 数据挖掘技术和工具

数据挖掘技术主要运用在以下三个层面：①要了解企业经营活动中发生了什么；②要了解为什么会发生；③依据原因确定企业可以做什么，不可以做什么。传统的查询、报表和多维分析技术主要集中处理发生了什么，但却很少考虑原因。数据发掘的贡献在于支持最高层次的数据分析，并预测可能采取的行动。

数据挖掘工具基于企业已经创建的数据仓库，直接或间接地访问数据源。数据仓库或数据集市的数据经过求精、集成和标准化，服务于数据挖掘工具。从手段上看，数据挖掘和信息分析与处理在很多方面是不同的。表4-3总结了数据挖掘和信息分析与处理的特点。

表4-3 数据挖掘和信息分析与处理的特点

	信息分析与处理	数据挖掘
关注点	概括数据	事务数据或细节数据
维数	有限的	许多
属性数目	几十个	每一维都有几百个
数据集的尺寸	每一维都是小型的或中型的	每一维都有上百万个
分析关注点	商业中会发生什么	为什么会发生，预测行为

数据挖掘技术和工具可分为三大类：统计分析或数据分析，知识发现，以及其他工具和技术，包括可视化系统、地理信息系统、多维分析工具、查询与报表工具和智能代理工具等。

（1）统计分析。统计分析用于检查异常的数据模式，然后利用统计模型和数学模型解释这些数据模式。通常使用的模型有线性分析和非线性分析、连续回归分析和逻辑回归分析、单变量和多变量分析，以及时间序列分析。

（2）知识发现。知识发现（Knowledge Discovery）源于人工智能和机器学习。通常，人们将知识发现定义为：知识发现用一种简洁的方式从数据中抽取信息，这些信息是隐含的、未知的，并且是潜在有用的。知识发现也被看作是一种数据搜寻过程，它不必预先假设或提出问题，但仍能找到那些非预期的令人关注的信息，这些信息表示了数据元素的关系和模式，也能通过完整的数据发现和数据分析找到商业规则。也有人简单地将知识发现看作在数据仓库或数据集市的海量数据中找到预先未知的商业事实。

企业总是在寻找相关的和新的商业信息，以便作出更好的商业决策。这些决策对企业生命力有重要影响。使用传统的商业查询技术和数据分析技术时，要求所问的问题是恰当的。知识发现技术则由它自己来决定要问的问题，然后不断深入地探索，直到找到商业用户所寻求的知识。

（3）其他数据挖掘技术和工具。

1）可视化系统。可视化系统可给出带有多变量的图形化分析数据，帮助商业分析员发现其联系和规律。它可以同时显示多个变量间的关系，描述保存了所有信息，并将多变量关系转化为良定义的二维模式。这有助于管理大量数据，并有助于在复杂分析中应用可视化分析和查询方法。

2）地理信息系统。地理可视化系统中的不同物理位置表示都与仓库中的数据相关。商业分析员可以按地理环境来看待这些数据，并比较相同产品在不同地域的差异，或相同地域不同产品的差异。通过可视化一段时间内特定地理领域内销售的变化、产品售出服务等，也可以分析数据仓库中的临时数据。

3）多维分析工具。多维分析工具（Multidimensional Analysis Tools）是一种对信息进行纵横分割的技术。它允许人们从不同角度看多维信息。例如医院可以利用多维分析工具把每天100000份信息记录分成各种类型、各个层次，帮助管理者按照医院的管理体系和具体的业务范围，了解医院不同院系的服务情况，包括病人对医疗费用、入院检查、化验和放射医疗、药品供应以及门诊等方面的需求。大型的连锁超市、跨国公司的营销管理也都需要这样的工具。

4）查询与报表工具。查询与报表工具（Query-and-reporting Tools，QRT）、范例查询工具（Query by Example，QBE）、SQL及DBMS提供的报表生成器等，都属于此类工具。实际上，大部分数据仓库环境都支持诸如QBE、SQL和报表生成器之类的简单易用的数据处理工具。数据仓库用户经常使用这类工具进行简单的查询并生成报表。

5）智能代理工具。智能代理（Intelligent Agents）工具集中代表了IT行业中各类信息处理工具的发展趋势，应用各种像神经网络、模糊逻辑这样的人工智能工具，形成OLAP中“信息发现”的基础。例如，华尔街某股票分析人员应用一种叫作Data/Logic的OLAP软件，并加入神经网络为自己高效的股票和期货交易系统制定规则。还有一些OLAP工具与模糊逻辑结合，用以分析实时的信息。

4. 数据挖掘应用领域

某些具有特定的应用问题和应用背景的领域，是最能体现数据挖掘作用的应用领域。对这些应用领域中应用问题的了解，将有助于对数据挖掘技术的了解。

（1）金融业：对账户进行信用等级评估，进行股票交易规律分析、信用卡使用模式分析、金融市场的分析和预测。利用数据库可以挖掘出对公司利润贡献最大的金牌客户，或制订不同的优惠及服务计划，为顾客创造更大的价值。

（2）保险业：保险费率的确定——可以从大量客户投保数据中分析并取得不同条件、不同人员、不同险种、不同时间与年龄的保险费率，使保险业主能获得合理的利润；险种关联分析——可以分析客户在购买了某种保险后是否同时还会购买另一种保险；认购险种的预测——可以通过数据挖掘预测新险种的客户群以及新险种的前景。

（3）零售业：分析顾客行为与习惯，分析商场销售商品的构成，以及用于商品销售预测、商品价格分析以及零售点设置布局等方面。世界著名图书连锁销售组织亚马逊书店对会员的每笔交易都记录在案，系统能判别会员的购物倾向性，对会员进行分类。这样，销售代表在新书到来时，可以主动通知有相关偏好的会员。

（4）科学研究：数据挖掘可以从大量的、漫无边际的实验数据与历史资料中提炼出对发现科学规律有用的信息，从而起到协助科学研究的作用。

在其他行业，如医疗、电信、司法、故障诊断等，数据挖掘也得到了应用。

5. 组织选择数据仓库决策要点

（1）决定企业是否需要数据仓库。数据仓库能有效地将各种不同业务数据库的信息集中到一起，开发有价值的信息，以帮助企业管理者寻找信息中的宝藏。但是，开展这项工作，有三个约束因素：①开发数据仓库是一个耗费大量时间与金钱的工作。而开发后还必须准备大量的费用以培训潜在的数据仓库用户。②并非所有企业都有使用数据仓库的需求。对于那些轻而易举就能从企业业务数据库中获取所需信息的企业，可以选择一些关系型联机分析技术（Relational OLAP Technologies）工具，帮助管理者从各个维度审视和查询关系数据库中的信息。目前，Information Advantage 公司的 Axsys 软件、Prodea 公司的 Beacon 软件、斯坦福技术公司的 Metacube 软件等，都是关系型的 OLAP 工具。③如果企业选择数据仓库技术，则必须作好提供技术支持的一切准备，并在使用数据仓库技术的过程中自始至终、坚持不懈地给予大量的支持，否则必将困在其中。因此，任何一个打算使用数据仓库技术的企业，必须在经过慎之又慎的考虑后，才能决策是否需要数据仓库。

（2）重新审视企业现有的信息系统。现有的经理信息系统（EIS）中，拥有包含其他数据库信息的特殊数据库。这种 EIS 数据库也是数据仓库。那就应从保持企业竞争力出发，考虑是扩展已有的 EIS，还是开发全新的数据仓库，以便全体员工使用。

（3）扩展与培训数据仓库的用户。随着全球化经济的发展，需要建设数据仓库，而建立数据仓库要付出昂贵的代价。因此，为了降低成本必须扩大用户，建立跨组织的、由多企业共享市场信息、顾客信息的数据仓库是未来发展的方向。例如，MasterCard 国际公司的数据仓库，拥有用户 22000 个，其中有银行、零售商、饭店等，每个用户都能从数据仓库中挖掘有价值的信息。

（4）研究数据仓库信息的更新频率。数据仓库包含来自其他数据库的信息。因此，确定何时、如何从其他数据库中提取信息及确定更新数据仓库的频率都很重要。然而，出于通信成本与操作方面的考虑，即时更新往往是不可能的。那么什么样的更新频率最佳呢？这个问题将由数据仓库的用户回答。因为他们了解信息需求，可以提出信息更新频率的要求。例如加拿大的“冰山环境保护协会”正在用一种将数据仓库与互联网相结合的技术为海员提供信息资源。这一系统将所搜集的冰山活动图以数据仓库能识别的格式，逻辑地组织这些信息。利用这一系统，信息的更新频率为4h一次，当因冰山变迁而影响航海航线变化时，海员可以得到更新后的航海图。

本章小结

信息是一种重要的战略资源，要充分挖掘其潜在价值，必须对其进行科学、合理的组织。本章介绍了数据库在人工管理、文件系统、数据库系统、基于Web的综合信息系统的四个阶段的发展过程和特点，以及数据仓库和数据挖掘的概念。由于数据库技术所涉及的知识比较广泛，信息系统软件开发过程中所使用的数据库管理系统软件也种类繁多，本章只就数据库相关的基本知识作了简单介绍。

【MIS本土化】

淘宝网：从数据中发现商业价值

淘宝网是中国深受欢迎的网购零售平台，拥有近5亿个注册用户，每天有超过6000万的固定访客，同时每天的在线商品数已经超过了8亿件，平均每分钟售出4.8万件商品。截至2011年年底，淘宝网单日交易额峰值达到43.8亿元，创造270.8万个直接且充分就业机会。随着淘宝网规模的扩大和用户数量的增加，淘宝网也从单一的C2C网络集市变成了包括C2C、团购、分销、拍卖等多种电子商务模式在内的综合性零售商圈。

淘宝网针对如此庞大的消费者信息、订单信息、商品信息以及商家信息，采取了正确的方法，使其变成潜在的商业价值，支持管理者作出更好的决策。

一、数据仓库

淘宝网在2004年开始利用Oracle产品构建企业级数据库。2007年、2008年先后两次对数据仓库进行了升级和扩充。2009年，在数据仓库规模每年成倍扩大的情况下，数据处理和分析的时效性也在不断提升。

1. 精简数据结构，使数据仓库充分利用空间

淘宝网所有的商业数据基本上都汇集到了数据仓库中。利用数据仓库技术，淘宝网抽取了分散在不同业务系统中的业务数据进行集中，这些信息是完整记录了用户访问路径、交易过程的海量数据。通过数据仓库的清洗、整理、过滤、排序等技术手段，这些海量的数据形成了具有商业价值的业务信息，并生成反映最新市场现状的统计分析数据报表。现在淘宝网每天的活跃数据超过50TB，这些数据是每天进行动态分析的，这样淘宝网在交易中也更好地提供了精准的个性化服务。

2. 保证数据有效安全，不易损坏

淘宝网所有的数据至少是1比1地在两个机房同时备份来保证数据安全，当然也包括异地的数据备份机制。这样可以保证一个机房在断电或者是火灾的情况下，另外一个机房

在很短的时间内继续向淘宝网的用户提供服务。淘宝网所有的数据库都是在集成网络之后的，在外面任何地方都没有办法访问到淘宝网数据库上的数据。在监控方面，淘宝网有自己的一整套监控系统，包括防欺诈、防恶意的数据系统，保证客户的个人信息不被泄露。

3. 建立数据开放平台，共享数据资源

数据仓库可以让淘宝网的卖家从系统中下载消费历史记录、会员信息，并且不再需要专业技术人员的帮助。集成的、简洁的、一致的数据有利于增加报表和查询的质量和可靠性。"支付宝开放平台"为企业财务管理、ERP、CRM、绩效管理提供资金解决方案；"淘宝卖家服务平台"汇集信息，传递商机，展示最全面的卖家服务市场业务资讯；"淘宝电商ERP官方频道"为淘宝天猫电商后端提供精细化管理，体现为ERP、分销资源计划(DRP)、进销存管理。这就是目前淘宝网开放平台的一部分内容。它不仅可以帮助企业决策者、管理者进行战略决策和企业管理，也可以帮助淘宝网的卖家及时获取信息、提高工作效率等，体现了强大的实用价值。

二、数据挖掘

数据挖掘是一种新的商业信息处理技术，其主要特点是对商业数据库中的大量业务数据进行抽取、转换、分析和其他模型化处理，从中提取辅助商业决策的关键性数据。

从数据挖掘的角度分析网购消费者的消费偏好非常有必要。通过大量的数据收集，便可知道该购物页面设计的受欢迎程度。如果可以进一步精确，也可分析出消费者停留时间短的原因，是因为商品陈列过多，还是大多雷同，还是页面的风格不够时尚。网购群体的注册信息、过往的消费记录也是非常有用的信息。通过注册信息，可以了解用户的基本信息，而消费记录则可以体现出消费者的个人偏好以及消费水平。因此可以根据消费者的不同需求，对网购群体进行细分，做一些个性化推荐。

淘宝网数据挖掘类型主要有以下几种：

1. 挖掘用户

简单地说，就是用不同的属性，对用户进行不停的深入细分。根据用户的共同特点，用计算机勾画出某产品的用户模型。

2. 挖掘需求

这是指根据用户的年龄、职业、收入、文化层次、喜好、消费习惯等数据，运用先进的数据分析技术，找出他们的潜在需求。在网站的发展过程中，还需要不停地扩充并完善数据库。例如，不停地搜集用户的详细信息，包括喜好、行为和习惯。

3. 挖掘产品

根据市场和用户的需求，制造出他们需要的产品。以市场为主导，保证产品的销售。

三、客户关系管理

客户关系管理的本质是更有效地进行竞争。客户关系管理的目标是缩减销售周期和销售成本，增加收入，寻找扩展业务所需的新的市场和渠道，以及提高客户的价值、满意度、盈利性和忠诚度。企业实施客户关系管理，可以更低成本、高效率地满足客户的需求，从而最大限度地提高客户的满意度及忠诚度，挽回失去的客户，保留现有的客户，不断发展新客户，发掘并牢牢地把握住能给企业带来最大价值的客户群。

1. 淘宝网的数据库营销

数据库营销是指企业通过收集和积累会员或潜在会员（用户或消费者）的信息，经过分析筛选后针对性地使用电子邮件、短信、电话、信件等方式进行客户深度挖掘与关系维护的营销方式；是以与用户建立一对一的互动沟通关系为目标，并依赖庞大的用户信息库进行长期促销活动的一种全新的销售手段。

2. 淘宝网的数据化运营

淘宝网所有的商业数据基本上都是汇集到数据仓库中，然后进行运算，最终会根据不同的 BI 模型，得出不同的结果。通过对各种访问、交易、商铺信息以及客服信息等的综合处理，形成反映各种浏览、交易和用户行为、行业销售趋势方面的统计数据，可以为公司的决策提供数据方面的支持。因此，淘宝网的数据库系统对整个公司来说是至关重要的。淘宝网的数据除了供公司内部使用以外，也可提供给外部用户。淘宝网 2010 年做的数据魔方产品，就是为淘宝网卖家提供包括商品销售情况、行业销售趋势等更强大的数据营销方面的支持，利用“量子”“小艾”“魔方”“生意经”等来收集店铺以及行业的基础数据。另外还有一个比较大的数据产品是电子统计，即提供给淘宝网卖家电子统计，如流量统计，包括免费流量、自主访问流量、付费流量，站外流量等，具体包括访客来源、访客访问时间段、访客的订货统计。这些信息有助于淘宝网的产品商户和卖家了解、分析用户行为，设计增值服务。另外，淘宝网还可以提供店铺大数据诊断、单品数据诊断等，来分析用户的购买偏好。这不仅需要数据仓库对海量数据进行更新、集中处理，也需要它能提供动态、实时的分析。

正如马云在淘宝网十周年晚会上所说，还没来得及琢磨移动互联网是怎么回事，人们已经争相簇拥着进入大数据时代了，未来淘宝网的定位是一家数据公司，数据和数据挖掘将是淘宝网的核心价值所在。

（参考资料：淘宝网数据库专家深入解析数据仓库架构，http：//www. ciotimes. com/bi/bzjgd/49660 – 2. html，2011-05-30。）

思考题：

1. 占据着中国 80% 以上的网购市场份额、亚太地区最大网络零售商淘宝网，在数据挖掘方面有哪些可以借鉴的地方？

2. 大数据时代，企业从数据的获取、数据的利用等方面将获得哪些潜在的商业价值？

本章习题

一、选择题

1.（　　）是位于用户与操作系统之间的一层数据管理软件。数据库在建立、使用和维护时由其统一管理、统一控制。

A. DBMS　　B. DB　　C. DBS　　D. DBA

2. 在员工数据库中某一个（　　）代表这个员工的全部信息，（　　）作为主关键字。

A. 记录、姓名　　B. 数据项、姓名

C. 文件、职工号　　D. 记录、职工号

3. 数据库管理系统能实现对数据库中数据的查询、插入、修改和删除，这类功能称为（　　）。

A. 数据定义　　B. 数据管理　　C. 数据操纵　　D. 数据控制

二、分析题

1. 数据挖掘有哪些应用领域？试举例说明。

2. 某企业拟建立供应链管理系统，来对项目、物料、库房和供应商进行管理。一个项目由一个项目负责人负责，一个人最多可以负责两个项目；项目需要领取多种物料，一种物料可以用于不同项目中；物料具有单位、单价等属性；物料存放在不同的库房中，现有三个库房，分别存放标准件、外协件和组装件，每个库房在不同的地方，并由库房保管员负责；一种物料必须由两个供应商提供，每个供应商可以提供多种物料。

请根据问题背景，建立该系统的E-R图。要求标明实体、实体属性（每个实体至少标明三个主要属性，并标出其中的关键字）和实体之间的联系。

三、课程实践

1. 为什么没有完备数据库的组织会在竞争与发展中落后？这仅仅只是一个可以通过购买软件来改善数据库的问题吗？上网了解一些有关成功管理数据以保持竞争力的案例，并分析这些案例的相似点和不同点。

2. 列举我国的SNS网站在数据挖掘出网络营销方面的成功或失败案例，并说明其原因。

四、讨论分析

FBI的数据库扩展

美国联邦调查局（FBI）经过十年计划建立了一个造价10亿美元，以照片和独特的疤痕、刺青、面部特征作为刑事辨认证据的数据库。过去，指纹是最被广泛采用的手段，美国联邦调查局保存了5000万套的指纹数据。后来采取额外的生物特性来辨认，但是很不幸，很多都已经被证明是相当不可靠的（在公共场合面部识别的精度主要取决于照明条件），真正地提高识别精度只能结合多生物特征来进行。

美国联邦调查局的生物服务部门领导说，增加数据库“最重要的是保护我们的公民、我们的邻居、我们的孩子，让他们能有不错的工作，有一个安全的可以居住的国家”。

但这也遭到一些人的反对。越来越多的甚至超过一半的背景调查让人们申请工作时，由于任何一个错误而失去机会，甚至被解雇。其他人说，超监视计划实际上可能会保护个人隐私，因为它可以防止身份盗窃和类似的滥用个人信息的情况。隐私权倡导者担心它代表了在另一个专制政府的情况下密切关注私人生活。

问题：

1. FBI应该扩大到用包括掌纹、照片、虹膜、文身等模式来识别涉嫌犯罪分子和恐怖分子吗？为什么能或为什么不能？

2. 某些隐私权倡导者认为生物系统可能变得不可靠，特别是随时间流逝，由于人的自然老化、体重减轻、体重增加、受伤或永久的残疾等，使得这些数据库变得不那么准确。是否应该随时间确认信息和数据库的准确性？

参考文献

[1] 薛华成．管理信息系统［M］．4版．北京：清华大学出版社，2004.

[2] 许晶华．管理信息系统［M］．广州：华南理工大学出版社，2003.

[3] 黄梯云．管理信息系统［M］．2版．北京：高等教育出版社，2000.
[4] 陈恭和．管理信息系统——理论与实践［M］．北京：高等教育出版社，2006.
[5] 李东．管理信息系统理论与应用［M］．北京：北京大学出版社，2001.
[6] Kenneth C Laudon，Jane P Laudon. 管理信息系统——网络化企业的组织与技术（影印版）［M］．6版．北京：高等教育出版社，2001.

延伸阅读

[1] 托马斯·弗里德曼．世界是平的［M］．何帆，肖莹莹，郝正非，译．长沙：湖南科技出版社，2006.
[2] 尼葛洛庞帝．数字化生存［M］．胡泳，等译．海口：海南出版社，1997.

第五章　计算机网络与数据通信技术

【引例】

揭秘维基新掌门：法国乡村妈妈遥控全球业务

维基百科（Wikipedia）通过提供开放、多语言版本的系统，让每个人都可以任意修改网站上的页面数据，以实现知识的完善和经验共享。自2001年创立，凭借相互协作和信息共享的理念，维基百科每月吸引的访问量超过1亿人次。其网络上目前上传了600万篇文章，所使用的语言多种多样，甚至包括塔加路语（居住在菲律宾吕宋岛和棉兰老岛的塔加路族人所用的语言）等249种语言。2007年1月，维基百科被评选为全球最具影响力的五大品牌之一。

据媒体报道，维基百科的新掌门并非硅谷精英，而是法国中部乡村里三个孩子的妈妈，她在自己家中通过网络指挥着全球最大的在线百科全书网站。

弗洛朗斯·德乌瓦尔（Florence Nibart-Devouard）是一位农艺家，早在2001年就开始接触维基百科，并被维基百科自由开放的编辑理念所吸引，她尝试利用自己所学的知识编写生物转基因方面的知识条目，并逐渐成为维基百科的义务编辑，负责修改、补充他人编写的条目。

在随后三年里，弗洛朗斯为法文和英文维基百科社区之间的交流做了许多卓有成效的工作，并被推选为负责运营维基百科的非营利组织——维基媒体基金会（Wikimedia Foundation）的董事，后接替维基百科创始人吉米·威尔士（Jimmy Wales）出任基金会主席，任期到2008年7月。

每天晚上孩子们睡觉后，弗洛朗斯才会打开笔记本，连接上互联网，与另外6位董事交流工作。这些董事分布在美国、荷兰和德国，每6~8个星期，他们也会在美国或者欧洲面对面地讨论工作。

弗洛朗斯笑着承认，自己在送孩子上学、给宝宝换尿布和工作间忙得连轴转，“但生活就是如此，数百万的女性在哺育孩子的同时还在坚持工作。看着孩子们长大是非常奇妙的事情，比每天在办公室呆12个小时要有意思得多”。她还表示，“法国的生育率在整个欧洲是最高的，我们必须在工作和养育孩子间找到解决办法”。

思考题：

1. 在组织中有哪些网络服务可供选择？
2. 不同类型的组织分别适合使用哪些传输媒介？
3. 哪些通信应用可以用于信息化企业与电子商务？

学习目标

通过对本章的学习，重点掌握：

1. 计算机网络的发展、工作原理及其构成。

2. 计算机网络的分类、网络的拓扑结构、传输介质与网络互联设备。

3. 常见的几种计算机网络环境下的信息系统模式，以及 Internet 和 Intranet。

关键概念

网络互联设备；客户机/服务器（C/S）；浏览器/服务器（B/S）；互联网（Internet）

第一节　计算机网络与数据通信概述

随着社会对信息共享和信息传递的要求日益加深，计算机网络的发展已广泛地影响到现代社会的各个方面。例如为了使企业员工达成信息共享与信息沟通，在因特网（Internet）平台上建立了支持企业经营业务的内部网（Intranet），为与分布在世界各地的顾客、供应商、分销商、零售商联系在一起而运用因特网平台建立了企业外部网（Extranet）等。美国著名未来学家阿尔温·托夫勒曾认为："计算机网络的建立与普及将彻底改变人类生存及生活的模式，而控制与掌握网络的人就是人类未来命运的主宰。谁掌握了信息，控制了网络，谁就将拥有整个世界。"

一、计算机网络的发展

计算机网络是计算机技术与通信技术紧密结合的产物。在计算机技术发展以前，通信技术已经得到了一定程度的研究与应用，如早期的电报、电传就是数据通信技术的初步应用。计算机网络的发展大致分为四个阶段，按时间先后顺序分别是面向终端的计算机网络、多个计算机互联的网络、开放式标准化网络、宽带综合业务数字网。

1. 第一代计算机网络——面向终端的计算机网络

这一阶段（20 世纪五六十年代）的计算机网络系统是以单个计算机为中心的远程联机系统，也称为面向终端的计算机网络。在这种网络中，主机是网络的中心和控制者，终端分布在各处与主机相连，用户通过本地的终端使用远程的主机。此阶段网络应用的主要目的是提供网络通信、保障网络联通，严格说来仍然是多用户系统的变种。例如 1963 年由美国航空公司与 IBM 公司联合研制并投入使用的飞机订票系统 SABRE - 1，就是由一个主机和 2000 多个终端组成的面向终端的计算机网络。

2. 第二代计算机网络——多个计算机互联的网络

第二阶段（20 世纪六七十年代）是以通信子网为中心，通过公用通信子网实现计算机之间的通信。这个阶段的计算机网络系统是多个主计算机通过通信线路互联起来，为用户提供服务，以资源共享为目标的计算机互联网络。其主要功能就是提供网络通信，保障网络联通、网络数据和网络硬件设备共享。例如 20 世纪 60 年代后期由美国国防部高级研究计划局（Defense Advanced Research Projects Agency，DARPA）提供经费给美国许多大学和公司研制的 ARPA 网（ARPANET），就是这个时期的典型代表。

计算机网络又分为资源子网和通信子网，分散的通信子网的建设造价高昂，并且利用率较低，重复建设浪费极大。公用数据网（Public Data Network，PDN）的出现解决了这一问题。典型的公用数据网有美国的 TELENET、法国的 TRANSPAS、英国的 PSS 和加拿大的 DATAPAC 等。

随着计算机外部通信条件的改善，人们开始了对计算机局域网（Local Area Network, LAN）的研究。1972 年，美国加州大学研制成功了 Newhall 网；1974 年，英国剑桥大学开发出 Cambridge Ring 环网。与此同时，一些大型计算机公司开始提出初步的网络体系结构与相关协议，相继推出本公司的网络标准，如 IBM 的 SNA（系统网络结构）网、DEC 的 DNA 网。由于各个厂商各自开发自己的产品，各自制定自己的标准，使得产品之间不能通用，不同的标准之间转换非常困难。这显然阻碍了计算机网络的普及和发展。

3. 第三代计算机网络——开放式标准化网络

20 世纪 70 年代后期，人们认识到第二代计算机网络的不足后，开始提出发展新一代计算机网络的问题，进入了开放式标准化网络阶段。1980 年，国际标准化组织提出了符合计算机网络国际标准的开放系统互连参考模型（Open System Interconnection / Reference Model, OSI/RM），解决了计算机联网与互连标准化的问题，成为世界上网络体系的公共标准，极大地促进了计算机网络技术的发展。在 OSI/RM 与协议理论研究不断深入的同时，Internet 技术也蓬勃发展。20 世纪 80 年代初，大量基于网络通信协议 TCP/IP 的应用软件应运而生。TCP/IP 具有标准开放性、网络环境相对独立性、物理无关性以及网络地址唯一性等优点。随着 Internet 的广泛使用，最终，TCP/IP 参考模型与协议成为计算机网络的公认国际标准。此阶段网络应用已经发展到为企业提供信息共享服务。

4. 第四代计算机网络——宽带综合业务数字网

综合业务数字网（Integrated Service Data Network, ISDN），是一种能在一个网络内传输多种业务信息的网络。这种业务信息包括图像、数据、文字、语音，可传输活动图像，进行全双工交互式电视电话、电视会议等。千兆位网络的发展，使人类真正步入多媒体通信的信息时代。网络的全球化将地球变得更像一个“村落”，它将人类彼此之间的联系变得更为紧密；能够进行动态网络资源分配和通信业务自应变能力的智能化网络（Intelligent Network, IN）已经进入了人们的研究视线；而电子商务、远程教育、远程医疗等个性化的网络服务成为了新的经济增长点。各网络发展阶段的特点如表 5-1 所示。

表 5-1 各网络发展阶段的特点

网络发展阶段	时间段	特点
第一代——面向终端的计算机网络	20 世纪五六十年代	以主机为中心，面向终端 分时访问和使用中央服务器上的信息资源 中央服务器的性能和运算速度决定连接终端用户的数量
第二代——多个计算机互联的网络	20 世纪的六七十年代	以通信子网为中心，实现了“计算机—计算机”的通信 ARPANET 的出现，为 Internet 以及网络标准化建设打下了坚实的基础 大批公用数据网出现 局域网成功研制
第三代——开放式标准化网络	20 世纪八九十年代	网络技术标准化的要求更为迫切 制定出计算机网络体系结构 OSI/RM 随着 Internet 的发展，TCP/IP 广泛应用 局域网全面发展

（续）

网络发展阶段	时 间 段	特 点
第四代——宽带综合业务数字网	20 世纪 90 年代至今	网络的高速发展时期 网络在社会生活中大量应用 网络经济快速发展

二、计算机网络的概念

计算机网络（Computer Network）是计算机技术与现代通信技术相结合的产物，是指把地理位置不同、功能独立自治的计算机系统及数据设备连接起来，在功能完善的网络软件支持下，以实现信息交换和资源共享为目标的系统。

计算机网络应具有以下四个要素：

（1）资源服务。两台或两台以上的计算机相互连接起来构成网络，以达到资源共享的目的。这就对网络提出了一个服务的问题，即有一方请求服务和另一方提供服务。

（2）通信设备。两台或两台以上的计算机连接，相互通信交换信息，需要有一条通道。每条通道的连接是物理的，由硬件实现，包括相应的传输介质和通信系统。通信设备包括：

1）终端。例如终端显示器或其他用户工作站。当然，任何一个输入/输出设备都可以作为终端使用远程通信网发送和接收数据，包括微型计算机、电话、电传等办公设备。

2）远程通信处理器。它支持终端与计算机之间的数据传送与接收。这些设备有调制解调器、路由器及前端处理器，它们执行各种控制和支持通信的功能，例如对数据进行数字信号和模拟信号的相互转换，对数据进行编码和译码，并控制远程网络的终端与计算机之间通信线路数据传输的准确性和效率。

3）远程通信通道和介质。数据是在通道和介质上进行传输的。远程通道是多种介质的组合，如双绞线、同轴电缆、光纤电缆、微波系统及通信卫星，通过连接网络中的端点形成远程通信通道。

4）计算机。不同类型与规格的计算机经远程通信通道连接在一起完成指定的信息处理。例如一台主干计算机可以作为大型网络的主计算机，而一些小型计算机则作为网络的前端处理机或作为小型网络中的服务器。

（3）协议。协议是指计算机之间交换信息时，彼此所需要的某些约定和规则。每个厂商生产的计算机网络产品都有自己的许多协议，这些协议形成标准才能使不同厂商、不同型号的网络产品互通互联。

（4）网络通信控制软件。它由控制远程通信活动及管理远程通信功能的程序组成，例如用于主计算机的通信管理程序，用于小型计算机网络服务器的网络操作系统，用于微型计算机的通信软件包。无论现实世界中的网络多么大、多么复杂，都是这些基本元素在工作并支持组织的远程通信活动。

计算机网络可以划分为资源子网和通信子网两级子网，如图 5-1 所示。资源子网由主机和终端设备组成，负责数据处理，向网络提供可供选用的硬件资源、软件资源和数据资源，从物理结构上可认为是一部分连接于网络上的供网络用户使用的计算机的集合。这些主机（Host）或称节点，用来运行用户的应用程序，为用户提供资源和服务（资源子网）。通信子网负责整个网络的通信管理与控制，如数据交换、路由选择、差错控制和协议管理等，是用来把主机连接在一起并在主机之间传送信息的设施，如通信控制与处理设备（如程控交换机）和通信线路等属于通信子网。

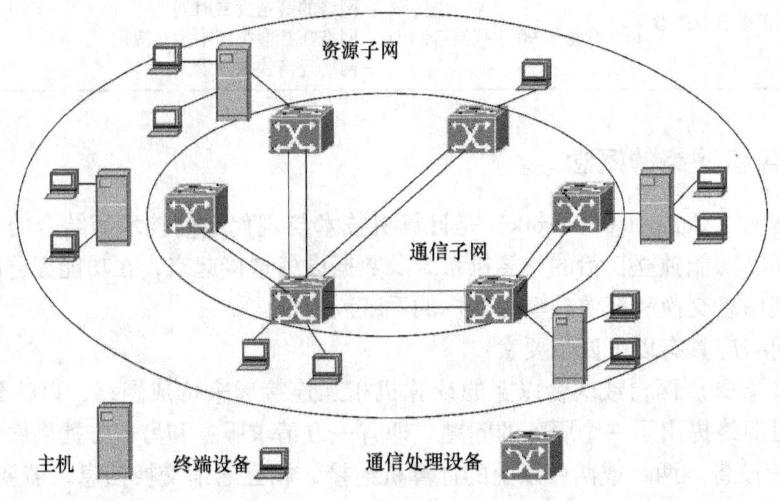

图 5-1　资源子网和通信子网

三、计算机网络的特点

一般来说，计算机网络具有下述主要的特点：

1. 实现资源共享

资源共享是计算机网络最基本和最重要的特点，也是计算机网络产生的主要动力之一。在正确的权限范围之内，网上的各个用户都可以非常方便地使用网络中各计算机上所提供的共享软件、数据和硬件设备，而且不受实际地理位置的限制。通过资源共享，不仅能够提高网络系统内资源的利用率，还可使整个系统数据处理的平均费用明显下降。

网络硬件资源主要包括大型主机、大容量磁盘、光盘库、打印机、UPS、网络通信设备、通信线路和服务器等硬件。

网络软件资源主要包括网络操作系统、数据库管理系统、网络管理系统、应用软件、开发工具和服务器软件等。

网络数据资源主要包括数据文件、数据库和光磁盘所保存的各种数据。数据包括文字、图表、声音、图像和视频等。数据是网络中最重要的资源。

2. 综合信息服务

网络系统中的各个计算机间能快速、可靠地相互传送数据及信息，并根据需要对这些数据和信息进行分散、分组、集中管理或处理。这是计算机网络最基本的功能。这种数据通信能力使得地理位置分散的信息能按用户的要求进行快速传输和处理。目前，网络的通信业务主要有以下几类：

（1）通过如 WWW、FTP、Gopher 等实现信息查询、检索及文件传输。

（2）通过远程登录访问数据。

（3）通过电子邮件（E-mail）发送信息。

（4）新闻服务和电子公告牌。

(5) 信息广播，如 Push 等；信息点播，如视频点播（VOD）等。

(6) 计算机协同工作，监视控制。

(7) 远程教育、远程医疗、远程计算、电视会议、可视电话。

(8) 可视化计算、虚拟现实。

(9) 计算机集成制造系统（CAD/CAM/CAE）。

(10) 电子商务、电子政务系统等。

3. 均衡负荷及分布处理

一项复杂的任务可以划分成许多部分，由网络中的多个计算机分别承担。这样可以缓解用户资源缺乏的矛盾，使各资源的忙与闲得到合理调整，达到均衡使用资源，实现分布式处理。例如，当某台计算机的计算任务很重时，可以通过网络将某些任务传送到空闲的计算机去处理。在计算机网络中，用户可以根据问题的性质，选择网内最合适的资源来处理，使问题得到快速而经济的解决。对于综合性的大型问题，可以采用合适的算法将任务分散到不同的计算机进行分布式处理。利用网络技术，还可以将许多小型机或微机连成具有高性能的分布式计算机系统，使它们具有解决复杂问题的能力，从而使得只有小型机或微机的用户可以享受到大型机的好处。

4. 提高计算机的可靠性

在计算机网络系统中能实现对差错信息的重发，从而增强了可靠性。可靠性还表现在计算机网络中的各台计算机可以通过网络彼此互为后备机，当某台计算机出现故障，故障机的任务就可由其他计算机代为处理，避免了在单机无后备的使用情况下某台计算机故障导致系统瘫痪的现象。

四、计算机网络的分类

了解网络的分类可以从不同的角度对计算机网络技术进行研究。人们从不同的出发点可以将网络分为很多类型。一般来说，有如下几种分类方法：

（一）按网络的拓扑结构分类

拓扑学是几何学的一个重要分支。它将实体抽象为与其形状、大小无关的点，将物体之间的连接线路抽象成与距离无关的线，进而研究点、线、面之间的关系。连接在网络上的计算机、大容量磁盘、高速打印机等部件，均可看作是网络上的一个节点。计算机网络的拓扑结构是指网络节点和通信线路组成的几何排列，它能表示出网络服务器、工作站、网络设备和相互之间的连接。在网络设计过程中，网络拓扑结构的设计是关键设计之一。计算机网络中常见的拓扑结构有总线型、星形、环形、树形和网状等。其拓扑结构形式如图 5-2 所示。

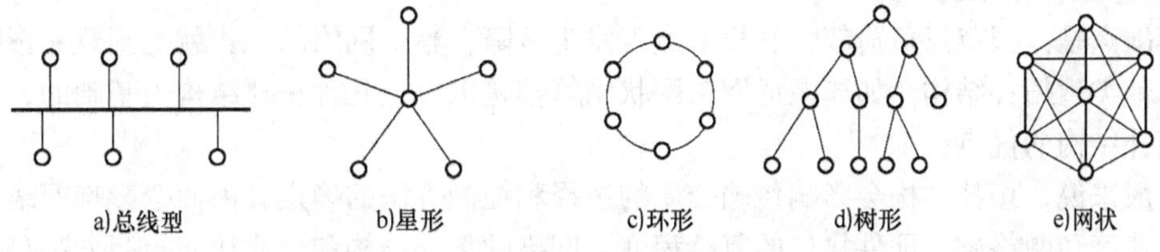

图 5-2　网络拓扑结构

1. 总线型网络

在总线型拓扑结构中，所有工作站点都连在一条总线上，通过这条总线实现通信。总线型结构是目前局域网采用最多的一种拓扑结构。在总线型结构中，所有网上设备都通过相应的硬件接口直接连在总线上，任何一个节点的信息都可以沿着总线向两个方向传输扩散，并且能被总线上的任何一个节点所接收。整个网络上的通信处理分布在多个节点上，减轻了网络管理控制的负担。

其优点是：结构简单，非常便于扩充，设备量少，价格相对较低，安装使用方便。

其缺点是：一旦总线的某一点出现接触不良或断开，整个网络将陷于瘫痪；故障也难以定位和监控；实际安装时要特别处理好总线的各个接头。

2. 星形网络

星形结构布局是将所有的工作站都直接连接到一中央节点上，当一个工作站要传输数据到另一个工作站时，都需要通过中央节点，它负责管理和控制所有的通信。中央节点执行集中式通信控制策略，相邻节点通信也要通过中央节点。星形结构是目前小型局域网中使用较为普遍的一种拓扑结构。基于交换机的网络普遍采用星形结构，以程控交换机为中央节点，其他节点通过交换机进行通信。

其优点是：结构简单，系统稳定性好，增加新的工作站时成本低，一个工作站出现故障不会影响到其他工作站的正常工作，故障率低，易于管理。

其缺点是：中央节点不能出现故障，必须具有较高的可靠性，一旦中央节点出现故障，整个网络也会瘫痪。

3. 环形网络

环形拓扑结构中节点连接形成一个闭合回路，数据可以沿环单向传输，也可以设置两个环路实现双向通信。环形网也是局域网常用的拓扑结构之一，适合于信息处理系统和工厂自动化系统。

其优点是：信息在网络中沿固定方向流动，两个节点间有唯一的通路，大大简化了路径选择的控制。

其缺点是：由于信息是串行穿过多个节点环路接口，当节点过多时影响传输效率，使网络响应时间变长；由于整个网络构成闭合环，故网络扩充起来不太方便；网络中一旦有某个节点发生故障，可能导致整个网络停止工作。

4. 树形网

在树形拓扑结构中，有一个根节点、若干个枝节点，最末端是叶节点。根节点的功能较强，常常是高档微机或大、中型机，叶节点（终端节点）是主机或打印机等外设，主机和交换机之间用双绞线（类似电话线）连在一起。该结构适用于分级控制系统。

其优点是：扩展容易。

其缺点是：根节点负荷较大，根节点若发生故障，整个网络的工作就受到致命影响。

其他类型拓扑结构，如簇星形网、网状网等都是以以上几种拓扑结构为基础的，兼顾了不同拓扑结构的优点。

一般来说，拓扑结构会影响传输介质的选择和控制方法的确定，因而会影响网络上节点的运行速度和网络软、硬件接口的复杂程度。网络的拓扑结构和介质访问控制方法是影响网络性能的最重要因素，因此应根据实际情况选择最合适的拓扑结构，选用相应的网络适配器和传输介质，确保组建的网络具有较高的性能。

（二）按网络规模和覆盖范围分类

按网络规模和覆盖范围进行分类，可把网络分为局域网、城域网和广域网。

1. 局域网

局域网（Local Area Network，LAN）是指用高速通信线路将某建筑区域或单位内的计算机连在一起的专用网络，其作用范围一般只有几公里，工作速率大于10Mbit/s，甚至1Gbit/s。LAN已变成为组织内办公室、部门及其群体提供网络通信能力的共享系统。

其小范围分布和高速传输，使它很适合于一个部门内部的数据管理。LAN可以使用各种通信介质，如传统的电话线、同轴电缆甚至无线系统来连接计算机工作站和计算机外围设备。大多数LAN使用一台带有大容量硬盘的高性能微型计算机作为文件服务器（或称为网络服务器），服务器上安装控制通信及网络资源使用的网络操作系统。例如服务器把共享数据文件及软件包的复件分配给网络上其他微机，并控制到激光打印机和其他外围设备的存取。LAN可以经由通信处理器，即一个称为网关（Gateway）的接口，连接到广域网上，存取广域网的计算机资源和数据库。

2. 城域网

城域网（Metropolitan Area Network，MAN）出现于20世纪90年代初。城域网可以认为是一种大型的LAN，其作用范围在100km左右，能覆盖一个城市，其主干的工作速率可达每秒数百兆比特。可将政府部门、事业单位、社会服务机构以及大型企业等重要机构进行联网，实现数字、声音、图像、视频和动画的信息交换。

城域网不同于局域网，它的服务范围不同：城域网作用于整个城市，在其建设过程中更多地集中在对通信子网的建设中，是本市用户连接世界的桥梁；而局域网则是服务于某个部门，其建设通常包括资源子网和通信子网两部分。

3. 广域网

广域网（Wide Area Network，WAN）又称为远程网，它的作用范围通常是几十到几千公里，其工作速率可从1.2Kbit/s到100Mbit/s以上。WAN通信网络覆盖的区域相当广，如一个省、一个国家乃至全球。这种网络可称为信息运载体，是政府部门以至终端用户日常生活、活动所必不可少的工具。因此，WAN被制造业、银行、商业、运输业及政府部门用于传送和接收它们的雇员、顾客、供应商及其他组织企业的信息。例如中国教育和科研计算机网就是广域网。广域网的典型代表是Internet，它是通过TCP/IP把不同国家和部门机构的内部网络连接起来的庞大的计算机网络。Internet不仅把全球成千上万个组织和网络连接起来，而且还拥有极其丰富的信息资源，能提供多样的、多领域的和多种形式的信息服务。

（三）按服务方式分类

1. 客户机/服务器网

服务器是指专门提供服务的高性能计算机或专用设备，客户机是用户计算机。客户机/服务器网是客户机向服务器发出请求并获得服务的一种网络形式。多台客户机可以共享服务器提供的各种资源。这是最常用、最重要的一种网络类型。这种网络的安全性容易得到保证，访问权限、优先级易于控制，监控容易，网络管理能够实现规范化。网络性能在很大程度上取决于服务器的性能和客户机的数量。

2. 对等网

这种网络没有设置专门为客户机访问的文件服务器，连在网上的计算机既是客户机又是服务器，网上的每一台计算机以相同的地位访问其他计算机和处理数据，共享彼此的信息资源和硬件资源，组网的计算机一般类型相同。这种网络方式灵活方便，但是较难实现集中管理与监控，安全性也低，较适合部门内部协同工作的小型网络。例如一个拥有不多于 20 台计算机的小公司可采取此方式联网。

（四）按应用范围分类

1. 公用网

公用网是由政府出资建设，由电信部门统一管理和控制的网络。网络中的传输和交换装置可以租给任何部门使用，部门的局域网就可以通过公用网连接到广域网上，实现信息的扩展。公用网又分为公共交换电话网（PSTN）、PDN、数字数据网（DDN）和 ISDN 等类型。公用网常采用分级结构，如图 5-3 所示，在首都、省会、各市和县分别成立交换中心，形成树形结构。

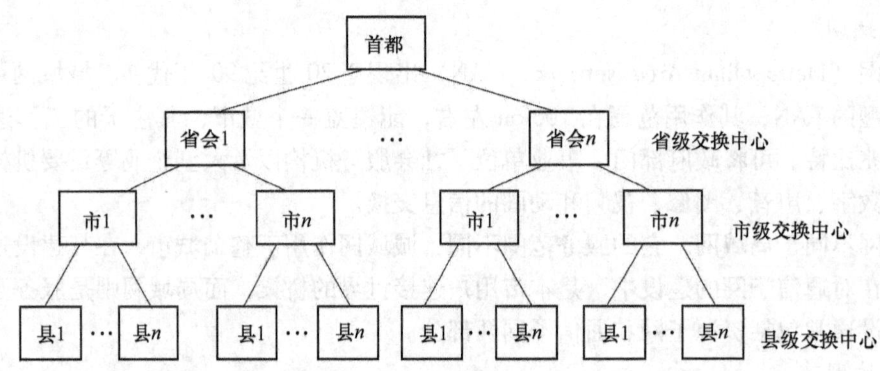

图 5-3　公用网交换中心设置

2. 专用网

专用网由一个单位或一个部门承建，属于该单位或部门，没有被授权的单位无法使用。专用网也可以租用公用网的传输线路，其建设费用往往很高。我国的金融、石油等部门均建立了自己的专用网。

（五）按传输介质分类

1. 有线网

有线网是通过电缆或光缆将主机连接在一起的。

2. 无线网

无线网是通过自然空间的电磁波连接在一起的。例如在一个展览厅或交易厅可用蜂窝式无线电话组成一个计算机网络，距离在 200～300m 内传输速率在 1M～2Mbit/s；在轮船或火车上可使用便携式计算机通过蜂窝式无线电话与 Internet 通信；另外，通过卫星和地面站也可组成无线广域网。

五、网络的传输介质和互联设备

（一）数据通信基础

数据通信是指通过数据通信系统将数据以某种信号方式从一处安全、可靠地传输到另一处。数据通信包括数据传输和数据在传输前后的处理。

1. 数据

数据被定义为有意义的实体，有模拟数据和数字数据两种形式。模拟数据是指在某个区间产生的连续的值，如声音和视频图像、温度和血压等都是连续变化的值。数字数据是指在某个区间产生的离散的值，如文本信息和整数数列等。

2. 信号

信号是数据的表示形式，或称数据的电磁或电子编码。它使数据能以适当的形式在介质上传输。信号也有模拟信号和数字信号两种基本形式。

模拟信号是一种连续变化的电信号，可以按照不同频率在各种介质上传输。数字信号是一种离散的脉冲序列，如计算机的输出、数字仪表的测量结果等。它用恒定的正负电压来表示二进制的1和0。这种脉冲序列可以按照不同的速率在有线介质上传输。

3. 传输

数据传输是指用电信号把数据从发送端传送到接收端的过程。传输信道给数据信号传输提供了通路，但又会引入噪声和干扰，使信号发生畸变，可能造成数据传输的差错。

一般来说，模拟数据是时间的连续函数，并且占有一定的频谱范围。典型的例子是模拟电话传输系统。作为声波，其声音数据的频率范围是20～20000Hz。然而，大多数语音能量集中在300～3400Hz的范围内。所以，电话传输系统中的电话设备以及电话线路都是依据300～3400Hz这一频率范围而设计的。

数字数据也可以用模拟信号来表示，以便在模拟信道上进行传输。这时要使用调制解调器，将数字数据调制成与模拟信道特性相匹配的模拟信号进行传输。调制解调器的作用是通过一个载波频率把二进制电压脉冲序列调制转换成模拟信号，使这些数据能够适合在音频电话线路上传输。在线路的另一端，再由调制解调器把模拟信号解调还原成原来的数据。数字数据可直接表示成数字信号进行传输。

在传输一定的距离之后，模拟信号都会衰减和畸变。为了实现长距离传输，在模拟传输系统中使用放大器来增强信号的能量，但同时也放大了信号中的噪声，其结果会导致信号发生畸变，严重时会造成传输错误。数字传输系统使用中继器（Repeater）来克服衰减和畸变。中继器将接收到的数字信号经过整形恢复后，再将信号以新的面目发送出来，从而克服了信号的畸变和衰减。

在局域网中，主要采用数字传输技术。在广域网中，过去以模拟传输为主。随着光纤通信技术的发展，广域网中越来越多地采用数字传输技术。

4. 节点

节点（Node）可以分为两类，即转接节点和访问节点。转接节点的作用是支持网络的连接性能，它通过所连接的链路来转接信息。这类节点有集中器、多路转接器等。访问节点除了具有连接的链路以外，还包括计算机和终端设备。它可起信源（发信点）和信宿（收信点）的作用。访问节点也称为端点（End Point）。

5. 终端

终端设备是用户进行网络操作时所使用的设备，它的种类很多，但根据其不同的用途和结构，大体上可以分成简易终端、智能终端和虚拟终端三类。

6. 主机

主机（Host，是指主计算机系统）在计算机网络中负责数据处理和网络控制，同时还要执行网络协议，和其他模块中的主机连接成网后构成网络中的主要资源。在硬件方面，主机要有足够的存储容量和处理速度，具有齐全的外部设备，特别是文件的外存储设备；在软件方面要求提供支持网络的操作系统，并有丰富的语言处理软件。

（二）计算机网络资源

1. 综合布线系统

布线系统是构建计算机网络通信传输的基础设施，主要用于互联网设备和终端设备。布线系统分为干线子系统、水平子系统、工作区子系统、建筑群子系统和管理间，通常包括主干线缆、水平线缆、信息插座、配线架、跳线和适配器等。

2. 网络交换设备

网络交换设备主要是指构建计算机网络所采用的各类交换机，如模块化（也称机柜式）交换机、固定端口（含堆叠式）交换机等。

3. 网络接入设备

网络接入设备是指把计算机和数据设备接入网络的一种接口设备。例如网络接口卡，简称为网卡，通过电缆和插头将计算机（服务器和工作站）连接到网络中。网卡的种类很多，取决于所使用的网络交换设备和传输介质。

4. 网络互联设备

为了提供网间互联以及访问 Internet，需要使用网络互联设备。目前，常用的网络互联设备主要有三层交换机、路由器、网桥和网关等。

5. 网络服务器

网络服务器是计算机网络中最核心的设备之一。它既是网络服务的提供者，又是数据的集散地。

按应用分类，网络服务器可分为数据库服务器、Web 服务器、邮件服务器、VOD 服务器、文件服务器等。

按硬件性能分类，网络服务器可分为 PC 服务器、工作站服务器、小型机服务器、大型机服务器等。

6. 工作站

工作站是连接到计算机网络的计算机，工作站既可以独立工作，也可以访问服务器，共享网络资源。

7. 网络外部设备

网络外部设备通常是网络用户共享的昂贵设备，如网络打印机、大容量存储设备（如磁盘阵列）、绘图仪等。

8. 网络应用基础平台与应用软件

网络应用基础平台是用于构造计算机网络信息服务和应用的一组基础服务系统的集合，它包括数据库系统、Web 服务系统、文件系统、工作流定义工具等。应用软件则主要包括网络通用软件工具和专有应用系统两类。

9. 不间断电源

不间断电源（UPS）是确保网络可靠供电所不可缺少的设备，对保护网络服务器、网络交换设备和运行关键业务的工作站是十分必要的。

10. 机房

由于计算机网络设备对运行环境要求很高，如温度、湿度、空气和防静电等，因此，通常要对机房进行装修。

（三）网络传输介质

传输介质是网络中连接收发双方的物理通道，也是通信中实际传送信息的载体。网络中常用的传输介质有以下几种：

1. 双绞线

双绞线是最传统、应用最普遍的传输介质，如电话线。它由按规则螺旋结构排列的两根、四根或八根绝缘导线组成。一对线可以作为一条通信线路，各个线对螺旋排列的目的是为了使各线对之间的电磁干扰最小。局域网中所使用的双绞线分为两类：屏蔽双绞线（STP）和非屏蔽双绞线（UTP），可用于点对点连接，也可用于多点连接。双绞线用作远程中继线时，最大距离可达15km；用于传输速率为10Mbit/s的局域网时，与集线器的距离最大为100m。

双绞线的线路损失大，传输速率低，并且抗干扰能力较弱，但由于其价格便宜、易于安装实现结构化布线，传输数字信号的距离可达几百米，因此在局域网中应用得很普遍。双绞线的抗干扰性取决于一束线中相邻线对的扭曲长度及适当的屏蔽。

2. 同轴电缆

同轴电缆由内外两条导线构成，内导线是单股粗铜线或多股细铜线，外导线是一条网状空心圆柱导体，内外导线之间隔有一层绝缘材料，最外层是保护性塑料外皮。同轴介质的特性参数由内、外导体及绝缘层的电参数与机械尺寸决定。同轴电缆可以在较宽的频率范围内工作，抗干扰能力强，传输距离可达几公里，在早期计算机网络中被广泛采用。

3. 光纤

光纤电缆简称为光缆，是网络传输介质中性能最好、应用前途最广泛的一种。光纤是一种直径为50～100μm的柔软、能传导光波的介质，其中使用超高纯度石英玻璃纤维制作的光纤可以得到最低的传输损耗。在折射率较高的单根光纤外面，用折射率较低的包层包裹起来，就可以构成一条光纤通道；多条光纤组成一束，就构成一条光缆。其基本工作原理是：在发送端通过发光二极管，将电脉冲信号转换成光脉冲信号，在光纤中以全反射的方式传输，在接收端通过光敏二极管将光脉冲信号转换还原成电脉冲信号。

由于光波的频率范围很宽，所以光纤具有很宽的频带；光在光纤中的传播几乎无损耗，可以在6～8km的距离内在不使用中继器的情况下实现高速率的数据传输。此外，由于是非电磁传输，无辐射，因此光纤的抗干扰能力强，保密性好，误码率低。但光纤传输系统价格较贵，一般用作网络通信的主干线。

4. 无线

无线通信所使用的频段覆盖从低频到特高频。其中，调频无线电通信使用中波MF；调频无线电广播使用甚高频；电视广播使用甚高频到特高频。国际通信组织对各个频段都规定了特定的服务。以高频（HF）为例，3~30MHz之间的频率被划分成多个特定的频段，分别分配给移动通信（空中、海洋与陆地）、广播、无线电导航、业余电台、宇宙通信等方面。

高频无线电信号由天线发出后，沿两条路径在空间传播。其中，地波沿地表面传播，天波则在地球与地球电离层之间来回反射。高频与甚高频通信方式很类似，它们的缺点是：易受天气等因素的影响，信号幅度变化较大，容易被干扰。它们的优点是：技术成熟，应用广泛，能用较小的发射功率传输较远的距离。

5. 微波通信

在电磁波谱中，频率在100M~10GHz间的信号叫作微波信号，它们对应的信号波长为3cm~3m。微波是利用高频无线电波在空气中的传播来进行通信的。发送站将数据信号载波到高频微波信号上定向发射，接收站将信号截下进行接收处理或转发。微波信号传输的特点是：只能进行视距传播，具有高度的方向性，因此传输距离要受到地球表面曲率所造成的视线距离的限制，如果传输超过一定距离（最长不能超过50km），就要通过中继站进行接力传输。微波传输频带较宽，由于微波频率很高，因此可以获得较大的通信带宽，成本比同轴电缆和光纤低，特别适用于卫星通信与城市建筑物之间的通信。同时，微波传输安装迅速、见效快，易于实现，是在不能铺设线路条件下的远程传输、移动网络通信等场合中最经济、便利的通信手段。其缺点是误码率高。

6. 蜂窝无线通信

美国的贝尔实验室最早在1947年就提出了蜂窝无线移动通信（Cellular Radio Mobile Communication）的概念。

早期的移动通信系统采用大区制的强覆盖区，即建立一个无线电台基站，架设很高的天线塔（一般高于30m），使用很大的发射功率（一般在50~200W间），覆盖范围可以达到30~50km。为了提高覆盖区域的系统容量与充分利用频率资源，人们提出了小区制的概念。

如果将一个大区制覆盖的区域划分成多个小区，每个小区（Cell）中设立一个基站（BS），通过基站在用户的移动站（MS）之间建立通信。小区覆盖的半径较小，一般为1~20km，因此可以用较小的发射功率实现双向通信。如果每个基站提供一到几个频道，则可容纳的移动用户数就可以有几十到几百个。这样，由多个小区构成的通信系统的总容量将大大提高。由若干小区构成的覆盖区叫作区群。由于区群的结构酷似蜂窝，因此人们将小区制移动通信系统叫作蜂窝移动通信系统，如图5-4所示。在每个小区设立一个（或多个）基站，它与若干个移动站建立无线通信链路。区群中各小区的基站之间可以通过电缆、光缆或微波链路与移动交换中心（MSC）连接。移动交换中心通过脉冲编码调制（PCM）电路与市话交换局连接，从而构成了一个完整的蜂窝移动通信网络。

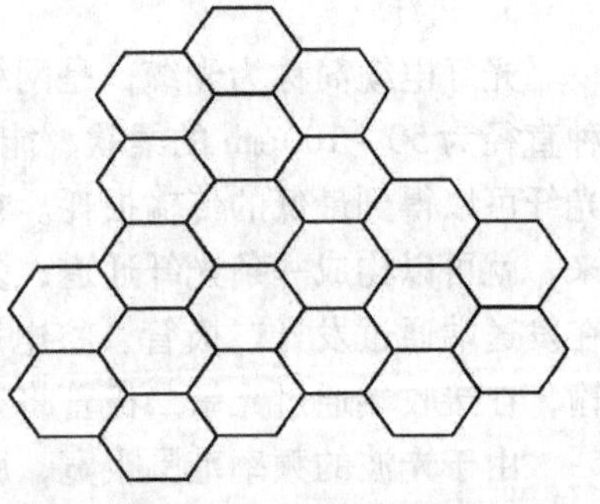

图5-4　蜂窝移动通信的系统结构

第一代蜂窝移动通信是模拟方式，即用户的语音信息是以模拟语音方式传输的。第二代蜂窝移动通信是数字方式。数字方式涉及语音信号的数字化与数字信息的处理、传输问题。目前人们正在研究和进一步开发第三代移动通信产品。

7. 卫星通信

1945 年，英国人阿塞 C. 克拉克提出了利用卫星进行通信的设想。1957 年，苏联发射了第一颗人造地球卫星 Sputnik，使人们看到了实现卫星通信的希望。1962 年，美国成功地发射了第一颗通信卫星 Telsat，试验了横跨大西洋的电话和电视传输。

卫星通信是利用地球同步卫星作微波中继站进行远距离传输。地球同步卫星位于地面上方 36000km 的高空，其发射角度可以覆盖地球的 1/3 地区，3 颗同步卫星就可以覆盖整个地球表面。通过地球同步卫星上的转发设备，将来自地面的微波信号发送给所覆盖的区域并转发给其他同步卫星，因此传输距离不受视线距离的限制。由于卫星通信具有通信距离远、费用与通信距离无关、覆盖面积大、不受地理条件的限制、通信信道带宽高、可进行多址通信与移动通信的优点，因此在最近的 30 多年里获得了迅速的发展，并成为现代主要的通信手段之一。

卫星移动通信系统将形成一个空间的通信子网，它的通信功能将实现 OSI/RM 中的物理层、数据链路层与网络层。全世界已经出台的十几个利用小卫星组成中、低轨道卫星移动通信系统的方案，将是实现 21 世纪个人通信与信息高速公路最有前途的通信手段之一，也将对计算机网络技术的发展产生重要的影响。

【MIS 视窗】

事实上，最新一代飞机广泛使用信息技术，这无疑对飞行员、地面控制中心以及乘客来说都是有益的，但是，黑客可能是一个大问题。

美国联邦航天局的资料显示，波音 787 的喷气式客机 2010 年投入使用，而其登机计算机网络可能会导致严重的安全入侵，因为登机计算机网络让乘客们进入到飞机的控制系统。美国联邦航空管理局（FAA）的报道揭示了波音 787 舱室的网络，原本设计给乘客的登机因特网通道，是与飞机的控制、航空和通信系统连接在一起的。这样物理上的连接使飞机的控制系统更容易受到黑客的攻击。“这是很严肃的，”自动网络公司的网络安全分析员马克 · 拉夫里斯在 2007 年一次“袭击友好天空”的演讲中告诫道，“这不是一个台式计算机。这是一个能使人们远离死亡的控制系统。所以我希望大家都能好好想想应该怎样正确地对待它。”

（四）网络互联设备

网络互联的目的是使一个网络上的某一主机能够与另一网络上的主机进行通信，即使一个网络上的用户能访问其他网络上的资源，实现相互通信和交换信息。下面着重介绍管理信息系统建设中经常涉及的一些网络互联设备。

1. 中继器

中继器（Repeater）是计算机网络中最简单的设备，可以使相互连接的两个局域网间进行双向的通信，扩展了网络电缆的长度。它的作用是清除噪声，放大整形信号，增加网段以延长网络距离。例如，总线型拓扑结构的局域网经常用中继器延长网段。

2. 集线器

集线器（Hub）相当于一个多口的中继器。它可以将局域网中的多台设备连接起来。

3. 网桥

网桥（Bridge）用于连接不同网络拓扑结构的网段。它可以进行协议转换，隔离网段，减少网络信息堵塞，使互联起来的局域网变成单一的逻辑网络，并具有自选路径的能力。

4. 路由器

路由器（Router）是比网桥更复杂的端口设备。它用于拓扑结构较复杂的网络互联。由于路由器工作在网络层，所以原则上它只能连接相同协议的网络，或者能在网络层互操作的网络。它对异构网的互联能力较强，既可用于广域网互联，也可用于局域网互联。路由器工作在网络层，它根据路由表传送信息。

5. 网关

网关（Gateway）又称为协议转换器，是最复杂的网络互联设备，用于在不兼容的协议之间进行信息转换。和路由器一样，网关既可用于广域网互联，也可用于局域网互联。但网关一般难于安装和维护，只有在没有其他选择时（处理根本不兼容的协议）才选用。一般用一台高档微机作为网关。比较典型的是用于银行专用网和 Internet 之间的支付网关。

【MIS 视窗】

当你听到“网络威胁”这个词的时候，你想到了什么？蠕虫、病毒还是特洛伊木马？的确，这些病毒都是很严重的网络威胁。但网络威胁更包括对因特网硬件基础设施的威胁。例如，2006 年早期，美国亚利桑那州的工人们掩埋电视电缆的时候错误地挖了一个未做标记的光缆，造成了严重的后果。事实上，仅仅一年的时间里就有超过 67.5 万件类似事件发生，包括固定电话线、光缆、输水管道或者是天然气管道被意外地破坏，这些都证明了远程通信基础设施是多么脆弱。

更令人担忧的是，因为这些基础设施的地理位置信息是公开的，恐怖分子仅仅利用挖掘机就可以破坏。2008 年，为中东一些特定地区服务的水下因特网电缆被剪，扰乱了欧洲与中东、北非和南亚次大陆的服务联系。远程地理研究的电信专家史蒂芬·贝克特说：“电缆被切断的事平均每三天会发生一次。”

一个研究生在他的论文中详细地描绘了美国所有的电缆地图。有趣的是，大多数电缆都被埋在主要州际高速公路或铁路的沿线，并且大多数因特网的通信流只通过两条路线。该论文很快获得了国家安全局的重视，如果这个图落入坏人之手，将会变得很可怕。当然，将这个图公之于众也可以提醒广大群众和有关机构明白电信基础设施是多么脆弱并且能想办法来保护它。

六、计算机网络体系结构

在计算机网络中，为了使不同结构、不同型号的计算机之间能够正确地传送信息，必须有一套关于信息传输顺序、信息格式和信息内容等的约定。这一整套约定称为协议。为了降低协议设计的复杂性，采用分层的方式描述网络协议，把用户应用程序作为最高层，把物理通信线路作为最低层，规定相邻层之间互传信息的接口关系、层内所遵循的约定内容，这就是目前广泛采用的分层结构的网络体系结构。任何两个系统只要按照一种被公认的网络体系结构来构造，并采用标准化的通信协议，它们之间就能够实现互通。下面介绍几种常用的体系结构和协议标准。

（一）开放系统互连参考模型㊀

1984 年国际标准化组织提出了 OSI/RM，它采用了层次化的网络体系结构，将一个网络系统定义成七层：物理层、数据链路层、网络层、传输层、会话层、表示层和应用层，并定义了每层实体应提供的功能和服务。通常，把低三层称为网络通信子网，高三层称为资源子网，而中间的传输层起着承上启下的作用。OSI/RM 是一种理论模型，给出了构造网络系统的框架结构，但实际的网络系统很少使用完整的七层结构来构造。OSI/RM 的意义在于为研究和开发网络协议体系提供了一个参照基准，规范了网络协议的功能和服务。OSI/RM 的网络体系结构如图 5-5 所示。

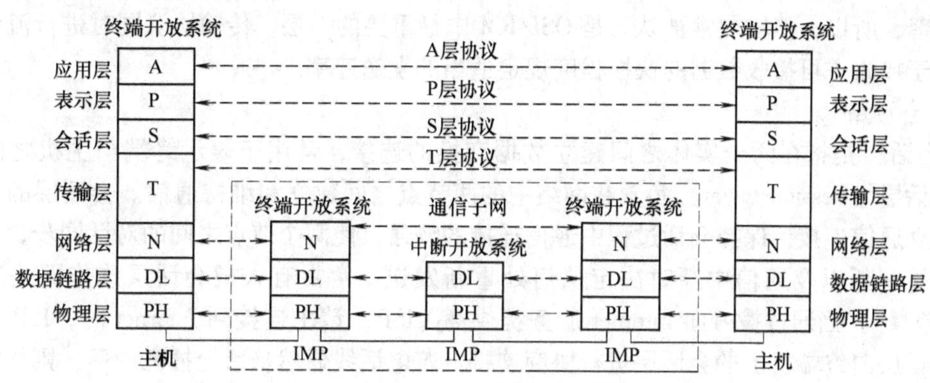

图 5-5　OSI/RM 的网络体系结构

1. 物理层

物理层（Physical Layer）是 OSI/RM 的第一层。物理层接口协议定义了网络的物理接口，并规定了物理接口的机械连接特性、电气信号特性、信号的功能特性以及交换电路的规程特性。这样就保证了各个制造厂家按统一的物理层接口标准生产出来的通信设备能够完全兼容。

2. 数据链路层

数据链路层（Data Link Layer）是 OSI/RM 的第二层，它控制网络层与物理层之间的通信。数据链路层负责在两个相邻节点间的线路上无差错地传送以帧为单位的数据。每一帧包括一定数量的数据和一些必要的控制信息。和物理层相似，数据链路层要负责建立、维持和释放数据链路的连接。在传送数据时，如果接收点检测到所传数据中有差错，就要通知发送方重发这一帧。数据链路层的功能独立于网络和它的节点及所采用的物理层类型，它也不关心是否正在运行 Word、Excel 或使用 Internet。有一些连接设备，如网桥或交换机，由于它们要对帧解码并使用帧信息将数据发送到正确的接收方，所以它们是工作在数据链路层的。

3. 网络层

网络层（Network Layer）即 OSI/RM 的第三层，其主要功能是将网络地址翻译成对应的

㊀　参考资料阅读：杨月江、修桂华，《管理信息系统实用教程》，北京大学出版社，2007 年。

物理地址，并决定如何将数据从发送方路由到接收方。网络层通过综合考虑发送优先权、网络拥塞程度、服务质量以及可选路由的花费来决定从网络中节点 A 到另一个网络中节点 B 的最佳路径。网络层对数据包进行分段和重组。分段是指当数据从一个能处理较大数据单元的网络段传送到仅能处理较小数据单元的网络段时，网络层减小数据单元的过程。这个过程就如同将单词分割成若干可识别的音节，给正在学习阅读的儿童使用一样。重组过程即重构被分段的数据单元。

4. 传输层

传输层（Transport Layer）的任务是根据通信子网的特性最佳地利用网络资源，并以可靠和经济的方式，为两个端系统（也就是源站和目的站）的会话层之间提供建立、维护和取消传输连接的功能，负责可靠地传输数据。因为如果没有传输层，数据将不能被接受方验证或解释，所以，传输层常被认为是 OSI/RM 中最重要的一层。传输协议同时进行流量控制或是基于接收方可接收数据的快慢程度规定适当的发送速率。

5. 会话层

“会话”是指在两个实体之间建立数据交换的连接，常用于表示终端与主机之间的通信。会话层（Session Layer）负责在网络中的两节点之间建立和维持通信。会话层的功能包括：建立通信连接，保持会话过程中通信连接的畅通，使两个节点之间的对话同步，决定通信是否被中断以及通信中断时决定从何处重新发送。常常有人把会话层称作网络通信的“交通警察”。当通过拨号向 Internet 服务提供商（ISP）请求连接到 Internet 时，ISP 服务器上的会话层向终端机上的会话层进行协商连接。若电话线偶然从墙上插孔脱落，则终端机上的会话层将检测到连接中断并重新发起连接。会话层通过决定节点通信的优先级和通信时间的长短来设置通信期限。就此而论，会话层如同一场辩论竞赛中的评判员。

6. 表示层

表示层（Presentation Layer）如同应用程序和网络之间的翻译官。在表示层，数据将按照网络能理解的方案进行格式化。这种格式化也因网络类型的不同而不同。表示层管理数据的解密与加密，如系统口令的处理使用的即是一种安全连接。账户数据在发送前被加密，在网络的另一端，表示层将对接收到的数据解密。除此之外，表示层协议还对图片和文件格式信息进行解码和编码。

7. 应用层

OSI/RM 的顶端即是应用层（Application Layer）。应用层负责对软件提供接口以使程序能使用网络服务。术语“应用层”并不是指运行在网络上的某个特别应用程序，如 Microsoft Word。应用层提供的服务包括文件传输、文件管理以及电子邮件的信息处理。例如，如果在网络上运行 Microsoft Word，并选择打开一个文件，则用户的请求将由应用层传输到网络。

（二）TCP/IP

OSI/RM 为开放系统互连提供了一个概念上的功能性结构。与此同时，国际上许多著名的计算机厂商在研究和开发自己产品的计算机网络体系结构时，也制定了各自的协议，形成产业中的一些现实标准。其中，TCP/IP 就是应用比较广泛的一种。

1. TCP/IP

TCP/IP 是指一整套数据通信协议，即传输控制协议（Transmission Control Protocol，TCP）和网间协议（Internet Protocol，IP）。它是当今最流行、应用最广泛的事实上的工业标准。几乎所有的工作站和基于 UNIX 的小型机都采用 TCP/IP 作为网络通信协议。在 PC 及大型机上，也有基于 TCP/IP 的网络通信软件，因此使之成为异型机联网的基础。

TCP/IP 最早是由斯坦福大学两名研究人员于 1973 年提出的。1973 年，TCP/IP 被 UNIX4.2BSD 系统采用。随着 UNIX 的成功，TCP/IP 逐步成为 UNIX 机器的网络标准协议。后来随着 UNIX 系统在 ARPANET 上的应用，TCP/IP 很快地被广泛接受，并用于 ARPANET 与其他系统之间的联系。伴随着 ARPANET 逐渐发展成因特网，TCP/IP 就成为因特网的标准连接协议。

2. TCP/IP 的分层结构

TCP/IP 可以说是一个四层模型的协议，即应用层、传输层、网络互联层和网络访问层。网络访问层又可分为网络接口层（数据链路层）和最基础的网络物理层。所以也可以说 TCP/IP 是基于五层模型的协议。这五层协议如下：

（1）网络物理层。网络物理层（第一层）的协议规定物理链路层的参数，如信号的幅度、宽度、链路的电气和机械特性等。它使 TCP/IP 能通过线缆、LAN 电缆或电话线将主机与其他系统相连。

（2）网络接口层。网络接口层（数据链路层，第二层）解决数据的正确传送的问题，对于本地主机，这一层就相当于一个网络设备，用于将收到的数据传给物理层，同时提供检测错误的手段，把一条可能不可靠的传输通道变成可靠的传输通道。

（3）网络互联层。网络互联层（第三层）即 IP（Internet Protocol）层，该层将从传输层接收的已形成的一段一段的信息打成 IP 数据包，在报头中填入地址信息，然后选择好发送的路径，即加上 IP 信息后传给网络接口层。总体来说，它负责将信息从一台主机传送到指定接收的另一台主机。

（4）传输层。传输层（第四层）即传输控制协议（Transmission Control Protocol，TCP）层，负责提供可靠和高效的数据传送服务。它的主要功能是对应用层传递过来的用户信息进行分段处理，然后在各段网络访问。它在信息中加入一些附加的说明，如说明各段的顺序等，保证对方收到可靠的信息，即在信息包中加入传输数据，然后将其传给网络互联层。

（5）应用层。应用层（第五层）为用户提供一组常用的通信应用程序协议。因特网在用户应用程序级别上遵守的所有协议都属于应用层协议。例如文件传输协议（File Transfer Protocol，FTP）、远程连接协议（Telnet Protocol）以及超文本传输协议（Hyper Text Transfer Protocol，HTTP）等就是常用的应用层协议。因特网的网络协议还有几种重要的扩充，如报文控制协议（Internet Message Control Protocol，IMCP）、用户数据报协议（User Datagram Protocol，UDP）和简单邮件传输协议（Simple Message Transfer Protocol，SMTP）等。用户必须通过应用层表达出他的意愿，进而达到目的。例如用户在应用层上操作，进行收发电子邮件、文件传输等。

（三）常用的其他协议

（1）SNA 协议。SNA（System Network Architecture，系统网络结构）是 IBM 公司设计建立的一种网络体系结构，目的是使 IBM 系列的产品可以组成网络。由于 IBM 自身产品的多样性，使得 SNA 十分复杂，有许多独特的功能，因此被一些大中型计算机所采用。1990 年在北京成功举办的第十一届亚运会，其成绩信息处理系统就是采用了 SNA。

（2）DNA 协议。DNA（Digital Network Architecture，数字网络结构）是 DEC 公司为其

计算机网络系统 DECnet 设计的网络协议。它可以支持 DEC 系列的计算机方便、灵活地通信，并提供了方便用户使用的界面。许多小型机都支持这个协议。

(3) IPX/SPX 协议。IPX/SPX 是 Novell 公司网络操作系统 NetWare 的体系结构基础。

此外，还有一些其他厂商的网络体系结构与协议。这些协议的一个重要发展趋势是提供多协议之间的转换功能，以实现基于不同协议的网络之间的通信。随着计算机网络技术的发展，网络协议也在处于不断地发展、充实和完善之中。

第二节　计算机网络环境中的信息系统模式

一、单机结构模式

早期开发的事务处理系统一般采用单机结构模式。在这种模式下，系统内的多台计算机各自运行自己的信息系统和数据，计算机之间不能进行通信和资源共享，效率低、实时性差，系统依靠磁盘备份完成不同机器之间的数据传输。但单机系统具有很好的安全性和易操作性。

由于组织的各个部门拥有各自的单机信息处理系统，而没有联合构成一个统一的信息系统，这就形成了一个个“信息孤岛”。组织各部门不能利用计算机来进行协调和合作，因此这种模式已被淘汰。

二、主机/终端模式

主机/终端模式是一种由主机/终端机构成的集中式系统平台。它有一台大型主机，对各终端用户传来的数据进行分时处理。用户通过终端访问主机，然后显示由主机返回的处理结果。

主机/终端模式由于将数据集中起来进行处理，提高了信息处理的效率，易于管理控制，也能够保证数据的安全性和一致性。但程序运行和文件存取都在主机上，用户完全依赖于主机，一旦主机出现故障就会使所有用户受到影响。所以，系统的性能主要取决于主机的性能和通信设备的速度。一般采用大型机或高档高配置的计算机作为主机。

这种模式虽然由于硬件选择有限、硬件投资得不到保证而面临被逐步淘汰的局面，但在业务处理比较单一、需多点实时处理数据、输入输出操作简单且无须在本地保存数据、每个点的数据处理量较小的应用领域，如订售票系统、银行储蓄系统、出纳系统、登记查询系统等，依然有其特殊的应用价值。组织中具有以上特点的某些部门，如柜台、查询台、仓库等可考虑部分地采用主机/终端模式。

三、文件服务器/工作站模式

文件服务器/工作站模式是由一个文件服务器和网络工作站构成的分散的、文件共享的网络系统平台。一般以高性能微机或小型机作为文件服务器，安装数据库管理系统，其他微机作为工作站，完成数据处理和应用程序的运行。每一台工作站具有独立运算处理数据的能力，工作站间的文件传输、文件读取、消息传送等都需要通过服务器。这是典型的集中管理、分散处理的方式。同时，通过给不同的使用者分配不同的权限的方式，可以达到资源共享的目的，也有利于文件的安全管理，保证文件的可靠性。

但由于应用程序和数据存在文件服务器上，工作站要用到程序或数据时需从服务器调用，因此大量的文件会在网上传送，使得文件的共享只能以轮流的方式来实现，多个用户间不能对相同数据作同步更新，局域网负担过重，容易造成网络堵塞，从而限制了该模式的应用和发展。这种模式只适用于小规模的局域网，对于客户多、数据量大的情况会产生网络瓶颈。

四、客户机/服务器模式

随着计算机微型化的进一步发展，企业开始在整个组织中分布小型机和微型机，分布式处理逐渐取代分时处理从而成为主流方式。20 世纪 80 年代末以来，客户机/服务器（Client/Server，C/S）模式成为最流行的网络系统模式。客户机是利用微型计算机访问网络的用户，服务器可以是提供网络控制功能的任何规模的计算机。

这种模式与文件服务器/工作站模式的主要区别在于对数据的处理分前台和后台，客户机运行应用程序，完成屏幕交互和输入输出等前台任务，而服务器则运行数据库管理系统，完成大量的数据处理及存储管理等后台任务。

在这种模式下，客户机执行本地前端应用，而将数据库的操作交由服务器负责。客户机的运行过程是：客户机将请求传送给服务器，服务器回送处理结果，客户机据此进行分析，然后送给用户。数据库服务器是配有大容量磁盘的计算机，它保存着整个网络系统的公共的数据资源及其应用程序，让用户共享。网络上的用户不仅共享打印机、硬盘或是数据文件，而且共享数据处理。由于后台处理的数据不需要在前台间频繁传输，从而有效地解决了文件服务器/工作站模式下的传输瓶颈问题，合理、均衡地处理事务以保证数据的完整性和一致性。

1. C/S 模式的类型

根据服务器与客户机在系统中所承担的数据处理任务的分工情况（包括数据处理、应用处理和人机界面三个方面），C/S 模式可分为下面五种类型：

（1）分布式显示型。客户机与服务器共同承担人机界面的构成与显示，数据管理、应用处理的任务由服务器承担。

（2）远程显示型。客户机承担全部人机界面的构成与显示，数据管理、应用处理的任务由服务器承担。

（3）分布式应用处理型。客户机承担人机界面的构成与显示，并与服务器共同承担应用处理任务，数据管理任务由服务器承担。

（4）远程数据管理型。客户机承担人机界面和应用处理任务，数据管理任务由服务器承担。

（5）分布式数据管理型。客户机与服务器共同承担数据管理任务，人机界面、应用处理任务均由客户机承担。

由此可见，从分布式显示型到分布式数据管理型，客户机的任务由轻到重，而服务器的任务则由重到轻。在一个实际系统中，可能对不同的任务采用不同的 C/S 模式。恰当地安排各类 C/S 模式，是管理信息系统建设中实现信息资源的合理配置与有效利用、优化系统结构的重要环节。

2. C/S 模式的缺点

目前，基于C/S模式构建的企业信息系统结构也表现出越来越明显的局限性，暴露出了很多“胖客户机”带来的问题：

(1) 管理较为困难。因为C/S模式属分布式方法，因此管理比集中式方法复杂。由于人员素质等各方面的原因也容易造成这种内部网的“失效”现象。如果用户缺乏计算机知识，网管人员将会将大量时间消耗在客户端硬件设备的维护和客户端软件的安装上。

(2) 开发和维护复杂。因为C/S模式采取开放式设计，允许运用不同厂商的技术，因此开发环境比集中式要困难得多。而且每个客户机都安装了相应的应用程序，所以维护复杂。

(3) 维护成本高。由于这种C/S计算模式下的网络设备需要不断升级，企业的客户端设备为了能够运行更新的软件，也不得不随之进行升级，使得企业的网络投资年复一年地不断增大。

(4) 网络安全性较差。这种模式下的PC有着强大的本地处理能力和高度的灵活性，因此客户端操作人员在一些无意识（或恶意）的操作下，都有可能将病毒从内部带入企业网，为企业带来巨大的损失；另外，企业的部分资料和数据也可能由于PC的存储能力而被人恶意盗用，造成企业不必要的损失。

另外，这种模式下的网络优势局限于企业内部，难以突破企业之间的组织边界，企业间的信息交流受到很大制约。

五、浏览器/服务器模式

随着电子商务的市场范围扩展到全球各地，企业的经营管理理念将发生根本性的变化。越来越多的组织，特别是企业，都在利用互联网技术建设自己的管理信息系统。全球化、协作化、个性化决定了企业将采用全新的模式——浏览器/服务器模式（Browser/Server, B/S）。

这种模式一般由浏览器、Web服务器、数据库服务器三个层次组成（见图5-6）。客户端利用浏览器通过Web服务器访问数据库以获取必需的信息。而Web服务器负责接受远程（或本地）的HTTP查询请求，根据查询的条件到数据库服务器获取相关数据，再将结果翻译成HTML和各种页面描述语言，传送回提出查询请求的浏览器。同样，浏览器也会将更改、删除、新增数据记录的请求申请至Web服务器，由后者与数据库联系完成这些工作。

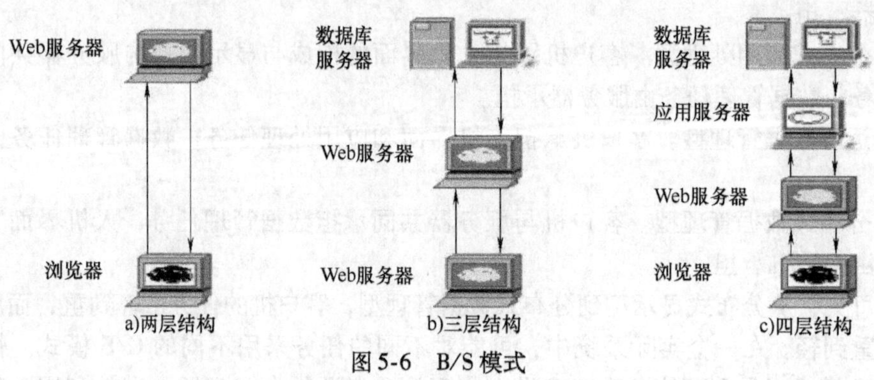

图5-6 B/S模式

部分软件厂商提供的Web服务器和数据库的统一解决方案中，Web服务器是以“页面”

的形式给浏览器提供信息的应用系统，开发时要进行这些页面的设计，对 Web 服务器与数据库系统的接口软件进行选择或自行开发，以实现两者的信息交换。

与 C/S 模式的应用体系结构相比，B/S 模式的应用体系结构具有更简单、成本更低、能提供更多信息等诸多优势。在具体使用中，前端用户可通过基于任何标准的桌面浏览器根据权限访问企业关键应用，完成包括报价、订单、支付、执行、服务等在内的企业业务过程的所有环节。而且，从建设投资方面看，采用 B/S 模式的应用体系结构，企业还能在开展电子商务的同时有效削减 IT 基础设施的成本。

在 B/S 模式中，数据中心是企业生存和发展的最大核心因素，网络数据的重要性远远高于网络硬件产品本身，企业计算将从关注网络硬件组成向关注网络数据分布发展；可靠性、安全性、可管理性将在网络数据平台中占据重要的地位。如何保证信息系统和数据安全成为采用 B/S 模式开发的信息系统需要解决的重大问题。

六、B/S 与 C/S 混合的模式

将 B/S 与 C/S 两种模式的优势结合起来，形成混合模式，也是企业信息系统的平台模式之一。在面向大量用户的模块中采用三层 B/S 模式，在客户端计算机上安装运行浏览器软件，基础数据集中放在较高性能的数据库服务器上，中间建立一个 Web 服务器作为数据服务器与客户机浏览器交互的连接通道。对于系统模块安全性要求高、交互性强、处理数据量大、数据查询灵活的地方则使用 C/S 模式。这样能充分发挥各自的优点，开发出安全可靠、灵活方便、效率高的软件系统。

在混合计算模式的应用中，处于 C/S 模式下的商用计算机根据应用层次的不同，体现出高端和低端的两极化发展趋势；而处于 B/S 模式下的商用计算机，由于仅仅作为网络浏览器，已经不再是一个纯粹的计算机，而变成了一个专业化的计算工具了。例如方正瘦客户机网通系列（WBT）及其解决方案的推动，为客户建立了一个易于管理、易于升级、快速访问、购买和维护费用低的稳定网络环境，真正符合未来电子商务“安全性、可管理性、网络化”等应用特性。它充分利用了当今世界最前沿的商用台式计算机新技术，既能满足中小企业、SOHO 办公等基于局域网的商业应用模式，又能提供强大的单机商务计算应用。

美国的电话系统几乎全部是由计算机操作的系统。这个系统用电线电缆、微波中继站和卫星将 1 亿个家庭和企业连接在一起。许多组织目前也正在安装这种网络系统，当然规模较小。例如，DEC 公司设计了一种网络系统将其在 26 个不同国家的 27000 台计算机集成到一个网络中。这样可以使在以色列、日本和美国的工程师能够通过交流备忘录、电路图甚至软件来共同合作开展设计工作。网络使组织中的通信更加开放、更加灵活，它还允许人们进行越级交流。例如，利用这个网络，一位在澳大利亚的程序员可以直接将信息传送到公司在美国麻省总部的首席执行官那里，这样跨越了好几个管理层次。

第三节　Internet 和 Intranet

一、Internet 概述

Internet 是一个覆盖全球的广域网，是用 TCP/IP 把不同国家和机构的内部网络连接起来

的庞大的计算机网络。Internet 不仅把全球成千上万个组织连接起来，而且还拥有极其丰富的信息资源，能提供多样的、多领域的和多种形式的信息服务，对科学、技术、文化、经济的发展产生了巨大的影响。

Internet 的萌芽起源于 20 世纪 60 年代中期由美国国防部高级研究计划局（DARPA）资助的 ARPANET，此后提出的 TCP/IP 为 Internet 的发展奠定了基础。1986 年美国国家科学基金会（NSF）的 NSFNET 加入了 Internet 主干网，推动了 Internet 的发展。Internet 的真正飞跃发展应该归功于 20 世纪 90 年代的商业化应用。此后，世界各地无数的企业和个人纷纷加入，终于发展演变成今天成熟的 Internet。互联网的发展可以归纳为四个阶段：

（1）自发阶段。互联网的前身是某些特种网络、地方性网络以及主要由大学和政府机构建立的局域网络。随后，政府开始资助这些网络联网，结果产生了一个学术机构的全球网络。

（2）商业化阶段。当网络使用者达到一定规模之后，商业部门发现了其经济价值。于是，应商业部门的要求，网络开始私营化进程。美国的管理部门 1995 年 4 月从互联网中彻底撤出（NSF 停止给网络提供经费），网络开始加速商业化。随后，1996 年美国立法撤除信息通信混业经营的限制，正式拉开网络商业化序幕。

（3）制度化阶段。这个阶段的特点是相关立法进一步完善。

（4）巩固阶段。该时期竞争空前激烈，大批企业被淘汰出局。例如，迄今为止，通用浏览器类型只剩网景、微软等两三家。在这个阶段，企业为了生存下来，努力获得尽可能多的用户。

Internet 已经进入了千家万户。目前，世界上许多国家都建立了自己的 Internet，并相互连接起来。我国的 Internet 也具有一定规模，建立了四个骨干网，即中国公用计算机互联网（ChinaNET）、中国科学技术计算机网（CSTNET）、中国教育和科研计算机网（CERNET）、中国金桥互联网（ChinaGBNET）。它们分别连接着数以千计的接入网。这几大网络彼此之间互相连接又具有独立的国际出口，分别与美、欧、日等互联，形成了真正的国际互联网络。

二、TCP/IP 技术和域名系统

Internet 采用了目前最流行的客户机/服务器工作模式，凡是使用 TCP/IP，并能与 Internet 的任意主机进行通信的计算机，无论是何种类型、采用何种操作系统，均可看成是 Internet 的一部分。

1. TCP/IP 技术

TCP/IP 是 Internet 的核心，利用 TCP/IP 可以方便地实现多个网络的无缝连接。为了确保通信时能相互识别，在 Internet 上的每台主机都必须有一个唯一的标识，即主机的 IP 地址。IP 协议就是根据 IP 地址实现信息传递的。

IP 地址由 32bit（即 4B）二进制数组成。为书写方便起见，常将每个字节作为一段并以十进制数来表示，每段间用“.”分隔。例如，202.113.209.13 就是一个合法的 IP 地址。

IP 地址由网络标识和主机标识两部分组成。常用的 IP 地址有 A、B、C 三类，每类均规定了网络标识和主机标识在 32 bit 中所占的位数。它们的表示范围分别为：①A 类地址：0.0.0.0 ~ 127.255.255.255，一般分配给具有大量主机的网络使用；②B 类地址：128.0.0.0 ~ 191.255.255.255，通常分配给规模中等的网络使用；③C 类地址：192.0.0.0 ~

233.255.255.255，通常分配给小型局域网使用。

为了确保唯一性，IP 地址由世界各大地区的权威机构 Internet NIC（Internet Network Information Center）管理和分配。

在 IP 地址的某个网络标识中，可以包含大量的主机（如 A 类地址的主机标识域为 24bit、B 类地址的主机标识域为 16bit），而在实际应用中不可能将这么多的主机连接到单一的网络中，这将给网络寻址和管理带来不便。为解决这个问题，在网络中引入“子网”的概念，利用子网掩码可以判断两台主机是否在同一子网中。子网掩码与 IP 地址一样也是 32 bit 二进制数，不同的是它的子网主机标识部分全为“0”。若两台主机的 IP 地址分别与它们的子网掩码相“与”后的结果相同，则说明这两台主机在同一网中。

2. 域名系统和统一资源定位器

32 bit 二进制数的 IP 地址对计算机来说十分有效，但用户使用和记忆都很不方便。为此，Internet 引进了字符形式的 IP 地址，即域名。域名采用层次结构的基于“域”的命名方案，每一层子域名间用“.”分隔。其格式为：机器名.网络名.机构名.最高域名。Internet 上的域名由域名系统（Domain Name System，DNS）统一管理。

DNS 是一个分布式数据库系统，由域名空间、域名服务器和地址转换请求程序三部分组成。有了 DNS，凡域名空间中有定义的域名可以有效地转换为对应的 IP 地址；同样，IP 地址也可通过 DNS 转换成域名。

WWW 上的每一个网页（Home Page）都有一个独立的地址，这些地址称为统一资源定位器（URL）。只要知道某网页的 URL，便可直接打开该网页。例如，在 Internet 浏览器的 URL 输入框输入“http：//www.muc.edu.cn，”按〈Enter〉键后即可进入中央民族大学的主页。

三、Intranet㊀

Intranet 称为内部网或内联网，是将 Internet 技术应用于企业或组织内部信息网络的产物，企业信息系统在企业内部网络上以 WWW 方式向企业内部的用户（员工等）提供各种信息资源，而企业内部的用户只要通过 WWW 浏览器软件就可以访问企业内部网上的所有信息资源。

Intranet 的主要特点是企业信息管理以 Internet 技术为基础。企业内部的文件、会议、报告等传统信息交流方式也将被电子邮件、电子公告牌等方式所取代，从而导致了全新、高效的企业经营管理方式。Intranet 提供了全球范围共享信息的解决方案，它能够把分散在世界各地工作的员工连接在一起，共享企业的信息资源，实现远程办公，赋予了员工不限地点工作的权利。由于基于 Internet 技术的企业内部网在信息管理与服务方面比传统的数据管理有十分突出的优越性，用户的操作十分简单，信息系统的维护与管理相对方便得多，因此 Intranet 成为管理信息系统的一个主要的技术基础和发展趋势。基于 Intranet 的企业管理信息系统简称为企业内联网，不少单位建造的企业网、校园网等都属于这种类型的内部专用网。

企业内联网利用 Intranet 的 Web 模型作为标准平台，采用 Internet 的 TCP/IP 作为通信协

㊀ 陈恭和，《管理信息系统》，对外经济贸易大学出版社，2006 年。

议，同时运用防火墙技术保证内部网络资源的安全性，在企业内部网络上形成了三层结构的客户机/服务器模式，即浏览器/应用服务器/数据库服务器模式，并由此构成了企业 MIS 的基础结构。基于 Intranet 的 MIS 体系结构如图 5-7 所示。

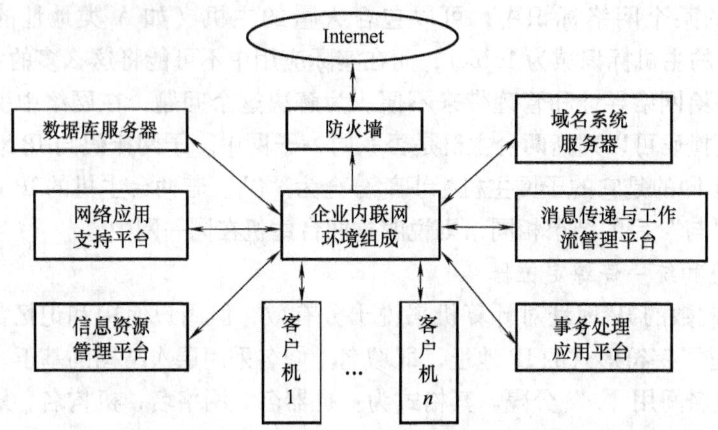

图 5-7　基于 Intranet 的 MIS 体系结构

1. 网络应用支持平台

【MIS 视窗】

IPv6 的提出最初是因为随着互联网的迅速发展，IPv4 定义的有限地址空间将被耗尽，地址空间的不足必将影响互联网的进一步发展。为了扩大地址空间，拟通过 IPv6 重新定义地址空间。

IPv4 采用 32bit 地址长度，只有大约 43 亿个地址；而 IPv6 采用 128bit 地址长度，几乎可以不受限制地提供地址。

按保守方法估算，IPv6 实际可分配的地址相当于整个地球每平方米面积上可分配 1000 多个地址。在 IPv6 的设计过程中除了一劳永逸地解决地址短缺问题以外，还考虑了在 IPv4 中解决不好的其他问题。

IPv6 的主要优势体现在以下几方面：扩大地址空间，提高网络的整体吞吐量，改善服务质量（QoS），安全性有更好的保证，支持即插即用和移动性，更好地实现多播功能。

IPv6 为互联网的普及与深化发展提供了基本条件。当然，IPv6 并非十全十美，不可能解决所有问题。IPv6 只能在发展中不断完善，从长远看，IPv6 有利于互联网的持续和长久发展。

网络应用支持平台采用统一的、标准的 TCP/IP，结合网际互联、路由、网关、防火墙及虚拟专网（VPN）等现代网络核心技术建立起安全、稳固的开放式应用平台，支持上层应用软件的运行，是整个企业管理信息综合环境的基础，也是重要的通信基础设施。它不局限于硬件平台或网络平台，可实现多平台、多协议、多操作系统之间的通信。它对应用系统透明，可以保证不同系统之间良好的连接。

2. 信息资源管理平台

信息资源管理平台是将来自企业内外部的各种业务信息、办公信息、档案信息等通过企业资源计划（ERP）分门别类按不同主题组装为“信息产品”的“装配工厂”。它融合应用了 Internet、Web、HTML、多媒体开放文档体系结构、数据仓库、交互式对象和中西文全文检索等各项技术，把多个不同操作系统平台上的 Web 服务器、消息传递服务器及工作流服务器组成一个巨大而开放的虚拟资料库（Virtual Library），在整个企业网中实现文档统一管理，摆脱了传统文档体系孤立、封闭、不易传递信息、不易管理和扩展的局限，使信息有一个生成、发布、搜索、利用、再创造的循环机制。它不仅能使用户方便地查询到任何所需的信息，而且为企业内外部大规模信息的组织、发布提供了有力手段。

3. 消息传递与工作流管理平台

这是独具特色的消息传递和工作流系统。消息传递与工作流管理平台具有先进的消息传递（Messaging）和分布式目标管理（DOM）、追踪工作流程的用户化事务处理系统（CTM）以及安全可靠的数字签名、身份验证和加密功能，用以发布信息并及时掌握信息具体流向和反馈，提高工作效率。这里提供的是一个功能强大且易于管理的企业集成电子邮件、个人及群组工作表、电子表格及共享信息的应用系统。在此平台上，用户既可以获取信息，也可以发布信息，信息流是全双向并且是多媒体形式。企业的办公活动不再受时间、空间和地域的限制，可极大地提高了企业的工作效率和管理质量。

4. 事务处理应用平台

事务处理应用平台主要负责企业内部业务数据的采集、处理、存储和分析，是传统 MIS 基层部分的扩展。它吸收商业化 Client/Server 的技术特点，采用分布式处理结构和先进的数据库管理系统技术，建立具有各种分析、预测等辅助决策功能的事务处理。这些功能在传统 MIS 中是非常欠缺的。

【道德困境】

新的技术可以使雇主监控并控制雇员的工作行为成为可能，尤其是电话、电子和音控邮件、计算机终端和网络的使用。迄今为止，这种监测是不受监管的；因此，你的雇主可以收听、收看，并阅读到你的大多数在职通信。

一家美国的管理机构在 2005 年的调查中发现 75% 的受访雇主监控雇员的互联网使用，以防止一些不适当的网页浏览。65% 使用软件阻止雇员浏览不适当的网站。大约 30% 跟踪键盘的输入以及在键盘上花费的时间。超过 50% 浏览并储存雇员的电子邮件信息。80% 的受访雇主披露了他们的监控措施。大多数时候，新的雇员被要求签署隐私事件披露，并且要求他们同意接受这些规定。

AMA 调查报告中显示 26% 的调查对象由于雇员不正确地使用网络而将其辞退。另外的 25% 由于雇员滥用电子邮件而将其辞退。

也许对雇员的监控行为是合法的，但是这些合乎道德吗？站在雇员的角度，争论之处在于雇主何时监视雇员，以及是否违背了个人隐私的条例。无论如何，企业法律以及道德专家同意那些为了正规目的而进行监视的雇主的行为，应该根据清晰的程序来保护雇员的个人生活，并且应该告知雇员这种监控行为。

本章小结

自从1968年世界上第一个计算机网络——ARPR投入运行以来，计算机网络技术在全世界范围内迅速发展，促进了世界各国之间的科技、文化和经济交流。本章介绍了数据通信与计算机网络的相关技术，包括计算机网络互联设备、网络类型以及特点，重点阐述了与管理信息系统密切相关的计算机网络中的信息系统模式以及Internet和Intranet的相关知识。

【MIS新视角】

银行业中的网络安全

像其他渐渐进军互联网时代的行业一样，银行业的业务也随之发生变化。每个经常使用在线银行服务的人都会同意在线银行是非常方便的。你可以在你的书桌前，穿着睡衣完成一次存款；可以通过你的移动电话递送一辆车的款项；还可以通过你的计算机得到最新的清单以使你从不用担心你的账户会透支。不好的消息是，计算机黑客已经设计出了恶意程序可以悄悄地、不带任何警告地先把信息译成密码，发到你的计算机上，然后攫取你的银行信息。这种特洛伊程序被称为“无声的银行家”，是通过被感染的网址下载下来并且安装在毫无怀疑的计算机用户浏览器上。然后，它悄悄地俘获屏幕的影像，偷取密码、账户，和其他合法的用户账单的财务信息。

然而，双因素识别系统采用不仅仅一个用户名和密码的做法，来反击“无声的银行家”，在大部分电子银行网站保护顾客。用户看到了他们想要看到的，再没有沉默的、戴着面具的抢劫犯从他们的账户里偷盗的现象了。对于很多人来说，银行特洛伊是令人担心的，而“无声的银行家”的特洛伊对那些甚至像赛门铁客（Symantec）安全专家Liam O’Murchu这样每天都处理这些问题的人来说都是棘手的。

2008年年初，“无声的银行家”已经攻击了美国国内和国外的400多家银行。这种病毒很容易解除，但是在它被监测到之前将不被告知地大批量破坏银行账单。

技术的进步与全球化发展，毋庸置疑将会在不断发展的21世纪中改变银行业。

思考题：

1. 网上银行最大的安全问题是什么？你的银行如何解决这些问题呢？

2. 银行业放松管制，国际银行应该被允许获得经营国内市场的权利吗？为什么能或者为什么不能？

本章习题

一、填空题

1. 所有站点均通过一条主干线加以连接，并使用广播式传输方式的网络是（　　）拓扑结构的网络。

2. 计算机网络中的子网分为（　　）子网和（　　）子网。

3. 已被广泛采纳和应用的开放系统互连参考模型，从逻辑上把网络的功能分为七层，最低层为物理层，最高层为（　　）。

二、选择题

1. 将计算机网络按拓扑结构分类，不属于该类的是（ ）。

A. 星形网络 B. 总线型网络 C. 环形网络 D. 双绞线网络

2. 计算机网络是计算机与（ ）结合的产物。

A. 其他计算机 B. 通信技术 C. 电话 D. 通信协议

3. 浏览 Internet 上的信息资源，需要使用（ ）工具。

A. 电子邮件 B. Windows C. Web 浏览器 D. 调制解调器

4. 组建计算机网络的目的是为了能够相互共享资源，这里的计算机资源主要是指硬件、软件与（ ）。

A. 大型机 B. 通信系统 C. 服务器 D. 数据

5. 计算机网络拓扑结构主要取决于它的（ ）。

A. 资源子网 B. 局域网 C. 通信子网 D. 城域网

三、简答题

1. 计算机网络的形成和发展大致可分为几个阶段？每个阶段的特点是什么？

2. 什么是网络的拓扑结构？常用的拓扑结构有哪几种？

3. 计算机网络环境中的信息系统模式主要有哪几种？每一种的特点是什么？

四、课程实践

根据你和你同学的经验，回答下列问题：你们常用哪些网站购买书籍？有哪些网购经验？当买同样一本书时你是倾向于在同一个网上书店买呢，还是到处寻找最低折扣的网店？讨论不同的书店防止你转向另一家书店的策略。

五、讨论分析

外包你的麦当劳订单

在美国，向无数的公司拨打客户服务电话，你也许会有机会和一个来自印度、多美尼加、泰国或者其他近海地带的客服代表通话。美国超过 50% 的所得税回报基本都不在国内。其中，最大的外包产业是快餐业。由于业务外包适合于那些不在采购地点使用或消费的服务和产品，免下车式快餐亭已经证明了外包的这种绝佳机遇。

麦当劳是美国最成功的公司之一。这家公司已经将其最原始的 15 美分的汉堡和 1 美分的薯条扩展到全球，且增值成为数百亿美元的商业帝国。如果一位顾客在东京点了一份 1/4 磅炸薯条，那它一定与莫斯科、上海或芝加哥的 1/4 磅炸薯条有着同样的品质。

任何在技术上的改变都必须容易且便宜，然而外包正好适合。任何地方的麦当劳都早已与网络连接，公司每天从网上下载日营业额同时向销售点上传价格的变化。因此，更新软件使得订单可以漂洋过海处理，这些订单都可以进入麦当劳的食品队列管理。不论订单是 20ft 远还是 20000mile 远都没有问题，过程都是同样的——只有网络是不一样的。

像大多数公司一样，网络和信息技术是麦当劳提高效益至关重要的因素。现在你的麦当劳订单也许正以光速漂洋过海到达一个国外的目的地，然后转回至当地的麦当劳你的订单真正被服务的地方。对于麦当劳来说，最终的目标与 60 年前是一样的——顾客可以在任何麦当劳餐厅享受到同样品质的产品。但是他们的订单也许会被送到多美尼加、印度或者泰国。

问题：

1. 从麦当劳和其顾客的角度来看，外包订餐系统的赞成者和反对者是谁？

2. 一个当地的麦当劳在利用外包订餐系统时有可能会遇到什么样的问题？怎样避免这些问题？

参考文献

[1] 陈恭和. 管理信息系统 [M]. 北京：对外经济贸易大学出版社，2006.
[2] 薛华成. 管理信息系统 [M]. 北京：清华大学出版社，1999.
[3] 黄梯云. 管理信息系统 [M]. 北京：高等教育出版社，1999.
[4] 甘仞初. 管理信息系统 [M]. 北京：机械工业出版社，2001.
[5] 罗超理，李万红. 管理信息系统原理与应用 [M]. 北京：清华大学出版社，2002.
[6] 胡胜红，毕娅. 网络工程原理与实践教程 [M]. 北京：人民邮电出版社，2005.
[7] 杨月江，修桂华. 管理信息系统实用教程 [M]. 北京：北京大学出版社，2007.

延伸阅读

[1] IT 的味道——宝供储运的成长故事 [J]. IT 经理世界，1999 (15).
[2] 一场具有伟大意义的争吵：IT 不再重要了吗？
[3] 尼古拉斯 G 卡尔. IT 不再重要 [J]. 哈佛商业评论. 2003 (7).

第二篇　管理信息系统的开发与管理

▶ 管理信息系统开发概述

▶ 管理信息系统开发

▶ 信息系统的项目管理与风险控制

第六章　管理信息系统开发概述

【引例】

大陆银行是如何外包其“皇冠上的明珠”的

大概没有哪个行业比银行业更依赖于信息了。然而，美国最大的银行之一——大陆银行，却外包了它的信息技术。该行副总裁迪克·休伯认为，这是服务于消费者的最佳途径，它们构成了银行业务的核心。

20世纪70年代末80年代初，大陆银行在能源投资方面与佩恩—斯夸尔银行（Peno Square）有很多合作。1982年能源价格狂跌，打破了佩恩—斯夸尔银行的如意算盘，大陆银行也蒙受了超过10亿美元的坏账损失。8年以后，迪克·休伯加入大陆银行的董事会，此时大陆银行正奋力重振声誉，管理层采取了许多强硬的措施，将银行的业务重心从零售业转移到商业银行业务上并解聘了上千名员工。然而，要保持正常的业务运行，银行还需进一步削减开支，改善服务，管理者、投资商以及分析家也密切注视着大陆银行的动态。

大陆银行的总裁们将工作重心转向为商业客户服务，由此决定逐步外包内部服务业务，从餐厅服务到信息技术。银行业传统上遵守的规则是保持内部对IT的完全控制，大陆银行则将这一规则置于脑后，而与系统集成公司签订了为期10年、金额达数百万美元的合同。现在大陆银行已经从外包IT中获利了。更重要的是，大陆银行今天得以把精力集中于公司的核心能力上：熟悉顾客的需求以及保持与顾客的良好关系。

（资料来源：北京新华信商业风险管理有限责任公司，《信息技术的商业价值》，中国人民大学出版社，2004年。）

思考题：

1. 大陆银行为什么将信息技术进行外包？
2. 企业信息系统开发策略与企业战略目标如何统一？

学习目标

通过对本章的学习，重点了解和掌握：

1. 常用的几种管理信息系统开发方法。
2. 结构化方法和原型法的特点和适用情况。
3. 管理信息系统开发的生命周期。

关键概念

结构化的生命周期法；原型法；面向对象法；计算机辅助软件工程（CASE）

第一节 管理信息系统开发的特点与原则

管理信息系统开发的任务就是根据组织管理的目标、内容、规模、性质等具体情况，从系统论的观点出发，运用系统工程的方法，按照系统发展的规律，为整个组织建立起信息系统。其中最核心的工作就是开发出一套适合企业管理要求的计算机硬件和软件应用系统。信息系统开发过程一般概括为从信息系统本身立项开始，经过分析、设计、实施，直到运行和评价为止的整个过程。该过程不仅涉及系统目标的确定、开发方法的选择、开发进度和费用的控制，而且关系到企业管理观念的更新、管理体制和过程的重组。

信息系统的开发是一个复杂的系统工程。它涉及计算机处理技术、系统理论、组织结构、管理功能、管理知识等各方面的问题，要受到多方面条件的制约。它具有如下主要特点：①复杂性高，一般要耗费大量的人力、物力、财力和时间资源。②系统开发需要集中系统分析人员、系统设计人员、计算机技术人员、管理业务人员、程序设计人员等多方面人员的集体智慧。③质量要求高。

从很多失败案例中不难发现，失败的原因有以下几个方面的共性：①急功近利。企业希望在短时间内建设 MIS 并取得效益，不注重提高员工的认识和技术能力。②贪大求全。许多 MIS 设计得非常完善，项目完成后却难以发挥作用而成为失败的例子。其原因往往是忽视企业的当前实际情况而盲目追求高新技术。③只重开发不重维护。许多 MIS 花费了巨大的人力和物力，但投入使用运行后不久就夭折了，原因在于严重忽视软件工程的最后也是最重要的一个环节——维护，而导致 MIS 的失败。④领导问题。领导认识不深刻或不重视，员工缺乏积极性，MIS 生命短暂。

所以，在 MIS 开发时，要遵循以下基本原则：

（1）实用性。系统必须满足用户管理上的要求，既保证系统功能的正确性又方便实用，要求用户界面友好、功能调度灵活、操作简便和系统维护措施完善。

（2）系统性。在 MIS 的开发过程中，必须十分注重其功能和数据上的整体性、系统性。

（3）符合软件工程规范。MIS 的开发是一项复杂的应用软件工程，应该按软件工程的理论、方法和规范去组织与实施。在系统开发的早期，由于缺乏系统开发思想，没能形成工程的概念，以至于 20 世纪 60 年代出现了所谓的“软件危机”，促使软件工程科学的诞生。

（4）逐步完善，逐步发展。MIS 的建立不可能一开始就十分完善，而是要经历一个逐步完善、逐步发展的过程。

第二节 管理信息系统开发的策略和方法

一、管理信息系统开发策略

管理信息系统的开发策略可以采用企业自主开发、外包和联合开发等方式。管理信息系统开发策略的选择主要受项目规模、企业自身信息技术人员的实力、项目所需时间和项目经费等诸多因素的影响。下面将分别介绍以上三种开发策略。其优缺点见表 6-1。

表6-1　各种开发策略的主要优缺点

开发策略	优　　点	缺　　点
用户自主开发	1. 提高用户满意度	1. 并没有解决积压问题
	2. 为用户提供所需的决策支持系统	2. 成本—效益性令人质疑
	3. 提供异常查询与报表	3. 开发方法较差
	4. 着重解决特殊问题	4. 系统可移植性差，质量难以保证
外包	1. 开发的规模经济	1. 维护的规模经济
	2. 需要大量修改	2. 可能需要更新或添加硬件
联合开发	提高对需求和解决方案的沟通效率	继承企业自主开发和外包方式的短处

1. 用户自主开发

企业可以应用电子表格和数据库软件、查询与报表工具来开发自己的信息系统。这种方式的优点是企业对项目的需求比较了解，用户与技术人员之间的信息沟通比较容易，项目容易出成果。同时，企业自主开发对今后系统的维护和升级工作有利，所需经费较少，并培养了一批懂业务的信息技术人员。

但由于企业信息技术人员的实力和经验可能不如专业的信息系统开发公司，因此在开发软件、硬件配置和网络环境等方面，难以选择到合适的产品；另外，自主开发时，开发文档的质量、数据的完整性和安全性可能存在缺陷，这些都会直接影响系统的质量和开发周期。

2. 外包

外包方式是根据企业对未来信息系统的需求，在规定的工期、费用和服务的基础上，委托第三方完成信息系统。目前大多数的企业都采用了外包方式。有三种外包方式：①购买现成的应用软件包，软件包给系统开发与维护带来了规模经济。②购买现成的应用软件包，并要求软件商修改。③委托第三方，采用资源外包，开发一个新的系统。

外包的程序是：

(1) 根据企业制定的信息系统规划，确定需要外包的项目。

(2) 进行系统规划，定义未来系统的目标和要解决的问题，确定成本、技术和时间的可行性。

(3) 制定系统的招标书，选择开发商。

(4) 测试和验收系统。

(5) 监督和评估外包系统。

当采用外包方式后，企业能够把主要精力放在系统需求和系统运行方面，利用企业外部的智力资源，保证完成时间、成本和质量，并能采用最新的技术。

但如果用户与信息专业人员之间的信息沟通渠道不畅，开发的项目就会难以完全满足用户的需要，同时，外包降低了企业对系统的控制力，系统容易受到外部的攻击。

【MIS 视窗】

伟创力电子公司（http：//www. flextronics. com）始建于1990年，总部在新加坡，已成为全球电子行业顶尖的原始设备制造商（OEM）。由于它并不在市场上销售印有其品牌的产品，因而在终端用户中并不知名。但是，伟创力电子公司绝不是微不足道的无名小辈。早在2006年，其财政年度总收入达153亿美元，通过其遍布五大洲逾30个国家的分支机构为客户提供电子产品的设计、建造、运输及维护服务。在全球超过3000家的电子外包生产商中，它占据了其中11%的市场份额。

伟创力的显著增长得益于OEM的外包生产，而OEM已经占到该行业总产值的13%，10年以后将增长到50%。伟创力的主要客户有微软、戴尔、爱立信、富士通、西门子、惠普、摩托罗拉、阿尔卡特、思科、诺基亚等。

3. 联合开发

采用联合开发是结合企业自主开发和外包的形式，由用户与外部的信息专业人员共同开发。这种方法有利于提高对需求和解决方案的沟通效率，但同时可能继承企业自主开发和外包方式的短处。

二、管理信息系统开发方法

随着管理信息系统应用程度的深入和应用规模的扩大，也相继出现了一些问题：①如何避免由于手工处理信息过程和方法原封不动地“翻译”成软件程序导致的失败？②对于大型的应用系统开发，应如何合理地组织人力、物力、财力来协调？③对一个实体组织应如何着手调查分析？④一个大型系统应该如何进行系统化的划分？⑤如何才能合理地协调数据和利用信息资源？⑥如何充分发挥现有计算机和通信设备的处理能力，更好地解决实际管理问题等？这些都是信息系统开发方法可以回答的问题。

开发一个信息系统，无论是酒店联机预订系统，还是学生学籍管理系统，其过程基本上是相同的。每一过程都由一些基本的活动组成。这些活动是每一个信息服务人员都应掌握的。但是由于各个人对该过程的解释不同，所以很多公司采用了标准的系统开发方法。开发方法学是一组思想、规范、过程、技术、环境及工具的集成。系统开发方法学指出了要进行的活动、这些活动之间的关系和顺序，以及关键的评价和判定的阶段标志。一种好的方法学应该能够为系统的开发过程提供一整套从头到尾高效率的途径。如何进行系统开发与开发系统所选择的工具和方法密切相关。其目标是：

（1）有效地管理系统开发过程，加快软件开发速度。例如，一个好的方法学要求在进行系统设计之前标列出成本、进度、安排、软件、操作以及设备等约束条件。管理者可以就这些书面的约束条件与项目组签订协议。如果没有这些指导准则，项目组就可能会在沿一个方向推进（进三步）后，却发现由于违反了设计要求，有许多工作必须重做（退两步）。

（2）增强信息系统软件产品的功能，提高软件产品的质量。开发方法学使信息系统正确反映管理需要，满足用户需求，使所开发的管理信息系统为管理决策提供信息支持。当项目组遵循一个描述清楚的系统开发方法学的指导准则时，开发一个满足用户要求的高质量系统的概率是非常高的。有时，用户和信息服务管理人员仅仅看到开发成本，但忽视了整个系统的寿命期（包括生产年限）成本。尽管利用方法学开发一个系统在前期要求较多的人力，但是最终的设计将是高质量的，从而将减少对系统的修改要求。另外，根据个人喜好而没有借助于系统开发方法学所设计的系统将不可避免地导致低质量和相当高的维护成本。

（3）合理组织和充分利用人力、物力和财力等资源。由于对开发任务（活动）进行了判别、排出了先后顺序，可以形成实现一个项目管理系统所必要的输入。如果没有标准的系统开发方法学，在信息服务环境中要实现项目的计划和控制几乎是不可能的。

另外，在信息系统的开发和维护中，资料总是一个问题。信息系统开发方法学鼓励项目组成员将资料作为设计的副产品产生出来。因此，在信息系统实现时，资料总是最新的，而且是完整的。在方法学中包含了变换控制机构以保证资料总是最新的版本。不采用方法学的计算中心依靠个人的自觉性来更新其职责范围内的资料和程序。这种工作方式会导致失败及不必要的人力浪费，当某个人离开而留下没有资料的系统和程序时，必须花费大量的人力和时间来弄清楚已经做了些什么。

(4) 充分利用软件技术，尽快跟上硬件发展速度，最大限度地发挥和挖掘硬件的功能。常见的系统开发方法包括：结构化方法、原型法、面向对象法和计算机辅助软件工程法等。

(一) 结构化方法

结构化方法也称为系统开发生命周期法。它按照用户至上的原则，自顶向下分析与设计、自底向上逐步实施地建立计算机信息系统，同时也是组织、管理和控制信息系统开发过程的一种基本框架。

其特点是：

(1) 严格按划分的阶段和活动进行系统开发。在程序设计技术发展的过程中，人们注意到可以将复杂的程序设计成层次化的模块结构，各个模块功能单一，彼此之间相对独立，使复杂的问题变得简单并容易实现。运用系统处理方法，将系统开发的全过程采取分而治之的策略，将整个系统的开发过程分为一系列阶段，然后再将阶段分为一系列的活动，将活动划分为更小的、更易于管理和控制的作业。

(2) 设立检查点。由于组织情况各异，所需的信息系统结构复杂，因此要分阶段进行研究，严格区分阶段，设立里程碑，重视文档工作。前一个阶段的工作成果一般是启动下一个阶段工作的条件。在系统开发的每一个阶段均设立检查点，来评估所开发系统的可行性，可以避免由于系统开发的失败造成更大的损失。

(3) 用户的积极参与。用户将系统的需求明确地告诉技术人员，并积极参与信息系统的开发的全过程，是信息系统开发能否成功的一个关键的、必要的因素。

其优点是：

(1) 方法简单、清晰，易于学习掌握和使用。从时间的进程来看，整个系统的开发过程是一个从抽象到具体的逐层实现的过程。每一阶段的工作都体现出自顶向下、逐步求精的特点。

(2) 实施步骤是先分析当前现实环境中已存在的人工系统，在此基础上再构思即将开发的目标系统，符合人们认识世界、改造世界的一般规律，从而大大降低了问题的复杂程度。

(3) 结构化分析采用图形描述方式，用数据流程图为将要开发的系统描述了一个可见的模型，也为相同的审查和评价提供了有利的条件。

(4) 质量保证措施完备。应对每一个阶段的工作任务完成情况进行审查，及时解决出现的错误或问题，不允许其转入下一工作阶段。

但是结构化方法也有自身的缺陷。一项调查发现，在被调查的组织中，只有 15% ~ 20% 的组织自始至终坚持结构化的分析与设计方法。

(1) 它是一种预先定义需求的方法，基本前提是必须能够在早期就冻结用户的需求。

然而，在实际中用户很难准确地陈述其需求。随着组织中业务变化越来越频繁，信息需求的修改量越来越大，开发成本迅速上升。这种线性方法使得开发周期较长，难以适应组织中快速变化的业务，常常导致严格的结构化方法在整个开发过程中不能贯彻始终。

（2）该方法文档的编写工作量极大，随着开发工作的进行，这些文档需要及时更新。

该方法适用于一些组织相对稳定、业务处理过程规范、需求明确且在一定时期内不会发生较大变化的大型复杂系统的开发。例如银行管理信息系统为客户提供金融服务、信息咨询，因为银行系统是业务工作比较成熟、定型的系统，可以采用结构化方法进行系统开发。

（二）原型法

严格定义和预先说明的结构化方法是一种有效而且成熟的方法，它对软件生产工程化起了重要的推动作用。但这种开发方法的前提条件是要求用户在项目开始初期就非常明确地陈述其需求，如需求陈述出现错误，则对信息系统开发的影响尤为严重。然而，对于 MIS 来讲，由于其问题空间十分庞大，不论开发者在系统分析时采用何种严格的方法描述用户需求，力争准确，其需求还是不能完全确认。究其根本原因，一是需求本身具有模糊性，二是随着用户对系统的理解和加深，需求会不断完善与变更。显然，更需要一种面向数据的开发方法与工具，使系统更精简、灵活和易于修改，能够对组织变动作出更快速的反应，在一定程度上解决需求的模糊性、变化性和缩短系统开发周期的矛盾。

1. 原型法开发过程

原型法是在系统开发初期，凭借系统开发人员对用户需求的了解和系统主要功能的要求，在强有力的软件环境支持下，迅速构造出系统的初始原型，然后与用户一起不断对原型进行修改、完善，直到满足用户需求。其开发过程如图 6-1 所示。

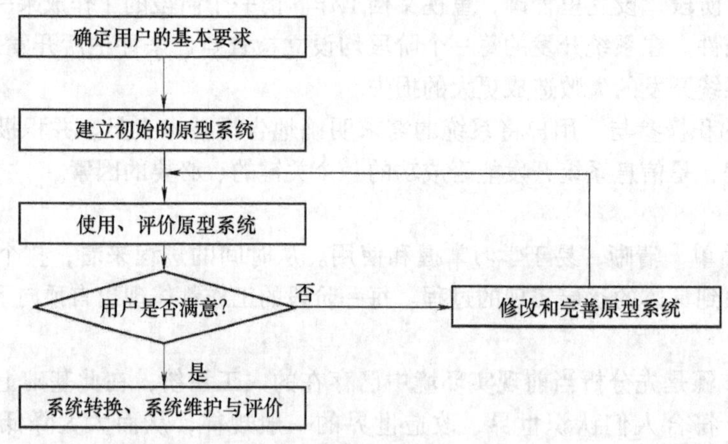

图 6-1　原型法的开发步骤

（1）确定用户的基本要求。用户仅需在系统分析与系统初步设计阶段完成对应用系统的描述。用户与系统开发人员紧密合作，集中力量弄清用户最基本、最主要的需求，如系统功能、人机界面（报表格式和屏幕菜单设计）、输入输出、运行环境、性能及安全可靠性、业务处理程序等，估计建立原型系统的规模和成本。

（2）建立初始的原型系统。系统开发人员在获取一组基本需求定义后，根据与用户讨论的结果，利用开发工具生成应用系统，快速建立一个目标应用系统的可以运行的、简单的功能模型，即最初版本。这个原型系统响应用户最基本的需求，并交付用户使用。

（3）使用、评价原型系统。快速交付原型的基本功能及有关屏幕，并将这些功能和屏幕向关键用户作演示。用户在系统开发人员协助下使用原型系统，取得经验并加深对系统的理解，以便对原型进行检查、评价和测试，指出原型的缺点和不足，提出改进意见和需求。

（4）修改和完善原型系统。按照第二步的原则，根据用户的意见修改和完善原型系统，尽快完成并交付用户，然后又回到第三步。在建立初始的原型系统时，第三步和第四步是反复进行的。

2. 原型法的优点

原型法的上述作用使其在实际应用中得到了巨大成功，分析其原因，大致有如下几个方面：

（1）原型法的循环反复、螺旋式上升的工作方法，顺应了人们认识事物的自然规律，通过开发人员与用户共同对系统原型的不断修改而实现最后的系统，容易被人们掌握和接受。

（2）原型法强调用户的参与。在这个过程中，用户往往能对系统原型提出具体的改进意见，改进了用户和系统开发人员的交流方式，加强了用户的参与程度，这种方式能使系统开发人员和使用人员较早地发现系统的潜在问题，并且共同讨论确认这些问题的解决方案，使系统实施后的系统切换与运行维护较为容易。

（3）从分析初期就引入了模拟手段，为尽早发现错误和纠正错误创造了条件。原型法降低了系统开发风险，在一定程度上减少了开发费用；充分利用最新的软件开发工具，节省了系统开发的时间和费用。

3. 原型法的局限性

（1）适用范围比较有限。对于一个大型系统，如果不经过系统分析来进行整体性划分，想直接用屏幕来一个一个地进行模拟是很困难的。

（2）由于缺乏对系统运行操作环境的全面考虑，经常出现的现象是：在试运行时系统工作良好，而投入实际应用，在处理大量事务和海量数据过程中，系统反应时间慢，显得捉襟见肘。

（3）对于原基础管理不善、信息处理混乱的问题，使用有一定困难。首先是由于对象工程不清，构造原型有一定的困难。其次，由于基础管理不好，没有科学合理的方法可依，系统开发容易走上机械模拟原来手工系统的轨道。

（4）另外，原型法对开发工具要求高，对用户的管理水平要求高。

在实际系统开发中，人们常常将原型法和系统分析的方法结合起来，即先用系统分析方法来划分系统，然后用原型法来开发具体模块。

（三）面向对象法

结构化方法等开发方法都是从功能和信息（数据）的角度对系统进行分析和设计，只是单纯地反映管理功能的结构状况，或者只是侧重反映事物的信息特征和信息流程，它们最大的缺点是忽略了数据与程序之间不可分割的内在联系，并由此引发了软件危机。面向对象（Object Oriented，OO）是从对象的角度对系统进行分析和设计，是近年来受到关注的一种系统开发方法。

面向对象是从对象的角度出发去认识开发系统，将客观世界抽象地看成是若干相互联系的对象，建立问题空间的信息模型，然后根据对象和方法的特性研制出一套软件工具，使之能够映射为计算机软件系统结构模型和进程，从而实现信息系统的开发。

面向对象法与原型法的设计与实现有一定的共同之处。不同的是，面向对象法是一种从系统调查分析之后就开始面向对象进行分析的开发方法。它强调系统设计之前的系统分析，强调以系统中的数据或信息为主线，全面、系统、详尽地描述系统的信息，建立系统的信息模型，指导系统的设计。面向对象法按系统开发的一般过程分为面向对象分析（OOA，描述系统做什么）、面向对象设计（OOD，描述怎么做）、面向对象编程（OOP）。在 OOA 和 OOD 中主要采用了类图/模板（Class Diagram /Template）、对象图（Object Diagram）、状态图（Status Diagram）三种工具。OOP 利用类（Class）、对象（Object）、数据封装（Data Encapsulation）等概念及面向对象语言的继承性、多态性等特性进行程序的编制和调试。

面向对象法在应用中必须依赖软件开发工具的支持。该方法具有以下特点：

（1）以对象为基础，利用特定的软件工具直接完成从对象客体的描述到软件结构之间的转换；对象与传统数据的本质区别是对象包含了数据和操作，它能将数据和功能紧密地结合在一起，使开发出来的系统稳定性、可重用性及可维护性好。

（2）各开发阶段有良好的衔接，简略了不同阶段之间转换映射的复杂过程，缩短了系统开发周期。在分析阶段识别出来的对象及其相互关系，不仅为系统设计提供了依据，同时也是系统设计的最高层次，系统分析、设计、实现人员在统一的信息模型指导下协调一致地工作，避免了各阶段的语义断层，系统开发的整个生命周期中的各个阶段间没有明显的界限。

（3）用面向对象法建立起来的系统可重用性好，并具有较强的应变能力。

面向对象法与传统方法比较，其优势在于：①可解决目前在 MIS 开发中迫切需要解决的维护复杂性、提高生产率的问题。②在适应多变需求时表现出灵活性和降低开发风险性。

（四）计算机辅助软件工程法

计算机辅助软件工程（Computer Aided Software Engineering，CASE）法，是一种能自动完成部分或全部的系统开发生命周期法各阶段活动的软件工具。自计算机在管理中应用以来，系统开发过程，特别是系统分析、设计和开发过程，就一直是制约信息系统发展的一个瓶颈。直到 20 世纪 80 年代集图形处理技术、程序生成技术、关系数据库技术和各类开发工具于一身的 CASE 的出现，才缓和并解决了这一问题。它能够全面支持除系统调查外的各个开发步骤，使得原来由手工完成的开发过程转变为一个自动化工具和支撑环境支持的自动化开发过程。

从方法论的角度看，CASE 法并不是一门真正意义上的方法，它是对整个开发过程进行支持的一种技术。CASE 法解决问题的基本思路是：系统开发过程中的第一步如果都可以在一定程度上形成对应关系，那么就完全可以借助于专门研制的软件工具来实现上述一个个的开发过程。

采用 CASE 法时，必须结合一种具体的开发方法，如结构化方法、原型法或面向对象法。CASE 法为这些方法提供专门的支持工具。这些 CASE 工具能够帮助建立模型，并且保存与特定系统相关的信息，这些信息可以随企业环境的变化而变化。此外，CASE 工具能够自动或半自动地将信息转化为其他形式，如将 E－R 图转换成具体的数据库模型。CASE 只是一种辅助的开发方法，主要体现在帮助开发者方便、快捷地产生出系统开发过程中的各类图表、程序和说明性文档。CASE 环境从根本上改变了我们开发系统的物质基础，在考虑问题的角度、开发过程的做法以及实现系统的措施等方面都与传统方法有所不同。

这些开发方法并不适用于所有类型的系统，因而必须根据不同开发项目的特点决定采用何种开发方法。当然，以上信息系统开发方法间有不少交叉的内容，分类并非在同一坐标上进行。例如，用结构化方法开发的同时，也可能部分采用原型法；用原型法开发的同时，也可能采用了结构化分析的内容。选择开发方法要根据项目的性质和应用范围来决定。一般要考虑三个因素：通用性、影响范围和结构化程度。通用性是指其他组织应用该系统解决问题的范围。而影响范围越广泛，信息系统就越重要，就越需要信息系统的专业开发人员。结构的定义是对问题及其解决方法理解程度的度量。几种常见开发方法的优缺点及适用情况比较如表 6-2 所示。

表 6-2　常见开发方法的优缺点及适用情况

	优　点	缺　点	适用情况
结构化方法	强调了开发过程的整体性和全局性，在整体优化的前提下考虑具体的分析设计问题；严格区分工作阶段，每一阶段及时总结、发现，纠正问题，避免造成浪费和混乱	在总体思路上比较保守，是以不变应万变来适应环境的变化；仅在开始几个阶段与用户沟通多	大型系统、复杂系统
面向对象法	系统的描述及信息模型的表示与客观实体相对应，更符合人们认识事物的思维习惯	需要一定的软件支持环境；不太适宜大型的 MIS 开发；若缺乏整体系统设计划分，则易造成系统结构不合理、各部分关系失调等问题	适用面广，适用于各类信息系统的开发
	围绕对象来进行系统分析和系统设计，然后用面向对象的工具建立系统	只能在现有业务基础上进行分类整理，不能从科学管理角度进行理顺和优化	
	面向对象法采用了继承、封装、多态和消息传递机制，使软件的一致性、模块的独立性以及程序的共享性和可重用性大大提高	初学者不易接受，难学	
原型法	快速开发任务系统	会发生无休止的反复	适用于解决有不确定因素的问题，适用于对用户界面要求高的系统，适用于决策支持方面的应用
	逐步修改设计	第四代程序设计语言产品占据过多的机器资源	
	费用仅为传统开发的 25%	无法实现大容量事务系统	
CASE 法	加速了开发过程，简化了软件开发的管理和维护，解决了从客观对象到软件系统的映射问题，支持系统开发全过程	创建和维护初始系统的代价更加昂贵	集成了多种工具，这些工具既可以单独使用，也可以组合使用
	帮助开发者方便、快捷地产生出系统开发过程中的各类图表、程序和说明性文档，使开发人员从繁杂的分析设计图表和程序编写工作中解放出来	用户需求的定义要求更广泛、更精确	

（续）

	优　点	缺　点	适用情况
CASE 法	产生出统一的、标准化的文档资料，使软件的各部分能重复使用	可能难于用户化，需要对维护人员进行培训	集成了多种工具，这些工具既可以单独使用，也可以组合使用
	产生更灵活的系统	可能很难使用现有系统	

（五）开发方法的发展

1. UML

统一建模语言（Unified Modeling Language，UML）是一种建模语言，是第三代用来为面向对象开发系统的产品进行说明可视化和编制文档的方法。UML 取代目前软件业众多的分析和设计方法成为一种标准，使软件界第一次有了一个统一的建模语言。它是面向对象分析与设计的一种标准表示。它不是一种可视化的程序设计语言，而是一种可视化的建模语言；不是工具或知识库的规格说明，而是一种建模语言规格说明，是一种表示的标准；不是过程也不是方法，但允许任何一种过程和方法使用它。

2. ROSE

ROSE 是美国 Rational 公司的面向对象建模工具。利用这个工具可以建立用 UML 描述的软件系统的模型，而且可以自动生成和维护 C + +、Java、VB、Oracle 等语言和系统的代码。

3. RUP

统一软件开发过程（Rational Unified Process，RUP）具有很多优点：在迭代的开发过程、需求管理、基于组件的体系结构、可视化软件建模、验证软件质量及控制软件变更等方面，针对所有关键的开发活动，为每个开发成员提供了必要的准则、模板和工具指导，并确保全体成员共享相同的知识基础，提高了团队效率；建立了简洁和清晰的过程结构，为开发过程提供较大的通用性。但同时它也存在一些不足：RUP 只是一个开发过程，并没有涵盖软件过程的全部内容，例如它缺少关于软件运行和支持等方面的内容；此外，它没有支持多项目的开发结构，这在一定程度上降低了在开发组织内大范围实现重用的可能性。可以说，RUP 是一个非常好的开端，但并不完美，在实际的应用中可以根据需要对其进行改进，并可以用 OPEN 和 OOSP 等其他软件过程的相关内容对 RUP 进行补充和完善。

4. 软构件方法

一般说来，大部分 MIS 在功能上有相似之处，可以利用软件的重用技术大大简化开发过程。软构件方法的提出正是基于这种思想。利用软构件方法开发 MIS，首先要准备一个叫作“软构件”（也被称为构件库）的构件集合，如可以收集一些已经开发出的 MIS 的总体设计、规划、局部流程以及某些人机界面、通用模块、简单开发工具。采用软构件方法开发 MIS 的过程与搭积木的过程很类似，因此这种方法又称为积木法。一般是先构筑系统的总体框架，然后构造各个构件，并依次把构件安装到系统中去。

开发 MIS 的大部分工作集中在构造软构件阶段，后续的确定系统的总体框架、构筑构件框架、修改总体框架、创建构件和修改构件等工作都主要是同“软构件”打交道。软构件方法的关键是尽量使用已经开发出来的软构件，要借助软构件的重用组合技术，开发出的系统具有较大的灵活性和便于更新维护。但是软构件方法是一个比较新的技术，没有成熟的方法，如果使用不当，忽视了对软构件集合的管理，那么其他一些问题也就接踵而来。目前，还没有出现一个完整的开放式软构件系统的实施方案，但软构件技术有巨大的发展潜力。

以上无论哪一种方法，都具有其各自的特点与不足。对于开发 MIS 这样的大型、复杂的系统，严格地按照某一种开发方法是不可取的。实践证明，由于企业的具体情况不同，选用开发方法时不能死搬硬套。实际上，最好的开发方法是在充分分析应用领域的本质特征、开发规律的基础上，综合各种开发方法的特点，在长期的工程实践中逐步形成和完善的。

第三节　管理信息系统开发的生命周期

信息系统同其他事物一样都是有寿命的。由于系统环境在不断变化，为了使系统能适应这种变化，且更具有生命力，就应不断地对它进行维修、调整。当这种改进已不能适应时代的需要时，就会出现新系统代替老系统，这种周期循环称为信息系统的生命周期。图 6-2 表示了信息系统生命周期的各阶段及工作步骤的划分。

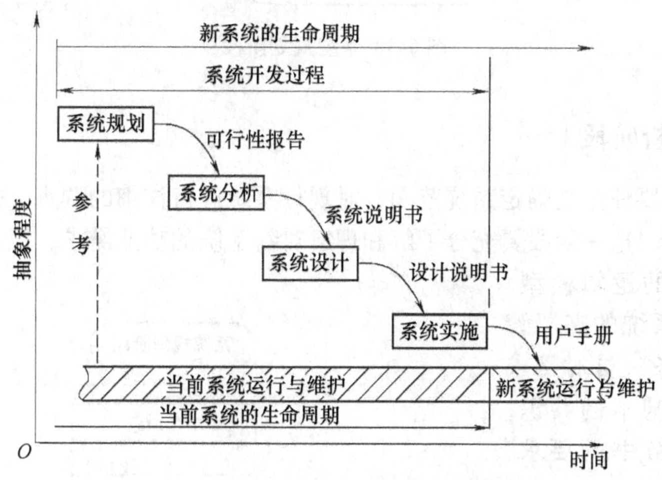

图 6-2　结构化开发方法的生命周期模型

一、系统规划阶段

当一个组织的现行系统因种种原因已不能适应形势发展的需要时，用户就会提出建立一个新系统的要求。这个阶段的主要任务是明确系统开发的请求，并进行初步的调查，通过可行性研究确定下一阶段的实施。

首先，要弄清楚最关键的问题是“要解决的问题是什么？”通过问题定义，提出问题的性质、工程目标及规模，通过对系统的实际用户和使用部门负责人的访问，对企业的环境、目标、现行系统的状况进行初步调查，根据企业目标和发展战略确定 MIS 的发展战略，对建设新系统的需求作出分析和预测，写出双方都满意的书面报告。同时，要考虑建设新系统所受的各种约束，研究建设新系统的必要性和可行性。如果存在可行的解决方案，则制定信息系统的开发策略、开发规模和开发方法，提出开发计划，再研究要解决的问题的范围，通过在较高层次上的分析和设计，抽取问题，导出系统的高层逻辑模型。在此基础上确定工程规模和目标，估算系统成本和效益。为此还需成立一个专门的小组负责提出系统开发规划，制定开发进度，并负责处理系统开发中的一切事件。该阶段的流程如图 6-3 所示。

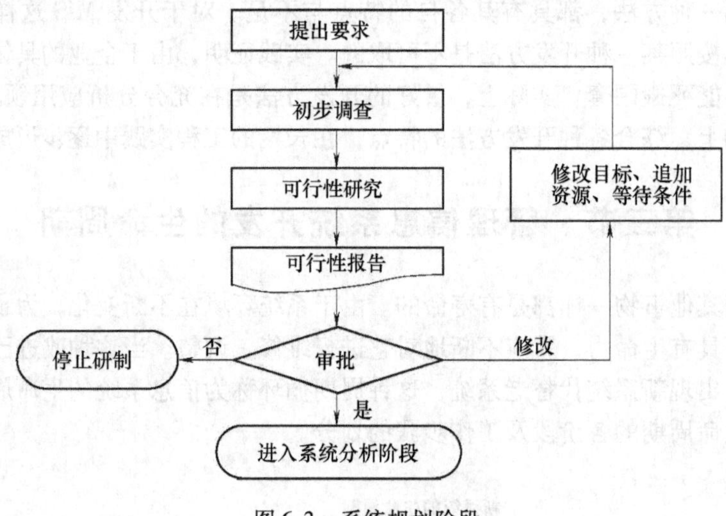

图 6-3 系统规划阶段

二、系统分析阶段

系统分析的主要任务是确定系统范围，对现行系统进行详细的调查，分析现行系统的业务流程，找出问题。这一阶段要充分了解和理解对新系统的功能需求，以系统需求说明书的形式提出新系统的逻辑模型，并与将要使用新系统的高层管理人员和基层业务人员对需求的理解就此达成基本的共识，根据系统设计任务书的要求，通过使用一系列的图表工具，构造出新系统的逻辑模型，并形成新系统逻辑设计说明书。这将成为设计阶段的主要依据，因此该阶段也称为逻辑设计阶段。系统分析的目的是解决“做什么”的问题。

系统分析阶段的工作步骤如图 6-4 所示。

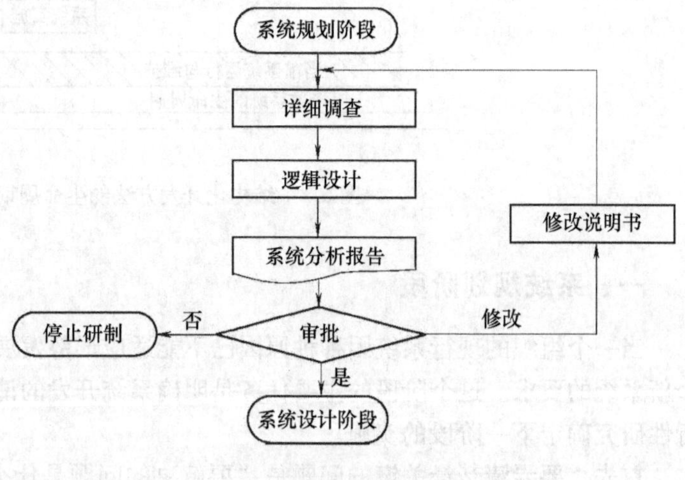

图 6-4 系统分析阶段

三、系统设计阶段

系统设计的主要工作是依据前一阶段系统分析的工作成果，提出将系统需求转化为系统功能的具体物理解决方案。因此，该阶段也称为物理设计阶段。如果说系统分析阶段主要涉及的问题是管理问题，那么系统设计阶段则主要是与实施技术相关的问题。系统设计阶段要解决“怎么做”，将物理内容不断介入，考虑具体的物理设备和信息通信传输手段等，使分析阶段的系统说明书的内容逐步具体化，成为经过实施就能交付使用的系统。系统设计阶段包括的工作主要有总体结构设计、过程的详细设计及程序设计。

四、系统实施阶段

系统实施阶段要把系统设计阶段得到的物理模型变成能运行的系统。其中包括计算机系统的安装与调试、软件编写和调试、人员的培训、数据的收集与准备、系统测试及转换等环节。同时采用项目管理方法，建立相应的项目组织，制定项目实施的目标、范围和进度计划，控制项目实施成本，评价项目实施效果。这一阶段完成后得到的主要文档为系统源程序代码、测试记录、用户手册等。

五、系统运行与维护阶段

系统运行与维护的主要目的是满足管理和业务系统的需求，使信息系统成为管理和业务系统的一部分，使企业或组织的新的管理思想、管理模式通过信息系统的运行得以贯彻实行。

系统维护伴随着整个系统的运行过程。维护的主要工作有硬件维护，如设备的检查、更新等，也有软件维护，如系统恢复、数据备份、人员培训等。其中，人员培训是系统维护的重中之重。

系统运行一段时间后，要对系统的工作质量和经济效益进行评价，整理成系统评价报告，作为系统验收和改进质量的依据。

整个信息系统开发的生命周期可归纳为图 6-5。

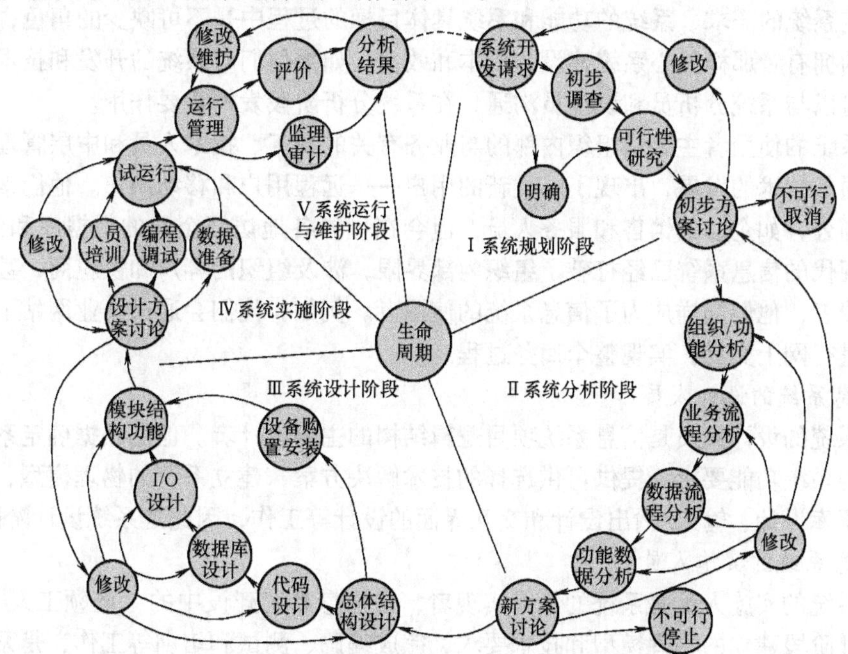

图 6-5　整个信息系统开发的生命周期

第四节　信息系统建设的相关人员

信息系统的建设涉及方方面面的人员，他们在不同阶段中发挥各自的作用，他们的工作将直接影响信息系统的创建、分析、设计和实施，以及信息系统中信息的生成、搜集、处理和使用。各阶段的人力资源需求如图6-6所示。

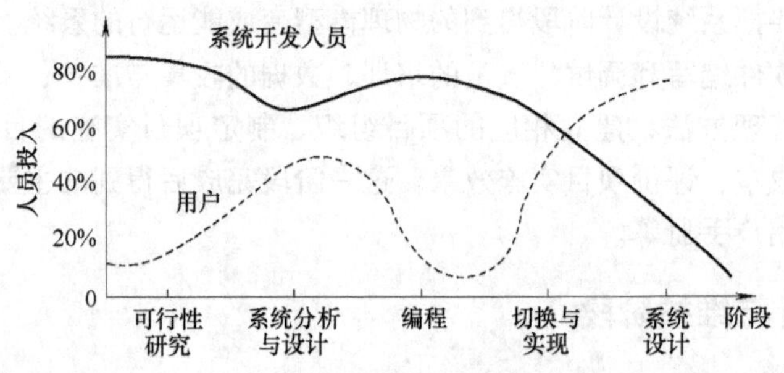

图6-6　各阶段的人力资源需求

1. 信息系统的拥有者

信息系统的拥有者是组织的负责人，是信息系统项目的组织者，也是项目批准人和资金的提供人。他们的关注点是信息系统将给企业带来多少价值、系统的用途是什么、系统的前景如何、系统的建设费用和运行费用是多少等问题。他们在制定组织信息系统的规划和项目目标过程中起决定性的作用，主要参与系统规划阶段的工作。

2. 信息系统的使用者

信息系统的使用者是未来信息系统项目的主要用户和受益者。他们熟悉业务，了解问题，在确定系统的需求、系统的功能和系统具体目标的过程中是不可缺少的角色，他们不像信息系统的拥有者那样关心系统建设的成本和效益。如果他们对系统的开发和技术背景有所了解，就可以与系统分析员和设计员沟通，在系统分析阶段发挥重要作用。

信息系统的使用者主要是组织内部的与业务有关的职工、技术人员和中层管理人员。随着网络和通信技术的发展，出现了一类新的用户——远程用户和移动用户。他们常常不在企业办公室办公，如企业的销售和服务人员，但会在世界各地访问企业的数据库和信息系统；同时由于现代的信息系统已经打破了组织内部界限，涉及组织的客户和供应商，甚至是企业产品的消费者，他们同样成为了信息系统的使用者。例如，他们会通过企业网站了解企业的产品甚至进行网上交易，实现整个商务过程。

3. 信息系统的设计人员

信息系统的设计人员是信息系统项目逻辑结构的主要设计者。他们根据确定系统分析阶段所完成的系统功能要求，提供可供选择的技术解决方案，建立系统的物理模型，完成网络设计、数据库设计、输入/输出设计和交互界面的设计等工作，因此是系统设计阶段的主力。

4. 信息系统的实施人员

信息系统的实施人员是系统的最终实现者，是信息系统建设中的“蓝领工人”。他们依据系统设计阶段建立的物理模型和技术要求，完成编码、测试和培训等工作，是系统实施阶段的主力。他们中的部分人员往往也是信息系统的设计者。

5. 信息系统的供应商

信息系统的供应商根据信息系统项目的需求，提供满足要求的硬件、软件、网络设备和服务。而且越来越多的企业会购买商品化的管理信息系统软件，或专业软件。因此，信息系统的供应商同样关心组织的信息系统项目。他们不仅是系统建设的参与者，而且通过销售产品和服务，成为企业信息建设的伙伴。

6. 信息系统的分析员

最后讨论信息系统的分析员，因为他们是信息系统项目建设中最重要的成员，起着桥梁的作用，实现信息技术人员与业务人员之间的信息沟通。他们不但对信息技术有深入了解，而且理解组织业务的特点和方式。他们的主要工作包括：

（1）确定问题。

（2）分析和理解问题。

（3）确定需求。

（4）提出解决方案。

（5）参与系统的设计和实施。

（6）测试和评价系统。

因此系统分析员出现在信息系统建设的整个过程。他们可以来自组织中信息部门、业务部门和提供信息系统的软件公司。

在信息系统建设过程中，可以将以上六种人员看作六种角色。作为参加信息系统建设的个人来说，他可能会扮演不同的角色，例如既是系统分析员又承担了系统设计的任务，尤其对于比较小型的信息系统的建设过程，更是如此。但是随着信息系统的发展，人员的分工更加清晰，人员之间的交流和理解变得尤为重要。系统开发中各类人员的职责和能力见表6-3。

表6-3　系统开发中各类人员的职责和能力

工作职务	职责和能力
系统分析员	同用户共同确定信息需求，编写系统说明书。应熟悉企业管理和信息系统开发过程，有较好的表达能力、与他人协同工作的能力
系统设计员	设计信息系统，定义硬件、软件要求。应精通计算机硬件和软件，有根据信息流和组织目标改变组织职能的能力
应用程序员	设计、调试计算机应用程序
程序维护员	维护现有程序
数据库管理员	管理和控制企业数据库
计算机操作员	操纵计算机设备
文件库管理员	保存、收发计算机使用的文件，进行文件整理归档
控制员	记录各种控制信息，检查控制规程
规划员	规划信息系统的前景

总之，由各方人员组成的信息系统建设团队分工明确、各司其职、相互配合、相互理解、共同参与，才可能实现系统建设的目标。

本章小结

本章主要阐述了常见的几种开发方法，如结构化方法、原型法、面向对象法等。同时，针对结构化方法，对系统开发过程如系统规划、系统分析、系统设计、系统实施和系统运行与维护进行了简单的说明。后面章节将作较详尽的分析和阐述。

【MIS 案例分析】
某科研合同管理系统开发中原型法的使用

一、概述

某科研合同管理系统针对某机关业务工作的需要，结合装备科研合同管理工作的特点，采用原型法，选择了 PowerBuilder 数据库开发工具，运用面向对象技术，实现以合同审批为中心，包括了规划、计划、合同审批、付款安排、经费请领款、拨款和付款七大功能的业务管理，突出解决了机关科研计划、经费、合同管理的信息综合处理。

二、现状及存在的问题

1. 实现科研合同管理系统技术方面存在的问题

建立合同管理数据库模型是合同管理软件开发的第一项任务，也是最重要和最困难的工作。对于软件设计者来说，掌握未知的用户专业领域里的知识，从中整理出需要计算机处理的需求（即提出问题），是比用软件技术实现这些需求（解决问题）更困难的工作。

2. 合同管理的易变性

合同管理系统是一个多变的业务系统。从建立规划项目到合同付款，牵扯从上至下十多个甚至几十个单位和业务部门，一旦外部条件发生变化，软件的数据流程也会跟着改变。特别是当前正处于改革调整时期，管理对象的易变性是合同管理软件的关键。

3. 通用性的范围窄

合同审批是一项非常复杂的工作，它受多方因素的制约。因此，合同管理系统的通用性只是在一定范围内的通用，试图开发一个包括合同审批全过程的合同管理系统是不现实的。这可能导致二次开发成本的费用昂贵，更不利于软件推广。合同管理软件需要解决以下几个问题：各业务部门之间虽然存在固定业务方式，但还没有形成一个较成熟的、格式化的方式和流程；各业务部门侧重点不同，所需的数据不同；从项目规划到合同付款，各个模块之间相互联系，关系错综复杂，经典的数据模型在表达方面不完全适应要求。

三、关键问题的处理

1. 科研合同管理系统模型的建立

为解决用户与软件设计开发者之间的鸿沟，主要从用户界面入手，努力寻找可与用户沟通的共同语言。共同语言有单方向的，也有双方向的。

2. 采用原型法开发科研合同管理系统

之所以选用原型法开发合同管理信息系统，除要解决需求规格确立的难题外，也是为了增加系统的可维护性。递增式原型法能较好地从理论和实践上解决问题。开发原型前首先明确原型的使用目的，针对用户需求模糊的情况开发试用品。原型选择着重于界面、接口和使原型可执行下去的必要的功能原型。

3. 方法与工具的选择

选择原型法的依据除开发周期短、成本低、原型易评价、易修改外，还应与选择的生存期模型、开发方法学及工具环境条件结合起来。由于科研合同管理系统开发是多次系统集成、升级、扩充、改造的过程，即迭代、递增式生存期模型，所以选择递增式原型法。

在系统开发过程中，我们还是希望原型的开发不要增加产品开发的工作量，即开发可直接演进成产品的演化式原型。PowerBuilder 正是适合于这一快速特征的开发工具，所以选择用 PowerBuilder 来开发原型。

4. 原型法对开发后期的影响

用 PowerBuilder 开发演化式原型使上游分析设计周期延长，因为实际上是把原属下游的部分编程任务提前到了上游设计阶段。应把哪些编程任务提前到上游，需要在原型目的、原型修改难易度、时间及成本诸因素间寻找平衡点的技术。既要达到与用户沟通的目的，又要利于按用户反馈意见修改；既要时间短，又要成本低。不应一味追求减少下游编程量。不仅是上游相对变长、下游编程周期变短，实现接口原型实际上是把下游组装测试部分甚至全部地提前到上游阶段。总之，引入适当的原型法后，对软件工程周期内各任务阶段的时间分布也应重新考虑，使之更加合理。例如，本工程的周期分布分别是：分析 40%，设计 20%，编程 15%，测试 25%。设计阶段主要是设计和制作原型；编程是对原型界面进行修改及实现全部功能；测试中组装测试仅占约 10%，其他主要是信息采集和与环境有关的系统测试。传统软件工程测试阶段最困难的组装测试得到了大大的简化，这应归功于原型法中的功能接口原型。

5. 用户对原型法的参与

用户参与软件开发过程是原型法的基本前提，也是重要特点。只有用户参与才能达到原型的目的。用户通过参与原型的评审，可提前了解系统，对自己的需求模型进行整理，使之明确化。开发人员用原型与用户对话，以便全面理解用户需求模型。

6. 原型法实践效果

综上所述，只要能在正确的思路和方法指导下实现原型法，其效果十分明显：

（1）由于和递增式开发方法结合使用，使之能更好地发挥优势，保证产品具有较好的可维护性。

（2）不仅改善了用户与软件开发人员的信息交流和思想沟通，也促进了开发人员之间的技术切磋。

（3）在开发设计阶段即产生了得到用户确认的需求规格定义，减少或杜绝了下游返工的可能，成功地改进了瀑布模型的弊病。

（4）提高用户满意程度。由于用户在早期参与，能提前看到未来产品，并可按自己的愿望修改它，自然会感到满意。

（5）将用户培训提前到开发活动早期。

（6）开发成本低，周期短。由于原型法和工具选择得当，也由于分析阶段的“磨合”时间较长，所以原型反馈周期较短。加之原型可直接演化为产品，组装测试简化，减少了返工隐患，所以收到了开发成本低、周期短的必然效果。

思考题：

1. 结合该案例，试分析原型法的成功实施的前提条件。

2. 与其他开发方法相比，原型法有哪些优缺点？

本章习题

一、选择题

1. (　　) 是系统分析阶段需要完成的任务。

A. 可行性的解决方案　　B. 分析现行系统的业务流程

C. 物理解决方案　　D. 软件编写和调试

2. 在 (　　) 阶段以系统需求说明书的形式提出新系统的逻辑模型。

A. 系统规划　　B. 系统分析　　C. 系统设计　　D. 系统实施

3. (　　) 在信息系统开发过程中参与并实现信息技术人员与业务人员之间的信息沟通。

A. 最终用户　　B. 系统分析员　　C. 系统设计员　　D. 程序员

4. 哪一项不属于应用软件选择的主要考虑因素? (　　)。

A. 能否具有足够的灵活性　　B. 价格是否便宜

C. 是否满足用户要求　　D. 是否获得长期、稳定的技术支持

5. 信息系统开放的原则是 (　　)。

A. 完全按用户的要求设计　　B. 按照最先进的模式设计

C. 用计算机代替人工　　D. 基于原系统，高于原系统

6. 下面哪一项不属于原型法的特点? (　　)。

A. 易于被用户接受　　B. 开发过程会拖延

C. 不需要系统分析　　D. 不适合开发大型的信息系统

二、简答题

1. 管理信息系统的开发特点是什么? 有几种开发策略? 评价其优劣。

2. 试述常用的信息系统开发方法的特点及其适用范围。

3. 强调系统开发方法的意义是什么?

三、课程实践

选择一个你所熟悉的自己研发信息系统的企业。调研该组织在系统开发过程中遵循系统开发的生命周期吗? 如果不是，为什么? 如果是，那么它有多少阶段呢? 谁来负责分析系统的生命周期? 是一些公司内部的人员，还是从其他系统的生命周期改编而来的人员?

参考文献

[1] John W Satzinger，Robert B Jackson. 系统分析与设计 [M]. 朱群雄，汪晓男，译. 北京：机械工业出版社，中信出版社，2002.

[2] 薛华成. 管理信息系统 [M]. 4 版. 北京：清华大学出版社，2003.

[3] 黄梯云. 管理信息系统 [M]. 2 版. 北京：高等教育出版社，2000.

[4] 陈晓红. 管理信息系统教程 [M]. 北京：清华大学出版社，2003.

[5] 李东. 管理信息系统理论与应用 [M]. 北京：北京大学出版社，2001.

[6] 许晶华. 管理信息系统 [M]. 广州：华南理工大学出版社，2003.

[7] 甘仞初. 管理信息系统 [M]. 北京：机械工业出版社，2001.

[8] 陈国青，等. 信息系统的组织·管理·建模 [M]. 北京：清华大学出版社，2002.

[9] 左美云，等. 信息系统的开发与管理教程 [M]. 北京：清华大学出版社，2001.

第七章　管理信息系统开发

【引例】

加利福尼亚信息系统的混乱

1965 年，加州机动车管理局（DMV）的联机系统还是热门技术，25 年以来，它已经用该系统处理了 5000 万个驾驶执照和车辆登记，同时还处理每年 52 亿美元的税收。虽然这个系统在升级后的 IBM 主机上每天已经能处理 100 万笔业务了，但它的软件却跟不上时代的发展。这些软件是用汇编语言写成的，非常难以维护。为了在执照和登记上加上一项“社会保障号码”，每年需要用 18 个人的工作量去编制程序。虽然它在旧式的文件系统中仍能够很快地提取数据，但是却不能完成有条件的搜索和查询。机动车管理局的地方机构用的是一些已经有 10 年役龄的 IBM 系列小型机和与主机相连接的一些简易终端，这些设备也都有些过时了。

1987 年，机动车管理局启动了一个雄心勃勃的项目。它把系统转换到 SQL 关系数据库上，该系统在 24 台协力公司的计算机上运行。为了在这个新的技术平台上开发应用软件，它又雇佣了 E. &Y. 咨询公司。该公司用 COBOL 与第四代开发工具工作。后来，这个项目搁浅了，E. &Y. 咨询公司也于 1990 年退出了该项目。取而代之的是机动车管理局自己的人员。他们打算靠自己的力量用德州仪器公司的 CASE 开发工具 IEF 完成应用软件的开发。不幸的是，他们内部的开发人员没有能克服学习新的开发工具所遇到的巨大困难。七年过去了，在花了 4400 万美元以后终于停止了再向该项目注入资金。他们开始明白，这并不单单是一个编写应用软件的问题。他们可能还要再投入 1 亿美元和四年的时间才能完成该项目。经过一段时间的调查后，一位发言人解释说：“我们决定采用的这个数据库并没有经过检验，它无法处理我们每天来自 3 万个用户的业务数据。”协力公司却认为，自己已经完全尽了职责，并把失败的原因归咎于 E. &Y. 咨询公司退出后项目管理的混乱。E. &Y. 公司说：“我们介入了还不到一年，不能对失败负责。”机动车管理局一筹莫展，只好凑合着用那套已经陈旧的技术和花了 4400 万美元更新来的却并不好用的数据。

（资料来源：刘仲英，《管理信息系统》，高等教育出版社，2006 年。）

思考题：

1. 造成上例中信息系统建设混乱的根本原因是什么？如何解决这个问题？
2. 只要能编写好程序就能开发管理信息系统吗？许多管理信息系统开发和应用失败的原因是什么？

学习目标

通过对本章的学习，主要了解和掌握：

1. 信息系统开发的步骤，以及每一步骤所要完成的任务和目标。

2. 信息系统开发各阶段所采用的工具、方法和最后要交付的阶段性成果。

关键概念

诺兰模型；业务流程重组；系统规划；系统分析；系统设计；系统实施；系统维护

第一节 管理信息系统规划

一、企业战略和信息系统规划

战略一词最早来源于希腊语“Strategos”，其含义是“将军指挥军队的艺术”，是一个军事术语。1965 年，美国经济学家安索夫（H. I. Ansoff）的著作《企业战略论》的问世，标志着“企业战略”一词开始广泛应用。

一个组织的战略规划往往包括公司总体目标和实现这些目标的指导方针。战略规划提供的指导方针将融入组织的职能部门，包括市场营销、生产、财务、会计、人力资源、信息系统等部门。

信息系统规划是指把企业战略规划和公司目标转变为具体的系统开发方案。合适的信息系统规划对保证信息系统开发顺利进行起关键作用。首先，信息系统规划指明了组织中建立信息系统的方向和目标，是关系企业未来发展的纲领性文件。没有高质量的规划，或者规划形同虚设，与实施属于完全不同的“两张皮”，都可能使企业信息系统建设多走弯路，多付出代价，甚至遭遇失败。另外，信息系统规划在信息系统基本建设如何发展方面提供指导。在促成特定的系统开发行动的同时，信息系统规划为后期的系统开发成功提供一个总体构架，保证信息系统资源得到更好的运用，包括资金、信息系统员工（系统分析员、程序员及其他人员）、设备、专家建议以及具体项目的时间安排。项目越大，不善的规划就越可能产生重大问题。许多开发项目规模大且代价高，往往花费了大量的时间和金钱。在美国，73%的信息系统软件项目被取消、超过预算或推迟。虽然适当的规划不能保证避免项目失控的问题，但它能使其发生的可能减到最小。现在，大多数组织已采取了正规的系统开发方法。例如，NCR 公司采用了一套标准的项目管理技术，信息系统经理必须遵循。该公司还为有志于在该学科获得硕士学位和证书的信息系统项目经理建立了一条正规的职业道路。

信息系统规划不仅要描述“未来的系统是什么样子”，更重要的是要知道“现在的系统是什么样子”。所以说，准确地表述、深入地分析、严密地考察现状是需求分析的前提，更是规划的良好开端。下面我们来认识诺兰模型。

二、诺兰模型

计算机应用到一个组织的管理，一般要经历从初级到成熟的成长过程。美国专家诺兰（Richard L. Nolan）根据大量历史资料与对实际发展状况的考察，在 1973 年提出信息系统发展的阶段理论，并在 1980 年总结出了一个行业、一个国家的计算机应用发展的客观道路及规律，即诺兰模型（见图 7-1）。

诺兰认为，企业信息系统发展要经过六个阶段：初始阶段、蔓延阶段、控制阶段、集成

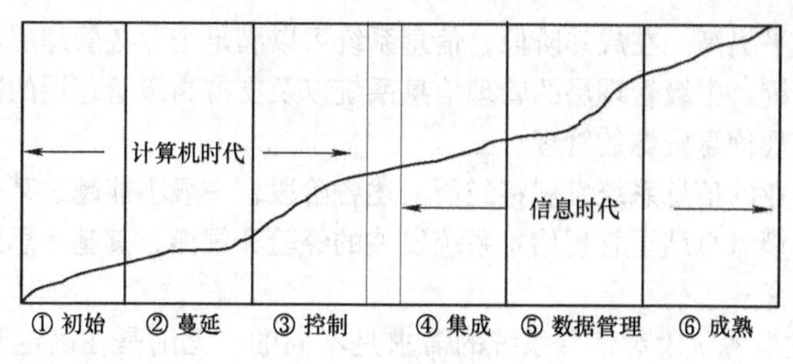

图 7-1 诺兰模型

阶段、数据管理阶段和成熟阶段。

1. 初始阶段

在初始阶段，人们对计算机认识还很粗浅，少数企业引入一些计算机主要起一种宣传、启蒙的作用。在初始阶段，部分组织购买了第一台计算机，开发了单一功能的信息系统，主要用于财务或统计部门。企业初步认识到计算机应用的作用，人们对信息系统实际效益的期望还比较低。

2. 蔓延阶段

随着计算机技术的普及和信息系统的应用初见成效，企业的计算机应用进入蔓延阶段，信息系统从少数部门扩展到多个部门。企业开发了多个应用程序，使企业事务处理的效率有所提高。但此时各应用程序相互独立，缺乏综合系统，出现了信息冗余、代码不一致、信息难以共享的局面。

3. 控制阶段

信息系统的优越性使得在计算机硬件和软件的投资急剧增长，但由于缺乏全局的考虑，各单项应用之间不协调，投资的回报率并不理想。人们最初的新鲜感已经慢慢消退，实际的要求占了主导地位。同时，随着应用项目的增加和应用经验的积累，客观上要求加强组织协调，使得企业的信息系统应用进入控制阶段。于是出现了由企业领导和部门负责人参加的领导小组，对整个企业的信息建设进行统筹规划，利用数据库技术实现数据共享，解决在蔓延阶段遇到的问题。

4. 集成阶段

在控制的基础上，企业产生了从全局出发，建立一个支持整个企业的信息系统的需求，这标志着信息系统的发展进入集成阶段。在集成阶段，信息系统的开发从全局考虑，利用信息系统工程的方法，全面规划；从管理的实际需要出发，对各子系统的硬件进行重新连接，信息系统面向数据库，进行建设和改造；建立了稳定的全局数据模型，满足各子系统对信息的需求。

5. 数据管理阶段

在信息系统集成基本完成的条件下，信息管理提高到一个以计算机为技术手段的水平上。计算机已成为日常管理工作不可缺少的工具，日常信息处理工作已经普遍由计算机完成。此时，数据真正成为企业的重要资源。集中式数据库管理可以充分支持企业不同应用对数据的需求。

6. 成熟阶段

在日常数据已经进入计算机的条件下，人们进一步对这些数据进行加工处理，充分利用，从而使决策水平提高。在成熟阶段，信息系统可以满足企业各管理层次的要求，包括操作层的事务处理系统、中级管理层的管理信息系统以及支持高级管理层的决策支持系统和专家系统等，真正实现信息资源的管理。

诺兰认为，企业的信息系统发展将经历上述各阶段，一般不能越过某个阶段而直接进入下一个阶段。诺兰模型总结了管理信息系统发展的经验和规律，其基本思想对于管理信息系统建设具有指导意义：

（1）企业在发展各阶段对信息系统的需求是不同的。无论是在确定开发管理信息系统的策略时，还是在制定管理信息系统规划时，都应首先明确组织当前处于哪一生长阶段，进而根据该阶段的特征来指导管理信息系统的建设。

（2）信息系统建设是一项长期、复杂的系统工程，发展呈波浪式进程。组织规模的变化、企业经营战略或策略的变化、市场环境的变化、人员的变化等因素都会导致原有信息系统对各方面发展的不适应，甚至制约其他方面的发展。

（3）该模型是我国企业进行信息规划工作的一个重要参考。应该吸收先进的思想和经验教训，根据所在环境的实际情况，规划一套可行的信息系统建设方案。

三、常用的系统规划方法

（一）关键成功因素法

1970 年，哈佛大学教授 William Zani 在管理信息系统模型中用了关键成功变量，这些变量是确定管理信息系统成败的因素。20 世纪 80 年代初，麻省理工学院教授 Jone Rochart 将关键成功因素（Critical Success Factors，CSF）法引入管理信息系统的战略规划。

在现行信息系统中，总存在着多个变量影响系统目标的实现，其中有的因素是关键的和主要的（即关键成功因素）。通过对关键成功因素的识别，可以找出实现目标所需的关键信息集合，从而确定信息系统开发的优先次序。实施关键成功因素法的步骤如图 7-2 所示。

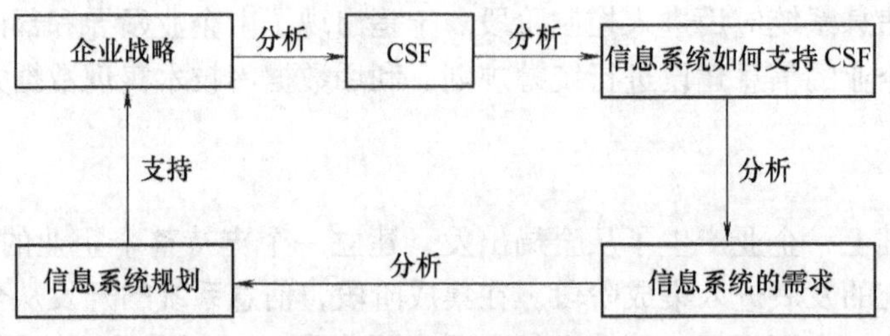

图 7-2　CSF 法实施过程

下面以数据库的分析与建立为例来分析 CSF 法的应用。建立数据库包括以下四个步骤：①了解企业的目标；②识别关键成功因素（树枝图法）；③识别性能的指标和标准；④识别测量性能的数据。具体的步骤可用图 7-3 来表示。

关键成功因素来自于组织的目标，通过组织的目标分解和识别关键成功因素、性能指标，一直到产生数据字典。识别关键成功因素，就是要识别联系于组织目标的主要数据类型及其关系。

不同组织的关键成功因素是不同的，同一组织在不同时期的关键成功因素也不相同。当在一个时期内的关键成功因素解决后，又需要识别新的关键成功因素。对于习惯高层人员个

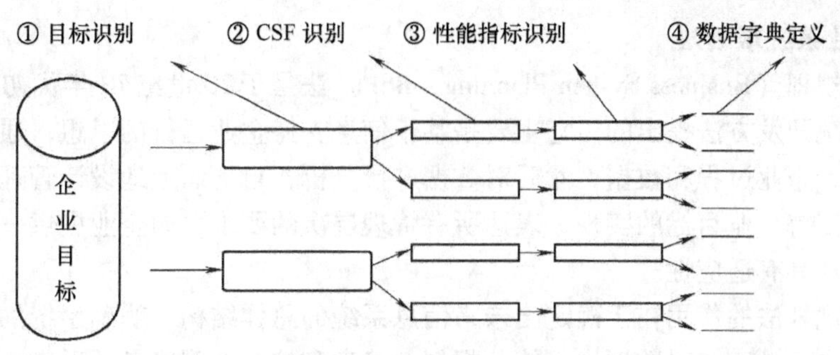

图 7-3　CSF 法的步骤

人决策的企业，主要由高层人员个人进行选择；而对于习惯于群体决策的企业，可以用德尔菲法或其他方法把各种设想的关键因素综合起来。

（二）战略目标集转化法

战略目标集转化（Strategy Set Transformation，SST）法是由 William King 于 1978 年提出的。他把整个战略目标看成是一个“信息集合”，由使命、目标、战略等组成。管理信息系统的规划过程即把组织的战略目标转变为管理信息系统战略目标的过程。SST 法的实施方法如下：

（1）识别组织的战略集，先考察一下该组织是否有战略式长期计划。如果没有，就要构造这种战略集合，如组织的发展方向、组织的目标、组织战略和战略属性等。构造时，可以采用以下步骤：①描绘出各类人员；②识别每类人员的目标；③对于每类人员识别系统相应的使命及战略。

（2）将组织战略集转化成 MIS 战略。MIS 战略包括系统目标、约束以及设计原则等。这个转化过程包括对组织战略集的每个元素识别其对应的 MIS 战略约束，然后提出整个 MIS 的结构。

（3）根据以上战略，选定一个方案。

简而言之，其步骤如下：①根据组织目标确定信息系统目标；②确定组织战略及属性所对应的信息系统战略的约束；③根据信息系统目标和约束提出信息系统战略。

如图 7-4 所示，各利益群体给出不同的目标，如股东、债权人及管理者给出组织目标，组织战略 S_1 由组织目标 O_1、O_2 给出，从而可以列出信息系统（IS）的目标、约束以及设计战略。

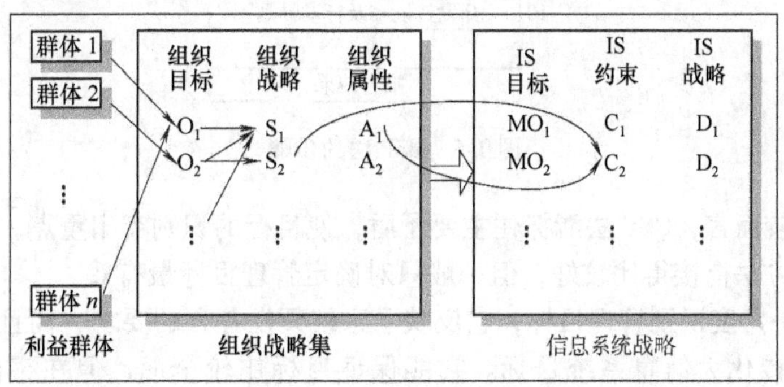

图 7-4　SST 法的步骤

（三）企业系统规划法

企业系统规划（Business System Planning，BSP）法是于20世纪70年代初由IBM公司作为一种内部系统开发方法提出的。它主要是基于信息支持企业运行的思想，通过自上而下地识别系统目标、企业过程和数据，然后对数据进行分析，自下而上地设计管理信息系统。该管理信息系统支持企业目标的实现，表达所有管理层次的要求，向企业提供一致性信息，对组织机构的变动具有适应性。

企业系统规划法的作用在于确定出未来信息系统的总体结构，明确系统的子系统组成和开发子系统的先后顺序，对数据进行统一规划、管理和控制，明确各子系统之间的数据交换关系，保证信息的一致性。BSP法的实施步骤如下：通过自上而下地识别系统目标、企业过程和数据，然后对数据进行分析，自下而上地设计管理信息系统。管理信息系统支持企业目标的实现，表达所有管理层次的要求，向企业提供一致性信息，对组织机构的变动具有适应性。

BSP法是把企业目标转化为信息系统战略的全过程，来支持企业各层次的目标。其工作步骤如图7-5所示。

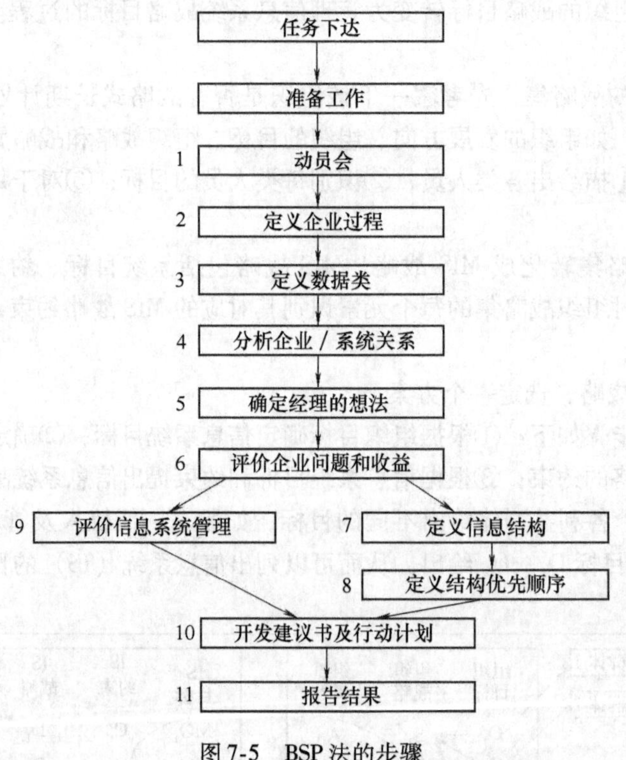

图7-5 BSP法的步骤

三种方法比较而言，CSF法能抓住主要矛盾，使目标的识别突出重点，用这种方法确定的目标和传统的方法衔接得比较好，但一般只对确定管理目标最有效。

SST法从另一角度识别管理目标，它反映了系统开发各方的要求，而且给出了按这些要求的分层，然后转化为信息系统目标。它能保证目标比较全面，但在突出重点方面不如前者。

BSP 法虽然也强调目标，但没有明显的目标引出过程。它通过酝酿“过程”引出系统目标，企业目标到系统目标的转换是通过组织/系统、组织/过程以及系统/过程矩阵的分析得到的，这样可以定义出新的系统以支持企业过程，也就是把企业的目标转化为系统的目标。所以，识别企业过程是 BSP 法的中心。

把这三种方法结合起来使用称为 CSB 方法（即 CSF、SST 和 BSP 的结合）。这种方法先用 CSF 法确定企业目标，然后用 SST 法补充完善企业目标，并将这些目标转化为信息系统目标，用 BSP 法校核两个目标，并确定信息系统结构。这样就弥补了单个方法的不足。

由于战略规划本身的非结构性，MIS 战略规划至今没有找到一个唯一解。任何一个信息系统的规划都不应照搬以上方法，而应当视具体情况具体分析，择以上方法的可取之处，灵活运用。

（四）基于 BPR 的信息系统规划

管理大师迈克·哈默（Michael Hammer）和钱皮·詹姆斯（James Champy）于 20 世纪 90 年代初合作出版了一部名为《企业流程重组》的著作，提出了通过业务流程的重组完成现代企业重组的理论主张和操作思路。业务流程重组（Business Process Reengineering，BPR）从 1990 年诞生概念，到 1993 年达到顶峰，在美国几乎形成一股风潮，被称作是“恢复美国竞争力的唯一途径”，同时还波及日本、德国等其他工业化国家。它强调以业务流程为改造对象和中心，以关心客户的需求和满意度为目标，对现有的业务流程进行根本的再思考和彻底的再设计，利用先进的制造技术、信息技术以及现代化的管理手段，最大限度地实现技术上的功能集成和管理上的职能集成，以打破传统的职能型组织结构（Function-organization），建立全新的过程型组织结构（Process-oriented Organization），从而实现企业经营在成本、质量、服务和速度等方面的巨大改善。

1. 业务流程重组的特征

（1）根本的。“根本的”也就是说不是枝节、表面，而是本质的，即革命性的。对现行系统进行彻底的质疑，用敏锐的眼光发现企业的问题，只有看出问题、看透问题，才能更好地解决问题。

（2）彻底性。“彻底性”意味着对企业从深层次开始进行追根溯源，对既定的企业流程、制度以及管理不是进行肤浅的改变或调整修补，而是摒弃以前的流程、制度以及管理，完全进行急风暴雨式的革命。所以，绝对不可以把 BPR 归属于改革或者改良。

（3）显著性。从定性的层次上来说，“显著性”意味着 BPR 追求的不是简单层次上的经营业绩、管理效益和资本运营的小幅度提升、略有改善或者稍有好转等，而是要求使企业经营业绩、管理效益、资本运营有显著的增长、极大的飞跃。从定量的层次上来说，BPR 对“显著性”的具体要求如下：将生产周期缩短 70%，成本降低 40%，客户满意度、产品质量和总收入均提高 40% 等。

2. 业务流程重组的类型

不同行业、不同企业，流程重组的形式不可能完全相同。根据流程范围和重组特征，总体上可将其分为以下三类：

（1）功能内的重组。功能内的重组通常是指对职能内部的流程进行重组。在旧体制下，各职能管理机构重叠，中间层次多，而这些中间管理层一般只执行一些非创造性的统计、汇总、填表等工作。事实上，计算机完全可以取代这些业务而将中间层取消，使每项职能从头到尾只有一个职能机构管理，做到机构不重叠、业务不重叠。例如，物资管理由分层管理改为集中管理，取消二级仓库；财务核算系统将原有数据输入计算机，全部核算工作由计算机完成，变多级核算为一级核算等。

（2）功能间的重组。功能间的重组是指在企业范围内，跨越多个职能部门边界的业务流程重组。例如某汽车制造厂进行新产品开发的机构重组，以开发某一新产品为目标，组织集设计、工艺、生产、供应、检验人员为一体的承包组，打破部门的界限，实行团体管理，以及将设计、工艺、生产制造并行交叉的作业管理等。这种组织结构灵活机动，适应性强，使许多工作可以平行处理，从而大幅度地缩短新产品的开发周期。

（3）组织间的重组。组织间的重组是指发生在两个以上企业之间的业务重组。例如通用汽车公司（GM）与 SATURN 轿车配件供应商之间的购销协作关系就是企业间重组的典型例子。GM 采用共享数据库、EDI 等信息技术将公司的经营活动与配件供应商的经营活动连接起来。配件供应商通过 GM 的数据库了解其生产进度，拟订自己的生产计划、采购计划和发货计划，同时通过计算机将发货信息传给 GM。GM 的收货员在扫描条码确认收到货物的同时，通过 EDI 自动向供应商付款。这样，就使 GM 与其零部件供应商的运转像一个公司，实现了对整个供应链的有效管理，缩短了生产周期、销售周期和订货周期，减少了非生产性成本，简化了工作流程。这类重组是目前业务流程重组的最高层次，也是重组的最终目标。

实施业务流程重组的主要技术是简化过程：战略上精简分散的过程，职能上纠正错位的过程，执行上删除冗余的过程。企业流程重组就是应用信息技术，充分发挥信息技术的潜能，利用信息技术改造企业过程、简化企业过程、变革组织结构，达到组织精简、提高效率的目的。简化过程的原则：纵向集成；横向集成；减少检查、校对和控制；单点对顾客；单库提供信息；一条路径到达输出；并行工程；灵活选择过程连接。

福特汽车公司采购流程再造是一个经典案例。底特律的福特汽车公司生产汽车的零部件大约有 2/3 是从外部购入的。福特汽车公司北美货款支付处有 500 多名雇员。然而，福特汽车公司随即发现在它拥有 22% 股份的马自达公司，只有 5 个人做同样的工作。即使考虑到两个公司的规模和业务量，这一差别也是巨大的。福特汽车公司的主管人员不得不对包括应付账款部门在内的全部工作流程进行反思。福特汽车公司的应付账款部门关于这批货物有三种凭证——购货订单、收货凭证和发票。如果这三种凭证上的数据互相吻合，应付账款部门的办事人员就签字同意付款。在福特汽车公司的应付账款部门内，办事人要花大部分工作时间来处理购货订单、收货凭证和发票三者不吻合的事件。

通过研究，重组后的福特汽车公司新的采购流程是：采购部门的一名采购员向供应商发出购货订单，与此同时，将订单上的有关内容输入联机数据库。供应商和以往一样，将货物发往买方的收货点。货物运到后，收货点的工作人员通过计算机终端机进行核对，核对已经运到的货物同数据库中储存的已经发出的购货订单的内容记录是否相符。如果相符，则收货点的工作人员接收这批货物，并按计算机终端的键，告诉数据库这批货物已经运到。数据库现在已记下收到这批货物，而且，计算机会自动地签发一张支票并在适当时候把它发往供应商。如果不相符，那么收货点的工作人员拒绝在运货单上签收，让它退还给供应商。

新的流程关键在于完全取消了发票，办理应付账款的办事人员也就不再需要把购货订单、收货凭证同发票进行核对。福特汽车公司办理向卖方付款等事项的人员由 500 多名减少到 125 名。

3. 业务流程重组的挑战

业务流程重组是信息系统建设的一种高级形式，它要求对组织中的业务过程作比较彻底的再设计，组织本身也会产生深刻的变化。实施 BPR 不仅是单纯的技术问题，更是一种思维方式的转变。BPR 不是万能的，所以在实施过程中需要企业从全方面提供有效支持，而完整的信息系统才是高效实现新流程的前提。组织可以从中获得更大的收益，也同时承担了更大的风险。2001 年，英国 FCD 调查机构对全球 600 个 BPR 项目进行了调查，结果是 78% 的企业项目取得的效果与预期相距甚远，其中甚至有 45% 的项目使企业取得负面效益。早期 BPR 的激进性主要表现在：价值流再建是非连续型的改变过程，追求的是 10 倍的改进，往往要废弃旧的工作流程，彻底重新设计未来的流程。价值流再建的驱动因素主要是由于经营环境的变化或者客户价值的重新定义，使得成功率很低。

在失败的案例中，只有一小部分是由于对业务流程重组本身的理解不充分造成的。表现为高层管理人员未能提出需要通过业务流程重组来解决的关键问题，没能理解对主要业务过程作彻底的根本改造与作简单改良的区别。他们在实施过程中只是对原有的业务流程作了一些改良、改进，并没有从根本上进行再设计。

更多的失败是来自于不良的实施过程和对实施过程的管理不当。尤其是如果不能处理好实施过程中组织内普遍存在的不安心与担心情绪，将会导致员工对改革的抵制。统计表明，这种内在的抵制是造成失败的重要因素。

在反思早期 BPR 激进模式的同时，人们提出了以“改良”为导向的业务流程优化(BPI)。其主要特点是：立足于分析理解现有流程；在现有流程基础上进行优化并建立新流程；将焦点集中在流程本身的效率上，而不考虑对管理框架进行整体性的颠覆；力图在已有的管理架构中完成工作流程合理化和业务活动自动化的任务，或是为了得到更集成的管理信息而在现有管理框架不变的前提下引进信息技术，组织转变风险相对较低。

【MIS 视窗】

IBM 信贷公司是 IBM 的一个子公司。它为 IBM 公司销售的计算机、软件提供融资服务，即为 IBM 的客户提供贷款服务。该公司早期的经营过程如图 7-6 所示。整个过程平均耗费七天时间，遇特殊情况需要两周。从营销代表的角度看，这个过程实在太长了。这等于有七天时间让客户去寻找其他融资渠道，这些客户可能被其他计算机卖主拉走而终止与 IBM 的交易。尽管营销代表一次次电话催问：“我们的交易申请在什么地方？什么时候给我结果？”但没有线索，因为申请表已消失在过程链中。

IBM 信贷公司曾试了几种方法来改进这个过程。例如，它曾决定增设一个控制服务台以便回答营销代表的询问。这时，申请表不是由上一个部门送至下一个部门，而是每个部门把所完成的文件送返控制服务台，由控制服务台人员将完成情况记录在案之后再送至下一个部门。这样，控制服务台能清楚地掌握每份申请表的具体位置，可回答营销代表的询问。但是，整个过程的时间更长、代价更高。

IBM 信贷公司的两位高级管理人员决定进行深入的调查研究。他们亲自受理了一份融资申请，带着这份申请走遍了图 7-6 中出现的五个部门，让每个部门的职员放下手中的事情来处理这份特殊的申请。结果完成全部工作只需 90min。这一发现使管理层关注整个贷

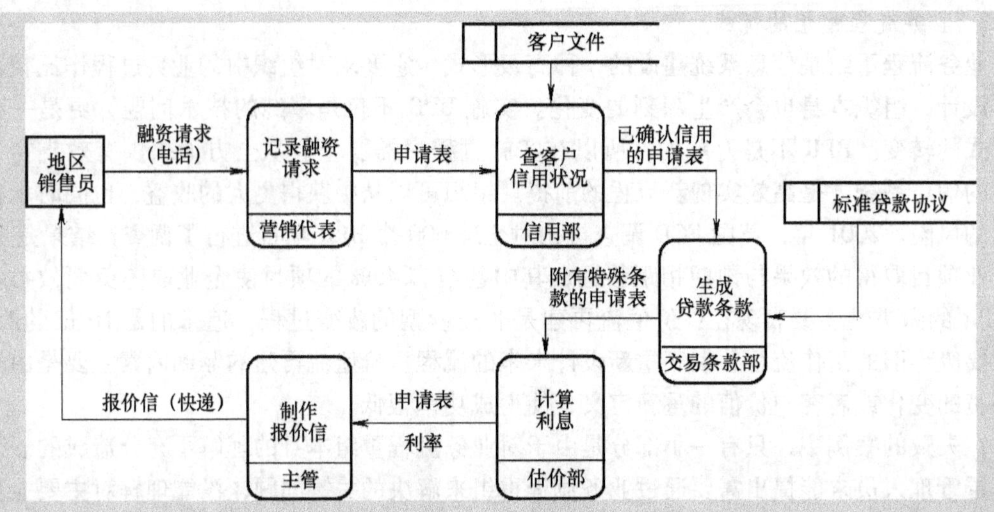

图 7-6　IBM 信贷公司早期的经营过程

款过程的核心问题，并进行更深入的思考，决心改变经营过程。最后，公司决定用熟悉多种业务的交易员取代信用审核员、定价员等专业人员。申请表不再从一个办公室送到另一个办公室，而是由交易员从头至尾负责全部工作，取消了申请表的多层传递。

原先的过程设计建立在一个根深蒂固的劳动分工的基础上，并假设每一次交易请求既独特又复杂，因而需要四个训练有素的专业人员分工处理。这种假设实际上是错误的。事实上，大多数贷款申请既简单又直截了当。高级管理人员发现，大多数人员都是不同程度地执行例行手续，如在数据库中查找借方的信用等级，在一张标准表格中填上数字，从一份文件中抽出几条特殊条款等。这些任务在一台计算机的帮助下完全可以由一个人单独完成。因此，该公司开发了一种新型的信息系统来支持交易员的工作。在大多数情况下，系统可以向交易员提供行动指南。在特殊情况下，交易员可以从信用审查和定价方面的专家那里得到帮助。即使在这种情况下，申请表也不用往返传递，因为他们都在同一小组或团队中工作。

如前所述，IBM 公司对以上过程的重新设计带来了巨大的效益。过程周期由平均七天被减少到 4h。这一过程的重新设计使公司所处理的交易额增加了 100 倍。

第二节　管理信息系统分析

系统分析是在总体规划的指导下，对系统进行深入、详细的调查研究，确定新系统的逻辑模型。系统规划阶段确认是否要开发一个管理信息系统项目，即解决“要不要做”的问题；而系统分析就是回答“做什么”。

一、系统分析的任务

1. 了解用户意向，定义系统需求

详细了解每个业务过程和业务活动的工作流程及信息处理流程，理解用户对信息系统的需求，包括对系统功能、性能方面的需求，对硬件配置、开发周期、开发方式等方面的意向。由用户提出初步的要求，经系统分析人员对系统的详细调查，进一步完善系统的功能、性能要求，最终以需求说明书的形式定义系统需求。

2. 确定逻辑模型，形成分析报告

在详细调查的基础上，确定系统应具有的逻辑功能，再用适当的方法表征出来，形成系统的逻辑模型。新系统的逻辑模型由一系列图表和文字组成，在逻辑上描述新系统的目标和具有的各种功能和性能，且以系统分析报告的形式表达出来，为下一步系统设计提供依据。

二、系统分析的步骤

建立 MIS 实际上是一项复杂的工程，只是这个工程不是常见的如桥梁建筑等实体工程，而是一个似乎无形的、从直观上难以感觉到它的发展的软件工程。但无论是实体工程还是软件工程，它们的开发过程都应遵循系统开发的生命周期，即先从用户的需求分析入手，待得到详细的调查资料并明确新系统的目标后，确立设计方案并投入实施，最后验收评审，交付用户使用。

系统开发的目的是要向用户提供满足他们需要的系统。系统分析是这一过程的核心，这项工作主要是由系统分析员承担。其主要任务是分析用户的要求，确立新系统的逻辑功能，以满足用户业务上的需要。用来实现这些任务的传统系统分析方法存在许多缺陷和弊病，主要表现在：

（1）系统分析员缺乏足够的业务知识。在向用户了解情况、进行调查研究时，他们往往不知道该向用户问些什么问题，而用户也不知道应该向系统分析员提供一些什么信息和资料，这样就使得建立起来的系统中存在许多缺陷，不能满足用户的需要。

（2）用户对计算机知识的了解不够多，不知道计算机能做什么，不能做什么。

（3）大量的数字、资料及表格使系统分析员过早地陷入系统的业务和技术细节中。当然，这些细节在整个系统开发过程中是必不可少的。但系统分析员没有一个合适的方法来组织和处理这些细节，很难从中理出头绪，得到一个综合性的概念。

（4）用语言对系统进行描述经常是十分模糊的，并且会使用户很难弄清楚系统的各个部分是如何联系在一起的。另外，在还没有完全弄清楚系统到底要做什么就急于对系统进行物理实施，常会造成巨大的浪费。

（5）系统开发过程的所有工作内容是用整块文章的形式写出来的，不仅十分冗长，而且充满了计算机术语，用户很难理解。这种不规范化文档给用户和系统开发人员都会带来很大的不方便。

这些实际问题促使人们去研究新的方法和工具，帮助系统分析员更好地工作和发挥应有的作用。20 世纪 70 年代中期，结构化系统分析方法应运而生。该方法要求 MIS 的开发工作按照规定步骤，使用一定的图表工具，在结构化和模块化的基础上进行；强调用户的利益，建立面向用户的观点，同时将逻辑设计与物理设计分别进行；工作文件实现标准化、规范化。该方法可以适用于整个系统开发过程，尤其是在系统分析阶段，其作用非常明显。

按照结构化分析方法，系统分析由以下几个步骤完成：

1. 对现行系统的详细调查

对现行系统的详细调查是集中一段时间和人力，通过各种途径进行全面、充分和详细的调查，弄清现行系统的边界、组织机构、人员分工、业务流程、各种计划、单据和报表的格式、种类及处理过程、企业资源及约束情况等，为系统开发做好原始资料的准备工作。其重点在于信息系统的内部结构、具体功能、组织安排和先后次序等。

2. 组织结构与业务流程分析

该步骤是在详细调查的基础上，用一定的图表和文字对现行系统进行描述。开发一个新系统可视为对组织的一种有目的的改造过程，需详细了解各级组织的职能和有关人员的工作职责、决策内容及对新系统的要求。业务流程的分析应当顺着原系统信息流动的过程逐步进行，通过业务流程图详细描述各环节的业务及信息的来龙去脉。

3. 系统数据流程分析

系统数据流程分析是指对调查得到的大量材料进行整理、分类、汇总分析和归纳，把数据在组织或原系统内部的流动情况抽象独立出来，舍去具体组织机构、信息载体、处理工作、物资、材料等，仅从数据流动过程考察实际的数据处理模式；弄清信息系统中处理过程的流程、各类数据的属性、数据的存储要求、数据的查询要求等，并给出定性和定量的描述性分析。

4. 业务处理调查与分析

业务处理调查与分析采用决策树、决策表和结构式语言等工具，对数据流程图中的每一个处理过程加以详尽说明，并精确描述用户要求一个处理过程做什么。其中最基本的部分是处理的逻辑，即用户对这个处理过程的逻辑要求，以及该过程的输出数据流与输入数据流之间所具有的逻辑关系。

5. 建立新系统的逻辑模型

在系统调查和系统分析的基础上，可以用一组图表工具表达和描述，建立新系统逻辑模型，方便用户和分析人员对系统提出改进意见。

6. 提出系统分析报告

系统分析阶段的成果是系统分析报告。它是系统分析阶段的总结和向有关领导提交的文字报告，反映这个阶段调查分析的全部情况，也是下一步系统设计的工作依据。

三、系统调查

1. 系统初步调查

系统初步调查要从被调查系统的现状入手，与系统分析阶段的详细调查相比要粗浅一些，范围要广一些。系统分析人员的中心议题应是“系统现在的情况是怎样的”，而决不应该抱着“系统应该如何如何”的态度。所收集的资料包括组织环境、组织机构、经营目标及约束条件、资源情况、目前存在的问题等。具体有以下几个方面：

（1）组织环境。组织环境包括系统的发展历史、目前的组织规模、经营范围及效果、组织与外界的联系。调查组织环境的目的是确定系统的外界及与外界的接口，从而衡量现有的管理水平。

（2）组织机构。一个组织内部部门之间及人与人之间的关系很复杂，只有了解清楚组织的内部机构，才能掌握现行系统的构成和业务分工。另外还可从中发现一些不合理现象。

（3）经营目标和约束条件。系统目标规定了系统设计的方向，也是系统鉴定的最终依据。一般来说，一个组织总存在一个它所要实现的总目标，而该总目标又可由若干个子目标构成。在确定企业经营目标的同时，还应了解实现该目标的约束及限制条件。

（4）资源调查。系统资源包括人力、财力、物力等。资源调查可以弄清系统的功能、人数、技术水平及工作效率；另外还应弄清组织为实现系统目标所能投入的资源条件。在此项调查中，还应注意收集伴随人力、物力、财力资源的信息资源。

（5）薄弱环节。了解现行系统存在的主要问题，特别是那些需要在新系统中得到解决和改进的问题，是一项非常重要的工作。因为这些问题常常是新系统目标的重要组成部分。在调查中，要注意收集用户的各种要求和建议，善于发现问题并找出问题的症结所在。

2. 系统可行性研究

系统初步调查的一个重要结果是决定所要求的系统是否可行。在现代化管理中，经济效益的评价是决策的重要依据。在采取一项重大的改革和投资行动之前，人们首先关心的是它能带来多大的效益。新系统开发是一项耗资多、耗时长、风险性大的工程项目。因此，在新系统开发的大规模行动之前，要对系统开发的有益性、可能性和必要性进行初步分析。可行性研究是为了避免盲目投资，减少不必要的损失。系统初步调查结束后的可行性研究主要从以下三个方面入手：

（1）经济因素。这主要是指估算一个信息系统开发所需要的投资费用和运行费用，并与估计的新系统收益进行比较，看是否有利。

投资费用和运行费用主要包括设备费用、人员费用、材料费用及一些不可预知的费用。由于很多意外现象会使费用增加，所以应加大比例。例如，在购买计算机的时候，常常只考虑了主机的费用，而低估了外围设备的费用；只考虑了硬件的费用，而低估了软件的费用。

在收益估计中常出现高估现象，因为有些预想不到的问题常使新系统达不到预计的目标。人们往往把引进计算机后所增加的信息处理的能力，与实际产生的效益混为一谈。用计算机代替手工生成表格，把原来要用10h能完成的制表任务在10min内完成，但不能说就一定能使效率也提高60倍。因为制表任务是整个信息系统中的一个环节，它的前后都还有许多其他的工作，解决一个瓶颈问题，其他环节的限制也会暴露出来。

（2）技术因素。技术可行性分析主要是分析所提出的要求在现有技术条件下是否可能直接实现，利用现有的设备、软件及技术人员，新系统的目标能否实现。无论是从硬件还是从软件方面，都应验证所使用的技术是否成熟、过硬，能否有效地支持应用系统。例如对加快运行速度的要求、对存储能力的要求、对通信功能的要求等，都需要根据现有的技术水平进行认真的考虑。特别要注意的是，不能将尚在实验室里的新技术作为讨论的依据。

（3）社会因素。这是指新系统在目前环境下能否正常运行，运行后所引起的各方面变化，以及这些变化对社会或人的因素所产生的影响。由于信息系统是在一定的社会环境中工作的，除了经济因素和技术因素外，还有很多社会因素制约着项目的开展。在这方面的分析中，应注意与外界各方面的实际情况相符合，要考虑现行系统人员对新系统的适应性等问题。例如与项目有直接关系的管理人员是否支持项目的开展，企业的管理制度是否正在变动之中等。

可行性分析完毕后，需要编写并提交一份可行性报告。该报告应详细阐明新系统开发的背景、必要性及意义，提出几个可供选择的开发方案，并分别从经济可行性、技术可行性及运行可行性角度进行分析比较。

如果可行性研究通过，则可进入系统分析阶段。如需改进，可待条件成熟后，重新论证。如果可行性研究结果完全不可行，则系统开发工作必须放弃。

3. 数据收集的方式

(1) 面谈。面谈是指系统分析员通过口头提问的方式收集信息。面谈的对象通常选择那些对系统很了解的人。讨论系统的特性，常可使系统分析员得到采用其他方法得不到的信息。面谈常常是获得定性信息的最好方法。

面谈的方式有很多种。非结构式的自由交谈的方式可使面谈者感到轻松，系统分析员比较容易了解对方的感觉、观点和信念，但只能获得一般信息。而结构式面谈方法可获得具体的应用细节，保证所有面谈者的回答可靠性较高。结构式面谈可让面谈者对某个具体问题提出自己认为适当的答案，也可对一组问题采用选择式回答。

面谈方法灵活，信息质量高、数量大，还可控制。但面谈时间消耗多，面谈者可能带有偏见，收集的信息也不好处理。

(2) 使用调查表。当需要广泛接触系统中各方面的大量人物时，使用调查表可能是最好的方法。当向被调查人员发放调查表并请他们回答问题时，这种背对背的调查方式可以使回答者有很好的匿名机会，以获得更加真实的答案。因为问题的格式和内容对收集重要情况方面很重要，所以，设计调查表时要花很多时间。在设计调查表之前，应先明确调查的目的。在设计中，系统分析员应该确定在最有利于研究和最能被调查者理解的情况下，怎样使用这样的调查表来收集数据。

使用调查表的缺点是信息的反馈率低，在一般情况下，回收率仅为25%～35%。

(3) 阅读资料。许多企业都保存员工使用的有关政策手册、规章制度以及标准的操作规程。通过阅读这些资料，系统分析员可了解现有的数据处理过程、企业的经营情况、系统的要求、资源约束。这时应注意在阅读时要目的明确，否则会陷入一大堆资料之中，无所适从。

阅读资料存在的一个突出问题是系统分析员无法从资料中了解各种活动实际上是怎样发生和运行的。

(4) 观察。实地观察工作能为系统分析员提供一些采用其他方法不能获得的事实。各项业务工作都是很复杂的，单凭面谈、发放调查表等方式很难掌握其具体的细节。而观察有时能获得直接的原始的信息。

观察本身也是一门艺术。知道观察什么，怎样评价它的重要性，这需要经验。熟练的观察员很注意谁在使用文件、是否碰到了困难、有些文件或记录为什么未被使用、怎样处理观察时的失真现象。选择错误时间观察异常的工作或多或少会使调查失真，训练有素的系统开发人员应该知道什么时候可忽略这些情况，并知道日常的正常工作是怎样进行的。在有些情况下，系统分析员为了获得第一手资料，必须参与进去，亲自参加几个周期的工作。

观察方法是获得第一手资料的最佳方法。但观察所花时间长，效率低，一般需要有经验的专家参与，并且有可能影响被观察者的工作与行为。

上面介绍了几种常用的数据收集方式，在实际运行中，常常是几种方式配合使用。

4. 调查要领

现行系统的调查是一项烦琐而艰巨的工作。为了使该项工作能顺利进行，需要掌握一定的工作方法和要领：

(1) 安民告示。系统分析员和用户要制订调查研究的进度计划，以便事先安排时间和内容，并通知有关人员。

（2）调查顺序。先自上而下作初步调查，在了解全局、总体的基础上，再自下而上地进行具体调查研究。

（3）数量概念。在调查过程中要注意数量概念，要收集足够的数字供定量分析使用。

（4）研究分析。调查主要是大量原始素材的汇集过程。系统分析员必须对这些内容进行整理、研究和分析，并将有关内容绘制成描述现行系统的各种图表，以便在短时期内对现行系统有全面细致、充分的了解。

（5）调查态度。由于调查对象性格迥异，如何从不同对象的口中得到所需的信息，必须善于做好相关人员的工作。系统分析员在调查过程中只有始终具备虚心、热心、耐心、细心、恒心等良好性格修养和调查态度，才能取得理想的调查效果。

四、现行系统的调查与分析

（一）组织结构与业务流程分析

1. 组织结构图

组织结构是指一个组织内部部门的划分及其相互之间的关系。要建立管理信息系统，就必须知道现行系统的机构设置情况和它们之间的隶属关系。当然，最应该关心的是那些与计算机管理有关的机构和关系。组织结构调查的目的是要弄清组织内部的部门划分，各部门之间的领导与被领导关系，信息资料的传递关系，物资流动关系与资金流动关系，以及详细了解各级组织存在的问题以及对新系统的要求等。

对一个部门或单位的组织结构，最直接的办法是用图来表示。组织结构图就是描述组织的管理层次和业务分工的有力工具。图 7-7 是某企业的组织结构图。通过组织结构图，系统开发人员可以从总体结构上了解信息流动的基本情况。画组织结构图的过程实际上是系统分析人员自己逐步了解系统情况的过程。系统开发人员与用户之间联系非常密切，需要彼此间进行良好的沟通。调查中，系统开发人员既要完成好自身工作任务，又要考虑所调查业务

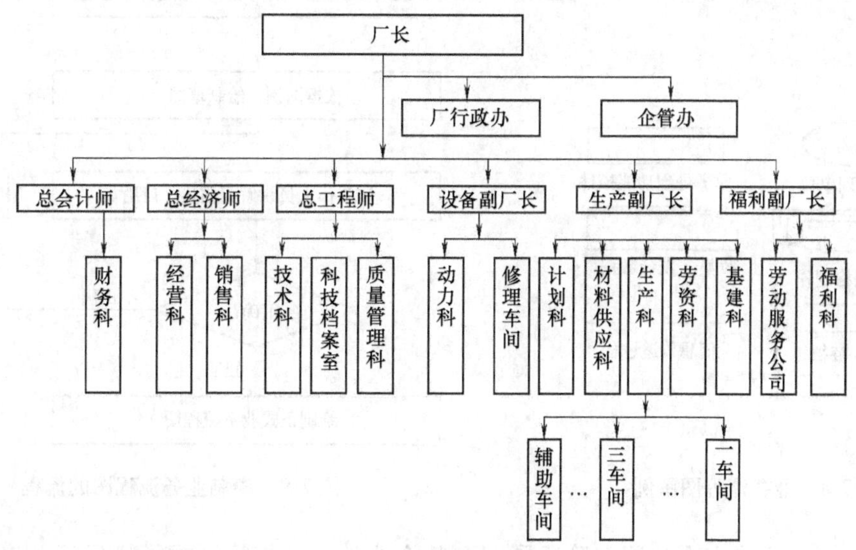

图 7-7　某企业的组织结构图

与其他业务间的联系，本着了解“系统现在的情况是怎样的”，而不是“系统应该是怎样的”来进行调查。画组织结构图应注意：

- 不能只画组织中的从属关系、领导和被领导关系，因为它们不是全部信息流。
- 应具体调查结构的职能，不能仅按结构名称画图。
- 实际情况往往较复杂，很难设计出面面俱到的 MIS，应突出重点。

2. 业务流程图

在确定了需要重点了解的部门之后，就需要集中力量把这些部门的信息流动情况调查清楚。业务流程调查的主要任务是调查系统中各环节的业务活动，掌握业务的内容、作用，及信息的输入、输出，数据存储和信息的处理方法及过程等。它是掌握现行系统状况、确立系统逻辑模型不可缺少的环节。

业务流程可以采用文字和流程图的方式进行描述，而流程图的方式更加直观。业务流程图（Transaction Flow Diagram，TFD）就是用一些规定的符号及连线来表示某个具体的业务处理过程，是一种系统分析人员都懂的共同语言。在一般情况下，组织的管理人员和用户对业务流程更加了解，因此可以由他们负责绘制业务流程图。对业务流程图的分析，可以为数据流程的分析和 BPR 打基础。

（1）业务流程图图例。画业务流程图之前，要明确业务流程图的基本符号及含义。图 7-8是业务流程图图例。

（2）绘制业务流程图的步骤。在画业务流程图之前，先要确定调查对象，深入现场调查。要对现行系统进行详细调查，听取工作人员介绍业务处理过程，然后依据图例绘制草图，向工作人员讲解、描述、讨论，如不正确，再进行修改，若正确，则绘制正式业务流程图，并写出现行系统业务流程总结。具体的流程图如图 7-9 所示。

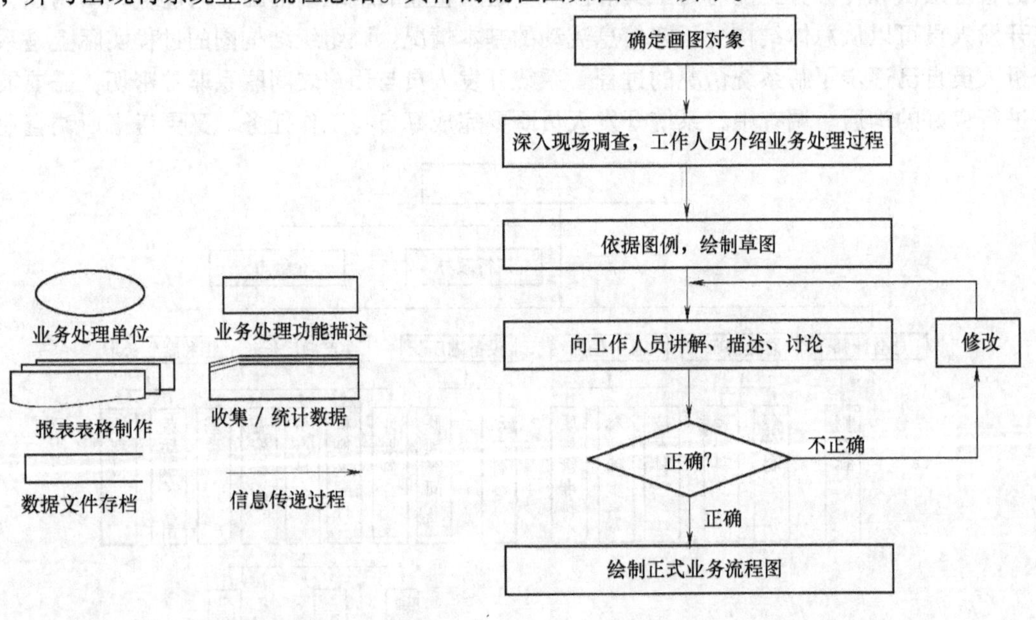

图 7-8　业务流程图图例

图 7-9　绘制业务流程图的流程

例如，开发人员在系统调查阶段了解到某企业的会计核算形式是科目汇总表的核算形式，其账务处理业务流程如下：

- 根据审核无误的原始凭证汇总表编制记账凭证，包括现金收付、银行收付、转账凭证。
- 根据现金收付款凭证登记现金日记账。
- 根据银行收付款凭证登记银行存款日记账。
- 根据银行送来的对账单对银行存款日记账核对。
- 根据记账凭证及所付原始凭证登记有关明细账。
- 根据记账凭证，按相同的借贷方汇总出科目汇总表。
- 根据科目汇总表登记汇总分类账。
- 将明细账科目余额与财产物资实用数核对。
- 把总分类账余额与有关明细账余额核对。
- 根据总账、明细账余额编制各种会计报表。

其业务流程图如图 7-10 所示。

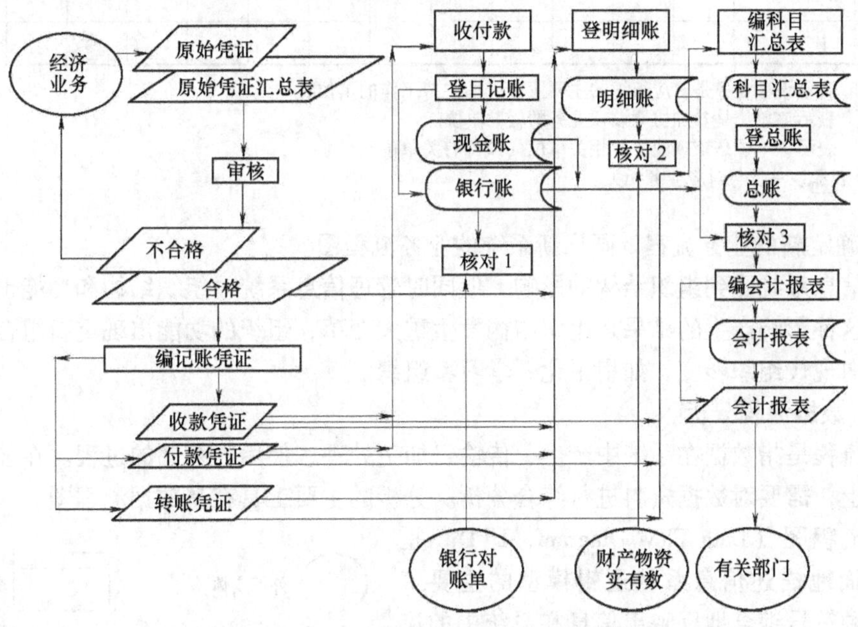

图 7-10 账务处理现行系统业务流程图

3. 组织结构图及组织与业务关系表

组织与业务关系表可以反映两者之间的大体关系。通过组织/功能分析，使组织的功能进一步理顺，提高管理效率。表 7-1 为一组织/业务关系表。通过此表，可分析现行系统中不合理的现象，不合理的部分对组织整体目标的影响有哪些，产生的历史原因是什么，改进措施以及对与之相关部分（包括涉及的部门和人员的利益）的影响有哪些等。

按照业务流程，先是对业务流程进行分析，然后实施对功能的重组，包括以下内容：

（1）原有流程的分析。分析原有业务流程的各处理过程是否具有存在的价值，其中哪些过程可以删除或合并，原有业务流程中哪些过程不尽合理，可以进行改进或优化。

（2）业务流程的优化。分析原有业务流程中哪些过程存在冗余信息处理，可以按计算机信息处理的要求进行优化；流程的优化可以带来什么好处。

表 7-1 组织/业务关系表

功能	序号	组织联系的程度业务	计划科	质量科	设计科	工艺科	机动科	总工室	研究所	生产科	供应科	人事科	总务科	教育科	销售科	仓库	…
功能与业务	1	计划	*				√		×	×				×	×		
	2	销售		√											*	×	
	3	供应	√							×	*					√	
	4	人事										*	√	√			
	5	生产	√	×	×	×		*		*	×				√	√	
	6	设备更新				*	√	√	√	×							
	7	⋮															

注：“*”表示该项业务是对应组织的主要业务（即主持工作的单位）。
“×”表示该单位是参加协调该项业务的辅助单位。
“√”表示该单位是该项业务的相关单位（或称有关单位）。
空格表示该单位与对应业务无关。

（3）确定新的业务流程。画出新系统的业务流程图。

管理信息系统受到组织结构的影响，但同时管理信息系统对组织结构和功能也会产生重大影响。这种影响产生的结果是组织结构发生重大变革，组织的功能出现重新组合，组织结构由传统向现代组织转变，如扁平化、学习型组织。

（二）数据流程分析

数据流程是指数据在系统中产生、传输、加工处理、使用、存储的过程。在前一调查分析的基础上，需要对数据资料进行综合分析。分析的主要工具就是数据流程图。

数据流程图（Data Flow Diagram，DFD）是一种能全面地描述信息系统逻辑模型的主要工具，用四种符号综合地反映出信息在系统中的流动、处理和存储情况，如图 7-11 所示。

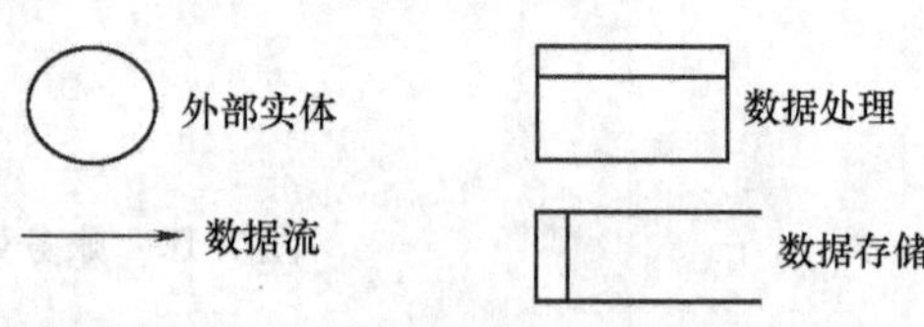

图 7-11 数据流程图的符号

（1）数据流。数据流是指各种各样信息的传输，包括数据的传递、抽取、存入等，用箭头表示。在物理实现的手段方面，它可以包括报表的传递，电报、信件、电话的收发，计算中各种磁性介质材料的传送以及使用。

（2）数据存储。数据存储可以指账本、记录本，也可指计算机中存储的各种文件及数据库。

（3）数据处理。数据处理包括任何一种对信息的加工，如排序、算术运算、逻辑判断、统计分析等。它既包括手工的加工处理，也包括使用计算机的加工处理。

（4）外部实体。外部实体是指在系统之外的、与系统有信息交流的部门或人员。对于系统而言，它们是信息的来源或去向。

数据流程图按业务流程图整理出的业务流程顺序，抽取出数据处理过程，显示出系统包括哪些处理过程，这些处理过程需要哪些数据、产生哪些数据，它们是如何通过数据的流动联系在一起的。数据流程图从信息处理的角度将一个复杂的实际系统抽象成一个逻辑模型，因而能够更深刻地反映系统信息处理的本质。

数据字典主要是对数据流程图中的数据项、数据结构、数据流、处理逻辑、数据存储和外部实体等六个方面进行具体的定义，是数据分析和管理的工具，同时也是系统设计阶段进行数据库设计的重要依据。数据流程图配以数据字典，就可以从图形和文字两个方面对系统的逻辑模型进行完整的描述。

1. 数据调查内容

（1）输入信息。这具体包括：输入信息名称；使用目的；搜集方式；发生周期；信息量；编码方式；保存期；相关业务；使用文字；其他。

（2）输出信息。这具体包括：输出信息名称；使用单位；使用目的；发行份数；发送方法；使用文字；输出时间；输出方式；其他。

（3）信息处理过程。这具体包括：处理内容；处理周期；处理方法；处理时间；处理场所；其他。

（4）存储方式。这具体包括：文件名称；保管单位；保存时间；总信息量；保密要求；使用频率；删除周期；追加周期；增加、删除比率。

（5）代码信息。这具体包括：代码名称；分类方式；编码方式；使用目的；起始码；终止码；未使用码；追加或废弃频率；其他。

（6）信息需求。这具体包括：所需信息名称；需求目的；需求单位；需求者；时间和期限；所需信息的形式；信息表达的要求。

2. 数据流程图画法

画数据流程图应遵循自上而下、逐层展开、输入输出、保持平衡的原则。

下面以某财务系统为例，绘制了部分的数据流程图，如图 7-12 所示。从图中可看到数据流程图是分层次的，绘制时采取自顶向下逐层分解的办法。

第一步是把系统看作一个整体，或一个总的数据处理模块，只要指明它和各有关外部实体之间的信息交换关系。画出顶层（第一层）数据流程图，如图 7-12a 所示。顶层数据流程图只有一张，它说明了系统总的处理功能、输入和输出。

第二步是对顶层数据流程图中的“账务处理”进行分解，也就是将“账务处理”分解为更多的“处理”。图 7-12b 是 7-12a 中的“账务处理”被分解后的数据流程图。

数据流程图分多少层次应根据现实际情况而定。对于一个复杂的大系统，有时可分至七八层之多。为了提高规范化程度，有必要对图中各个元素加以编号。通常在编号之首冠以字母，用以表示不同的元素。可以用 P 表示处理、D 表示数据流、S 表示外部实体。例如：P3. 1. 2 表示第三子系统第一层图的第二个处理。

3. 数据流程分析

数据流程分析是通过数据流程图来实现的。数据流程分析是把数据在组织（或原系统）内部的流动情况抽象地独立出来，舍去具体组织机构、信息载体、处理工作、物资、材料等，单从数据流动过程来考察实际业务的数据处理模式。

数据流程分析主要包括以下两种：

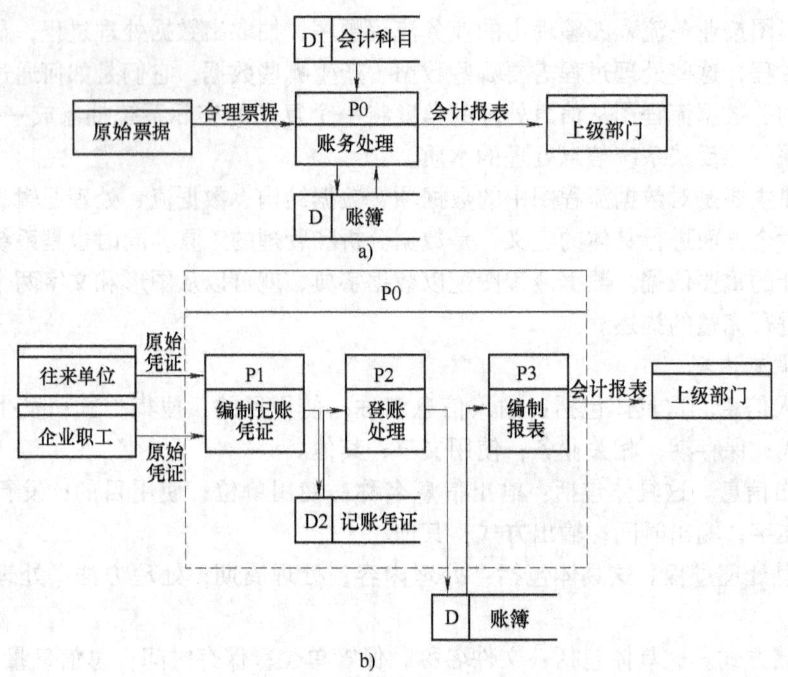

图 7-12　某财务系统数据流程图绘制

（1）围绕现存的业务流程进行分析。分析现有报表的数据是否全面，是否满足管理的需要，是否正确反映了业务实物流；现存的业务流程有哪些弊病，需要作哪些改进，作这些改进以后对信息与信息流应该作什么样的相应改进，对信息的收集、加工、处理有哪些新要求；哪些信息是多余的，哪些是系统内部可以产生的，哪些需要长期保存等。

（2）数据特征分析。分析数据的类型、长度、合理的取值范围，以及数据所属业务，数据业务量、数据的重要程度和保密程度。

数据流程分析的目的就是要发现和解决数据流通中的问题。这些问题包括：数据流程不畅，前后数据不匹配，数据处理过程不合理等。

问题产生的原因有的是原系统管理混乱，数据处理流程本身有问题；有的也可能是调查了解数据流程有误或作图有误。总之，这些问题都应该尽量地暴露并加以解决。一个通畅的数据流程是新系统用以实现这个业务处理过程的基础。

（三）业务处理调查与分析

业务处理指的是业务人员处理业务的算法和逻辑关系。数据流程图对确定系统的功能和处理过程是很有效的工具，但是并没有显示过程处理的内部逻辑。业务处理的分析是对业务流程分析和数据流程分析的补充，也是系统设计处理模块的设计依据。逻辑上复杂的处理，需要运用一些描述处理的工具来加以说明。常见的业务处理逻辑表达方法有决策树、决策表和结构式语言三种。

1. 决策树

决策树又称为判断树，用来描述一组不同条件下的行动和处理过程，采用树形图的方式。图 7-13 是一张用于根据用户欠款时间长短和现有库存量情况处理用户订货方案的判断树。判断树比较直观，容易理解，但当条件多时，不容易清楚地表达出整个判别过程。

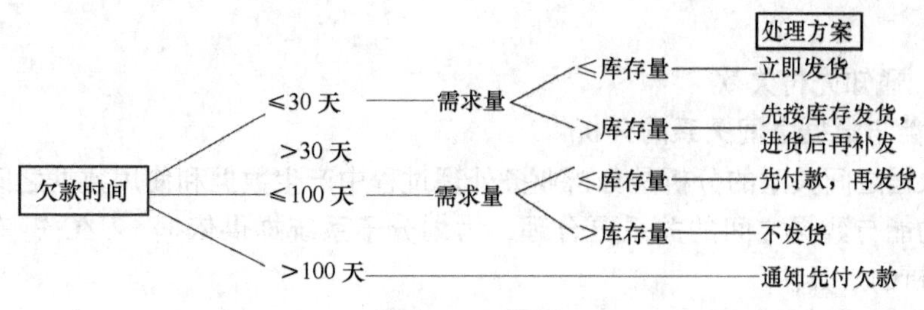

图 7-13　判断树

2. 决策表

决策表是采用表格方式来描述处理逻辑的一种工具。当判断的条件和相应的决策方案比较多的时候，可以采用决策表的形式来说明问题。处理订货单逻辑过程的决策表表示法如表 7-2所示，用“Y”代表符合条件，“N”代表不符合条件，“×”代表选中。

决策表可以清晰地表达条件、决策规则和应采取的行动之间的逻辑关系，容易为管理人员和系统分析人员所接受。

表 7-2　处理订货单的决策表

决策规则号		1	2	3	4	5	6
条件	欠款时间≤30 天	Y	Y	N	N	N	N
	欠款时间大于 100 天	N	N	Y	Y	N	N
	需求量≤库存量	Y	N	Y	N	Y	N
方案	立即发货	×					
	先按库存发货，进货后再补发		×				
	先付款，再发货					×	
	不发货						×
	通知先付欠款			×	×		

3. 结构式语言

这是一种模仿计算机语言的处理逻辑描述方法。它使用了由“IF”“THEN”“ELSE”等词组成的规范化语言。处理订货单逻辑过程的结构英语表示法如下：

```
IF  欠款时间≤30 天
    IF  需要量≤库存量
        THEN  立即发货
    ELSE
        先按库存发货，进货后再补发
ELSE
    IF  欠款时间≤100 天
      IF  需求量≤库存量
          THEN  先付款，再发货
    ELSE
          不发货
```

ELSE

通知先付欠款

（四）功能与数据之间关系的分析

功能与数据之间关系的分析是分析业务处理过程中产生数据和使用数据之间的关系。其目的是使得功能与数据之间的关系更合理，为划分子系统提供依据。U/C 矩阵是用来进行功能/数据分析的工具。

1. U/C 矩阵及其建立

U/C 矩阵是对要分析的内容所展开的一个二维表格。从理论上来看，建立 U/C 矩阵时，首先要进行系统化，自顶向下地划分；然后逐个确定其具体的功能（或功能类）和数据（或数据类）；最后填上功能/数据之间的关系。表 7-3 是建立 U/C 矩阵的例子。

表 7-3　U/C 矩阵举例——建立 U/C 矩阵

数据 / 功能	客户	订货	产品	操作顺序	材料表	成本	零件规格	原料库存	职工	财务	计划	机器负荷
经营计划						U				U	C	
财务规划						U			U	U	C	
资产规模										C		
产品预测	C		U								U	
产品设计开发	U		C		C		C					
产品工艺			U		C		C					
库存控制								C				
调度			U									U
生产能力计划				U								C
材料需求			U		U							
操作顺序				C								U

建立 U/C 矩阵后一定要根据“数据守恒”原则进行正确性检验，以确保系统功能数据项划分和所建 U/C 矩阵的正确性。它可以指出前段工作的不足和疏漏，或是划分不合理的地方，应及时加以督促以改正。具体来说，U/C 矩阵的正确性检验可以从如下三个方面进行：

（1）完备性检验。完备性（Completeness）检验是指对具体的数据项（或类）必须有一个产生者（即“C”）和至少一个使用者（即“U”），功能则必须有产生或使用（“U”或“C”元素）发生。这个检验可使我们及时发现表中的功能或数据项的划分是否合理，以及“U”“C”元素有无填错或填漏的现象。

（2）一致性检验。一致性（Uniformity）检验是指具体的数据项 / 类必有且仅有一个产生者（“C”）。如果有多个产生者的情况出现，则产生了不一致性的现象。其结果将会给后续开发工作带来混乱。这种不一致现象的产生可能有如下原因：

- 没有产生者——漏填了“C”元素或者是功能、数据的划分不当。
- 多个产生者——错填了“C”元素或者是功能、数据的划分不独立，不一致。

(3) 无冗余性检验。无冗余性（Non-verbosity）即表中不允许有空行或空列。如果有空行、空列，则可能出现了如下问题：

- 漏填了“C”或“U”元素。
- 功能项或数据项的划分是冗余的，即不必要的。

根据以上三个方面，可对表 7-3 的 U/C 矩阵进行检验。

2. U/C 矩阵的求解

U/C 矩阵的求解过程就是对系统结构划分的优化过程。它是基于子系统划分应相互独立而且内部凝聚性高这一原则之上的一种聚类操作。其具体做法是使表中的“C”元素尽量地靠近 U/C 矩阵的对角线，然后再以“C”元素为标准，划分子系统。这样划分出来的子系统的独立性和凝聚性都是较好的，因为它可以不受干扰地独立运行。

U/C 矩阵的求解通过表上作业法来完成。其具体操作方法是：调换表中的行变量或列变量，使得“C”元素尽量朝对角线靠近；然后再以“C”元素为标准，划分子系统，如表 7-4所示。

表 7-4　U/C 矩阵举例——U/C 矩阵求解

数据 功能	计划	财务	产品	零件规格	材料表	原材料库存	成本库存	工作令	机器负荷	材料供应	操作顺序	客户	销售区域	订货	成本	职工
经营计划	C	U												U	U	
财务规划	U	C													U	U
资产规模		U														
产品预测	U		U									U	U			
产品设计开发			C	C	U							U				
产品工艺			U	U	C	U										
库存控制						C	C	U		U						
调度			U					C	U							
生产能力计划									C	U	U					
材料需求			U		U					C						
操作顺序								U	U	U	C					
销售区域管理			U									C		U		
市场分析			U									U	C	U		
订货服务			U									U		C		
发运			U				U							U		
通用会计			U									U				U
成本会计														U	C	
人员计划																C
人员招聘/考核																U

3. 系统的功能划分与数据资源分布

求解 U/C 矩阵的目的是为了对系统进行逻辑功能划分和考虑今后数据资源的合理分布。一般来说，U/C 矩阵的主要功能有如下四点：

- 通过对 U/C 矩阵的正确性检验，及时发现前段分析和调查工作的疏漏和错误。
- 通过对 U/C 矩阵的正确性检验来分析数据的正确性和完整性。
- 通过对 U/C 矩阵的求解过程最终得到子系统的划分。
- 通过子系统之间的联系（“U”）来确定子系统之间的共享数据。

（1）子系统划分。划分子系统时应注意：沿对角线一个接一个地画，既不能重叠，又不能漏掉任何一个数据或功能。方块的划分是任意的，但必须将所有的“C”元素都包含在小方块之内。划分后的小方块即为今后新系统划分的基础。每一个小方块即一个子系统。另外特别值得一提的是：对同一个调整出来的结果，小方块（子系统）的划分不是唯一的，具体如何划分为好，要根据实际情况以及分析者个人的工作经验和习惯来定。子系统划定之后，留在小方块（子系统）外还有若干个“U”元素，这就是今后子系统之间的数据联系，即共享的数据资源。将这些联系用箭头表示，如表 7-5 所示。

表 7-5　U/C 矩阵举例——子系统划分

功能		计划	财务	产品	零件规格	材料表	原材料库存	成品库存	工作令	机器负荷	材料供应	操作顺序	客户	销售区域	订货	成本	职工
经营计划	经营计划	经营计划子系统														U	
	财务规划															U	U
	资产规模																
技术准备	产品预测	U		技术准备子系统									U	U			
	产品设计开发												U				
	产品工艺						U										
生产制造	库存控制																
	调度			U													
	生产能力计划							生产制造子系统									
	材料需求			U		U											
	操作顺序																
销售	销售区域管理			U													
	市场分析			U									销售子系统				
	订货服务			U													
	发运			U				U									
财会	通用会计			U									U			财会子系统	U
	成本会计														U		
人事	人员计划																人事子系统
	人员招聘/考核																

（2）数据资源分配。如表 7-6 所示，在对系统进行划分并确定了子系统以后，可以看出所有数据的使用关系都被小方块分隔成了两类：一类在小方块以内；另一类在小方块以外。在小方块以内所产生和使用的数据，今后主要考虑放在本子系统的计算机设备上处理。而在小方块以外的数据联系（即图中小方块以外的“U”），则表示了各子系统之间的数据联系。这些数据资源今后应考虑放在网络服务器上供各子系统共享或通过网络来相互传递数据。

表 7-6 U/C 矩阵举例——数据资源分配

功能 \ 数据类		计划	财务	产品	零件规格	材料表	原材料库存	成品库存	工作令	机器负荷	材料供应	操作顺序	客户	销售区域	订货	成本	职工
经营计划	经营计划	C	U													U	
	财务规划	U	C													U	U
	资产规模		U														
技术准备	产品预测	U		U									U	U			
	产品设计开发			C	C	U							U				
	产品工艺			U	U	C	U										
生产制造	库存控制						C	C	U		U						
	调度			U					C	U							
	生产能力计划									C	U	U					
	材料需求			U		U					C						
	操作顺序								U	U	U	C					
销　售	销售区域管理			U									C		U		
	市场分析			U									U	C	U		
	订货服务			U									U		C		
	发运			U				U							U		
财　会	通用会计			U									U				U
	成本会计														U	C	
人　事	人员计划																C
	人员招聘/考核																U

五、系统分析报告

系统分析的最后一个步骤是总结出一份正式的系统分析报告，作为系统分析的一个主要成果。系统分析报告使管理者能够充分了解现有系统存在的问题和优势。如果现有系统比预料之中的要好，或者要获得一个新系统或改进现有系统的费用与它可能带来的利益相比太高，则系统开发过程可能在该阶段被终止。如果系统分析报告显示开发一个或多个新系统或对现有系统进行改进会更有利，便可开始进行系统设计。

一份好的系统分析报告应该不但能够充分展示前段调查的结果，更重要的是要反映系统分析结果，即新系统的逻辑方案。系统分析报告一经用户认可接受，就成为具有约束力的指导性文件，成为下一阶段系统设计工作的依据和今后验收目标系统的检验标准。

系统分析阶段所提供的系统分析报告主要有以下三个作用：

- 描述了目标系统的逻辑模型，作为开发人员进行系统设计和实施的基础。
- 作为用户和开发人员之间的协议或合同，为双方的交流和监督提供基础。
- 作为目标系统验收和评价的依据。

系统分析报告是系统开发过程中的一份重要文档，必须完整、一致、精确且简明易懂，易于维护。系统分析报告要包括以下四个方面的内容：

1. 系统基本情况

这是对分析对象的基本情况作出的概括性描述，包括：①系统的名称、目标和主要功能；②组织的结构、组织的目标、组织的工作过程和性质、业务功能、对外联系、组织与外部实体间的物质和信息的交换关系，研制系统工作的背景，开发者以及本系统与其他系统或机构的关系和联系；③参考资料和专门术语说明。

2. 系统目标

系统的目标包括：系统拟采用什么样的开发战略和开发方法，人力、资金以及计划进度的安排，系统计划实现后各部分应该完成的功能，某些指标预期达到的程度，原系统没有而计划在新系统中增补的工作等。

3. 现行系统的运行状况

（1）现行系统现状调查说明。通过现行系统的组织结构图、数据流图、概况表等图表及说明，说明现行系统的目标、规模、主要功能、组织机构、业务流程、数据存储和数据流，各个主要环节对业务的处理量、总的数据存储量、处理速度要求、主要查询和处理方式、现有的各种技术手段等，以及存在的薄弱环节等。

（2）系统需求说明。这部分内容包括：用户要求以及现行系统主要存在的问题等。

4. 新系统的逻辑方案

新系统的逻辑方案是系统分析报告的主体。这部分主要反映分析的结果和对今后建造新系统的设想。其主要内容包括：

（1）系统功能及分析。这部分内容包括：提出明确的功能目标，并与现行系统进行比较分析，重点要突出计算机处理的优越性。

（2）系统逻辑模型。这部分内容包括：各个层次的数据流图、数据字典和加工说明；拟定的数据指标体系和分析优化后的数据流程；新系统在各个业务处理环节拟采用的管理方法、算法或模型。

（3）建立与新的系统相配套的管理制度和运行体制。

（4）估计系统开发资源与时间进度。

（5）遗留问题。根据目前条件，对暂时不能满足的一些用户要求或设想，可以提出今后解决的措施和实施途径。

第三节　管理信息系统设计

经过需求分析阶段，系统开发人员弄清了用户要求，较好地解决了系统“做什么”的问题，并且已在系统规划说明书中充分地阐明了这些需求，建立了系统的逻辑模型。下一步开发工作就进入系统设计阶段，开始着手解决“怎么做”的问题。其任务是根据系统说明书提出的逻辑方案（功能要求、改善的目标），形成具体的物理方案（结构、设备配置、机构人员的调整等）。

系统设计的主要任务是确定系统的总体结构，提出各个细节处理方案，最终达到程序实现。因此，系统设计阶段的工作通常分为三步：

（1）总体设计。总体设计也称结构设计或概要设计，它包括子系统的划分、网络设计和配置、设备选型、模块划分、运行环境的设计和数据库的选择等。

（2）详细设计。详细设计也称过程设计或细节设计，它包括代码设计、数据库设计、输入/输出设计、人机界面设计和处理流程设计等。

（3）编写系统设计报告。

一、总体设计

总体设计是根据系统分析阶段确定的新系统的目标、功能和逻辑模型，把整个系统按功能划分成若干子系统，明确各子系统的子目标和子功能，然后按层次结构划分功能模块，画出系统结构图。此时，要兼顾组织结构的实际情况，在对实际系统的业务流程、管理功能、数据流程以及数据分析都作了详细的了解和分析之后，在此基础上进行系统化的分析。

管理信息系统总体设计包括系统处理方式的选择和设计、计算机网络系统的设计、数据库管理系统的选择以及软、硬件的选择等方面。

1. 处理方式的选择和设计

可以根据系统功能、业务处理特点、性能/价格比等因素，选择集中式处理方式或分布式处理方式。在一个管理信息系统中，也可以混合使用各种方式。

（1）集中式系统。集中式系统是集设备、软件和数据于一体的工作模式，可分为单机结构和主机终端结构。单机结构仅适用于个人信息处理系统。主机终端结构是指系统安装在大型主机上，用户可以同时在本地或远程连接的多个终端上运行信息系统。主机终端结构适用于某些特定的应用领域，如订票系统、银行储蓄系统、出纳系统、登记查询系统等。

（2）分布式系统。分布式系统的工作模式是将整个系统分成若干个地理上分散的设置，业务可以独立处理，但系统在统一的工作规范和技术要求下运行。

1）文件服务器/工作站模式。这种模式一般用于由 PC 组成的局域网。数据库管理系统安装在文件服务器上，而数据处理和应用程序分布在工作站上，文件服务器仅提供对数据的共享访问和文件管理，没有协同处理能力。

2）客户机/服务器（C/S）模式。客户机只执行本地前端应用，而将数据库的操作交由服务器负责，以合理均衡的事务处理充分保证数据的完整性和一致性。客户机/服务器结构可以将应用逻辑分布在客户工作站和服务器之间，以提供更快、更有效的应用程序。

3）浏览器/Web 服务器（B/S）模式。客户端利用浏览器，通过 Web 服务器访问数据库，以获取需要的信息。Web 服务器与特定数据库系统的连接可以通过专用的软件实现。客户通过统一的浏览器方式运行系统，而不需要安装特定程序。

在设计系统的运行模式时，应考虑系统的类型、处理方式、数据存储要求、软硬件的配置情况，还应照顾到系统使用的方便程度、维护和扩展的性能、安全性、可靠性和经济实用性等。例如对于工资管理系统，如果企业是小型的地域型企业，人员比较集中，则可以采用 C/S 模式开发系统；如果企业是一个跨国公司，业务和人员分布广，则 B/S 模式应作为首选方案。

2. 计算机网络系统的设计

计算机网络系统的设计主要包括：中、小型机方案与微机网络方案的选取，网络互联结构及通信介质的选择，局域网拓扑结构的设计，网络应用模式及网络操作系统的选型，网络协议的选择，网络管理，远程用户等工作。

3. 数据库管理系统的选择

信息系统的成功与否与选择合适的数据库系统息息相关。在选择数据库时应充分考虑以下三个因素：

（1）明确系统的需求。通过系统分析，应基本掌握新系统的目标和需求、数据量的大小、数据产生的方式等要素，能够明确对数据库的基本需求和对数据的处理方式。

(2) 了解各种主要数据库的性能。了解数据库各自适用的对象和范围，充分考虑性能价格比、厂家的技术支持、售后服务等因素。

(3) 适应总体应用环境。应考虑信息系统所采用的数据库与系统相关的外部环境，例如企业的客户和供应商所采用的数据库系统，这样会有利于数据的传递和共享。另外，开发技术人员对数据库的熟悉程度也是不容忽视的因素。

目前流行的数据库系统和产品很多，如 Oracle、DB2、Sybase、Informix、SQL Server、MySQL、Access 和 FoxPro 等，普通的数据库管理系统有 FoxPro、Clipper 和 Paradox 等。大型数据库系统有 Microsoft SQL Server、Oracle Server、Sybase SQL Server 和 Informix Server 等。Access、SQL Server 和 Oracle 可以分别作为小型、中型和大型数据库的代表产品。

4. 软、硬件的选择

计算机软、硬件的选择，对于管理信息系统的功能有很大的影响。大型管理信息系统的软、硬件的采购可以采用招标等方式进行。

二、详细设计

（一）代码设计

代码是人为确定的代表客观事物（实体）名称、属性或状态的符号或者是这些符号的组合。为了便于整个系统的信息交换和系统数据资源的共享，也为了便于计算机处理，要对被处理的各种信息进行统一的分类编码，确定代码对象及编码方式。代码设计就是要设计出一套能为系统各部门公用的、优化的代码系统。这是实现计算机管理的一个前提条件。

1. 设计代码的原则

(1) 唯一性。在现实世界中有很多事物如果不加标识是无法区分的，机器处理起来就十分困难。所以，将原来不能确定的事物唯一地加以标识，是编制代码的首要任务。例如，在学籍管理中，为了避免二义性，唯一地标识每一个学生，因此编制了学生学号。

(2) 规范性。如果仅仅为了唯一化来编制代码，那么代码编出来后可能杂乱无章，无法辨认，而且也不方便使用。所以在唯一化的前提下还要强调编码的规范化。代码要遵循一定的规则，这些规则涉及代码的位数、代码的分段、每段的类型和含义等。例如，会计科目反映经济业务和会计核算的内容，能在一定范围内综合汇总会计指标。财政部已颁布了“会计科目代码总则”，规定了一级科目代码，各行业、各地区在财政部规定的基础上，制定了部分二级、三级科目编码。财政部关于会计科目编码的规定为：以“1”开头的表示资产类科目；以“2”开头的表示负债类科目；以“3”开头的表示权益类科目；以“4”开头的表示成本类科目等。会计科目代码的结构一般可采用“3-2-2-2”代码结构，如图 7-14 所示。

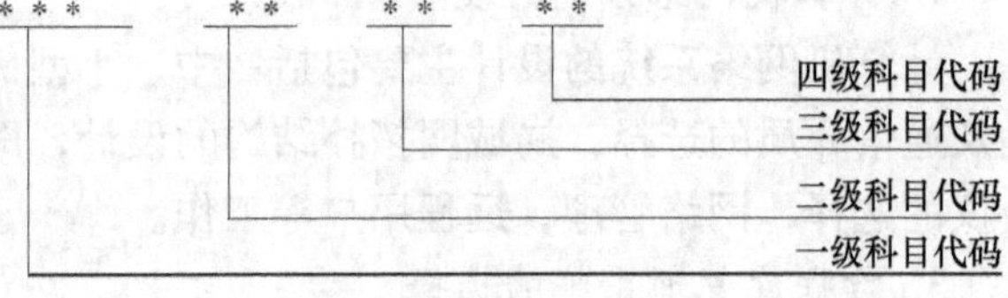

图 7-14　会计科目代码

(3) 可扩充性。可扩充性要求代码规则对已有编码对象留有足够的余量，从而保证系统对企业管理业务变化的适应性。如果产品代码已经按其代码规则被全部占用，企业再开发出新汽车产品，系统就无法对其编码并进行管理。

（4）标准化与通用性。系统所用代码应尽量标准化。代码应尽可能采用国际和国内已有的标准编码。如果没有标准编码，则应由系统规范化，必须遵循系统规范化原则。在一个代码体系中，代码结构、类型、编写格式必须统一。对实际工作中，企业一般所用的大部分编码都有国家或行业标准。对产成品和商品，各行业都有其标准分类方法，所有企业必须执行。另外一些需要企业自行编码的内容，如生产任务码、生产工艺码、零部件码等，都应该参照其他标准化分类和编码的形式来进行。

2. 代码的种类

代码的种类很多，可以按代码的组成和代码的含义进行分类。

（1）按代码组成。根据代码中数字和字符的组成，可以将其分成数字码、字符码和混合码。例如，身份证号码、邮政编码是数字码，而汽车车牌是混合码。

1）数字码。数字码可分为顺序码和分组顺序码。顺序码是最简单的代码形式，一般适用于编码对象数目较少的情况。当编码对象具有两层（或以上）的分类时，可采用数字分组（段）顺序码。如表7-7所示，代码前两位表示学生的所属专业，后三位表示该学生在所在专业的序号。

表7-7 数字分组顺序码

编码对象	工商管理专业的第一名学生	工商管理专业的第二名学生	…	市场营销专业的第一名学生	市场营销专业的第二名学生
代码	01001	01002	…	02001	02002

2）字符码。数字代码虽然结构简单，但也存在不容易识别和记忆的缺点。为了容易识别和记忆，可采用纯字符形式编码（英文、汉语拼音等）。这类编码常见在程序设计中用到的字段名、变量名编码。在开发一个成本管理信息系统中，在数据库设计时，所有的表名均以“C-”开始，视图名用“C-V-”开始。例如材料成本表C-CLCB、材料汇总视图C-V-CLHZ。

例如，可对学校的学院专业采用如表7-8所示的方法编码。使用学院汉语名称的拼音字头形成相应学院的字符代码，既容易识别，也容易记忆，但校对不易，不易反映分类的结构。

表7-8 字符码举例

编码对象	管理学院	经济学院	外语学院
代码	GL	JJ	WY

3）混合码。当编码对象具有两层（或以上）的分类时，可采用数字和字符混合的编码方式，使代码对某层分类的记忆和识别更直观和容易。例如，GB××××表示国际标准的某类编码，IEEE802·×表示某类网络协议标准名称的编码，TVC32表示32in彩色电视机，DFI1×8×20表示规格为1in×8in×20in的国产热轧平板钢。混合码适用于数据项数目较少的情况，否则容易引起联想出错。

（2）按代码含义。根据代码中字符的表示含义，可以将其分成顺序码、层次码。

1）顺序码。顺序码由连续的数字或字母组成，代码短小、简单，但没有逻辑含义，不易记忆，一般用于对含义没有要求的代码，如流水号等。

2）层次码。层次码的每位或几位都有实际含义，代码逻辑性强，便于查询和管理，但占用空间大，如身份证号码、邮政编码和汽车车牌等。

例如某单位的职工工号代码的格式为：yyyymmnnn。其中，yyyy 表示入职年，mm 表示部门编号，nnn 表示顺序号。

3. 代码的设计方法

目前最常用的分类方法概括起来有两种，一种是线分类法，另一种是面分类法。在实际应用中根据具体情况各有其不同的用途。

（1）线分类法。线分类法是目前用得最多的一种方法，尤其是在手工处理的情况下，它几乎成了唯一的方法。线分类法的原则是，首先给定母项，母项下分若干子项，由对象的母项分大集合，由大集合确定小集合，最后落实到具体对象。分类的结果造成了一层套一层的线性关系，如图 7-15 所示。

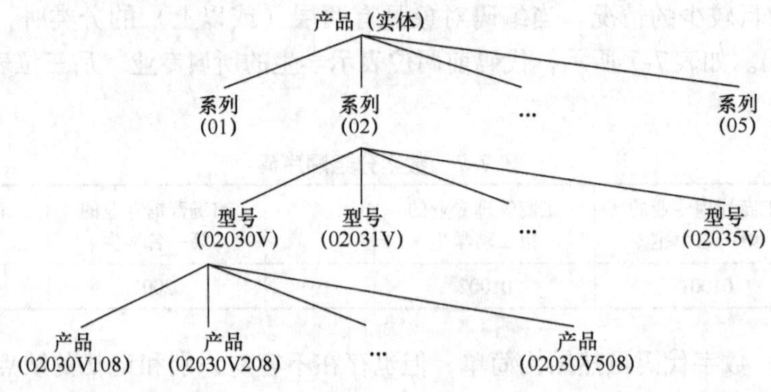

图 7-15　线分类法举例

线分类划分时要掌握两个原则：唯一性和不交叉性，否则分类后如果出现有二义性，将会给后继工作带来诸多不便。

线分类法的优点是：结构清晰，容易识别和记忆，容易进行有规律的查找，与传统方法相似，对手工系统有较好的适应性。其缺点是：结构不灵活，柔性较差。

（2）面分类法。面分类法主要从面的角度来考虑分类。面分类法的优点是：柔性好，面的增加、删除、修改都很容易；可实现按任意组配面的信息检索，对计算机处理有良好的适应性。其缺点是：不易直观识别，不便于记忆。

例如，根据表 7-9，代码 3212 表示材料为钢的 $\phi 1.0$mm 圆头的镀铬螺钉。

表 7-9　面分类法举例

材　料	螺钉直径	螺钉头形状	表面处理
1—不锈钢 2—黄铜 3—钢	1 ~ 0.5mm 2 ~ 1.0mm 3 ~ 1.5mm	1—圆头 2—平头 3—六角形头 4—方形头	1—未处理 2—镀铬 3—镀锌 4—上漆

（二）输入/输出设计

系统输入/输出（I/O）设计对于用户和系统使用和安全来说是十分重要的。它包括信息系统输出设计、信息系统输入设计和人机交互界面设计、用户界面设计。一个好的输入系统可以为用户和系统双方带来良好的工作环境。一个好的输出系统可以为管理者提供简捷、明了、有效、实用的管理和控制信息。

1. 输出设计

用户最关心的并不是所开发的信息系统采用了何种高新技术，而是信息系统能够提供什么样的信息以及以多快的速度、以什么方式提供，这正是输出设计的内容。可以说，是用户的要求（即输出）决定了输入的内容。

信息系统所产生的输出一般可分为以下几种表现形式：①图形，包括折线图、条形图、散列图、饼图等；②报表，包括详细报表、汇总报表、分析型报表；③其他形式，如声音、动画、图像等。

究竟采用哪种输出形式为宜，应根据系统分析和管理业务的要求而定。一般来说，对于基层或具体事务的管理者，应用报表方式给出详细的记录数据为宜；而对于高层领导或宏观、综合管理部门，则应该使用图形方式给出比例或综合发展趋势的信息。例如，对于一个企业负责销售的副经理来说，他需要的是该企业的产品销售总量、销售利润、市场占有率的变化等综合比较信息以及极个别典型的信息；而对于该企业内某个产品销售的管理人员来说，他就需要了解所负责的产品销售方面的详细数据。

常见的输出设备有：显示器、打印机、声音输出设备、语音综合设备、绘图仪、微缩胶片输出设备等。

2. 输入设计

输入设计的目标是保证向信息系统提供正确的所需信息，在满足需要的前提下，尽可能做到输入方法简单、迅速和方便，避免不必要的重复。输入量越小，错误率越低。输入设计一般要考虑输入方式、输入设备、数据校验和数据共享等问题。输入方式的设计主要是根据总体设计和数据库设计的要求来确定数据输入的具体形式。

常用的数据输入方式有：模/数、数/模输入，键盘输入，网络数据传输，磁/光盘读入等。在设计新系统的输入方式时，应尽量利用已有的设备和资源，避免大批量的数据重复、多次地通过键盘输入。因为键盘输入不但工作量大、速度慢，而且出错率较高。

常见的输入设备有键盘、鼠标、声音输入设备、光笔、触摸屏、条码识别器、磁卡读入设备、扫描仪、数码相机、自动语言识别系统等。

数据校验和检查是为了尽可能保证输入的正确，所以在输入设计时，要对输入数据进行校验和检查。数据校验和检查方法主要有校验位检查、范围检查、完整性检查等。例如，在Access数据库系统中，通过字段掩码的设定，可以保证位数、数字和字符的准确；有效性规则的设置用于检查数字类型输入的范围。

在输入时，校验方式的设计是非常重要的。特别是针对数字、金额等字段，没有适当的校验措施作保证是很危险的。因为从理论上来说，操作员输入数据时所发生的随机错误在各个数位上都是等概率的。如果错误出现在财会记录的低位则尚可容忍，但如出现在高位，则势必酿成大事故。所以对一些重要的报表，输入设计一定要考虑适当的校验措施，以减少出错的可能性。当然，保证绝对不出错的校验方式是没有的。

常用校验方式有：

1）人工校验。这是指输入数据后再显示或打印出来，由人来进行校验。这种方法适用于少量的数据或控制字符的输入，但对于大批量的数据输入就显得太麻烦，效率太低。

2）二次键入校验。二次键入是指将同一批数据分两次键入系统，系统内比较这两批数据，如果完全一致则可认为输入正确，反之则将不同部分显示出来有针对性地人工校验。它是目前数据录入中心、信息中心录入数据时常用的方法。该方法最大的好处是方便、快捷，而且可以用于任何类型的数据符号。尽管该方法中二次键入在同一个地方出错并且错误一致的可能性是存在的，但概率极小。

3）数据平衡校验。这种校验方法常用在对财务报表和统计报表等这类数字型报表的输入校验中。具体做法是在原始报表每行每列中增加一位数字小计字段（在这类报表中一般本来就有），然后在设计新系统的输入时再另设一个累加值，先让计算机将输入的数据累加起来，然后再将累加的结果与原始报表中的小计自动比较，如果一致，则可认为输入正确，反之则拒绝接受该数据记录。这是一种非常有效的方法。但该方法也不是十全十美的，当同一记录中几个数同时输错，而累加后结果仍正确时，就无法检测出错误之处。这种情况在实际工作中出现的可能性也是很小的。

3. 人机交互界面设计

人机交互界面是用户与计算机之间传递和交换信息的接口。通过它，用户向计算机发送命令，输入数据；计算机向用户询问选择，显示结果。人机交互界面的设计要求是界面友好、操作方便、实用可靠、风格统一。人机交互界面分成命令方式和图形方式。图形方式的代表是 Windows，已被人们普遍接受。常用的图形方式界面包括菜单、工具栏、对话框、下拉式列表框和选择框、提示和帮助信息等。

人机交互界面要认真设计，除考虑到各项技术要求以外，还要从工效学的角度充分考虑人与机器之间的交互影响和作用，认真分析各个岗位的工作内容、对用户健康的影响、工作的舒适性、工作范围，以及工作强度对用户的影响等因素。

4. 用户界面设计

系统的输入、输出以及人机交互界面的设计都可以通过用户界面设计实现。界面设计的重要性在于，它直接面向用户，关系到用户对系统的评价。所以，设计界面时，要保证能够容易看懂、容易操作，而且在字体、颜色搭配上要和谐，整个系统的界面应做到风格统一，还要尽可能地提供用户帮助信息。例如，在设计菜单时应尽量避免菜单嵌套层次过多和每选择一次还需确认一次的设计方式。菜单最好是二级、三级。又如，在设计大批数据输入屏幕界面时应避免颜色过于丰富多变，因为这样对操作员视觉压力太大，会降低输入系统的实用性。另外，会话管理方式也是一种常见的界面设计方式。例如，当用户操作错误时，系统向用户发出提示和警告性的信息；当系统执行用户操作指令遇到两种以上的可能时，系统提请用户进一步地说明；系统定量分析的结果可通过屏幕向用户发出，包括控制型的信息等。这类会话通常的处理方式是让系统开发人员根据实际系统操作过程将会话语句写在程序中。还有一种设计形式是提示方式与权限管理。在系统设计时，常常把操作提示和要点同时显示在屏幕的旁边，以使用户操作方便。另外，与操作方式有关的另一个内容就是对数据操作权限的管理。权限管理一般都是通过入网口令和建网时定义该节点的级别相结合来实现的。

【MIS 视窗】

伦敦路透社70%的收入来源于出售其国际新闻以及金融信息等基于信息的产品。这些产品是通过它的市场显示系统向用户展示的。为改进市场显示系统的可用性，使其能更容易、更方便地满足用户的要求，路透社让加里森去负责一个最高优先权的项目，任务是改进显示系统的用户界面。为此，加里森组建了"可用性小组"。这实际上是一个"虚拟小组"，除包括加里森及三名路透社成员之外，还包括一些有关的技术公司人员，如交互图形公司、人力因素公司、微软公司、逻辑公司等的代表。该组还与500多名专家保持联系，其中一位是符号学专家，专门负责把计算机的动作翻译为像Windows的图标那样的一些符号。该小组并不通过市场调查去问用户想要一些什么，而是在他们建立的可用性实验室中观察用户怎样利用路透社的显示系统来查找其想要的信息产品。

可用性实验室有两个房间，一个给用户用，用户在路透社助理人员的伴随下完成一系列应用系统的实验；另一间房间被玻璃隔成一些小间，各放有一台显示器，显示内容与用户屏幕上的内容相同，并用可视信号或者是内部通信系统与用户保持联系。

实验时，要求用户完成一系列的操作。例如，可以要求用户查询某支股票的价格，画出它在一定期间内的走势图，找出一些相关的消息和公司的财务数据。用户操作时，可用性小组的人员就在监视器上观察用户在什么地方发生了问题，测试出完成每项操作的时间，留意用户工作中断的过程。用户操作过程还被录像，从录像带上能够更精确地测量所用的时间。该实验室每个月能完成100个用户的3~4项主要测试。

实验室还要了解路透社服务机构接听的用户求助电话，将用户求助的问题分类，录入数据库并进行统计分析，找出用户遇到的主要问题并设法改进。例如，1994年4月，有34%的电话是有关RT工作站的，20%是有关RT工作站反映出的可用性问题的。进一步分析表明28%的电话是关于报价单问题的，于是路透社就将报价单在工作站上的显示形式进行了改进。

可用性小组最后制定了一套规范，要求所有路透社开发小组开发的软件产品都要经过可用性小组的审查，相同的功能要用相同的图标，图标也必须在可用性小组开发出的一套标准图标集中选用。开发小组可以在网络上得到这些图标。

（三）数据存储设计

数据存储设计是确定存储内容、存储容量，根据存取要求和设备条件，设计文件系统的结构或数据库的模式、子模式以及数据库的完整性和安全性保证。

1. 文件设计

文件是按一定的组织方式存放在存储介质上的同类记录的集合。文件设计就是根据文件的使用要求、处理方式、存储的数据量、数据的活动性及所能提供的设备条件等，确定文件类别，选择文件媒体，决定文件组织方法，设计记录格式，并估算文件容量。文件设计的基本指标如下：①与其他文件的接口，弄清楚有关文件之间的相互关系及数据项的协调；②文件的数据量，根据文件用途和记录长度，估算文件的数据量（记录数）；③文件的逻辑结构，根据需要确定文件记录的长度、逻辑结构的组成以及各数据项的描述；④文件的处理方式，用途决定文件的处理方式，可以是批处理、实时处理或混合方式等；⑤文件的使用率，估算文件记录的实际使用频率；⑥文件的存取时间，根据业务处理的需要，对文件存取时间提出不同要求；⑦文件的保密，确定用户对文件机密程度的要求；⑧确定合适的文件组织方式、存取方式和介质。

2. 数据库设计

数据库设计除用户需求分析外，还包括概念结构设计、逻辑结构设计和物理结构设计等三个阶段。

（1）概念结构设计。概念结构设计应在系统分析阶段进行。其任务是根据用户需求设计数据库的概念数据模型（简称概念模型）。概念模型是从用户角度看到的数据库，它可用前面章节中介绍的 E－R 模型表示。

（2）逻辑结构设计。逻辑结构设计是将概念结构设计阶段完成的概念模型转换成能被选定的 DBMS 支持的数据模型。数据模型可以由 E－R 模型转换而来。

（3）物理结构设计。物理结构设计是为数据模型在设备上选定合适的存储结构和存取方法，以获得数据库的最佳存取效率。物理结构设计的主要内容包括：①库文件的组织形式，如选用顺序文件组织形式、索引文件组织形式等。②存储介质的分配，如将易变的、存取频繁的数据存放在高速存储器上，将稳定的、存取频度小的数据存放在低速存储器上。③存取路径的选择等。

（四）处理流程设计

在完成了系统模块划分之后，就可以进行处理流程设计。任何模块都由三部分组成，即输入、处理和输出。设计工具有：

1. IPO 图

输入—处理—输出（Input-process-output，IPO）图是由 IBM 公司发起并逐渐完善起来的一种工具。在由系统分析阶段产生数据流图，经转换和优化形成系统模块结构图的过程中，产生大量的模块，开发者应为每个模块写一份说明。IPO 图主要是配合层次化模块结构图详细说明每个模块内部功能的一种工具。IPO 图的设计可因人、因具体情况而异，但都必须包括输入（I）、处理（P）、输出（O），以及与之相应的数据库/文件、在总体结构中的位置等信息。常用的 IPO 图的结构如图 7-16 所示。

IPO 图实际上是一张图形化的表格（见表 7-10）。它描述每一个模块的输入/输出关系、处理内容、本模块的内部数据和模块间的调用关系。它是系统设计的重要成果，是系统实施阶段编制程序设计任务书和进行程序设计的出发点和依据。在系统设计中，每一模块必须有相应的 IPO 图作为设计结果的描述。

2. 控制流程图

控制流程图（Flow Chart，FC）又称框图，是经常使用的程序细节描述工具。框图包括三种基本成分："矩形框"表示处理步骤，"菱形框"表示判断，"箭头"表示控制流。框图的特点是清晰易懂，便于初学者掌握。在结构化程序设计出现之前，框图一直可用箭头实现向程序任何位置的转移（即 GOTO 语句），往往不能引导设计人员用结构化方法进行详细设计。箭头使用不当，会使框图非常难懂，而且无法维护。因此，框图的使用有减少的趋势。

HIPO（Hierarchy plus Input-process-output）图是 IBM 公司于 20 世纪 70 年代中期在层次结构图的基础上推出的一种描述系统结构和模块内部处理功能的工具（技术）。HIPO 图由

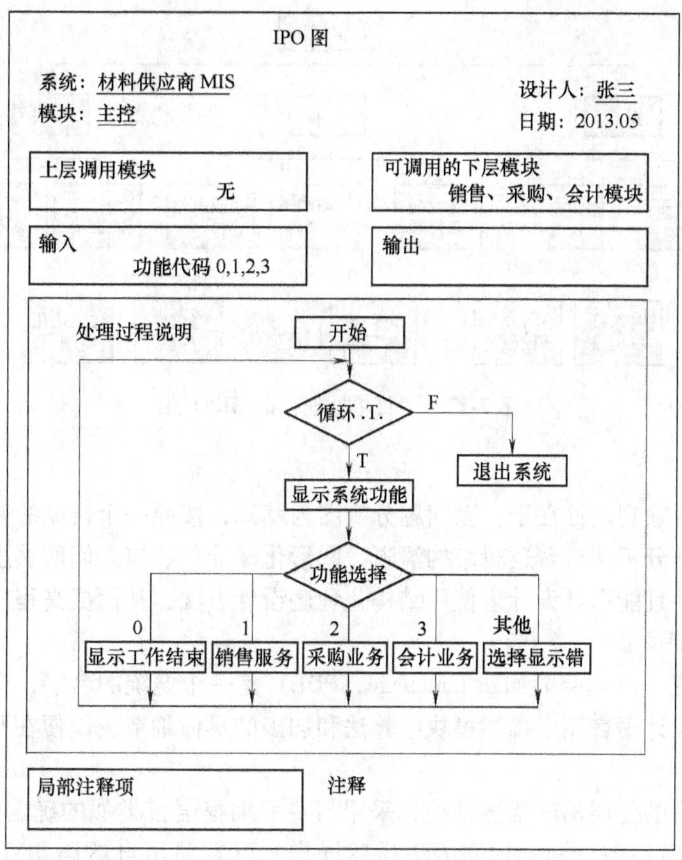

图 7-16 IPO 图的结构

层次结构图和 IPO 图两部分构成，前者描述了整个系统的设计结构以及各类模块之间的关系，后者描述了某个特定模块内部的处理过程和输入/输出关系。

表 7-10 IPO 图结构

IPO 图结构	
模块名称	设计人：
被调用的模块	调用模块
输入	输出
处理内容	1.
	2.
备注	日期：

HIPO 图一般由一张总的层次化模块结构图和若干张具体模块内部展开的 IPO 图组成，如图 7-17 所示。

3. 问题分析图

问题分析图（Problem Analysis Diagram，PAD）由日立公司于 1979 年提出，是一种支持结构化程序设计的图形工具，可取代前述的控制流程图。

问题分析图仅仅具有顺序、选择和循环三种基本成分，正好与结构化程序设计中的基本

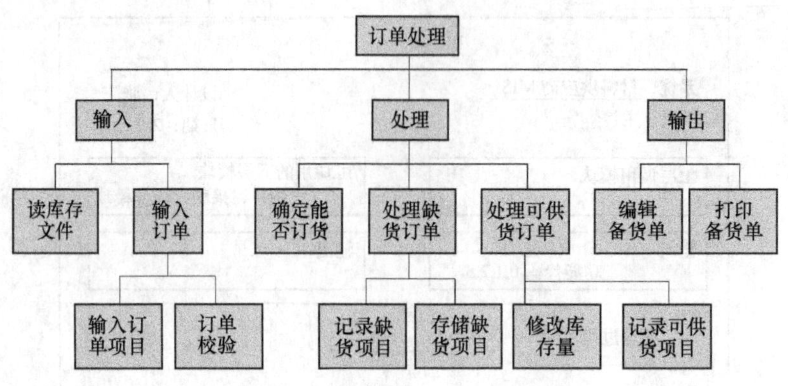

图 7-17 “订单处理”的 HIPO 图

成分相对应。

问题分析图的独到之处在于：以问题分析图为基础，按照一个机械的变换规则就可编写计算机程序。问题分析图有着逻辑结构清晰、图形化标准化、与人们所熟悉的控制流程图比较相似等优点，并且能引导设计人使用结构化程序设计方法，从而提高程序的质量。

4. 过程设计语言

过程设计语言（Process Design Language，PDL）是一个笼统的名字，有多种不同的过程设计语言。过程设计语言用于描述模块中算法和加工的具体细节，以便在开发人员之间比较精确地进行交流。

过程设计语言的外层语法描述结构，采用与一般编程语言类似的确定的关键字（如 IF-THEN-ELSE，WHILE-DO 等）；内层语法描述操作，可以采用自然语句（如英语、汉语），由于过程设计语言与程序很相似，也称为伪程序，或伪码（Pseudo Code）。但它仅仅是对算法的一种描述，是不可执行的。

三、系统设计报告

项目小组在完成了系统设计阶段的工作后，还应编写系统设计报告。系统设计报告以系统总体目标和功能为依据，对系统功能的逻辑功能和实现方案进行说明，是系统设计阶段的最终成果，是供用户和专家评审的文档，也是随后进行系统实施的依据。系统设计报告主要包括以下内容：

（1）引言：说明项目的背景、工作条件及约束、引用资料和专门术语。

（2）功能模块设计：用结构图表示系统模块层次结构，说明主要模块的名称和功能。

（3）数据库模型设计：说明数据库采用的数据库管理系统软件、运行环境要求、主要功能要求、需求性能规定、数据库逻辑模型（E-R 图）、数据库在选定的数据库管理系统下的物理模型。

（4）代码设计：说明所用代码的种类、功能和代码表。

（5）界面设计：界面类别（输入、输出、处理），处理要求，相关的主数据库表名称和操作数据库表的说明。

（6）网络设计：说明网络拓扑结构的选择、站点的设置、数据流量和数据存储量分析、数据库服务器的选择、网络工作站的选择、打印机的选择和 UPS 的选择等。

（7）安全保密设计：从硬件和软件两方面来说明如何进行安全设计和设置。

第四节　管理信息系统实施

系统实施指的是将系统设计阶段的结果在计算机上实现，即将原来纸面上的、类似于设计图式的新系统方案转换成可执行的应用软件系统，解决“做”的问题。这个处理过程包括硬件、软件的获取或开发，用户准备，聘用和培训人员，数据的准备，系统的安装、测试、试运行及用户验收。

一、物理系统的实施

物理系统的实施是指计算机系统和通信网络系统设备的订购、机房的准备和设备的安装调试等一系列活动。

计算机产品种类繁多，这给系统的实施带来了一定的复杂性。需要辨别和选择一家或多家公司，来提供这些必备的计算机产品。购置计算机系统的基本原则就是能够满足信息系统的设计要求。此外，还要考虑以下的问题：

- 计算机系统是否有合理的性能价格比。
- 系统是不是具有良好的可扩充性。
- 能否得到来自供应商的售后服务和技术支持等。

二、系统调试

系统调试即根据系统说明书和系统实施方案，对程序设计的结果进行全面的检查，找出并纠正其错误，使可能发生的错误被尽量消灭在系统正式运行之前。调试的工作原则有：

- 调试工作应有组织、有计划地进行。
- 调试必须围绕着发现错误和纠正错误这个目标。
- 调试者应排除主观臆断。
- 调试过程中形成的记录资料要保存。

管理信息系统在开发过程的各个阶段，都有可能产生错误。为了发现这些错误，调试过程可以分解为与系统开发过程方向相反的三个阶段，即分调、联调和总调。

（1）分调。对模块分别进行调试。系统的应用软件是按处理功能分成模块的，一个处理功能由一个或一个以上的程序构成。对模块进行全面调试时应着重检查如下几个方面：①模块运行是否正常、无死机；②模块的功能是否符合设计的要求；③模块的技术性能如何；④界面是否友好。

（2）联调。对与子系统有关的各模块实行联调，以考查各模块外部功能、接口以及各模块之间调用关系的正确性，即检查各子程序之间接口是否匹配，数据传递是否正确，联合操作的正确性及运行的效率。

（3）总调。在实际环境或模拟环境中调试系统是否正常。总调主要检查各子系统之间接口的正确性、系统运行功能是否达到目标要求、系统的再恢复性等。其目的就是保证调试的系统能够适应运行环境。系统总调是实施阶段的最后一道检验工序，通过后即可投入程序的试运行阶段。

三、整理基础数据，建立数据库系统

企业中有许多固定信息和历史信息，如产品结构、各种台账、统计信息等。在手工信息系统中，它们是被保存在纸介质上的。实施计算机信息系统以后，要把它们转存到计算机存储器中。这些存储实体的代码、存储信息的数据模型及所用数据库管理系统，在系统分析和设计阶段均已确定。在实施阶段，要按照前面数据与数据流程分析、数据/过程分析以及数据库设计工作的结果，在计算机内建立数据库系统，整理固定信息和历史信息，以备新系统运行时使用。如果上述工作进行得比较规范，而且开发者又对数据库技术比较熟悉，则按照数据库设计的要求，在短时间即可建立起一个数据库结构，并着手进行基础数据的整理和从旧系统中导入所需要的数据。但是由于手工系统中经常有些数据残缺不全，有些不够准确，故在存入新系统时，需要花大力气进行补充、整理和校验，还应力求完整、准确，努力避免无用数据的出现。

四、系统转换与运行

系统转换是指系统开发完成后新老系统之间的转换。一般在系统总调完毕的基础上，进行系统转换工作。系统转换包括原来全部用人工处理的系统转换到新的以计算机为基础的信息系统，也包括从旧的信息系统向新的信息系统的转换过程。转换工作还包括老系统的数据文件向新系统数据文件转换，人员、设备、组织机构的改造和调整，有关资料的建档和移交等。系统转换的最终形式是将全部控制权移交给用户单位。信息系统转换的常见方式有三种：直接转换、并行转换和分阶段转换，具体见图7-18。

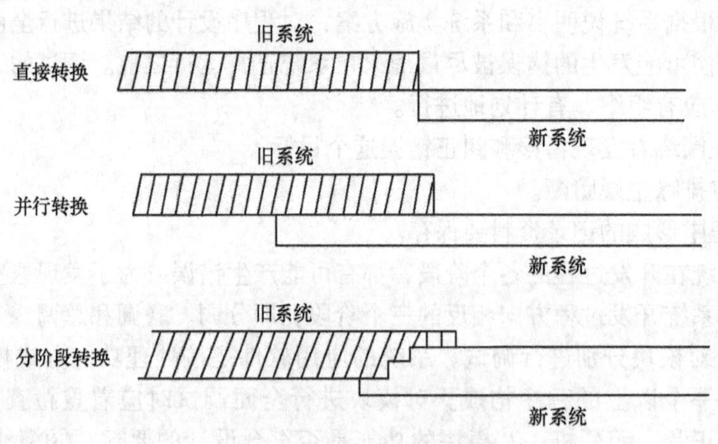

图7-18　各种转换方式示意图

1. 直接转换

直接转换就是在某一确定的时刻，停止老系统的运行，开始新系统。新系统一般要经过较详细的测试和模拟运行。直接转换最简单，费用最省，但风险性大。考虑到系统测试中试验样本的不彻底性，一般只有在老的系统已完全无法满足需要或新系统不太复杂的情况下采用这种方法。

2. 并行转换

新系统取代旧系统通常采用并行转换的方法，即新旧两系统同时运行，对照两者的输出，利用原系统来检测新系统。这种方式下新、老系统有一段时间平行运行，在此阶段，人工处理和人机处理系统并存。并行处理的时间视业务内容而定，短则2~3个月，长则半年至一年。转换工作不应急于求成，须当新系统准确无误后，再删去老系统。这种方式保证转换期间正常工作不间断，但是费用较高。在银行、财务和一些企业的核心系统中，这是一种经常使用的转换方式。它的主要特点是安全、可靠，但费用高，工作量大。

3. 分阶段转换

这种转换方式实际上是以上两种转换方式的结合，又叫作向导转换。这种方法是当缓慢地逐步停止老系统中某些部分时，缓慢地逐步采用新系统的相应部分。当确信新系统的运行符合要求时，老系统就可逐步地完全停止。这种处理方法重复用于每个应用中，直到新系统中的每个应用都开始运行为止。此方式能防止直接转换产生的危险性，也能减少平行运行方式的费用。但在混合运行过程中，必须事先考虑好它们之间的接口。当新、老系统差别太大时，不宜采用此种方式。

五、人员培训

人员培训需从编程和调试阶段开始。这是因为，编程开始后，系统分析人员有时间开展用户培训（假定系统分析人员与程序员的职责有严格区分）；编程完毕后，系统即将要投入试运行和实际运行，如果这时才培训系统操作和运行管理人员，就会影响整个实施计划的执行。用户提前受训后能够更有效地参与系统的测试，系统分析人员能对用户需求有更清楚的了解。

系统投入运行后，除硬件维护与软件人员外，还要有一大批工作人员在系统中工作，包括系统主管人员、数据控制人员、数据录入员等。这些人员都需要进行专门的技术培训，以适应新系统的操作需要。此外，对于新系统的用户，即各类管理人员，也要进行培训。他们在系统分析与设计阶段已不同程度地了解了系统功能，应通过培训使他们进一步了解整个系统，学会系统的使用方法。

培训的内容包括：系统整体结构和系统情况；系统分析设计思想和每一步的考虑；计算机系统的操作与使用；系统所用主要软件工具（编程语言、工具、软件名、数据库等）的使用；输入方式的培训；系统输入方式和操作方式的培训；可能出现的故障以及故障的排除；文档资料的分类以及检索方式；数据收集、统计渠道、统计口径等。

用户培训工作的好坏是关系到系统是否成功的因素之一。培训可以采用多种方式，如授课、进行新系统工作方式模拟、利用软件包培训、在使用中进行具体指导等。可根据培训的对象和目的，采用不同的培训方式。

第五节 管理信息系统维护

新系统投入使用后，需要不断地进行维护，使之处于正常状态。维护是指对已投入运行的系统进行局部修改或改进的活动，以使它能更好地实现用户和组织的目标。

一、维护的内容

系统刚建成时所编制的程序和数据很少能一字不改地沿用下去。系统人员应根据外界环境的变更和业务量增减等情况及时对系统进行维护。因此，系统的维护是系统生存的重要条件。一般来说，在系统的整个生命周期中，2/3 以上的经费用在维护工作上。从人力资源的分布来看，现在世界上 90% 的软件人员在从事系统的维护工作，开发新系统的人员仅占 10%。这些统计数字说明系统维护任务是十分繁重的。重开发、轻维护是造成信息系统低水平重复开发的原因之一。系统维护主要包括以下几个方面的工作：

1. 程序维护

程序维护是指因业务处理的变化使系统业务出现故障时，需要修改部分程序，之后还需进行验证。由于管理业务处理是通过系统运行而实现的，一旦业务处理出现问题或发生变化，就要修改应用程序及有关文档。因此，应用软件维护是系统维护最主要的内容。进行系统维护的原因和种类为：

- 为适应外部业务环境变化的维护。
- 管理人员要求变化的维护。
- 信息中心工作人员要求的维护。

2. 数据文件的维护

业务发生了变化，就需要建立新文件，或者对现有数据文件的结构进行修改。主要维护工作有以下三个方面：

（1）数据文件的安全性、完整性控制。数据文件（数据库）的安全性是指保护数据库，防止不合法使用造成的数据破坏、泄露或更改。在系统中，安全措施是逐级逐层设置的。

（2）数据库的正确性保护、转存与恢复。为保证数据的正确性，应做以下几个方面的工作：

- 定期备份数据库。
- 应用数据库作好记录，以便查找错误来源。
- 每次修改时，备份修改前后的内容并保存，以备查阅。
- 系统出现故障时，用备份文件恢复数据库。

（3）数据库的重新组织与构造。数据库运行一段时间后，随着记录不断增加、删改，会使其物理存储变坏，降低数据库存储空间的利用率和数据的存取效率，从而降低性能，故需对数据库重新组织。

实际业务情况、应用环境变化，原设计不能很好地满足业务的需求，需改变数据库的逻辑结构，如增加数据项、改变数据项的类型等，这就是数据库的重构造。这种维护只能作部分修改，若应用环境变化太大，只有重新设计数据库才能满足需求。

3. 代码的维护

随着系统应用范围和应用环境的变化，旧的代码可能不适应新的要求，必须对其进行改造，制定新的代码或修改旧的代码体系。代码维护的困难在于新代码的贯彻，而不是代码本身的变更。除了代码管理部门外，其他部门的管理人员都要贯彻使用新代码。

4. 硬件设备维护

硬件设备维护主要是指对主机及外部设备的日常维护和管理、故障检修、易损件更换、某些设备的功能扩展等。

二、维护的类型

依据信息系统需要维护的原因不同，系统维护工作可以分为四种类型：

（1）更正性维护。这是指由于发现了系统中的错误而引起的维护。其工作内容包括诊断问题与改正错误。

（2）适应性维护。这是指为了适应外界环境的变化而增加或修改系统部分功能的维护工作。例如操作系统版本更新、新的硬件系统出现及其应用范围扩大等，为适应这些变化，信息系统需要进行维护。

（3）完善性维护。这是指为了改善系统功能或应用户的需要而增加新功能的维护工作。系统经过一个时期的运行之后，某些地方的效率需要提高，或者使用的方便性还可以提高，或者需要增加某些安全措施等。这类维护工作占总体维护工作的绝大部分。

（4）预防性维护。这是主动性的预防措施，即对一些使用寿命较长，目前尚能正常运行，但可能要发生变化的部分进行维护，以适应将来的修改或调整。

系统的维护是一项长期的技术性工作，关系到信息系统的运行效率和使用寿命，必须认真对待，加强领导。

维护的成本是难以置信的。对旧的程序而言，维护的总成本是开发总成本的五倍。换句话说，原来开发成本为100万元的程序，在其生命周期内所需的维护费可能是500万元。程序员花费在维护现有程序上的时间占50%～70%。此外，随着程序的老化，用于维护的时间和资金的总支出也随之增长。运用新的程序设计语言和方法，包括面向对象程序设计，维护成本将会有所下降。

设计与维护有着直接的联系。前期设计中花的时间较多，则意味着以后花在维护中的时间就较少。在大多数情况下，为了设计一个好的程序，多花点时间和费用是值得的。好的设计所需要的仅仅只是成本，而如果忽视系统中出现的小问题，必定存在风险，因为这些小问题可能在将来成为大问题。确定更换系统的决策要素是花费在修复上的成本是否大于增强系统功能的成本。

本章小结

讨论、研究、描述信息系统，其根本目的是要利用信息系统和改善信息系统。本章目的在于向读者提供一个基本框架，以便在实际工作中有计划、有步骤地去认识、改善、组织、管理信息系统。本章以结构化方法为准，依次介绍了管理信息系统的规划、分析、设计、实施以及维护的主要工作、任务以及方法。

【MIS本土化】
杭州市医保管理信息系统开发案例

杭州市医保管理信息系统以市医疗保险服务中心为中心，覆盖了银行、地税、工商、定点医疗机构、定点药店、参保企业等多家单位和个人，主要包括参保对象管理子系统、基金管理子系统、费用审核管理子系统、账户管理子系统等11个系统。其中，医院端动态链接库子系统主要为医疗中心管理系统与医院管理系统（HIS）的数据交换提供统一规范和标准；医保卡管理子系统是根据本地医保系统和银行系统对卡管理的需求，与商业银行联合开发的，实现了银行联网和医疗保险系统的联网。杭州市劳动和社会保障局对杭州市城镇职工基本医疗保险管理信息系统项目进行招标。东软软件股份有限公司一举中标。

前期的规划和设计工作是整个系统实施的基础。同时，杭州市医保管理信息系统涉及面非常广泛。

在系统分析阶段，有省劳社厅、省卫生厅、市卫生局、市商业银行、市地税局、定点医疗机构、各定点医疗机构的HIS开发商、市广电、市电信局、参保企业等多家相关部门共同参与。系统庞大复杂，杭州市劳动和社会保障局和东软都投入了最强大的力量。经过详细的需求分析、各部门大量的沟通和项目会议，初步确定了杭州市医保项目的实施范围，决定以广电线路为主干线路，以电信线路为备份线路，采用磁卡作为医保卡，采用C/S结构，以大集中模式来搭建医保管理信息系统。

在系统设计阶段，需要考虑75万个参保职工账户的建立、上万家参保企业医疗保险基金的征缴、上百家定点医疗机构医药费用的审核与偿付、医疗保险基金的监控、征集比例的测算等多种问题。在系统架构上，市医保中心主机系统的架构以IBM RS/6000 M80双机互为备份为核心，以7133-SSA高速磁盘阵列为共享连接，以3590-E11磁带库为系统备份。在市医保中心内部，局域网主干网络带宽达每秒千兆比特，与各二级交换机也采用每秒千兆比特级的带宽互联，为内部的各个科室提供10/100Mbit/s到桌面的一套局域网系统。该系统的广域网系统则根据各个定点医疗机构具体数据量的大小情况，设计了不同的适合自身通信线路的解决方案。

在软件开发上，东软采取了国际流行的控制方法。首先经过正式评审和认可，将一组配置项当作进一步开发的基础。只有通过正式的更改控制规程才能进行更改，因客户的业务需求变更而进行更改时应有客户的确认。因此，在合同阶段，与客户明确了系统更改的控制方法，以确认系统的成功实施。

各项目小组采用团队开发的方法，开发过程中配置管理工具Source Safe 6.0来管理，在项目各阶段自动产生配置报告，提交给质量保证（QA）负责人和项目经理，以便随时了解项目的状态。在各项目开发结束后，所有代码和文档都备份到专用的代码备份服务器中归档。后期的维护作为新任务的开始，定期整理维护活动产生的结果，追加到原项目的备份中去，同时更新配置状态报告。测试时采用暗箱测试方法。

系统硬件平台搭建的工作主要分为设备到货的跟踪、设备到货的验收、系统的搭建、IP地址的规划、系统的验证等几个方面。在项目实施过程中，主要利用Microsoft Project工具软件来管理项目。

通过采用以上方法，确保了杭州市医保管理信息系统在2001年4月1日的试运行和5月1的正式上线。上线时，纳入杭州市医保的参保职工有将近3万人，定点医疗机构将近20家左右，确保了杭州市医疗保险制度改革的顺利启动。

（资料来源：焦世东，http：//www.51Labour.com，2006。）

思考题：

1. 根据上述系统开发案例，试分析管理信息系统的开发应该包括哪些必要步骤？
2. 借助信息系统，医院管理会在哪些方面有所改善？

本章习题

一、选择题

1. CSF法是用于（　　）的一种方法。

A. 信息系统分析　　B. 信息系统设计

C. 信息系统规划　　D. 信息系统开发

2. 描述数据流程图的基本元素包括（　　）。

A. 数据流，内部实体，数据处理，数据存储

B. 数据流，内部实体，外部实体，信息流

C. 数据流，信息流，物流，资金流

D. 数据流，数据处理，外部实体，数据存储

3. 系统设计阶段的工作不包括（　　）。

A. 代码设计　　B. 处理流程设计

C. 输入输出设计　　D. 系统硬件设计

4. 系统实施阶段的工作内容中有（　　）。

A. 文件和数据库设计　　B. 系统运行的日常维护

C. 系统调试　　D. 详细设计

5. U/C 矩阵的主要作用是（　　）。

A. 确定系统边界　　B. 确定系统功能

C. 确定系统数据处理　　D. 确定子系统的划分

6. 下列对进行业务处理过程描述工具的描述不正确的是（　　）。

A. 决策树比较直观，但不易于理解。

B. 决策表常适用于判断因素较多、逻辑组合关系比较复杂的情形。

C. 决策表中各种条件组合个数为 2^n，n 为条件个数。

D. 结构式语言是一种表示处理逻辑的规范化语言工具，是一种模拟计算机语言处理逻辑的表示方法。

7. 在系统转换中，中间没有过渡阶段，用新系统立即替换旧的系统，这种转换方式称为（　　）。

A. 直接转换　　B. 并行转换

C. 试运行转换　　D. 分阶段转换

二、简答题

1. 系统分析的主要任务、步骤和目的是什么？为什么说系统分析是管理信息系统开发过程中最重要的一环？

2. 系统设计阶段包括哪些工作内容？

3. 代码的种类有哪些？代码设计时应注意哪些问题？

4. 系统转换有几种方式？每种方式各有什么利弊？

5. 系统维护包括哪些内容？系统维护分哪几种类型？

6. 设产品出库量的计算方法是：当库存量大于或等于提货量时，以提货量作为出库量；当库存量小于提货量而大于或等于提货量的5%时，以实际库存量作为出库量；当库存量小于提货量的5%时，出库量为0（即提货不成功）。请分别用决策树、决策表和结构式语言表达出库量策略。

三、课程实践

列出三个以上主要的信息技术领域从业人员的核心技能。你目前具备哪些能力素质？

参考文献

[1] 陈国青，等. 信息系统的组织——管理——建模［M］. 北京：清华大学出版社，2002.
[2] 左美云，等. 信息系统的开发与管理教程［M］. 北京：清华大学出版社，2001.
[3] 陈佳. 信息系统开发方法教程［M］. 北京：清华大学出版社，1998.
[4] 薛华成. 管理信息系统［M］. 4 版. 北京：清华大学出版社，2004.
[5] 姜同强. 计算机信息系统开发——理论、方法与实践［M］. 北京：科学出版社，1999.
[6] 陈晓红，管理信息系统教程［M］. 北京：清华大学出版社，2003.
[7] Kenneth C Laudon，Jane P Laudon. 管理信息系统——网络化企业的组织与技术（影印版）［M］. 6 版. 北京：高等教育出版社，2001.

第八章　信息系统的项目管理与风险控制

【引例】

伦敦股票交易所信息系统的失败

1993年3月12日，伦敦股票交易所首席主管彼得·劳林斯公布了一个令人震惊的消息：伦敦股票交易所开发了10年的金牛座项目被终止。该项目估计损失为1亿美元，交易所的顾客还另外损失了4亿美元，伦敦金融界的总损失高达5亿美元，350多个职员和顾问丢掉了工作。这个交易所现代化的进程持续了将近十年的时间，在时间、资源和金钱方面的损失无法估量。伦敦股票交易所在信誉上的损失也是惨重的，甚至成为大家在喝咖啡时的话题。公关部总裁说："很明显，它使公众失去了对我们的信心。"伦敦股票交易的一个主要经纪人琼斯说，数据库的选择被证明是一场技术上的灾难。尽管这个数据库的选择对数据管理系统来说是个失败，但是这一类重大项目的失败很少是由于这类技术问题造成的。交易所的主席史密斯先生认为，策划的这个系统过于复杂，要实现的功能太多。"金牛座系统的步伐跨度太大、太快，而且有太多的既得利益集团介入。"一种意见认为，失败是由于伦敦股票交易所长期形成的企业文化造成的。还有人认为这个项目的失败是由于它的外部化。

思考题：

哪些管理、组织和技术因素导致了信息系统开发和应用的失败？

学习目标

通过本章的学习，重点了解和掌握：

1. 信息系统评价。
2. 影响信息系统开发成败的因素。
3. 信息系统的项目风险管理。

关键概念

信息系统评价；信息系统开发的成功与失败；信息系统风险控制

第一节　信息系统评价

信息系统的效益和风险同在，并且信息系统规模越大，投资越多，对于企业的变革就越大，那么其风险也随之增加。伦敦股票交易所信息系统的失败不是个别的现象，几乎每个组织的信息系统建设中都不同程度地遇到过类似的问题：花费了比预期计划多得多的金钱和时间，使公司投资收回难以实现；系统不能正确地实现设计功能，使组织中的问题不能获得有效的解决等。信息系统失败的原因不是单方面的，研究和思考系统成功与失败的原因，根本目的在于改善它。改善的参考基准来自于对信息系统的正确评价。

信息系统的评价目的是了解新系统是否达到了预期目标。信息系统评价主要由信息系统建设评价、信息系统性能评价及信息系统应用评价等方面组成。

一、信息系统建设评价

信息系统建设评价的内容包括：

（1）系统规划目标的科学性。这即评价管理信息系统规划目标的科学性，并考虑经济上、技术上、管理上和法律上的可行性。

（2）规划目标的实现程度。这即评价管理信息系统是否达到或超过规划阶段提出的规划目标。

（3）先进性。这即评价信息系统是否能满足用户的需求、充分利用资源，是否融合了先进的管理知识，设计是否科学。

（4）经济性。这即评价投资与所实现的功能相适应程度。

（5）资源利用率。这即评价对计算机、外部设备、各种硬软件、系统资源的利用程度。

（6）规范性。这即评价系统建设是否遵循相关的国际标准、国家标准和行业标准；有关文档资料全面性和规范程度；开发工作和开发过程是否规范；各阶段文档是否齐备。

二、信息系统性能评价

信息系统性能评价的内容包括：

（1）可靠性。这即系统在遇到外界有意或无意的干扰下，保持自身正常工作的能力如何。最常见的干扰是错误的信息输入，信息系统应当能够识别、区分，并分情况予以适当的处理。同时，在停电、通信故障、恶劣的气候条件、火灾等情况下，系统应有能够抵御的能力。

（2）系统效率。这即系统为完成各项功能所需要的资源的情况。在比较时，可以以完成同一项数据处理任务所花费的资源作为尺度。通常用时间来衡量，包括周转时间、响应时间、吞吐量等。

（3）可维护性。这即确定系统中的错误、修改错误所需作出努力的大小，通常以系统的模块化程度、简明性及一致性衡量。

（4）可扩充性。这即系统的处理能力和功能的可扩充程度，包括系统结构、硬件设备、软件功能的可扩充性等。

（5）可移植性。这即系统移至其他硬件环境的方便程度。

（6）安全保密性。这即系统抵御硬件问题、软件问题、用户误操作、自然灾害的能力及敌对者窃取信息或破坏系统的能力，以及系统采取的安全保密措施。

三、信息系统应用评价

（1）经济效益。这主要表现在：如降低成本、提高竞争力、改进服务质量、获得更多利润等，通常以货币化衡量。

（2）社会效益。这主要表现在：系统对国家、地区和民众的公共利益所作出的贡献，如对企业管理科学化、规范化的作用，促进思想观念的转变、技术水平的提高、经济社会协调发展、决策科学化、生产力水平的提高，提供公共信息服务，合理利用资源，改变工作方式等。

（3）用户满意程度。这主要表现在：用户对系统的功能、性能、用户界面的满意程度，通常以人机界面友好程度、操作方便程度、容错性、系统易用性、帮助系统的完整性等衡量。还有一些无形效益，如改进资源管理、加强组织的计划性、增强组织的灵活性、增进组织的沟通、增强员工的热情、提高工作的满意度、改进经营、提高顾客满意度、改善公司形象，以及使管理人员摆脱繁重的事务性工作、集中精力主要从事信息分析和决策等创造性工作等。

（4）系统功能应用程度。这主要表现在：在系统建立后对组织的工作效率、工作质量以及劳动生产力的提高程度；系统的目标和功能实现的程度；用户应用的程度；预期的目标和技术指标是否已达到。

据美国制造行业协会的统计数据显示，使用设计完善的管理信息系统以后，平均给企业带来的经济效益为：库存降低 35%；拖期交货减少 80%；采购提前期缩短 50%；停工待料减少 60%；制造成本降低 12%；提高生产能力 10%～15%；管理人员人数减少 10%。

四、信息系统评价报告

系统评价工作的成果是系统评价报告。系统评价报告主要是根据系统可行性分析报告、系统分析报告、系统设计报告所确定的新系统目标、功能、性能，以及计划执行情况、新系统实现后的经济效益和社会效益等给予评价。它既是对新系统开发工作的总结，也是进一步进行系统维护工作的依据。

系统评价报告的主要内容包括：

（1）概述：这包括摘要、系统名称、功能、背景、系统开发者和用户、参考资料等。

（2）性能指标评价。这包括整体性评价，可维护性评价，适应性评价，工作质量评价（操作的方便、灵活性，系统的可靠性，设备利用率，响应时间，用户的满意程度），安全及保密性评价。

（3）经济指标评价。这包括：系统开发与试运行费用与预算的比较，以及不符的原因；新系统带来的直接和间接效益；系统后备需求的规模与费用。

（4）综合性能评价。这包括文档的完整性和质量评价，开发周期和程序规模，各类指标的综合考虑与分析，系统的不足之处和改进建议等。

第二节　影响信息系统开发成败的因素

信息系统开发成功意味着按既定要求交付符合用户和组织需求的系统。而信息系统开发失败，并不一定是指系统彻底崩溃，有的是明显不能按约定方式使用，或者是根本就不能用，用户不得不开发一些手工过程与系统一起运行；有的是产生出的各种报告对决策者没有帮助，或者是因为系统内所用的数据不准确，使人们感到不可靠，或者是系统不够“健壮”，经常“死机”。

信息系统开发失败的原因是多方面的，可以从技术层面和非技术层面来分析。

一、技术层面

1. 设计问题

设计中容易产生的比较明显的技术问题是功能问题，即由于设计上的缺陷，系统功能不能满足用户的基本需求。例如，响应速度慢，达不到用户要求；提供的信息不明确，不便于理解和使用；系统不能提高组织的运转效率，无法改进管理的质量。用户接口设计不良也是常见的技术问题，如有些用户界面设计得过于复杂，屏幕排列混乱，容易误操作；菜单嵌套层次太深，排列不合理，操作顺序烦琐，造成用户的不便，甚至不愿意使用。数据库设计不良是更为严重的技术问题，存在有害的数据冗余、缺少数据完整性控制、代码设计不周全等都会成为系统潜在的威胁。

2. 数据问题

数据方面的问题容易被开发人员所忽略，到正式运行以后才越来越严重，最后可能导致系统失败。

数据问题主要表现在：数据不准确（含有错误），不确切（有二义性），输入不完整（缺项），数据不一致（同一数据在不同部门不相同），数据不及时（超过时效）等。这些问题都会导致系统不能正常工作。这些问题如果不能及时得到解决，用户会丧失对系统的信任，最终将放弃使用。首次开发的新系统和新录入的数据更容易发生数据问题。

3. 费用问题

有些系统开发得可能很好，运行也不错，但是运行成本过高，超过了原来的预算；还有些系统在开发时就产生了超支现象，最后因财务经费问题不得不下马。这两种情况都不能看作系统开发成功。

4. 运行问题

系统运行得不好主要表现在经常性的死机、重启动和恢复，而在线联机（On-line）系统的响应时间太长，也会有类似的结果。这些都会导致用户对系统产生极大的厌恶感。尽管这些系统功能可能是正确的、完美的，但系统最后也会被这些运行问题拖垮。

二、非技术层面

引起信息系统开发失败的问题是多元的，这些问题的产生除了上面提到的技术上的原因外，还有其他许多非技术因素，尤其是组织方面的因素。

1. 变化程度

与设计相关的变化程度是影响系统开发工作质量的一个主要因素。在系统开发过程中，创建的系统不可避免地会引起变化。这些变化可能是对现有系统进行微小的改进，也可能是对业务进行再造工程。

想很好地驾驭变化，就要求能够辨认已经存在的和潜在的问题，并在这些问题对新系统或改进系统的成功构成威胁之前就及时处理。

2. 组织因素和人的因素

由于开发新系统的最终目的是为了提高组织的绩效，所以把全部系统开发的过程看作是一个有计划的组织变革过程。新系统建立的同时，也必须明确提出组织变革的方式与内容。除了指出业务流程会发生哪些变化以外，还要说明每个岗位职责的变化、组织结构的调整与变化、人员之间制约关系的变化，每个人权力的变化以及人们行为上的变化。

系统设计中另一个容易被忽视的问题是对人的因素的考虑。可以通过吸收用户中受新系统影响最大的那些人参与设计过程来减弱忽视人的需要的倾向。

（1）组织内外的阻力。信息系统建立的动因来自于组织内部的需求与外部环境的压力，信息系统开发的失败也同样源于内部与外部的抵制。

一个组织一旦引入了一套信息系统，该系统就会对这个组织的管理和行为产生重大的影响。组织内个人与团体之间的人际关系会发生变化，为管理组织的各种资源所需要的信息处理方式也会发生变化，这些变化最终将导致权力的再分配，并引起一些内部工作人员对系统的抵制，严重时会使一个各方面都不错的信息系统搁浅。这些系统都有一个共同的特点：为实现某个特定的系统功能，系统要求它的使用者必须改变他们的行为，即改变他们原有的工作方式和工作习惯。

一份对美国社会保障局620名工作人员的调查结果显示，利用更快速、更直接的在线系统处理客户申报数据的职员，普遍感到使用新系统要比使用原有的顺序地处理客户数据的电传打字机系统紧张得多。由于他们的抵制，新系统受到了挫折。如果系统设计时考虑到利用新系统以后会使工作人员因为每天要处理更多的顾客数据，工作量将大量增加这一因素，并采取相应的措施，结果将会是另外的样子。

（2）领导问题。领导认识不深刻或不重视，员工缺乏积极性，是MIS生命过程短暂的原因之一。当系统要改变原有的工作习惯和流程的时候，尤其是要改组原有组织结构的时候，领导层的支持就更不可缺少。如果缺少这种支持或支持的力度不够，都会造成失败。

如果一个信息系统项目在各个层次上都能得到高层管理人员的支持，那么该系统就很可能被用户和专业开发人员从正面给予理解。他们都会感到，参与开发过程会受到高层领导的注意和重视，他们的努力和付出都会得到回报。管理层的重视还会保证项目能够获得足够的资金和其他必要的资源支持。

（3）用户参与不够。用户参与信息系统开发能加大成功的可能性。用户如果能较深入地介入系统设计，就能使设计出的模型更符合业务要求；另外，由于他们自己已经成为变革过程的活跃参与者，所以他们会对整个系统的开发与管理持积极的态度。

虽然多听取用户的意见能改进系统的设计，但是也有一些局限性。一是他们受工作经验的束缚可能难以提出如何利用信息系统对原有的业务流程作重大改进的方案。二是用户与专业设计人员有不同的背景、不同的兴趣，分别隶属于不同的组织，当他们共同开发一个信息系统的时候，考虑问题、讨论问题和解决问题的方式会不同。例如，专业系统设计人员总是倾向于提出复杂的技术解决方案，向用户讲述该方案的软硬件效率如何高，使用起来如何方便快捷，而用户则要求系统能解决业务中的实际问题，促进组织实现预期的目标。

如果用户在参与过程中经常发现他们不能理解专业设计人员在说些什么，他们会消极地敷衍专业人员，最终退出，系统的失败就难以避免了。

3. 其他因素

急功近利、贪大求全也是导致信息系统开发失败的原因之一。企业希望在短时间内建设

MIS 并取得效益，不注重提高员工的认识和技术能力。许多 MIS 设计得非常完善，项目完成后却难以发挥作用而成为失败的例子，其原因是忽视企业的当前实际情况而盲目追求高新技术。

另外，许多 MIS 花费了巨大的人力和物力，但投入使用运行后不久就夭折了，原因在于严重忽视软件工程的最后一个也是最重要的一个环节——维护，从而导致 MIS 建设的失败。

第三节 信息系统的组织设置和项目风险管理

一、信息系统管理的组织设置

由于信息资源是企业的战略资源，信息资源管理（或称企业信息化管理）已成为企业管理的重要支柱。一般的大中型企业均设有专门的组织机构和专职人员从事信息资源管理工作。这些专门组织机构有，信息中心（或计算中心）、图书资料室、企业档案室等。另外，企业中还有一些组织机构也兼有重要的信息资源管理任务，如计划部门、统计部门、产品技术的研究与开发部门、市场营销部门、生产与物资部门、标准化与质量管理部门、人力资源管理部门、项目管理部门、政策研究与法律咨询部门等。信息资源是企业各项活动的支柱，维系企业的生存与发展。企业各级组织及其人员都要深刻认识信息资源的战略意义，在各自岗位上自觉地、有效地开发、利用信息资源。

在有关信息资源管理的各类组织中，企业信息中心是基于现代信息技术的信息资源管理机构，其管理手段与管理对象多与现代计算机技术、通信与网络技术有关。现代信息技术本身是信息资源的重要组成部分。利用现代信息技术开发、利用信息资源是现代信息资源管理的主要内容。

（一）信息中心

企业信息中心的组织结构及其职能如图 8-1 所示。一般来说，企业信息中心的主要职能包括：

（1）在企业主要负责人的主持下制定企业信息资源开发、利用、管理的总体规划，其中包括信息系统建设规划。

（2）企业管理信息系统的开发、维护与运行管理。

（3）信息资源管理的标准、规范、规章制度的制定、修订和执行。

（4）信息资源开发与管理专业人员的专业技能培训、企业广大职工信息管理与信息技术知识的教育培训和新开发的信息系统用户培训。

（5）企业内部和外部的宣传与信息服务。

（6）为企业信息技术推广应用其他项目，如 CAD、CAM 等，提供技术支持。

在图 8-1 中，企业信息中心所属各部门下面的虚框中注明了这些部门的职能或业务范围。各部门可根据工作任务需要进行分组，分组的原则可以是业务职能范围，也可以是任务的阶段或项目分组，如系统开发部就可按项目分组。

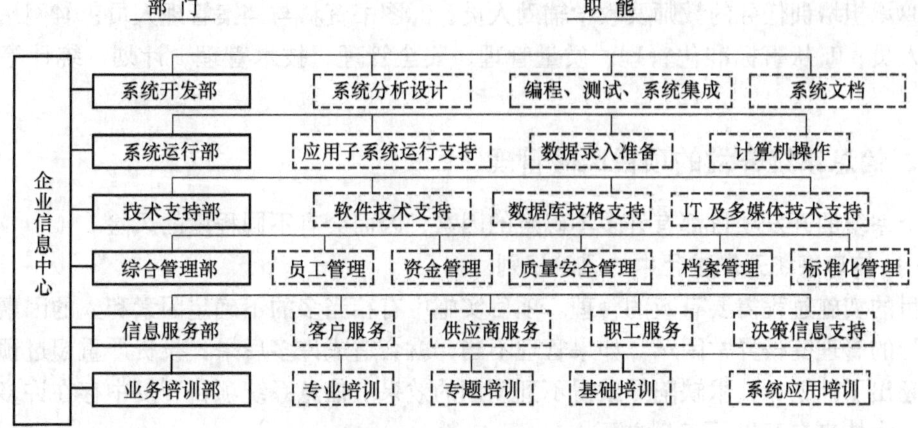

图8-1　企业信息中心的组织结构及其职能

（二）企业信息资源管理的人员

1. 企业信息主管

由于信息资源管理在组织中的重要作用和战略地位，企业主要高层管理人员必须从企业的全局和整体需要出发，直接领导与主持全企业的信息资源管理工作。担负这一职责的企业高层领导人就是企业的信息主管，即首席信息官（Chief Information Officer，CIO）。

企业 CIO 的主要职责是：

（1）在企业主管（总经理、总裁）的领导下，主持制定、修订企业信息资源开发、利用和管理的全面规划。

（2）在企业主管（总经理、总裁）的领导下，主持企业管理信息系统的开发。

（3）直接领导企业内信息资源管理职能部门（如信息中心、图书资料室、企业档案室）的工作，统一领导与协调企业其他部门信息资源的开发、利用与管理工作，主持信息资源开发、利用与管理的对外交流与合作。

（4）审批企业信息资源管理的有关规章制度、标准、规范，并监督实施。

（5）负责信息管理与信息技术人才的招聘、选拔与培养。

（6）负责企业信息资源开发、利用与管理所需资金的预算与筹措。

（7）参与企业高层决策。

显然，信息主管对企业的信息资源管理负有全面责任。由于信息资源管理关系企业全局，信息主管一般应由相当于企业副总经理或副总裁的高层管理人员担任。

2. 中、基层管理人员和专业技术人员

企业信息资源管理的中、基层管理人员包括信息中心（或计算中心）、图书资料室、企业档案室等机构的负责人以及这些机构的分支机构的负责人。企业中兼有重要的信息资源管理任务的机构有：计划、统计、产品与技术的研究与开发、市场研究与销售、生产与物资管理、标准化与质量管理、人力资源管理、宣传与教育、政策研究与法律咨询等部门。

企业管理信息系统的专业或技术人员主要有：①系统分析员；②系统设计人员；③程序员；④系统文档管理人员；⑤数据采集人员；⑥数据录入人员；⑦计算机硬件操作与维护人员；⑧数据库管理人员；⑨网络管理人员；⑩通信技术人员；⑪结构化布线与系统安装技术

人员；⑫承担培训任务的教师及教学辅助人员；⑬图书资料与档案管理人员；⑭网站的编辑与美工人员；⑮从事标准化管理、质量管理、安全管理、技术管理、计划、统计等工作的人员。

二、信息系统开发的项目风险管理

每个系统的开发项目都有许多不确定的因素，因而会有不同程度的风险。

（一）信息系统开发过程中的风险识别

项目的实施过程需要有效的管理。项目实施中有相当多的不确定因素和人的因素，使得这一过程的管理变得异常困难。如果管理不当，就会造成许多后果：投资严重超过预算；工期大大超出了计划；技术缺陷导致得不到预期的效果。信息系统项目开发中存在许多不确定性因素，大体来自于以下三个方面：

1. 项目需求的不确定性

信息系统项目开发的系统通常都以一个或多个真实世界为背景，这里所依据的客观世界范围称为问题域。由于通过问题域建立系统时许多因素必须抽象和简化，因此问题域中的不确定性常常隐含于或者不再出现于系统中，这样就与系统的假设或者前提发生了矛盾，而人工系统却无法对其进行控制。如果信息技术项目还涉及现实的硬件或机械部件，则这些客观现实也是产生不确定性的来源。

需求分析包括对问题域和问题的研究。问题域的研究产生企业的信息系统战略规划，问题的研究产生信息系统项目的需求规格说明。由于只有变化是不变的，所以信息系统规划阶段面临未来投资和收益等多方面的不确定性。信息系统项目本身就具有不确定性，对于新软件系统的需求，只有用户使用过以后才能完全得到。具体来说：

（1）用户需求难以确定。不仅不同的用户对同一信息可能有不同的理解和解释，从而会产生不同的需求，有时同一用户也会因时间、地点的不同而提出不同的要求，使得用户需求的定义难以具体地确定。对于软件设计者来说，掌握未知的用户专业领域里的知识，从中整理出需要计算机处理的需求（即提出问题），是比用软件技术去实现这些需求（解决问题）更困难的工作。这主要因为：①用户所提出的需求从计算机应用角度来看常常不明确、不完全或不清晰。②用户和软件设计者之间难以相互沟通，对经验不多的软件设计者更是如此。③有的用户需求结构复杂，背景知识复杂，难以抽象化、模型化、结构化。

（2）工作量难以确定。迄今为止，仍然缺少有效的技术与方法事先估算系统分析与系统设计所需要的工作量。理论研究与教学中只是分析了一些比较简单的小系统，而且因为信息技术发展很快，许多大型甚至小型系统也都是"首次开发"，并且没有先期经验可供借鉴。估算的计划往往与实际相差很大，不准确的计划会直接影响到实施过程的控制，导致时间的拖延、预算的突破甚至系统的失败。

2. 项目设计实施的不确定性

如果系统实施过程管理不善，则信息系统开发的各个阶段都有可能出现风险。表 8-1 列出的是一些典型风险因素。

（1）技术风险。信息系统项目的现实性要求严格绝对地反映客观世界，而抽象性又使得各阶段的转换没有可以遵循的规范，信息系统项目开发至今还不能像传统建筑项目那样将设计和施工完全分离，人们很难确定需求规格说明对后续设计来说是否是完整的、充分的。

表 8-1　信息系统开发过程风险因素

阶段	风险因素
1. 分析阶段	没有为研究存在的问题分配足够的时间、经费、人力等资源，因而问题仍然不能很好地定义，项目实施的目标含混不清，效益也无法衡量
	初步规划过于草率，对项目所需时间与经费的估计缺乏标准
	项目组组织不当，没有足够的专职人员，系统的最终用户在项目组里也没有代表
	一些开发组成员向用户承诺了一些不可能完成的任务
	用户需求来自于原系统不完善的文档和来自于不完备的系统分析活动
	用户拒绝向项目组提供必要的信息
	项目分析人员缺乏与他人交流的能力与技巧，不能与用户恰当地交谈，不会对用户提出适当的问题，不能与用户作深入的交流
2. 设计阶段	用户没有参与设计，设计方案完全是计算机专业人员完成的。受这些人员个人偏好的影响，设计方案与组织原有的结构、活动、文化吻合得不好
	设计只考虑了当前的需要而没有能够顾及组织未来的需要
	业务流程及人员必须要作重大改变的设计时，缺乏这些改变可能对组织产生哪些影响的考虑与分析
	工程设计的说明书不完善
3. 编程阶段	软件开发所需要的时间与费用的预算被低估
	对程序员提供的说明书不完备
	大量时间花在编写程序代码上，用于研究程序之间逻辑的时间不足
	程序员没有充分利用结构化和面向对象编程方法的优点，编写的程序难于修改和维护
	程序缺少完整的文档
	对机时等必要的资源没有作出计划
4. 测试阶段	正常的测试所需要的时间与费用被低估
	项目组没有制订有组织的测试计划
	用户没有充分地参与测试。他们不愿提供测试用的数据样本，不愿意检验测试的结果，不愿意为测试耗费时间
	项目组没有为高层管理人员提供验收测试的办法，管理人员不能审核和签署测试的结果
5. 转换阶段	转换所需要的时间与经费估计不足，特别是数据的转换
	转换开始以前用户从未接触过新系统，到系统要安装的时候才开始对用户进培训
	为了补偿开发工作的超支与超时，系统还没有完全就绪就急于投入运行
	系统和用户文档不完整
	绩效评估没有进行，没有建立评价的标准，也没有把系统运行的结果同早先的目标相比较
	对系统维护工作的预见性不足，受过维护培训的专业信息系统维护人员不够

重用在项目级上可理解为项目的升级、维护，在部件级上可理解为采用部分外购成品或子系统，在过程级上可理解为结构的重用或代码的重用，但也难以回避来自于技术方面的风险。虽然重用是提高劳动密集型任务生产率的重要手段，但是在重用时如何确定现有构件可满足当前任务的要求，如何有效说明重用构件的接口，如果文档记录不足如何进行逆向工程等，都会表现出不确定性。

（2）进度风险。在信息系统实施过程中，进行项目管理、控制项目进度、确保整个实施过程能够按照预计的时间表进行，对项目的成败至关重要。系统不能按期交付是引起用户抱怨最常见的原因之一。大多数系统都不能如期交付，或者留有“尾巴”，许诺用户“未完成的功能将在下一版中完成”。实施工作不能按计划完成的原因有两个方面：计划制订得不合理；实施中遇到了意外，但是又无法有效地“赶工”以弥补延误的工期。

系统实施的计划工期常常制订得偏短，这可能是迫于用户的压力，因为用户一般很难接受过长的开发周期；也可能是由于计划制订者的盲目乐观。现代信息系统的技术在快速地更新，规模也越来越大，网络的普及又增加了复杂程度，这些都使得计划者的经验不断过时，他们在估算工期时普遍有盲目乐观的倾向。

即使计划工期制订得比较合理，还是可能因各种意外而产生拖延。与许多工程项目的实施不同，信息系统项目的实施一旦发生延误，就很难加以弥补。对于工作量一定的工程项目（一般用人·月表示），通常只要增加实施过程的人员，就可以有效地缩短工期和进行赶工。但是在信息系统项目中通过增加人力来缩短工期的效果十分有限，因为所有参加开发的人员之间总是需要经常大量地进行沟通，这种沟通所耗费的资源（时间、经费），随人数的增多会按指数关系上升，有时增加人以后反而会产生更多的混乱与返工，最后造成更大的延迟，除非这些人经过长期的很好的培训。

（3）成本风险。系统的实施成本通常包括：硬件费用、软件使用许可费用、软件培训费用、实施咨询费用及维护费用等。实施咨询费用一般是软件使用许可费用的 1.5 ~ 2 倍。在实施过程中，如何合理分配实施费用，结合项目进度和时间安排将实施成本控制在计划之内，是每一个实施信息系统的企业都需要认真对待的问题。不少企业由于不能按照项目时间进度计划开展实施，造成时间的延误和实施成本上升，即使最终系统上线，也不能符合时间和预算的要求，客观上造成实施的不成功。

3. 其他不确定性因素

信息系统开发项目本身是劳动密集型任务，而且，人的意识主宰了项目的目标。项目的每一个阶段都离不开人的参与，人的行为是难于控制和难于预测的，所以人自始至终都是最大的不确定性来源。来源于人的不确定性主要有以下几方面：

（1）高层领导难以及时地了解问题。坏消息向上传递速度较慢，报喜不报忧，几乎是所有组织中都存在的通病。实施中各阶段发生的问题往往会被中层滤掉，不能及时反映到管理和决策的高层中去。这使出现的一些错误得不到及时纠正。继续发展扩大直至积累到难以纠正。这样的案例国内外都有很多。

（2）用户的感受和态度容易被忽视。尽早地对用户进行系统功能与开发方法的讲解、培训和说明，让他们深入地理解系统所有潜在的功能和可能产生的组织结构与职务、岗位、职责的变化，鼓励他们支持并参与系统的开发，会有力地保证项目的成功。这一点常常被忽视。由于重视不够和缺少足够的经费与资源而使得培训工作做得不充分和完全没有做的情况时有发生，在项目开始阶段更是常见。

（3）管理观念的转变。信息系统的实施是一个管理项目，而非仅仅是一个 IT 项目。不少企业高层管理人员尚未认识到这一点：在选择系统时仅由技术主管负责，缺少业务部门的参与；在实施系统时仅由技术部门负责，缺少管理人员和业务人员的积极参与；项目经理由技术部门的领导担任，高级管理人员，尤其是企业的一把手未能亲自关心负责系统实施。这些都需要企业管理人员转变认识加以改善。管理观念的转变还体现在信息系统实施过程对企业原有管理思想的调整上。信息系统带来的不仅仅是一套软件，更重要的是带来了整套先进的管理思想。只有深刻理解、全面消化吸收了新的管理思想，并结合企业实际情况加以运用，才能充分发挥系统带来的效益。

（4）组织架构的调整。为适应信息系统带来的改变，企业必须在组织架构和部门职责上作相应的调整。因此，实施信息系统往往需要同时进行企业流程重组和改善的工作。在流程重组中，会涉及部门职能的重新划分、岗位职责的调整、业务流程的改变、权力利益的重新分配等，如果企业不能妥当地处理这些问题，将会给企业带来不稳定因素。

（二）信息系统开发的项目风险评估

风险评估是对风险的规律性进行研究和量化分析的过程。信息系统项目风险评估是在风险辨识的基础上研究风险因素发生的可能性、发生风险事件时的损失值，以及可能性、损失值随时间变化的规律和对其他风险因素的影响。经过风险评估，可以找到项目中的主要风险所在，如果风险过大，没有能力回避，那么就可以提前放弃该项目；如果风险在可以控制的范围内，就可以承接该项目，并制定相应的风险控制措施。详细地描述风险的属性，特别是定量的属性是评估阶段的主要目的。风险评估不只是简单的凭空想象，进行量化后才能方便操作。评估的方法和工具有很多，不再详述。

（三）信息系统开发的项目风险控制

采取正确的策略、适当的工具和方法，能够较好地解决实施中的一些问题，有助于提高实施的成功率。下面介绍一些可供选用的方法与策略。

1. 建立项目风险控制组织结构

信息系统可以显著地改变组织中的生活。有些信息系统改变了长期以来在权力、特权、义务、责任和情感之间建立的均衡状态。这意味着管理人员不了解组织就不能设计新系统和了解现行系统。

项目管理常见的三种组织结构类型是：职能型、项目型和矩阵型。每种组织结构都有各自的优势，适用于不同的管理背景。职能型结构多被事业稳定的公司采用，各部门人员按部就班完成本职工作，部门间的交错联系不多。项目型结构适用于非常规生产性管理场合，可使企业资源集中于项目之上，是三种类型中项目经理拥有权力最大的一种。而矩阵型结构在集合了前两种结构优点的同时，也不可避免地带有相应的不足。其优点包括项目目标清晰、资源利用更为有效、学科间交流更为方便、项目立项和中止手续简单；而缺点是多头领导、管理复杂性升高、信息流路径复杂、管理目标矛盾、指导原则冲突等。

在各种影响因素中，一般倾向于优先考虑组织结构对组织内各部分之间交流和沟通产生的影响，其后依从信息系统项目管理的类型，进而根据项目规模，以及项目对企业资源占用的需求幅度来确定。一般来说，大型项目需要采用项目型组织结构，而小型项目则通过在职能型组织结构中设立项目协调人等临时、兼职结构体系来实现。不过无论采用哪种组织结构类型，最终具体的组织结构体系必须取决于组织管理任务。

项目成员都应该是富有经验的专家，项目组的领导应该有很高的技术水平和丰富的项目管理经验；项目组应经常开会沟通，重要的会议记录和设计方案要分发给有关的人员；项目组要经常检查自身的技术状况；项目组的大部分成员应有过良好的相互配合工作的历史。

2. 项目管理工具的使用

信息系统开发时间长、耗资大、风险大，涉及管理思想、管理方法的转变，影响因素众多。为了加强对 MIS 开发过程的控制和管理，有必要采用工程管理办法，实行项目管理，进行 MIS 开发的组织、计划和控制。项目管理包括规划、计划、指导和控制人力、财力和技术资源以完成定期任务，最终实现特定目的或目标。

项目的计划工作包括将项目分解成各项任务，确定这些任务的完成顺序，估计完成这些任务的所需时间与所需资源，分派人力、经费、技术等各项资源到各项任务。项目的控制工作包括对项目进展的监督以及必要的调整。对于大型项目系统开发，要求通过成百上千个独立的活动来实现，正规的系统管理方法和工具十分重要。

PERT 和甘特图（Gantt Chart）技术都能在项目管理软件中自动实现。这种软件监控所有的项目活动，并确定各项活动和整个项目是否在预算之内。项目管理软件还具备群体工作能力，能处理多个项目，并允许一组人员与同一个软件进行交互。项目管理软件帮助管理者找到以最少成本缩短项目完成时间的最佳方式。在系统开发的规划阶段，可以制订最粗的计划，绘制出网络图，随着开发的进展，再绘制分阶段的网络图。用甘特图表示的进度计划如图 8-2 所示。

序号	项目名称	2012 年				2013 年				主要承担单位
		9 月	10 月	11 月	12 月	1 月	2 月	3 月	4 月	
1	系统分析									系统分析组
2	系统设计									系统设计组
3	实现子系统 1									程序组 1
4	实现子系统 2									程序组 2
5	实现子系统 3									程序组 3
6	用户培训									分析设计组
7	硬软件准备									硬软件组
8	建立数据库									程序组 4
9	系统调试									各组
10	系统转换									各组
11	维护评价									程序员操作员

图 8-2 甘特图

这些工具特别适合于管理那些结构化程度高、技术又不很复杂、规模很大的项目。这些项目没有技术难点，需求相对都比较确定，只要利用这些管理工具制订计划，就比较容易获得成功。

3. 质量保证

信息系统的开发要求计划、成本对于质量之比保持平衡。系统各阶段任务完成后，为保证质量，防止事后返工、影响后面计划的完成，要进行审核批准。其中特别要做好系统分析阶段工作的评审，为系统的成功开发打下基础。

卡内基·梅隆大学的软件工程研究院（SEI）1999 年前后分别以技术报告和手册等形式公布了基于分类的风险辨识（TBQ）、连续风险管理（CRM）、软件风险评估（SRE）、软件采购风险管理成熟度模型（RM-CMM）和团队风险管理（TRM）。IEEE 于 2001 年制定了 IEEE 1540 标准，结合软件生命周期模型给出了风险管理过程规范。国际标准“软件能力成熟度集成（CMMI）”等提出了信息系统开发项目的质量标准和措施。

许多信息系统组织在生产软件时都综合了ISO 9000、全面质量管理、统计过程控制原理。通常，为了确保系统开发过程和完工产品的质量，信息系统组织会组成自己的质量保证小组与项目开发组一同工作，鼓励其遵循已经制定的标准。

4. 克服用户的阻力

用户的阻力可能是由于对用户的教育、培训、说明的不当而引发的，也可能是因为用户个人的原因。无论新系统最后方案设计成什么样，在受到一部分人支持时，也常常会引起另一些人的反对。产生抵制的原因，可能是来自于用户本身，如他们不愿意学习新的工作方法、新系统影响了他们的利益等；也有可能来自于系统设计不良，改变了他们惯有的工作方式与习惯。同时，当用户参与设计过程时，有时用户会利用自己的地位按个人的喜好来设计系统，或者希望新系统能够扩大自己的权力。

这时，可以采取相应的风险控制策略。对于结构化程度较低的系统，实施过程中需要广泛动员用户参与到系统设计中去，将组织变动和用户需求中的各种不确定因素降到最低。例如，让用户代表参与项目领导班子，可以直接担任项目组组长或副组长，给关键用户经常发放项目备忘录。同时，对用户进行良好的培训，鼓励用户参与并承担一些义务，如委托用户去负责系统的安装和培训工作。另外，如果用户抵制的原因来自于用户界面混乱、学习操作困难等，则可以改进人机界面，必要时对系统进行修改以满足要求等。

5. 社会技术设计方法

社会技术设计（Sociotechnical Design）方法是信息系统设计的一种方法，它强调在设计中要将技术因素、组织因素和人的需要综合起来，产生一个满意度比较高的设计方案。具体步骤如下：

设计者除首先提出一些系统的技术指标之外，还要提出一些能增加人的工作满意度的指标。根据这两类指标，先分别设计出一些技术设计方案和一些社会设计方案。社会设计方案中要考察各种可能的不同工作组合的结构、工作任务的分配和人员岗位的设计。然后将各种技术方案与社会设计方案一一对照，将能够相互结合的方案结合到一起作为社会技术设计方案的候选方案提出。设计者与用户对所有的社会技术候选设计方案评审以后，挑出最能同时满足技术要求与社会目标的方案作为最终方案。根据该方案就有可能产生出一个能同时满足技术与社会目标的信息系统。该系统应有较高的用户满意度，因为它既考虑了技术的效率，又考虑了组织与人的需要。

本章小结

技术因素只是信息系统开发成败的原因之一，管理和组织的因素往往起到了更大的作用。本章分析了信息系统评价的内容，信息系统开发成败的因素，以及信息系统项目管理与风险控制方面的方法与策略。组织变革成功与否完全取决于系统专业技术人员、最终用户和项目决策者三者之间能否在实施的过程中共同处理好各个阶段的风险问题，即在项目实施的过程中，针对这部分风险采取专门措施进行风险管理和控制，从而最大限度地降低风险、控制风险。

【MIS 本土化】
某医院的工作站系统

某医院信息系统建设正在向纵深发展，而医生工作站系统的实施是关键的一环。医生工作站以病人信息为中心，围绕病人的诊断治疗活动，实现病人信息的采集、处理、存储、传输和服务。它以加快信息传送和减轻病历书写为目的，围绕临床医生每天的日常工作，切实提高医生的医疗服务质量和临床工作效率，支持医生的临床研究。

医生工作站的难度首先是来自技术方面的。经过多方考察，医院最终选择了一公司作为软件供应商。经过对系统的多次修改和测试，应用系统得到了优化，技术的难关过了，产品做好了，但非技术因素形成的难关才是真正的难关。而且这一“战”就持续了两年半。

2003 年 8 月，按照院长的要求，选择医嘱最为复杂的内科开始第一批上线。医生工作站系统在内科病房上线时，迎来了来自医生最大的阻力。第一，内科医生从学生时代开始训练，到后来的实际工作中，一直习惯于手写医嘱，然后交给护士去执行。上了系统之后，必须彻底改变这种习惯。他们最初并不熟悉这个系统，需要花费大量的时间练习医嘱的录入，因此，部分医生就产生了很强的抵触情绪。第二，以往该医院规定医生开了医嘱后，需要“三查七对”，这不仅减少了医嘱的错误率，同时医嘱的大部分责任在护士身上。上线了医生工作站后，医嘱的发生源在医生那里，医生就成了全部责任的承担者。有的医生不愿承担这种责任，对系统的应用产生了抵触。第三，在系统运行之前，医生写医嘱时，只需要写明医疗属性，即明确用什么药、如何使用等，而它的财务属性则由药房和护士负责。使用系统后，医生不仅要明确医疗属性，还要掌握医嘱的财务属性，在录入医嘱时也要录入和记账有关的问题。这也引起了部分医生的反对，他们认为他们不应该关心这些问题。

医生的埋怨声越来越大，他们质疑这个系统运行的必要性了。如果医生不用这个系统，则这个系统就是个死系统，也意味着两年多的努力将付诸东流。医院领导在这个关键时刻及时表明了态度，大家才明确了这条路必须坚定不移地走下去，剩下的问题就是坐下来好好协商解决办法了。

（资料来源：http：//industry. ccidnet. com，2004. 12。）

思考题：

1. 该医院医生工作站系统上线后，医生写医嘱与以往手写医嘱有什么不同？
2. 医生工作站系统的本意是帮助医生工作，为什么会遇到来自医生的阻力？
3. 从医生工作站系统的遭遇，如何认识信息系统既是技术系统也是社会系统？

本章习题

一、简答题

1. 什么是信息系统失败？
2. 信息系统失败的原因可以分为哪几类？
3. 影响系统开发项目风险程度的因素可以从哪几方面考虑？

二、讨论分析

IT 从业人员的道德困境

随着技术监测水平的提高以及互联网的使用，一个组织内的成员拥有特权访问大量的数字信息，他们可以偷看私人工资信息和私人邮件或侵入其同事的私人网络并掩饰他们的行踪而无人知晓。

在任何行业，都有法律、伦理规范、公司政策、职业标准指导 IT 员工，但是道德和不道德的界限常常会模糊。如果存在嫌疑的行为，如偷看薪水数据，虽然没有违反法律，但这是不是道德的呢？

医学专家、律师和工程师这些职业都有道德准则，IT 行业也需要这样一份准则，以便 IT 员工和雇主都能够清晰地明白职业的标准。例如，一个雇主应该要求他的 IT 团队在公司的个人计算机上安装没有注册的软件吗？IT 员工该不该用他的技术技能盗取公司对自己有利的信息呢？一个系统管理员应不应该使用不专业的方法来处理公司的网络问题，在明知道他的这种做法会使网络崩溃的情况下修改系统呢？个人价值观无疑是道德组成的一个重要部分，但是企业事务不能全部依赖于员工的个人标准。另外，企业也必须意识到道德标准对于整个组织的重要性。如果 IT 部门不重视道德标准，那么道德困境问题也会出现在公司的其他地方，因此往往造成灾难性的后果。

问题：

IT 从业人员的行业道德准则应如何制定？有哪些策略可以帮助解决以上问题？

参考文献

[1] 方德英. IT 项目开发风险管理——理论与方法 [M]. 北京：人民邮电出版社，2008.

[2] 许晶华. 管理信息系统 [M]. 广州：华南理工大学出版社，2003.

[3] Kenneth C Laudon, Jane P Laudon. 管理信息系统——管理数字化公司 [M]. 周宣光，等译. 8 版. 北京：清华大学出版社，2005.

第三篇　管理信息系统的应用与发展

- 知识管理
- 客户关系管理
- 企业资源计划
- 供应链管理
- 电子商务

第九章 知识管理

【引例】

鱼的启示

池塘里面住着很多鱼，过着平静的生活。一直到有人搬到了池塘边，它们平静的生活被打破了，因为有人经常来池塘边钓鱼。于是，池塘里的鱼越来越少，鱼儿都非常紧张。但是鱼儿却发现住在池塘东面的鱼没有几条被人钓走，于是大家纷纷去求教。住在池塘东面的鱼也不知道为什么。大家开会分析：住在池塘东面的鱼全是草鱼，它们只吃草为生，原来，由于草鱼只吃草，钓鱼人用的蚯蚓就没有了用处。这个经验马上在鱼儿之间传播开来，大家都不会去吃悬浮在水中的蚯蚓了，这样很少有鱼被钓走。

故事里面的鱼是聪明的，它们知道如何从经验中吸取教训，以后避免犯同样的错误。联系到企业的运作，会发现企业经常在犯同样的错误。一个错误在一个企业出现过，随着人员的变更，以后还可能再次出现。员工优秀的经验没有得到及时的利用、传播、沉淀，随着员工的流失，公司失去了大量的知识资源，大量的培训费用也往往变成了员工跳槽时的砝码。要解决这些问题，就必须引入知识管理，加强知识管理。

鱼是通过什么方式来减少被人钓走呢？因为鱼通过分析池塘东面的鱼很少被钓走的现象后，找出了原因，并且在鱼群中推广而产生。也就是说这是一个分析、挖掘数据与经验，将隐性的知识挖掘出来，变为显性知识，并进行推广的过程。这就是我们通常所说的知识管理。对于企业来说，知识管理就是对一个企业的知识与技能的捕获——不论这些知识和技能是存在于数据库中、被印刷于纸上或是存在于人们的脑海里——然后将这些知识与技能分布到能够帮助企业实现最大产出的任何地方的过程。

思考题：

1. 池塘里的鱼是如何找到不被钓走的原因的？
2. 池塘东面的鱼为什么不知道自己不被钓走的原因？
3. 我们可以向鱼学习些什么？

学习目标

通过本章的学习，主要了解和掌握：

1. 知识管理的概念和目标。
2. 知识流程和知识管理技术。
3. 如何在一个组织内实行有效的知识管理。

关键概念

知识管理（Knowledge Management）；知识流程（Knowledge Process）；知识管理系统（Knowledge Management System）；学习型组织（Learning Organization）

第一节　知识与知识管理

一、知识的内涵

知识（Knowledge）是信息接收者通过对信息的提炼和推理而获得的正确结论，是人类通过信息对自然界、人类社会及思维方式与运动规律的认识与掌握，是人的大脑通过思维重新组合的、系统化的信息集合。

就个人而言，知识包括以下内容：广义的社会知识集合中所取得的知识，如从书本中学习的前人的理论总结；个人总结的经验以及由此而形成的行为准则和习惯；在理论和经验的基础上经过思考与“内省”而使个人知识升华形成的个人“智慧”。

经合组织（OECD）在《以知识为基础的经济》的报告中，将知识分为四种：①知道是什么的事实知识（Know-what），是指对事实的描述性、可以感知的或以数据呈现的知识。对企业来说就是那些关于事实方面的知识，如企业有多少员工、企业的主要产品等。②知道为什么的原理知识（Know-why），是指公理、定理以及自然法则等的知识。对企业而言就是研发、生产、销售等方面的方法和规律，如为什么选用某材料、为什么开发某种产品等。③知道怎样做的技能知识（Know-how），是指技术方面的知识。对于企业来说就是员工工作的技巧和经验等。④知道是谁的知识（Know-who）。对于企业来说，就是能迅速定位掌握某种技能专家的知识。

二、知识的特性

知识除了信息所具有的特性如共享性、资源性等外，还有以下特征：

（1）知识的隐含性。知识的认识论范畴决定知识与其认识主体的不可分割性，或者说知识总是属于某个个人的。这一点决定了知识的隐含性。科学哲学家迈克尔·波拉尼（Michael Polanyi）在《个人知识》中提出并发展了有关知识的理论。他从“人们知道的比他们所能讲出来的要多得多”这一事实开始深入思考人类的认知领域，并由此将知识划分为显性知识和隐性知识这两种基本类型。

（2）知识的增值性。知识的增值性是指知识在生产、传播和使用过程中，有不断被丰富、被充实的可能性。在知识经济条件下，知识的增值作用远远大于传统资本。因此，在信息技术发展到一定程度，依靠知识增值而迅速成长起来的知识型企业越来越多，而这样的企业也更具竞争力。

（3）知识的“波粒二相性”。如同物理学中对光的认识一样，维娜·艾莉[㊀]就此提出了一种见解：知识的“波粒二相性”。

㊀ 维娜·艾莉，《知识的进化》，珠海出版社，1998年。

1）作为实体的知识。一是将知识看成是人拥有的某种“东西”，类似一种财产，具有产权，知识产权的概念就由此而生；二是知识这个“东西”也需要储藏、处理，为此人们致力于应用信息技术手段实现知识编码。知识的这种“实体性”为“知识转移”提供了理论基础，同时知识的识别、组织、收集以及测度等也有了理论依据。

2）作为过程的知识。知识是认知的过程，关注的重点应该更多地将注意力集中于知识的动态方面，如知识的共享、创造、学习、运用和沟通。迈克尔·波拉尼将人们获取和创造新知识的过程描述为“认识的过程”。他将知识概括为“一种更好地描述认知过程的活动”。而认识是在个体和群体之间的一种持续不断的流动过程，因此，就引发了鼓励参与和协助沟通等问题。

过去的知识是人类经验和思考的结晶，是未来研究和创造的基础，是人类的宝贵财产。而知识的价值在于应用与创造，是不断验证和发现的过程。对知识的“二相性”的认识，使人们在工作中有所侧重，对于实体性的知识，采用信息技术手段进行存储、处理、传输、共享，同时创造开放、和谐的环境，鼓励沟通和创造。

三、知识的分类

（1）隐性知识（Tacit Knowledge）。如果某种知识很难被清楚地表述出来或者即便表述了也很难学习或接受，那这种知识就具有“内隐”的特性，就属于隐性知识。例如表演艺术家能将各色人物塑造得生动鲜活，但却很难把他具有的表演技巧表达出来与他人共享。隐性知识具有高度的个人化和难以沟通的特征，它的获得只能依赖于亲身的体验、直觉和洞察力，其特点是不易被认识到、不易衡量其价值、不易被其他人所理解和掌握。

（2）显性知识（Explicit Knowledge）。显性知识能用语言、文字、数字、图表等方式被清楚地表述出来，如计算机程序、设计规范、操作规程等，同时学习者和接收者也能够通过这种表述获得知识。典型的显性知识主要是指以专利、科学发明和特殊技术等形式存在的知识，存在于书本、计算机数据库、CD-ROM、DVD中。

显性知识和隐性知识的划分突破了过去人们对知识的认识，将还未经系统化处理的经验类知识给予了承认。如果说显性知识是“冰山的一角”，那么隐性知识则是隐藏在水面以下的大部分。隐性知识虽然比显性知识难发觉，却是社会财富的最主要源泉。知识管理中的一个重要观点，就是隐性知识比显性更完善、更能创造价值。隐性知识的挖掘和利用能力将成为个人和组织成功的关键。

四、知识管理的概念

知识管理就是利用信息技术，对企业的知识进行发现、存储、共享、应用以及创造，同时变革组织结构，提供开放、和谐的组织环境，以提高企业核心竞争力的过程。概括起来，大致可以从两个角度看待知识管理：

（1）知识是对象，有待于加工处理，可以在信息系统中被标示。这是一种以信息技术为主的知识管理，重点在于将显性知识结构化以及将隐性知识显性化。这种知识管理在实践中常常偏重于对信息系统的建设。

（2）知识管理本质上是一种认知过程，这是一种以人为本的观点。它从社会学、心理学、组织行为学以及管理学的角度出发，将重点放在提供和谐、开放的知识交流环境，构建学习型组织，鼓励和方便人们进行知识的分享、应用以及创新。

五、知识管理的目标

知识管理的两个直接目标是知识共享与知识创新，最终提升企业核心竞争力。而企业的核心竞争力主要表现在以下几个方面：企业的响应能力及创新能力、员工素质、效率。

(1) 提高企业的响应能力和创新能力。在知识经济条件下，市场环境中经常出现无法预测的事件。为了把突发事件对自身的影响减小到最低程度，更迅速地解决客户提出的问题，帮助客户作出最好的决断，公司要能对市场的变化作出快速的反应，具有较强的应变能力。知识经济的生命力和灵魂在于创新。在以技术迅速变化和产品周期不断缩短为特征的知识经济环境中，创新是保持长久竞争力的主要源泉。为此，必须经常鼓励和培育新思想、新主张，最大限度地把公司员工聚集到献计献策和通力合作的活动中来，共同开发新的产品和服务，把创新能力的培养和增强作为知识管理的一个关键目标。

(2) 提高员工素质。一个公司要保持竞争力，就必须提高现有员工和新雇用员工的技能素质和知识水平。为此要通过在职学习、联机培训、远程教育和公司知识网络等方式学习新知识。一个公司如果全力支持和促进这种提高员工技能素质的学习并使之制度化，就是成功的知识管理。英国石油公司把钻井中正反两方面的经验制作成录像专案，并放进公司内部知识分享网站，在全球相关部门分享，为公司带来的利润超过 12 亿美元。福特汽车公司的制造部门有一套“最佳实务复制流程”，这个知识体系供公司全球制造点分享，其内容由全体员工共同不断补充。

(3) 提高效率。知识管理的另一个重要目标是通过努力获取和共享最好的经验以及可重复使用的知识资产，缩短作业时间并最大限度地减少重复劳动。效率取决于对个人和群体创造的知识进行收集、综合并再利用的程度。知识管理必须向个人提供借以发现、挖掘和优化已创造的共同知识的工具，并把它们应用于新流程、解决新问题。根据安永会计师事务所提供的情况，从 1993 年到 2002 年实行知识管理的 10 年中，安永在知识管理方面投入了 5 亿美元，而其收入增加了 600%（员工数量只增加 350%），人均收入超出竞争对手 20%。该事务所在全球有 11 万名员工，他们的知识都可以共享，一个人在面对任务时会有 11 万人的知识体系对他进行帮助。在安永的知识管理中，恰当的信息会传递给需要的人，各种知识（包括信息和资料）都会安放在适当的地方。

第二节　知识管理系统

一、知识流程

知识流程是指知识在企业中的流动过程。知识流程定义了组织中知识处理的环节和途径，一个典型的企业知识流程应该包括知识的产生、获取、存储、组织和访问。知识在组织中不是直线的流动，而是循环往复，并在循环中增值。知识流动模型如图 9-1 所示。

图 9-1 中的内化、创造、外化构成组织成员知识创造的全过程，社会化和整合实质上包含在知识创造的过程中；获取和访问两个阶段实分别是获取组织成员的知识和组织成员从组织的知识库中获得信息两个阶段，概括为信息提取阶段；而编码、存储以及组织则是对结构

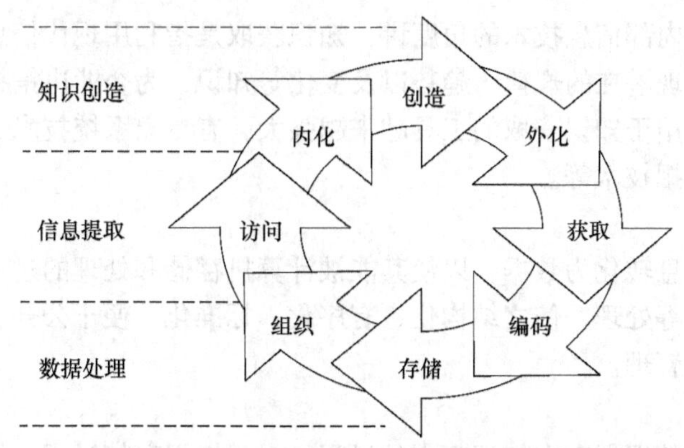

图 9-1 企业知识流动模型

资料来源：奉继承，《知识管理：理论、技术与运营》，中国经济出版社，2006 年。

化信息（即数据）的处理过程。

1. 内化

内化是理解信息、将信息放入存在的知识语意当中转化为知识的过程，具体来讲就是从外部知识库中提取知识进行过滤，从而为知识寻求者提供高度相关的知识，发现与特定需求相关的知识结构。

2. 创造

新知识产生于人的大脑中，例如将从其他人那里接收的不同知识，用自己的经验和观点加以合并，形成新知识。对于企业来说，创造新知识的方法包括聘用新员工、雇用专家和顾问，或者通过收购获得整个公司的知识库。知识的创造过程主要发生在知识员工的大脑中。当前，随着人工智能技术、智能代理技术的发展，利用计算机技术模拟人脑的行为进行知识创造成为可能。

企业知识管理系统构建沟通共享的信息网络环境，使员工可以迅速获得所需要的知识，并快速定位掌握该知识的专家。通过虚拟社区、邮件系统、电子视频会议、企业协作系统等，员工与其他专家的沟通、协作、讨论变得高效和快捷。在这样的环境里，员工的知识创造能力大大提高。例如利用群件技术，可以在企业网上或者是 Internet 上建立交谈室，与项目相关的员工在交谈室中发表简介，每个交谈室由项目经理或指定人选负责主持讨论，员工可以以文字或网络会议的方式参与讨论，在讨论结束后，由系统自动形成会议档案。

3. 外化

外化是解释知识，并将其转化为知识的过程，即将员工头脑的隐含知识转化为可供共享的公司知识库中的知识。这个过程可以简化为向某人说明、提供文档图表、演讲或者培训等。

知识外化是知识管理中极为重要的环节，只有组织中的人能积极、主动地将自己的知识格式化、条理化，与他人分享，组织知识才能得到快速的积累。许多知识管理的实践者都在激励人们将知识外化的过程中遇到了困难，并且信息技术在激励方面能够提供的帮助也很有限，只能通过制定合理的激励制度和营造沟通共享的企业文化来解决。

4. 获取

从广义上讲，企业可以通过聘请某个领域的专家、顾问和咨询人员或者收购其他公司的方式来获取自己所缺乏的专门知识和技术，如微软通过收购专门的游戏软件公司而直接进入游戏领域等。从企业内部信息技术的角度讲，知识获取是指利用现代信息技术和工具，从企业现存业务数据中发现潜在的规律、趋势以及变化等知识，为企业决策提供支持的过程。随着信息技术的发展，用于知识获取的工具越来越强大，有专家系统技术、人工智能技术、多代理技术以及数据挖掘技术等。

5. 编码

知识编码是将信息转化为数据，以使其能被计算机存储和处理的过程。编码时对知识进行输入、分类、加工等处理，使之结构化、有序化、标准化，便于公开、共享与交流，并能够通过信息手段进行管理。

6. 存储

知识存储就是将数据保存在知识库中的过程。对于知识存储过程，技术上关注的主要问题有：

（1）必须允许多人同时利用系统工作而不会影响他人。这就要求系统具备强大的文件管理功能，如版本控制、配置控制等。

（2）增加的文档应该可检索。例如，元数据和内容必须是有索引的。

（3）文档必须归类。

知识存储过程主要应用数据库技术、文档管理系统等，这里主要介绍文档管理。

文档管理是知识存储的重要手段。知识管理技术中的文档管理不是信息技术里的文件管理，而更类似于档案管理。它具有分类归档、外部特征管理、关键词管理等功能。分类归档功能用于把各种体裁的文档纳入知识管理系统的文档管理系统中，包括新闻稿、产品说明书、设计资料、演示文档、工作报告等企业运营中产生的各种文档，同时系统还能将上述文档在目录中列出、打开和编辑。外部特征管理功能能自动提取文档的外部特征，并允许按文档外部特征进行检索。关键词管理功能允许使用者给出文档的关键词以便检索。

企业利用文档管理系统，可以对各种来源（如企业规章制度、人力资源、产品信息、客户信息等）、不同格式的文件（Word、PPT、Excel、HTML、多媒体格式以及扫描的文件等）进行统一创建、存储、分发等操作，并且与企业其他系统相集成，供用户通过多种途径进行访问。

7. 组织/更新

存储在系统中的信息必须有很好的组织方式，并应不断更新和改进。

（1）对于增加的文档，系统应具备自动分类功能。

（2）通过增加元数据的方法丰富原有信息，如查询关键字、文档格式、使用权限和期限等。

（3）允许在文档（相关联的）之间创建超链接，因为这种链接本身就是知识。

（3）通过增加文档注释、摘要以及提供其他人的相关评论等来丰富原有信息。

（4）提供可视化的知识地图，帮助使用者快速浏览整个知识结构。

除上述文档管理技术可以支持这一过程外，知识地图在知识管理系统中也起着重要的作用。

企业知识地图是可视化的企业知识资源组织形式，将企业各种资源的入口集成起来，以统一的方式将企业的知识资源介绍给用户。在目录管理、文档管理以及知识库等技术的支持下，企业知识地图详细地描绘了企业知识的分布，指出企业知识的位置、记录知识的文件或数据库，以及拥有知识的人，起到了“向导”的作用。它给出企业知识的详细结构，帮助员工快速定位所需的知识以及专家。知识地图随着企业知识的积累而不断更新和扩展。值得注意的是，知识地图只是给出知识的位置，不包含知识本身的内容。

就像许多门户网站里面有网站地图一样，知识地图也引导着员工寻找所需的知识。另外，知识地图采用一种智能化的向导代理，引导检索者找到目标信息，并通过分析使用者的行为模式，给出相关联的可能引起使用者兴趣的推荐信息。有了良好的知识地图，无论所需要的知识多么冷僻，只要有个开头，就可以通过层层的推荐一路追踪下去找到知识的源头。

【MIS 视窗】

微软公司的知识地图中包含了137项显性知识及200项隐性知识，每一种能力都有四级知识程度：基本级、操作级、领导级、专家级。每一级的程度定义都有详尽的描述，务求清晰及易于评估，并避免主观的错误。微软重要部门的每个职务，都需要经理赋予40～60个知识项目加以评估，而每个员工的实际能力也依此标准衡量。评估过程由员工、小组及经理互动完成。最后，微软将此知识地图上传，使全球各处的微软员工都可以利用网络查询。为了便于分类查询，知识项目被归类为四种属性：入门知识、基础知识、独特知识与全球知识，越后面的知识则越珍贵。

知识的更新对于组织来说至关重要，它标志着企业的创新能力，组织必须对积累的知识进行更新。知识库可以很好地支持这一过程。知识库技术不但可以对企业知识进行编码和存储，还可以根据需要协助管理员对企业知识进行更新。对于经常使用的知识和新加入的知识，在检索时会优先呈现出来；那些过时的、无效的知识将被淘汰掉，但保留修改记录，以便需要时进行恢复。文档内容的更新要确保知识的有效性、精炼性和一致性。

8. 访问

企业创造、存储和组织知识，最终目的都是方便使用者使用，知识的访问就是使用者获取、使用知识的过程。

使用者在知识地图和检索系统的引导下，通过知识门户来访问企业知识。在知识管理系统中，知识门户是非常重要的部分。

【MIS 视窗】

企业知识门户（Enterprise Knowledge Portal，EKP），是访问企业知识资源的统一入口，是企业信息门户的延伸与发展。企业知识门户是一个平台，该平台是知识加工平台、决策平台、知识发布与获取平台的集成。它使企业各部门职员之间的信息共享和交流更加流畅。这里的知识不仅包括数据库、文档、企业政策方针和过程手续等，还包括存在于员工头脑中的工作经验与专业技能等非具体化的信息资源。知识门户通常具有三大特性：统一入口，可定制，高度集成性。

二、知识管理技术

知识管理技术是应用于知识流程各环节，对各环节的运转给予支持的技术工具。知识管理技术是构建知识管理系统的基石，如图 9-2 所示。

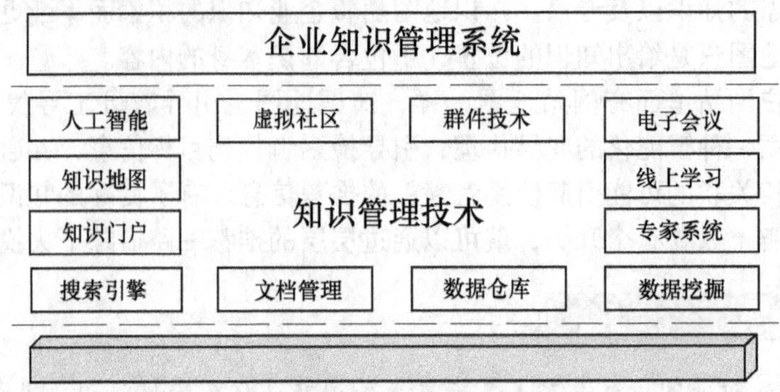

图 9-2　知识管理技术

企业根据自身知识流程设计，选择合适的知识管理工具与流程相配合。在知识管理阶段，知识创造虽然主要发生在组织成员的大脑中，但信息技术的支持作用仍然可以发挥，比如虚拟社区技术、群件技术、智能代理技术等。因此，按照前面的知识循环模型，知识管理技术在各环节的应用参见图 9-3。

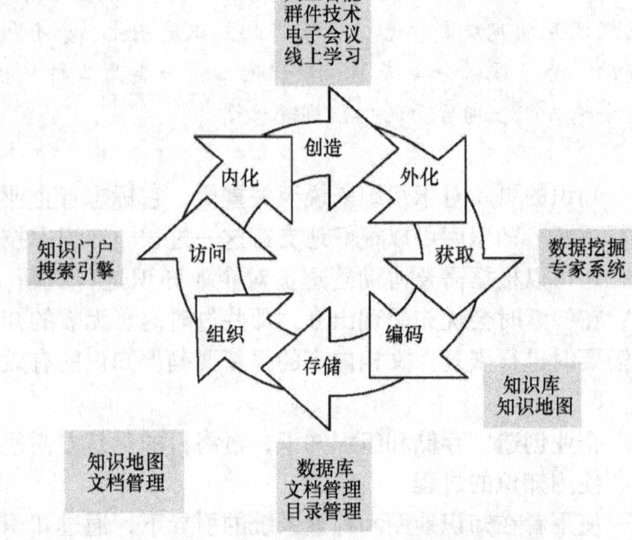

图 9-3　知识循环中的知识管理技术

三、知识管理系统功能

简而言之，知识管理系统就是利用知识管理技术对整个知识循环过程提供支持的系统。知识管理系统应具有以下特点：

- 具有支持内部和外部信息、知识资源获取的通道。
- 具有存储知识的工具[⊖]。
- 具有支持获取、组织、呈现知识的工具。
- 具有支持知识工作者进行分享、应用和创造的工具。
- 与其他业务系统相互集成。

根据企业知识循环模型，可以建立知识管理系统的层次模型，如图 9-4 所示。

（1）知识呈现层。呈现层是用户与系统的接口，用于相应用户的操作，呈现处理的结果。企业知识门户是知识呈现层的核心。

（2）知识应用层。知识工作者主要在该层次上工作，通过该层次使用知识，与其他知

⊖　涉及的技术可参阅其他相关资料。

识工作者进行交流、沟通与协作，实现知识分享、应用与创新。还可以通过该层访问其他企业的应用系统。

(3) 信息处理层。在该层，信息经过获取、加工、分发等操作，最后通过呈现层供知识工作者使用。

(4) 数据存储层。结构化的知识存储于企业知识库和数据库中，有待加工。

(5) 知识资源层。知识资源层表示了知识的来源，包括内部资源和外部资源，如文本资源、多媒体资源、各种生产经营交易数据、Web 资源以及其他业务系统的信息等。

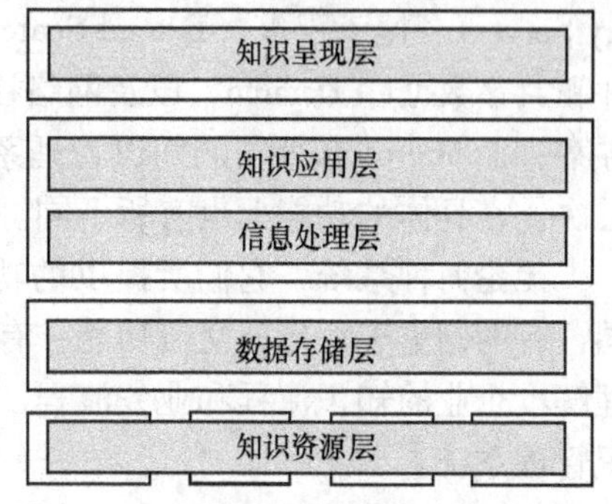

图 9-4 知识管理系统的层次模型

上述知识管理的层次模型定义了各层次的功能，对该层次模型进行扩展，得出具体的知识管理功能模型，如图 9-5 所示。

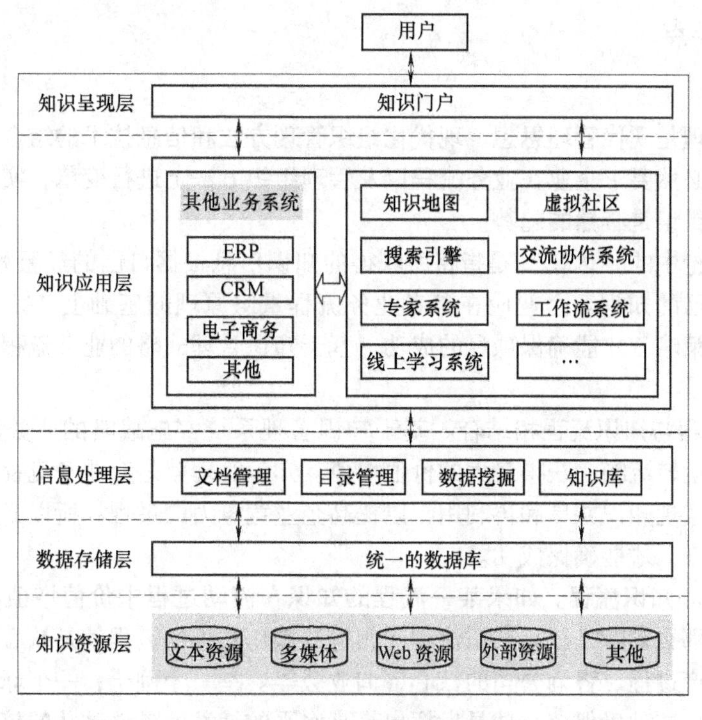

图 9-5 知识管理功能模型

上述模型给出了知识管理系统具有的所有功能。知识工作者通过统一的知识门户与系统进行交互。知识应用层相当于一般使用者的工作平台，这个层次集成了知识工作者日常办公的所有功能模块，如知识地图、交流协作系统、线上学习系统、工作流系统以及其他企业应用系统。信息处理层和数据存储层对于一般的使用者是不可见的，信息在这两个层次进行存储、加工和处理，所产生的知识信息传到上一层次供使用者使用。这个层次的工作一般由专门的管理员来完成。各层次之间的双向箭头表示信息的交互性。

功能模型是知识管理系统的一般概念模型，在具体的应用中，不同的知识管理系统会各有侧重。例如 Lotus 知识管理系统以文档管理系统（Domino. Doc）、工作流管理系统（Domino. workflow)、线上学习系统（Learning Space)、知识门户（K-Station)、知识发现（Discovery Server)、搜索引擎（Extend Search)、交流平台（网络会议和即时消息 Sametime、电子邮件和共享数据库 Domino，以及网络社区 Quickplace）共同构筑起来相对完整的知识管理解决方案；而 Microsoft 公司的知识管理系统平台则分为知识桌面、知识服务以及知识系统三个层次，在具体的功能上也有所不同。

无论何种系统，它们所提供的功能基本上还是从上述五个层次上展开，只是侧重点不同，有的侧重于协作、交流功能，有的侧重于知识获取、搜索、定位功能等。企业只有深刻理解本企业的知识流程和业务流程，从适合本企业的功能层次上着手，才能成功打造企业知识管理系统。

第三节 知识管理的实施

一、实施要点

（一）流程

企业知识管理是现代管理思想、现代化组织管理方法和信息技术的结合体。企业知识管理系统的实施，必然要求企业在业务流程以及管理组织方法上进行变革，实施基于知识管理战略的业务流程重组是必然的趋势。

知识管理理论中的“内化”是指将所获得的知识信息根据自己的经验和理论进行加工，最后成为属于自己的知识。企业应在参考业务流程重组原理的基础上，针对企业的实际情况，采取适当的策略，才能确保项目的成功。基于知识管理战略的业务流程重组应遵照如下原则进行：

（1）业务流程与知识流程相结合。基于知识管理系统实施战略的业务流程重组的目的是确保组织知识运转流畅，获得最大的价值增值。知识管理就是对业务流程中无序的知识进行系统化管理，实现知识共享和再利用，以提高企业竞争力的过程，所以必须将业务流程与知识流程结合起来，才能确保成功。

（2）把握核心知识流程。如果某一流程的知识在流动过程中价值增值最大，对企业产生最大的效益，那么它就是核心知识流程。相应的操作知识的流程就是核心业务，如制造企业的核心产品生产过程、咨询公司的核心咨询业务等。举一个例子，一个球队的战术是围绕核心球员展开的，这种确保核心球员发挥出最高水平的战术就是该球队的核心知识流程，其他的都是辅助流程。企业将精力放在核心流程的改造上，才能产生最大的收益。

（3）以知识创造为目标，精简流程，剔除阻碍知识流动的中间环节。美国 IBM 公司曾有一种获得了巨大成功的新产品，编号为 360 号。可当初在试制该产品时，以往有关的规定不全，组织得也较混乱。为此，公司董事长让副总经理负责制定出了一个保证今后不再发生如此混乱的组织程序。然而，几年后那位副总经理升为董事长后所采取的第一个措施就是废除那套繁杂的产品试制组织程序。他解释说：“那个结构程序可以防止混乱，但它会使我们再也试制不出 360 号那样的产品了。”这个案例证明，过多的中间环节只会阻碍知识的创造，所以在实际的业务流程重组中要分析哪些环节阻碍了知识的流动和创造。需要指出的是，在这个案例中所涉及的产品试制程序，从组织的角度来讲是正当的，因为它可以避免混乱，但从结果的角度讲，它阻碍了创新。所以，基于知识管理的业务流程重组强调的是结果，而不是过程最优。

（4）采取整体渐进、局部变革的策略，确保知识管理项目成功。基于知识管理的业务流程重组，应该采用渐进式的策略。因为新的管理思想的实施，本身就会对员工的传统思维构成挑战，如果在实际业务流程中再进行激烈的变革，势必造成员工的强烈抵触，使项目无法推进。

（二）组织环境建设

1. 基于知识管理战略的组织结构变革

（1）基于知识管理的组织设计。知识管理是在知识经济这一大的背景下产生的，知识经济中一个显著的特点就是环境的快速变化和变化的难以预测性。企业要想在这样的环境中生存、发展，就要具有非常快的反应速度。传统金字塔式的组织结构赖以建立的理论所强调的是组织规模与结构的程式化，主张通过严密的组织及制度来实现有效的内部控制，从而谋求建立一个等级清晰、分工精细的职权系统。这样往往导致企业组织规模日趋庞大，结构过于复杂，集权程度也较高，部门划分很细但相互沟通不够，不利于知识的快速传递和创新，不利于企业的快速决策。

知识管理的目标就是要加强知识的共享与沟通，加快知识创新的速度，所以要打破传统的组织设计，建立能适应知识经济要求的知识型企业的组织结构。

基于知识管理战略的组织设计应遵循如下几个原则：

1）动态开放性。现代组织结构理论强调组织系统的开放性和动态性，以及在此基础上的内部协调性。它认为一个组织只有在与环境的相互联系和作用中，才能保持其功能的有效发挥及其与环境间的动态平衡。因此，组织设计不应当徒劳地研究如何避免或减少环境变化的影响上，而应当正视现实，致力于一种开放的组织态势，使之形成一种机制。

2）灵活性。灵活是指不能过分追求形式上的正规，要以知识共享、沟通和创造为目标。项目组和知识团队是被实践检验的灵活而有效的组织形式。项目组以任务为核心，在接到任务时，从各部门抽出有知识专长的骨干，各司其职，组成项目组。任务完成后自动解散，异常灵活。

3）精简性。精简性即去掉不必要的中间环节，确保知识流动顺畅，组织结构力求简单精干。

（2）知识联盟。很多大企业纷纷与其他企业、大学联手，建立了知识联盟。这种知识联盟能使企业学习其他组织的知识和能力，并且可以获得与其他组织合作创新的机会。知识联盟可以是战术上的，也可以是战略上的。一个简单的知识联盟可以帮助公司在其有限的业务领域内建立新的技能，这是一种战术方法。当一个公司同顾客、供应商、劳动力组织、大学和其他组织之间建立大批知识联盟，并且彼此加强、互相促进，支持公司的长远目标时，知识联盟就具有战略性。

（3）建立学习型组织。所谓学习型组织，是指通过培养弥漫于整个组织的学习气氛、充分发挥员工的创造性思维能力而建立起来的一种有机的、高度柔性的、扁平的、符合人性的、能持续发展的组织。这种组织具有持续学习的能力，具有高于个人绩效总和的综合绩效。创建学习型组织是知识管理实施和发展的必然趋势。只有发展成为学习型企业，才能保证有源源不断的创新能力，才能具备快速应变的能力，才能充分发挥企业人力资本和知识资本的作用，提升企业的核心竞争力，实现企业盈利、顾客满意和社会各方面皆大欢喜的最终目标。

【MIS 视窗】

“学习型组织”是著名管理专家彼得·圣吉在《第五项修炼》一书中提出的现代管理理论。这套理论提出了自我超越、改善心智模式、建立共同愿景、团队学习、系统思考的策略：①自我超越，是学习型组织的精神基础，它教我们学会如何扩展个人的能力，突破成长上限，不断实现心中的梦想；②改善心智模式，可以消除藏在我们内心深处的顽石，使我们正确地看待世界和人生；③建立共同愿景，可以使员工对组织产生归属感和奉献精神，因而更加全身心地投入工作；④团队学习，是学习型组织最基本的学习形式，通过团队学习可以使彼此以诚相待，在深度会谈中实现人性的沟通；⑤系统思考，是五项修炼的核心与基石，通过系统思考，我们可以廓清思想上的迷雾，正确地把握自我，改变我们观察世界、理解世界、改造世界的基本思考方式。

2. 设立知识主管

知识主管（CKO）是随着知识管理理论的应用而产生的，所谓的知识主管，是指在一个组织内部专门负责知识管理相关工作的主管。

美国德尔福集团弗拉保罗认为：“那种认为人在没有先例可循的情况下，能够训练有素地丰富、支配和管理不断发展的知识中心的观点未免要求太高。”正是因为认识到了这一点，那些知识型企业才提出设立知识主管，由知识主管来指导人们进行知识管理。

一般而言，知识主管的主要职责为：了解公司的环境和公司本身的状况，理解公司内的信息需求；建立和造就一个能够促进学习、积累知识和信息共享的环境，每个人都要认识到知识共享的好处，并为公司知识库的丰富作出贡献；监督保证知识库内容的质量、深度、风格，并使其与公司的发展相一致；保证知识库设施的正常运行与信息更新；加强知识的集成和新知识的产生，促进知识共享与生成的不断循环。

美国知识管理专家邦迪斯（Nick Bontis）在他的《首席知识主管的职能》一文中，开篇指出 CKO 的首要职能就是：履行类似于计算机屏幕上随时可以调用的“帮助”功能，让群体的每个人可以分享其知识的“人格象征”。这一说法高度地概括了知识主管的职责，即负责所有和知识管理相关的工作，同时也说明了知识主管这一工作的挑战性。

由于知识涉及的范围大于信息，知识主管的作用已大大超出信息技术的范围，进而包括培训、技能、奖励、战略等。因此，企业在设立知识主管时应避免将知识管理视为信息管理的延伸，从而试图把信息主管错误地改为知识主管，因为这将在不知不觉中把知识管理工作的重点放在技术和信息开发，而不是置于创新和集体的创造力上。

3. 培养知识共享的企业文化

所谓的企业文化就是一个组织内所特有的成员间共有的价值、信念、思考方式、行为准则等，它根源于组织的核心价值，体现着组织独有的“性格”。

企业文化对员工的影响极为深刻，企业在推行知识管理的时候，一定要建立起相应的企业文化。这关系到知识管理的成败。

（1）经验分享的文化。一个有知识分享文化的组织，成员们会将分享知识和经验视为理所当然的事情。大部分的组织知识是员工头脑中的知识、灵感和经验，很难被记录。要想得到这部分知识，把它变为组织共有的财富，成为“下班后”仍然留在公司的资产，则必须要建立起一种经验分享的文化，使组织里的人都会彼此主动地分享工作经验和个人知识，让员工懂得只有每个人将知识拿出来与大家分享，组织共有的知识才能得到积累，每个人的知识量才会增加。成功的知识管理首先需要了解员工，并通过组织文化的改造，培养知识分享的文化，将知识分享融合在整个组织流程中以释放组织中的人力潜能。

（2）鼓励学习的文化。组织文化会深刻地影响个人的学习，组织在推行知识管理时，需要创造一个鼓励学习的文化，建立终生学习的观念。而组织在制度上也应给予激励，奖励那些积极学习的员工，经常组织培训、岗位教育等，帮助员工拓展自己的知识。需要强调的是，这种学习应该是启发式的学习，充分调动员工自我学习的热情，而不是被动式地教育，那样是不会带来创新的。

（3）信赖与合作的文化。知识管理的成功是要注意到它内在的精神，若只是一味模仿、移植他人（竞争者）既有的制度，知识管理是不会成功的，学到的也只是外显知识的部分，真正重要的哲学、价值及无形的知识资产并未学到。因此，组织必须要能支持、创造出可以信赖的环境，有开放的沟通环境及赋权给员工，建立起合作、互相学习的文化。人们喜欢合作的工作安排，可以从团队合作中获得满意，而组织能否建立使员工愿意分享知识的环境，关键在于互动学习的培养，故组织应通过各种机制与途径，鼓励经验的交流，建立信任与合作，重塑人际关系。

（4）创新和支持的文化。由于多数的人都视知识为权力的来源，而且传统上，奖励大多是提供给有表现的个人，造成员工将自己的创新意见视为自己的资源，而不愿与他人分享。组织必须提供知识创造与分享的奖励与诱因，支持员工从事知识创新的工作，使员工有时间去做知识管理，提供员工足够的资源，如技术工具、指导或专业的技术，鼓励创新。组织还必须接受员工的失误，鼓励员工多尝试，不要有错就责备，能容忍失败才有创新的文化。另外，公司的主管们也必须愿意接受新观念与新事物，且愿意承担员工创新的风险，如此才能鼓励员工培养承担风险、当机立断的胆识，而员工也会因此而比较主动地提供工作意见及创新的点子。

二、知识管理系统的实施步骤及困难

组织对于知识管理的价值认同与具体实践之间，往往存在着明显的落差。如何适当地建立知识管理系统，进而有效地管理知识，是当前各类组织所面临的共同问题。毕竟，知识管理是一种复杂的活动，并且需要具体而完善的计划。提瓦纳（Tiwana）从实务的观点出发，系统地提出了知识管理的四个阶段与十项步骤，对于组织如何有效率地进行知识管理，提供了确切可行的途径。分述如下：

第一阶段：基础架构评估。该阶段包括两项步骤。

步骤一：分析目前的基础架构。

在此步骤中，需先对知识管理策略与科技架构的各种构成要素有所了解。经由分析与评估得以洞悉组织中已具备或尚欠缺哪些知识管理的基础架构要素。这也增强了组织知识管理方案的管理支持，因为在这个过程中人们将意识到知识管理并没有完全抛弃旧有的投资。

步骤二：结合知识管理与组织策略

当知识管理与组织策略在一开始即已明确地结合，那么即可确定组织的知识管理系统可以永保竞争优势。否则，需要将组织策略与知识管理策略结合起来。有效的知识管理策略并不是单纯的科技策略，而是科技、文化变革。

第二阶段：知识管理系统分析、规划与发展。该阶段涵盖了第三至七项步骤。

步骤三：规划知识管理的基础架构。

当开始知识管理的部署时，组织必须选择构成知识管理系统结构的基础架构要素。而这种选择将因各种组织不同的合作文化与工作规则而有所不同，其中的选择关键在于决定有效的工具之最佳混合，并将之整合于组织的知识管理结构中。

步骤四：审计现有的知识资产与系统。

知识管理方案必须开始于组织确实已经知悉之事。在此步骤中，组织必须审计与分析组织中的知识。组织首先必须明了为什么必须审计知识，再由代表组织中各部门的成员形成一个工作小组，负责初步评估组织中的知识资产有何不足或最为薄弱之处。

步骤五：安排知识管理团队。

在此步骤中，组织必须安排知识管理团队以规划、建立、完成及部署组织的知识管理系统。这个团队的成员安排，必须在技术与管理的人力需求之间取得均衡。这一步骤的最终目标在于知识管理之后，促使技术与文化能在适当的地方展现，进而促成组织中的人员都能成为知识管理者。

步骤六：绘制知识管理系统蓝图。

组织为永保竞争力，必须有效率地创造、储存以及分享组织本身的知识，并且将知识与新的问题及机会紧密结合。知识管理系统蓝图的绘制，可提供完善的计划以有效建立并促进组织的知识管理系统。在这个步骤中，首先需体察出组织既有的显性知识资产。当显性知识只是组织中整体知识资产的微小部分时，一个良好的知识管理系统蓝图必须能够解释存在于组织成员心中的隐性知识。虽然隐性知识的发展在本质上是行动的副产品，然而当其转变成显性知识时，将更容易被利用与传播。

步骤七：发展知识管理系统。

在前一步骤中，组织已经绘制出完善的知识管理系统蓝图，接下来的步骤，即是将此蓝图在组织的运作体系中实践。在发展知识管理系统的过程中，组织在策略运用上将会面临一些抉择，因此组织必须视本身的特性、任务与发展愿景，采用适当的途径，以建构完善的知识管理系统。

第三阶段：系统发展。此阶段包括步骤八及步骤九。

步骤八：展开行动，运用以结果为导向的方法。

凡是大规模的方案，如典型的知识管理系统，必须考虑到使用者的确切需求。虽然一个跨职务的知识管理团队有助于发现一些需求，然而，试验性的行动方案也不可或缺。因此，在此步骤中也涉及试验方案的选择与执行，以引导发展健全的知识管理系统。

步骤九：改变管理、文化与奖励制度。

成功的知识管理绝对不是仅建立在科技之上。知识管理约仅有 30% 的工作涉及技术层面，而最困难的部分在于建立知识管理系统之后。改变组织文化、奖惩制度以及选择是否设立知识主管等，均有可能是影响知识管理能否得以在组织中成功运作的重要步骤。此外，知识的分享不能以命令的方式进行，而应出于个体自愿。一个成功的知识管理组织，在于所有成员能认同知识管理，并将之视为工作生活的一种方式。

第四阶段：评鉴。此阶段包括步骤十。

步骤十：绩效评价、投资报酬评估以及精进知识管理。

在此步骤中，必须评估知识管理投资的成本效益及其对组织所产生的影响。许多组织已经建立知识管理系统和具体的实施知识管理的策略。然而，评价知识管理对组织所产生的影响也是一项要务。从知识管理的评鉴过程中，组织得以了解组织运作上的缺失，进而从错误中学习。因此，知识管理评鉴工作的目标在于明确掌握组织可供实施知识管理的资源有多少，以及如何改善知识管理的运作。

知识管理是企业在核心技术上的建设，促使知识能够再分享、再使用，并和组织内部作业相互整合。对于大企业来说，由于本身的企业文化已经根深蒂固，作业流程也已经行之有年，因此配合知识管理的软件应用通常会很困难，在导入知识管理系统的过程常见的困难为：

（1）企业内部主管本身不了解或是不支持。

（2）企业组织文化难以适应，尤其是越封闭的组织，越缺乏沟通与协调的能力，难以接受新的革新。

（3）信息系统的安全性及稳定性待考验。由于信息系统是公开在每个人都可以看到的地方，通常是架设在因特网上，利用浏览器存取服务器上的数据，可能会受到计算机黑客和计算机病毒的入侵及影响，造成使用的不信任。

（4）系统内部本身的知识分类及管理不恰当。由于信息要经由适当的分类才能成为有用的知识，如果因为分类不当，造成使用者搜索困难，也会减少使用者的使用意愿。

（5）操作接口不人性化。如果一套知识系统设计不能配合企业本身的操作流程或是操作系统的复杂性过高，也会造成使用者使用系统的意愿不高、效率低落。在推行系统时，需要加以事前的教育训练，让企业内部的使用者了解系统建置的目的、各项使用功能，避免垃圾信息的建置。

（6）知识取得不易。企业内员工大多是被动的，要怎样让内部使用者提供自己本身的知识供他人使用需要靠组织内部督促或奖励的方法，使得所有使用者乐于提供本身的知识、信息、经验等，这是影响系统成败所需考虑的重要因素之一。

由此可知企业知识管理不仅面对的是多方面的技术问题，还有许多组织内部非关信息系统本身的问题也要考虑进去，其中有许多牵涉到人的管理，如要如何将知识由提供者身上转移给需求者，不仅仅是考虑信息的技术问题，还有以人为中心的管理问题等。

从知识管理信息系统的技术层面来考虑，一个信息系统通常很难兼顾到上述目标，如果建置的系统包含的知识多，则会增加系统储存架构的复杂度、系统的稳定度、降低其搜索速度及操作简易性。因此很难有一套知识系统能满足所有的企业，许多企业都是选择和自己需求相近的软件来进行知识管理的运作。

第四节 知识管理的发展前景

知识管理的发展方向主要取决于它的三大主题（组织结构、信息技术与人力资源）的发展方向。

1. 与学习型组织的发展紧密联系在一起

知识管理的兴起，能为学习型组织的发展提供另一条可行途径。就整体而言，知识管理对于学习型组织的发展具有以下几种启示：

（1）组织决策必须响应知识管理时代的来临，知识管理的概念已渐渐广被企业界所认同与接受。然而，将知识管理的理念与实务引进其他领域中，则仍需努力。当人类已正式迈入一个知识管理的时代，组织有必要在决策上作出适度的调整与响应：① 通过信息科技，有效地发展知识管理的环境；②组织决策对于知识管理时代的另一项响应即为组织成员提供更充足的资源，以促进知识学习；③面对知识管理的挑战，组织政策应促使成员成为终身学习者，以增进组织人员的技能及实践专业知识的能力，并积极培养知识工作者；④通过组织决策，规划与建立适宜的奖励制度，鼓励人人不断进修学习、创造知识、与人分享知识，以及将知识运用于工作中。

（2）塑造适合组织的知识分享机制。缺乏知识分享的行动，组织将成为一个思想贫瘠与行动力薄弱的“孤岛”。知识管理所面临的最大挑战是隐性知识的分享。知识管理最艰难的目标及其能发挥的最大贡献，在于促进组织更有效率地分享隐性知识。知识唯有通过密切的交流与分享，才能充分获得发展并发挥最大价值。而当组织成员彼此间的素质较为相近且彼此互信互赖时，知识的交流与分享将更为频繁且更具成效。

知识分享策略不仅是搜集与传播信息，同时也必须建立一种机制，促使人人能时时从他人处学习，而这需要组织成员的合作以及知识管理科技的运用。就此而言，组织需要建立起知识分享文化。

（3）组织应成为创造知识的组织。创造知识的组织最明显的特点在于组织能够持续地创造新知识，并且将之散播到整个组织层面中，进而应用于工作当中。因此，当组织具备知识的持续创新与应用的能力时，即具备了创造知识的组织特色。而在一个创造知识的组织中，知识的创新及其应用明显成为组织的一种行为模式与存在状态。在此组织中，人人都是知识工作者，人人也都是知识生产者与知识管理者。而这种知识的创造与革新是确保组织竞争优势的一项必备条件。

（4）建立组织的继续学习文化。为促使知识管理策略能成功地在组织中推动，有必要建立起继续学习文化。假如这种支持性的学习文化能在组织中发展，组织智能也势必将随之成长。一般认为，90%的知识管理工作在于建立起一种支持性的文化。发展适合组织成员继续学习的工作环境是组织成功的关键。继续学习文化具有三项要素：社会支持、持续革新、竞争力。

2. 与信息化建设紧密关联

众所周知，企业的知识管理离不开信息技术的支持，知识管理的水平在很大程度上取决于信息化建设的程度。而企业的智能化运营成为知识管理的目标之一。

智能化运营是建立在企业智能设施的基础上，利用智能分析工具和分析手段对企业内外环境进行紧密观察、不断调整和适时预警，借以指导企业运营方向和提高企业运营速度的状态。智能化运营保障了企业的快速反应能力。企业智能化运营的核心目标为决策科学化和运营自动化，外围目标概括起来包括组织专家化、管理网络化、知识数据化、技术信息化和经营客户化。为了确保智能化运营目标的实现，企业需要有良好的智能化运营技术系统，用于支持配套的管理模式和组织结构。当前用于推进知识管理和智能化运营技术的工具包括以下五类：① OLAP。OLAP 工具能实现高度交互的分析过程，能对存储在多维数据库（MDD）或关系数据库（RDB）中的数据进行分析、处理，可以即时进行反复分析，迅速获得所需结果。②访问工具。它包括应用接口和中间件，使得客户能够访问和处理数据库和文件系统中的商业信息。③查询与报表工具。快速、简单、易用的查询与报表工具能够帮助管理者充分利用企业中不同层次的数据，获取所需要的特定信息，并以合理的格式显示。④数据挖掘工具用于从操作系统和外部数据源系统中捕捉数据，经过数据加工和转换，最后将数据装载进数据仓库。⑤决策支持工具。它支持不同级别的管理者按照权限来调用决策支持功能。

企业为提高智能化运营水平所需要的条件和设施，如专家系统、决策支持系统、客户数据仓库、知识数据仓库、信息门户等，也是知识管理的基础系统。这些系统一方面提高了企业内部管理水平，另一方面也提高了企业快速反应的能力。在知识不断共享、利用的过程中，企业内部运营就变成了一个不断更新、不断调整的自动化过程。

3. 与人力资源的发展紧密关联

人力资源管理是知识管理的主题之一。知识管理重新为人力资源管理注入了新的视角、框架。一方面，在新的人力资源管理中，必须溶入知识管理的内涵和思想；另一方面，知识管理的内涵也必将随着人力资源管理内涵的丰富而日益丰富。

人力资源管理有三个层面的含义：人力资源的获取管理、人力资源的技能管理和人力资源的忠诚度管理。知识管理与这三个方面都有着密不可分的关联。

人力资源的获取管理是以企业价值为核心，对掌握知识和技术的人才的获取，主要体现为对员工的招聘和对优秀人才的获取。高级人才的来源有两种：一是从企业外部直接招聘符合条件的专业人士加盟，从而可利用其本身所负载的特殊知识；二是从企业内部员工中择优培训和提拔，使其掌握和分享企业更多的知识资源。此外还要对企业已拥有的员工建立详尽的员工档案，并对档案进行知识管理，方能使其在人才选拔和使用上发挥重要作用。

人力资源的技能管理主要是指为增加作为知识载体的员工的知识储备，就要通过有效的培训、交流和知识共享安排，使员工具备应有的知识，并形成自已不断更新知识的渠道，更好地在本职工作上创造价值。因此，HR 部门必须采取有效的方法和激励机制，使员工的知识、经验和技能能够充分地发挥出来，并且在一定范围内实现共享，从而实现企业整体利益的最大化。

人力资源的忠诚度与企业资金、财务、商业秘密、核心技术和渠道等的安全有着极大的关系。对企业来说，损失一个员工，不仅仅是损失一个人的问题，还是员工所掌握的所有知识以及与员工相关的渠道关系的流失问题。知识管理在这方面的意义就在于，一个企业拥有的营销、销售、生产、管理方面的特有知识，不会由于相应人员的离职而丧失优势。要做到这一点，不仅要避免核心人才的流失，还必须有良好的机制来保证员工运用和管理核心知识，增加知识应用的安全性。

本章小结

在信息经济时代，难以被效仿、独一无二的知识可成为长期战略中获利的工具。知识管理系统支持挖掘与整理知识，分享知识，传播知识的流程，支持创造新知识与整合知识到组织当中的流程。本章介绍了知识管理的概念和知识管理系统，以及系统实施的要点。

【MIS 案例分析】
未来广告公司的知识管理

在服务业当中，知识管理不仅需要，而且非常必要。未来广告公司作为一家经营媒介广告的服务性公司，不仅销售额雄居中国本土广告公司第一，而且在知识管理方面也走在了同类企业的前列。

1. 公司状况

北京未来广告公司成立于1992年11月，核心业务是媒体广告经营，作为中央电视台的核心合作伙伴，其最主要的代理媒体就是中央电视台。公司自成立以来，先后代理中央电视台《东方时空》、体育频道、电视剧频道、《今日说法》、《健康之路》、《商界名家》等栏目或频道广告。

相较于同行业的各类广告公司，未来广告公司有属于自己的三项核心竞争力：

(1) 媒体优势。由于未来广告公司代理中央电视台广告的历史很长，合作关系一直很融洽，所以它对中央电视台的媒体资源非常了解。这是它的第一项核心竞争力。

(2) 已经建立起一个全国性的客户网络。未来广告公司已经在全国建立了一个广告销售的网络，很多大大小小的、遍布各个城市的中小型广告公司成为其销售网络的成员。

(3) 交钥匙工程的能力。未来广告公司除了提供广告时段之外，还能根据用户的需求，提供好的创意与制作，给客户提供了交钥匙工程。

2. 信息是广告公司的利润命脉

广告行业作为媒体和广告客户之间的一种中介，自身并不生产产品，客户信息是广告公司的一条利润命脉。广告从售前、售中到售后，其主要内容都是信息，所以无论是售前信息，如对电视节目特点的了解、时段价位的合理确认等，还是售后信息，如广告收视率等，都是广告营销过程中至关重要的。广告经营的利润正是来自于这些信息。而当企业把纷繁复杂、杂乱无章的各类信息，通过科学的方法进行整理归类、并使其有序地利用和传播，以及深度开发的时候，就成为了知识管理。

3. 把客户资讯纳入知识管理体系

客户资讯可以分为两类。一类是显性知识，是易于整理和进行计算机存储的知识，如广告客户的联系方法，包括老总的手机号码、广告部负责人的电话号码等。另一类是隐性知识，是存储在企业员工脑海里的知识，是员工经验的体现。例如广告客户对广告在企业发展战略中地位的理解，对于他如何投入广告非常关键，但这种信息都是员工凭经验积累起来的。此类的隐性知识还包括公司员工对媒体、对广告业的把握，对媒体广告市场的洞察，对客户需求、客户消费心理等的了解。

与所有的企业一样，未来广告公司的客户以前是直接和员工联系的，公司的业务量和资源都停留在业务员的手上，整合不到公司内部，客户资讯往往随员工的流动而流动，这是大家都倍感无奈的一个问题。将这些知识共享，使每一个客户资源最大化，是未来广告公司一直探索并试图解决的问题。

4. 把隐性知识不断显性化

知识由个体知识转化为组织知识、由隐性知识转化为显性知识要经过诸多环节。在由个体隐性知识向组织隐性知识转化的过程中，未来广告公司鼓励员工的“传、帮、带”，鼓励老员工对新员工进行言传身教。在个体隐性知识向组织显性知识转化的过程中，公司要求员工或部门总结工作成功的经验或不足，并把这些经验形成案例或方案放到公司的案例库或方案库，外化为公司的共同知识，作为公司员工知识共享的基础。在组织的显性知识向个体显性知识转化的过程中，公司为员工共享组织知识提供软、硬件支持。建立公司内部网，为员工之间进行交流、共享知识提供硬件平台；建立客户注册管理系统数据库、人力资源档案信息库以及媒介信息数据库，为员工的知识共享提供软件支持，使公司的显性知识经过组合后形成员工的显性知识。

未来广告公司制定了一系列措施，如设置“先行一步奖”“优秀员工奖”，对富于创新、并取得一定成绩的员工进行奖励，激励员工利用掌握的显性知识不断创新，形成个人的隐性知识。

5. 建立客户资讯管理系统

引进知识管理之后，未来广告公司从硬件与软件两个方面建立了客户资讯管理。

硬件方面：购入数据库处理系统，将客户信息进行收集、汇总、分类。

软件方面：要求每个员工都必须写工作日志，将每天会见的客户记录下来，并汇报给信息部，存入数据库。由于采取了工作日志这样一个工作方式，员工所获得的客户资源就成为公司的资源了。如果员工手上所拥有的客户超过60个，则多余的客户就成为公用资源，谁用都可以。信息共享的程度是有级别的，不同职务的员工，看到的资料就不一样，这样就使得员工要带走的客户资源极为有限。

6. 知识管理流程

未来广告公司首先通过增加专职的信息管理人员，组建信息部，建立起了知识管理的基础平台，同时还形成了一套规范的流程：

（1）信息输入。这是进行信息知识管理的前提和基础，包括内部信息与外部信息两部分。

内部信息主要来源于公司财务部和客户中心。从财务部可以得到公司的财务报表、合同签单、销售情况；而客户中心可以提供员工每日的日志、各媒体动态、节目广告销售的总结报告、客户需求信息等资料。

外部信息主要是各种数据。主要来源渠道有：中央—索夫瑞公司提供的Infosys软件、央视公司ADEX2000和Insofosys数据系统、互联网信息、专业报刊、其他报刊等。

（2）信息处理。信息处理是信息知识管理的重要环节，通过对输入的信息进行处理，可以使得这些信息更好地为公司其他业务服务。

1）对信息进行核实、精简和标准化。由于在业务开展过程中，涉及的报表和单据种类很多且格式多样，就需要进行规范化和标准化的处理。

2）对信息进行分类、排序。按不同的标准分类，所建的信息库也不一样。例如在数据库的信息中，根据主题不同，可以分为客户中心数据、策划中心数据等。当然，根据需要也可以按时间、地区等分类。这样，当公司在具体实施一个项目时，就可以根据实际需要从库中调取信息。

3）对信息进行分析，形成新的信息。公司成立的媒介信息部和市场信息部，专门负责对“上游”媒体资源的研究和对“下游”客户市场的分析。同时，媒介信息部还负责

《媒介资讯》的撰写、编辑工作。该月刊既有代理媒体的研究，又有对市场和行业的宏观、微观形势的分析。另外，市场信息部通过对不同类型客户的特点研究，提出如何针对不同客户提供不同服务的分析报告，并作为公司的共享知识，以供其他业务部门使用。

(3) 信息输出。信息的输出有多种途径。由于公司建了内部网和外部网，公司员工可以从内部网上得到自己需要的相关客户信息；外部客户则可以通过外部网和《媒介资讯》，获取公司的相关服务与媒介动态。

7. 知识管理效果初现

通过实施信息知识管理，未来广告公司取得了一系列的成果：

(1) 建立了共享知识系统。一方面，客户资源不再随员工的流动而流动；另一方面，由于员工的大量隐性知识成为了公司的共享资源，有利于公司将客户资源最大化，为公司创造了更多的利润。

(2)《媒介资讯》起到很好的维系客户的作用。《媒介资讯》不仅可以让客户更好地了解公司的服务，而且使客户对公司所代理的媒介有一定的了解，从而选择更有效的广告时段，成为公司维系客户关系的一根纽带。

(3) 信息化提高了效率。信息管理平台的建立、实际操作流程的规范化、大量IT技术的应用，不仅提高了各项管理工作的效率，而且因为有相对丰富的信息支持，使得公司决策更趋科学与合理，防止了决策上的主观臆断。

(4) 公司购买的各类数据系统可以让客户清楚地知道广告的播出效果，如收视率、观众结构等，进一步完善了对客户的后期服务，从而增强了自己的市场竞争力。

（资料来源：http：//info. 1688. com/detail/1027862784. html。）

思考题：

1. 知识管理对组织的主要作用是什么？
2. 在一个组织当中，知识管理做了哪些工作？如何实施知识管理？

本章习题

1. 知识管理系统与办公自动化系统、知识工作系统的联系与区别是什么？
2. 如果说显性知识是“冰尖的尖端”，隐性知识则是隐藏在冰山底部的大部分，对企业知识管理来说，最大的挑战是如何将这些隐性知识显性化，具体实践中，有哪些可以借鉴的方法？

参考文献

[1] 彼得·德鲁克，等．知识管理［M］．杨开峰，译．北京：中国人民大学出版社，1999.
[2] 彼得·圣吉．第五项修炼——学习型组织的艺术与实务［M］．郭进隆，译．2 版．上海：上海三联书店，1998.
[3] 王德禄，等．知识管理的IT实现——朴素的知识管理［M］．北京：电子工业出版社，2003.
[4] 夏敬华，金昕．知识管理［M］．北京：机械工业出版社，2003.
[5] 奉继承．知识管理：理论、技术与运营［M］．北京：中国经济出版社，2006.

第十章　客户关系管理

【引例】
泰国东方饭店的客户关系管理

泰国的东方饭店堪称亚洲饭店之最，几乎天天客满，不提前一个月预订是很难有入住机会的，而且客人大都来自西方发达国家。泰国在亚洲算不上特别发达，但为什么会有如此诱人的饭店呢？它靠的是非同寻常的客户关系管理。

一位朋友因公务经常到泰国出差，并下榻在东方饭店，第一次入住时良好的饭店环境和服务就给他留下了深刻的印象，当他第二次入住时几个细节更使他对饭店的好感迅速升级。那天早上，在他走出房门准备去餐厅的时候，楼层服务生恭敬地问道："于先生是要用早餐吗？"于先生很奇怪，反问："你怎么知道我姓于？"服务生说："我们饭店规定，晚上要背熟所有客人的姓名。"这令于先生大吃一惊，因为他频繁往返于世界各地，入住过无数高级酒店，但这种情况还是第一次碰到。

于先生高兴地乘电梯下到餐厅所在的楼层，刚刚走出电梯门，餐厅的服务生就说："于先生，里面请。"于先生更加疑惑，因为服务生并没有看到他的房卡，就问："你知道我姓于？"服务生答："上面的电话刚刚下来，说您已经下楼了。"如此高的效率让于先生再次大吃一惊。于先生刚走进餐厅，服务小姐微笑着问："于先生还要老位子吗？"于先生的惊讶再次升级，心想："尽管我不是第一次在这里吃饭，但最近的一次离现在也有一年多了，难道这里的服务小姐记忆力那么好？"看到于先生惊讶的目光，服务小姐主动解释说："我刚刚查过记录，您在去年的6月8日在靠近第二个窗口的位子上用过早餐。"于先生听后兴奋地说："老位子！老位子！"小姐接着问："老菜单？一个三明治，一杯咖啡，一个鸡蛋？"现在于先生已经不再惊讶了："老菜单，就要老菜单！"于先生已经兴奋到了极点。

上餐时餐厅赠送了于先生一碟小菜，由于这种小菜于先生是第一次看到，就问："这是什么？"服务生后退两步说："这是我们特有的某某小菜。"服务生为什么要先后退两步呢？他是怕自己说话时口水不小心落在客人的食品上，这种细致的服务不要说在一般的酒店，就是在美国最好的饭店里于先生都没有见过。这一次早餐给于先生留下了终生难忘的印象。

后来，由于业务调整的原因，于先生有三年的时间没有再到泰国去，在于先生生日的时候突然收到了一封东方饭店发来的生日贺卡，里面还附了一封短信，内容是：亲爱的于先生，您已经有三年没有来过我们这里了，我们全体人员都非常想念您，希望能再次见到您。今天是您的生日，祝您生日愉快。于先生当时激动得热泪盈眶，发誓如果再去泰国，绝对不会到任何其他的饭店，一定要住在东方，而且要说服所有的朋友也像他一样选择。于先生看了一下信封，上面贴着一枚6元的邮票。6元钱就这样买到了一颗心，这就是客户关系管理的魔力。

东方饭店非常重视培养忠实的客户，并且建立了一套完善的客户关系管理体系，使客户入住后可以得到无微不至的人性化服务。迄今为止，世界各国的约20万人曾经入住过那里，用他们的话说，只要每年有1/10的老顾客光顾，饭店就会永远客满。这就是东方饭店成功的秘诀。

（资料来源：袁昀，《泰国东方饭店的客户服务》，市场营销案例，2006年第6期。）

思考题：

1. 客户关系管理对组织的主要作用是什么？
2. 在客户价值经济时代，企业成功的关键是什么？

学习目标

通过对本章的学习，重点掌握：

1. 客户关系管理的概念与策略。
2. 客户关系管理系统的功能划分。
3. 客户关系管理的客户分析方法。

关键概念

客户关系管理（CRM）；客户细分分析（Customer Segmentation Analysis）

第一节　客户关系管理概述

一、客户关系管理的产生背景

现代客户关系管理（Customer Relationship Management，CRM）产生的原因可以归纳为以下几个方面：客户资源价值的重视、客户价值实现过程需求的拉动、企业内部管理的需求以及信息技术的推动等。

1. 客户资源价值的重视

市场竞争加剧，使得企业的经营管理从以产品为中心转向以客户为中心。在这种买方市场上，谁拥有更多的客户，谁就能获取优势。管理、人才、技术、市场、品牌形象等无形资源，则起着非常关键的作用。这些资源不易流动、不易被复制、交易频率低，其他企业不容易从市场中得到，具有相对的垄断作用，可以产生一定的垄断优势。客户资源就是这样一种重要的市场资源，它对企业具有重要的价值。

2. 客户价值实现过程需求的拉动

客户价值观的变迁对客户关系管理产生了相应的需求。随着科学技术的快速发展，人们的生活水平大大提高，物资匮乏的时代一去不复返。客户对产品的消费价值观已从理性消费阶段上升到感情消费阶段，表现为越来越多的个性化需求。个性化需求的市场要求企业进行相应的管理。企业需要接近客户，理解客户的需求。

3. 企业内部管理的需求

同时，客户关系管理也是企业内部管理的需要。目前，企业资源计划（ERP）的设计主要针对生产、流通、财务管理等领域。对与客户有关的经营活动，如在销售、服务和营销活动方面，ERP 系统还没有提供一个有效的整合手段，使得相关的业务管理效率非常低，形成瓶颈。具体表现为如下几点：①企业的销售、营销以及客户服务部门难以获取所需的客户的动态信息。例如，难以找到真正的客户，不了解哪些是潜在的客户；不知道其他部门与客户的联系情况，有过什么承诺。②企业各个部门面向客户的信息都是按自身的业务需要收集的，分散在企业内部。各部门难以在统一的信息基础上面对客户，对客户有一个全面的了解，进行全面的管理。③难以为客户提供个性化的产品和服务，并快速响应各种方式的客户查询以及提高服务质量，真正做到使客户满意，从而与客户建立长期而稳定的关系。

4. 信息技术的推动

信息技术的快速发展为客户关系管理提供技术基础。客户信息是客户关系管理的基础。数据仓库、商业智能、知识发现等技术的发展，使得收集、整理、加工和利用客户信息的质量大大提高。20 世纪 90 年代大型关系数据库技术、局域网技术、客户机/服务器技术、分布式处理技术、数据挖掘技术以及个人计算机在企业的普遍使用使在企业内建立一个多点输入、多用户共享的客户管理系统成为可能。信息技术在客户关系管理的应用成为可能：企业的客户可通过电话、传真、网络等访问企业，进行业务往来；任何与客户打交道的员工都能全面了解客户关系、根据客户需求进行交易、了解如何对客户进行纵向和横向销售、记录自己获得的客户信息；对市场活动进行规划、评估，对整个活动进行 360°的透视；对各种销售活动进行追踪；系统用户可不受地域限制，随时访问企业的业务处理系统，获得客户信息；拥有对市场活动、销售活动的分析能力；从不同角度提供成本、利润、生产率、风险率等信息，并对客户、产品、职能部门、地理区域等进行多维分析等。

二、客户关系管理的概念

客户关系管理最早可追溯到 20 世纪 80 年代初期的客户信息系统（CIS）。建立客户信息系统的企业一般是大型企业，如银行、大型商业企业，目的是将客户的信息比较完整地记录下来，并作一定的分析。接着出现了联系人管理（Contact Management），如第一次真正为广大销售人员设计的工具软件 ACT。销售能力自动化（SFA）是在联系人管理软件基础上产生的一个飞跃。销售自动化对所有销售活动进行了管理，从联系人管理，到销售机会管理、订单管理、竞争管理、销售定额管理、活动管理、报价管理以及销售管理等。计算机电话集成技术开发后，呼叫中心迅速成为标准化客户服务与支持的联系渠道。

可以从三个层面来理解客户关系管理：理念、技术与实施。其中，理念是 CRM 成功的关键，它是 CRM 实施应用的基础和土壤；信息系统、IT 技术是 CRM 成功实施的手段和方法；实施是决定 CRM 成功与否、效果如何的直接因素。

客户关系管理首先是一种管理理念，源于市场营销理论中的关系营销，其核心思想是将企业的客户（包括最终客户、分销商和合作伙伴）作为最重要的企业资源，通过完善的客户服务和深入的客户分析来满足客户的需求，保证实现客户的终生价值。对于客户关系管理理念的理解是组织能够向建立“以客户为核心、以市场为导向”经营管理模式转变的第一步。

CRM是一种旨在改善企业与客户之间关系的新型管理机制，它实施于企业的市场营销、销售、服务与技术支持等与客户相关的领域。一方面，通过向企业的销售、市场和客户服务专业人员提供全面、个性化的客户资料，并强化跟踪服务、信息分析的能力，使他们能够协同建立和维护一系列与客户和生意伙伴之间卓有成效的“一对一关系”，从而使企业得以提供更快捷和周到的优质服务、提高客户满意度、吸引和保持更多的客户，增加营业额；另一方面则通过信息共享和优化商业流程来有效地降低企业经营成本。CRM的实施要求“以客户为中心”来构架企业，完善对客户需求快速反应的组织形式，规范以客户服务为核心的工作流程，建立客户驱动的产品/服务设计，进而培养客户的品牌忠诚度，扩大可盈利份额。

同时，CRM也是一种管理软件和技术，它将最佳的商业实践与数据挖掘、数据仓库、一对一营销、销售自动化以及其他信息技术紧密结合在一起，为企业的销售、客户服务和决策支持等提供了一个业务自动化解决方案，使企业有了一个基于电子商务的面对客户的前沿，从而顺利实现由传统企业模式到以电子商务为基础的现代企业模式的转化。CRM集合了当今最新的信息技术，包括电子商务、多媒体技术、数据仓库和数据挖掘、专家系统和人工智能、呼叫中心等；吸纳了当今先进的软件开发技术、企业经营管理模式、营销理论与技巧，是先进理念的反映与体现。CRM软件是将CRM理念具体贯彻到组织并实现其目标有效、有形的工具与平台，CRM软件提供的不一定都用到，或者还需要其他软件、平台进行集成。

可见，CRM的理念要求企业必须完整地认识整个客户生命周期，提供与客户沟通的有效的统一平台，提高员工与客户接触的效率和客户反馈率，从而提高客户的忠诚度、满意度以及降低企业经营成本，进而提升企业客户的价值，提高企业利润收入。

因此，CRM可以定义为：企业运用全部的资源，并不是以追求市场占有率为目标，而是以客户为导向，运用技术手段通过与客户互动，全方位分析客户的行为，了解每一个独立的客户所具有的特性，通过让客户认同企业的产品及服务，并成为其第一考虑对象，愿意与企业维持长久的交易关系，以追求客户所累积的终身价值，来帮助企业达成长久获利的目标。

三、客户关系管理的策略

1. 优化客户体验

公司都在努力寻求一种不仅能够保留现有的客户，而且能够赢得竞争对手的客户的经营战略。许多公司把期望寄托在CRM上，而CRM要想真正发挥作用，必须要能够为客户带来一种全新的体验，因此做CRM，就应该优化客户体验。当然优化方法有很多，可以借助高新技术，也可以不涉及技术，关键在于要用一种“以客户为中心”的观念管理好与客户的每一个接触点。

（1）管理客户全接触。企业与客户关系的建立常常通过广泛的接触点得以实现，这些接触点虽然不同但却相互关联，如广告、销售、拜访、接待、网站、直邮、服务等。接触点是CRM中的一个最基本的概念，描述了企业与客户任何一次接触活动及其结果，任何一个接触点都是“真实瞬间的客户体验”。客户有成百上千种和企业接触的方法。显然，企业任何一个部门都无法控制全部的接触点，无论是营销、销售还是服务部门。

通过记录客户接触点的信息，形成企业精确、广泛的客户数据库——包括销售、订单、履行客户服务的历史记录，使得企业对每一名客户的历史资料有一个详细的了解和把握，能够根据客户的不同情况选择参数量体裁衣，为客户提供他们所喜好的渠道交互方式。

（2）识别潜在大客户。企业都认识到，满足所有客户的需求并不能保证增加企业的收入或利润，所以全面客户体验并不意味着单一追求所有的客户满意度，它的最终目标还是追求企业利润的提升，它必须和客户价值结合起来运用。细分价值客户正是CRM的核心思想之一，CRM认为客户是应该分等级的，价值客户是企业利润的源泉。每个企业都应该建立自己的客户金字塔，通过客户价值精确量化，实现客户关系的量化管理，找出企业的价值客户，而不是凭经验和感觉管理客户关系。

企业必须努力寻求方法为对它有巨大价值的客户提供超值服务，满足一般客户的需求，同时找到为低价值客户提供服务的低成本替代方法。这就反过来要求企业了解客户价值的驱动力所在，关注不同客户群的价值构成，从而形成以每个客户创造的利润为基础而不是以笼统的收益为基础的新的客户价值衡量方式。

2. 提升客户价值

与客户进行全方位接触，不是目的，仅仅是手段。通过识别潜在大客户，帮助企业把握潜在大客户个性化需求；通过对客户接触信息的分析，帮助企业得到客户的完整视图，从而判定什么样的接触最重要，接触应该达到什么标准、什么程度，持续优化客户体验，实现客户购买行为的提升。而客户价值的提升是通过客户生命周期推进来实现的。

（1）客户全生命周期。客户与企业之间的关系要经历一个由远及近、自浅入深的发展过程。通过广告、直邮、会议等营销活动找到可能的对象，对这些对象进行更为深入的沟通、识别、促进，对具有现实购买机会的客户进行人员跟踪并实现销售，对已购买产品和服务的用户提供有效的支持服务，以留住用户并实现交叉/升级销售，可为企业建立良好的口碑以赢来更多的客户。

企业要有效地服务于客户，必须要对其具体客户历史资料有一个详细的了解和把握。客户数据是企业最具价值的竞争力资产，广义的客户数据还包含了竞争对手、合作伙伴、供应商的部分信息。全方位客户视图是企业极为重要的独特资产之一，可以帮助企业拥有一个精确广泛的客户数据库，持续提炼企业的合作伙伴、供应商、供需链上成员的价值信息。随着业务的进展，企业会逐步加深对客户情况的认识和理解，同时也会获得更为深入的客户价值体验。

（2）保留与提升客户。寻找更多适合客户的商品和服务成了企业的首要任务。一旦发现企业的产品或服务与客户的需求匹配，就要在合适的机会提醒客户，使客户关注企业具有的产品或服务。通过细分价值客户、客户全生命周期分析，最终实现运用最低的成本、最有效的方式，尽可能多地让客户在金字塔上升级。

首先要了解真实的客户信息，通过全方位客户全接触，如实记录客户信息，各部门、各接触点的信息必须完整，能够实时反映客户状况。然后对所有客户进行价值细分，形成客户金字塔，对客户金字塔以及客户接触信息进行分析，找出最有潜力的升级客户。在此基础上确定客户升级目标，评价升级后的利润贡献。通过对客户接触信息分析，确定客户最满意、最有效的接触方式，制订客户接触计划，包含活动预算、活动方式等。最后是对客户活动、市场活动的执行，并进行实时监控以及反馈，不断提升客户利润贡献度。

第二节　客户关系管理系统

一、客户关系管理系统的类型

客户关系管理涵盖了直销、间接销售以及互联网等所有的销售渠道，能帮助企业改善包括营销、销售、客户服务和支持在内的有关客户关系的整个生命周期。不同的企业或同一企业处于不同的发展阶段时，对 CRM 整合应用和企业集成应用有不同的要求。为满足不同企业的不同要求，CRM 在集成度方面也有不同的分类。

（1）CRM 专项应用。以销售人员主导的企业与以店面交易为主的企业，在核心能力上是不同的，SFA 是以销售人员主导的企业的 CRM 应用关键，而客户分析与数据库营销则是以店面交易为主的企业的核心。随着客户对服务要求的提高和企业服务规模的扩大，呼叫中心（Call Center）在 20 世纪 80 年代得到迅速发展，与 SFA 和数据库营销一起成为 CRM 的早期应用。到目前为止，这些专项应用仍然具有广阔的市场，并不断地发展。代表厂商有 AVAYA（Call center）、Goldmine（SFA）等。

对于中小企业而言，CRM 的应用处于初期阶段，根据企业的销售与服务特点，选择不同的专项应用启动 CRM，在启动专项应用的同时，应当考虑后续的发展并选择适当的解决方案，尤其是业务组件的扩展性和基础信息的共享。

（2）CRM 整合应用。由于 CRM 涵盖整个客户生命周期，涉及众多的企业业务，因此，对于很多企业而言，必须实现多渠道、多部门、多业务的整合与协同，必须实现信息的同步与共享，这就是 CRM 整合应用。CRM 业务的完整性和软件产品的组件化及可扩展性是衡量 CRM 整合应用能力的关键。这方面的代表厂商有 Siebel（企业级 CRM）、Pivotal（中端 CRM）、MyCRM（中小企业 CRM）。

（3）CRM 企业集成应用。对于信息化程度较高的企业而言，CRM 与财务、ERP、SCM 以及群件产品如 Exchange/MS-Outlook 和 Lotus Notes 等的集成应用是很重要的。这方面的代表厂商有 Oracle、SAP 等。

另外一种分类方法为，从 CRM 系统实现的功能角度一般可以将其分为操作型、分析型、协作型，如图 10-1 所示。

（1）操作型（Operational）。目的是让直接面对企业的部门的业务人员在日常的工作中能够共享客户资源，减少信息流动滞留点，从而力争把一个企业变成单一的“虚拟个人”呈现在客户印象中。操作型 CRM 系统是 CRM 系统中最基础的应用功能，是员工提高工作效率的应用工具。使用操作型 CRM 系统的人员主要是销售人员、营销人员、现场服务人员，用于实现销售自动化、营销自动化和客户服务自动化。

（2）分析型（Analytical）。分析型 CRM 系统不需要同客户打交道，而是从操作型 CRM 系统应用所产生的大量交易数据中提取各种有价值的信息进行分析，以及对将来的趋势作出必要的预测。分析型 CRM 系统的设计主要利用数据仓库、数据挖掘等计算机技术。

（3）协作型（Collaborative）。协作型 CRM 系统应用就是能够让企业客户服务人员与客户一起完成某项活动，如支持中心人员通过电话指导客户修理设备。协作型 CRM 系统目前主要由呼叫中心、客户多渠道联络中心、帮助台（Help Desk）以及自助服务帮助导航，向

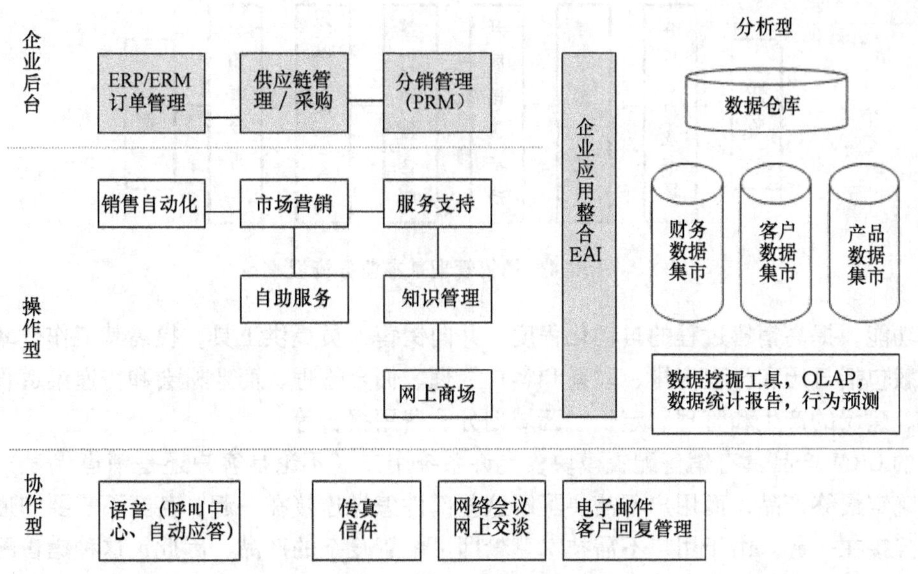

图 10-1 企业 CRM 系统关系

员工解释特定网页的内容等。具有多媒体、多渠道处理能力的客户联络中心是协作型 CRM 系统的主要发展趋势。

二、客户关系管理系统的业务流程与技术

CRM 系统的三个主要业务流程是：营销管理基本业务流程、服务管理基本业务流程和销售管理基本业务流程。分别如图 10-2、图 10-3 和图 10-4 所示。

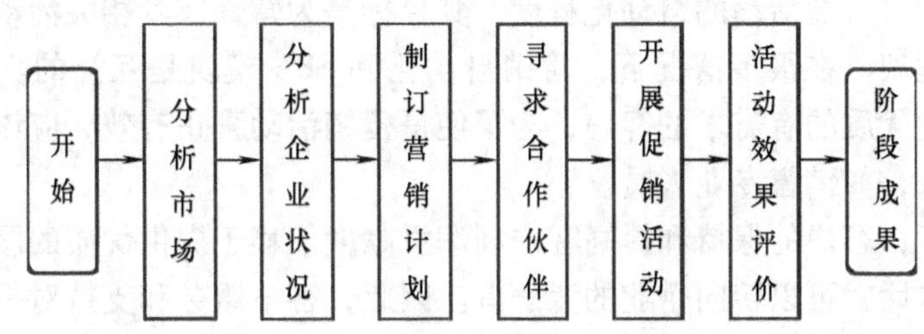

图 10-2 营销管理基本业务流程

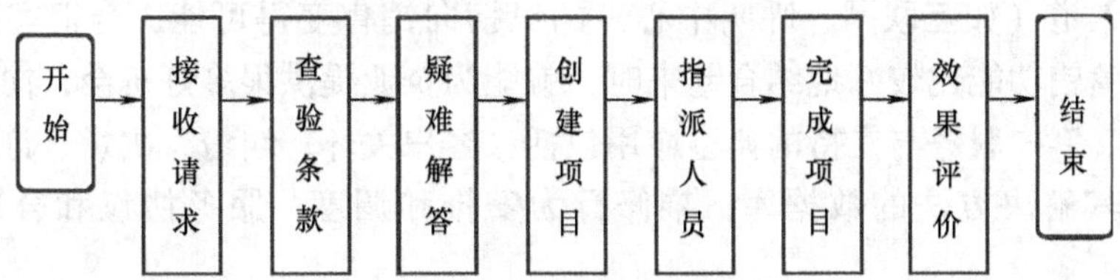

图 10-3 服务管理基本业务流程

在采用 CRM 解决方案时，早期的 SFA 针对客户应用软件的出发点，提高专业销售人员的大部分活动的自动化程度，以整体的视野，提供集成性的方法来管理客户关系。它包含一

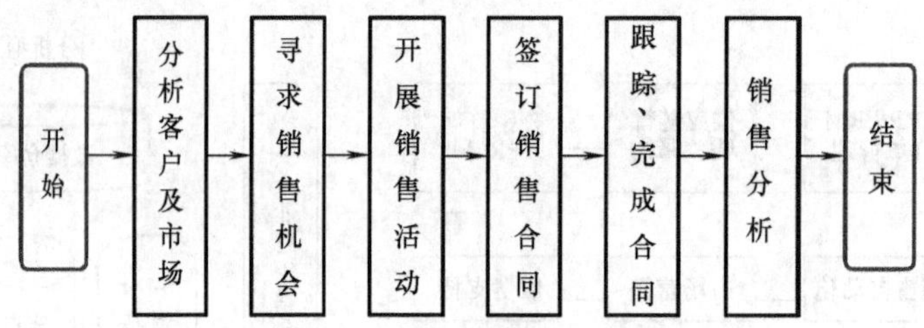

图 10-4 销售管理基本业务流程

系列的功能，提高销售过程的自动化程度，并向销售人员提供工具，提高其工作效率。它的功能一般包括日历和日程安排、联系和客户管理、佣金管理、商业机会和传递渠道管理、销售预测、建议的产生和管理、定价、区域划分、费用报告等。

有的 CRM 产品具有销售配置模块，允许系统用户（不论是客户还是销售代表）根据产品部件确定最终产品，而用户不需要了解这些部件怎样连接在一起，甚至不需要知道这些部件能否连接在一起。由于用户不需技术背景即可配置复杂的产品，因此，这种销售配置工具特别适合在网上应用，如 Dell 公司，允许其客户通过网络配置和订购个人计算机。自助的网络销售能力使得客户可通过互联网选择、购买产品和服务，使得企业可直接与客户进行低成本的、以网络为基础的电子商务。

营销自动化模块是 CRM 系统的最新成果，作为对 SFA 的补充，它为营销提供了独特的能力，如营销活动（包括以网络为基础的营销活动或传统的营销活动）计划的编制和执行、计划结果的分析；清单的产生和管理；预算和预测；营销资料管理；“营销百科全书”（关于产品、定价、竞争信息等的知识库）；对有需求客户的跟踪、分销和管理。营销自动化模块与 SFA 模块的不同在于：它们提供的功能不同，这些功能的目标也不同。营销自动化模块不局限于提高销售人员活动的自动化程度，其目标是为营销及其相关活动的设计、执行和评估提供详细的框架。在很多情况下，营销自动化和 SFA 模块是互补的。例如，成功的营销活动可能了解到优质的有需求的客户，为了使得营销活动真正有效，应该及时地将销售机会提供给执行的人，如销售专业人员。

在很多情况下，客户的保持和提高客户利润贡献度依赖于提供优质的服务，客户只需轻点鼠标或打一个电话就可以转向企业的竞争者。因此，客户服务和支持对很多公司是极为重要的。在 CRM 系统中，客户服务与支持主要是通过呼叫中心和互联网实现。在满足客户的个性化要求方面，它们的速度、准确性和效率都令人满意。CRM 系统中强有力的客户数据使得通过多种渠道（如互联网、呼叫中心）的纵横向销售变得可能，当把客户服务与支持功能同销售、营销功能比较好地结合起来时，就能为企业提供很多好机会，向已有的客户销售更多的产品。客户服务与支持的典型应用包括：客户关怀；纠纷、次货、订单跟踪；现场服务；问题及其解决方法的数据库；维修行为安排和调度；服务协议和合同；服务请求管理。

另外，计算机、电话、网络的集成也是客户关系管理中信息技术的高度应用。企业有许多同客户沟通的方法，如面对面的接触、电话、呼叫中心、电子邮件、互联网、通过合作伙伴进行的间接联系等。CRM 系统应用有必要为上述多渠道的客户沟通提供一致的数据和客户信息。客户经常根据自己的偏好和沟通渠道的方便与否，掌握沟通渠道的最终选择权。例如，有的客户或潜在的客户不喜欢那些不请自来的电子邮件，但对企业偶尔打来电话却不介意，因此，对这样的客户，企业应避免向其主动发送电子邮件，而应多利用电话这种方式。

统一的渠道能给企业带来效率和利益，这些收益主要从内部技术框架和外部关系管理方面表现出来。就内部来讲，建立在集中的数据模型的基础上，统一的渠道方法能改进前台系统，增强多渠道的客户互动。集成和维持上述多系统间界面的费用和困难经常使得项目的开展阻力重重，而且，如果缺少一定水平的自动化，在多系统间传递数据也是很困难的。就外部来讲，企业可从多渠道间良好的客户互动中获益。例如客户在同企业交涉时，不希望向不同的企业部门或人提供相同的重复的信息，而统一的渠道方法则从各渠道间收集数据，这样客户的问题或抱怨能更快地、更有效地被解决，提高客户满意度。

三、客户关系管理系统的功能划分

CRM 系统主要应用于企业销售、市场、服务等与客户密切接触的前端部门，通过接口与 ERP、SCM 等系统协同运作，共同为企业开源节流，提高企业市场竞争力和综合实力服务。

CRM 的功能可以归纳为三个方面：①对销售、营销和客户服务三部分业务流程的信息化；②与客户进行沟通所需要的手段（如电话、传真、网络、电子邮件等）的集成和自动化处理；③对上面两部分功能所积累下的信息进行的加工处理，产生客户智能，为企业的战略战术的决策作支持。

CRM 系统的核心是客户数据的管理。可以把客户数据库看作是一个数据中心，利用它，企业可以记录在整个市场与销售的过程中和客户发生的各种活动，跟踪各类活动的状态，建立各类数据的统计模型用于后期的分析和决策支持。为达到上述目的，一套 CRM 系统大都具备市场管理、销售管理、销售支持与服务和竞争对象记录与分析的功能，有的软件还包括了呼叫中心、合作伙伴关系管理、商业智能、知识管理、电子商务等。

1. 市场管理

（1）分析现有客户数据。识别每一个具体客户，按照共同属性对客户进行分类，并对已分类的客户群体进行分析。

（2）提供个性化的市场信息。在对现有客户数据分析的基础上，发掘最有潜力的客户，并对不同客户群体制定有针对性的市场宣传与促销手段，提供个性化的、在价格方面具有吸引力的产品介绍。

（3）提供销售预测功能。在对市场、客户群体和历史数据进行分析的基础上，预测产品和服务的需求状况。

2. 销售管理

（1）销售管理包括：商机录入、商机预测、商机上报、商机审批、商机查询、商机分配、商机跟踪、商机变更、商机报价等方面的商机管理。

（2）提供有效、快速而安全的交易方式。一般的 CRM 系统均会提供电话销售（Telesales）、移动销售（Mobile Sales）、网上销售（Online Sales）等多种销售形式。并在每一种销售形式中考虑实时的订单价格、确认数量和交易安全等方面的问题。

（3）提供订单与合同的管理。记录多种交易形式，包括订单和合同的建立、更改、查询等功能。可以根据客户、产品等多种形式进行搜索。

（4）对销售情况进行分析。

3. 销售支持与服务

（1）呼叫中心服务（Call Center Service）。

（2）订单与合同的处理状态及执行情况跟踪。

（3）实时的发票处理。

（4）提供产品的保修与维修处理。记录客户的维修或保修请求，执行维修和保修过程，记录该过程中所发生的服务费用和备品备件服务，并在维修服务完成后，开出服务发票。

（5）记录产品的索赔及退货。

4. 客户管理

（1）客户分类。客户可分为：我的客户、团队客户、潜在客户。

（2）客户录入/修改。录入修改客户档案。

（3）客户查询。查询客户档案。

（4）客户信用评定。系统可以自动根据客户的回款时间、回款额与销售额之间的关系来评定客户的信用度。

（5）客户活动度设定。自动或者手动设定客户的活动度，活动度是指客户与公司之间的来往频度，活动度作为系统字典可以在后台进行自定义设置。

（6）客户变更。更改某个客户对应的业务员。

（7）行动记录。记录每次业务员对客户的拜访情况或其他业务活动情况。

（8）客户资源。如果公司的产品需要与客户先前已有的资源配合使用（如软件产品与客户计算机），则在公司售后服务中，可能需要涉及查询客户相应资源的情况，所以此模块记录客户相关资源的数据，便于以后服务人员使用。

（9）客户关怀。系统对客户公司的重大活动、庆典或客户联系人的相关纪念日作出提醒，公司服务人员作出相关的客户关怀服务。

（10）客户请求/投诉。这方面内容包括：请求/投诉记录，处理，回访，满意度调查。

（11）客户订单。这方面内容包括：客户订单录入，客户订单查询，合同查询。

（12）客户统计。这方面内容包括：客户流失统计，客户新增统计，客户地区分布统计，客户行业分布统计。

5. 综合分析

（1）商机得失分析。对公司成功（或失败）与客户达成交易的机会占公司整体销售机会的比例进行分析，并对商机得失原因（包括产品因素、业务员素质因素、价格因素、竞争对手等）进行细分。

（2）商机竞争分析。对公司所有商业机会的竞争对手进行分析，从而得出数据，帮助公司高层量化分析各个竞争对手公司的影响，以及列出对手的优势、劣势。

（3）客户投诉分析。对客户投诉进行分析。分析内容包括客户投诉的原因（产品质量、产品服务）、投诉的比例（客户投诉占整体销售案例的比例）、客户投诉的员工等。

（4）客户满意度分析。对客户的任何销售和服务，服务人员都将借助系统向客户发送客户满意度调查表，系统对所有回收的调查表进行分析，分析内容包括产品质量、产品价格、服务质量、服务响应速度等多方面内容。

（5）竞争者分析。记录主要竞争对手，对竞争者的基本情况加以记录，包括其公司背景、目前发展状况、主要的竞争领域和竞争策略等内容，以及记录主要竞争产品，记录其他企业所提供的同类产品、近似产品和其他可替代产品，包括其主要用途、性能及价格等内容。

CRM 系统的功能构成不应当是独立存在的，它必然与企业后端的供应链管理（Supply Chain Management，SCM）紧密相关，从而保证 CRM 系统中每一张订单能够在保证利润的前提下有效、及时地得到确认并确保执行。每一笔销售交易的达成都有赖于企业后台的支撑平台，即 ERP 系统其中包括分销与运输管理、生产与服务计划、信用与风险控制、成本与利润分析等功能。

第三节　客户关系管理的客户分析

一、客户细分分析

1. 客户的主要类型

细分是指将一个大消费群体划分成一个个细分群的过程，同属一个细分群的客户彼此相似，而隶属于不同细分群的客户视为不同。通过细分可以对不同的客户提供有针对性的服务，从而为企业带来更大的效益。

一般来说，客户细分可以从三个方面进行。

（1）外在属性。例如客户的地域分布，客户的产品拥有，客户的组织归属——企业用户、个人用户、政府用户等。通常，这种分层最简单、直观，数据也很容易得到，但这种分类比较粗放，依然不知道在每一个客户层面，谁是“好”客户，谁是“差”客户。能知道的只是某一类客户（如大企业客户）比另一类客户（如政府客户）的消费能力可能更强。

（2）内在属性。内在属性是客户的内在因素所决定的属性，如性别、年龄、信仰、爱好、收入、家庭成员数、信用度、性格、价值取向等。

（3）消费行为。在不少行业对消费行为的分析主要从三个方面考虑，即所谓 RFM：最近消费、消费频率、消费额，这些指标都能在账务系统中得到。但并不是每个行业都适用。例如，在通信行业，对客户分类主要依据这样一些变量：话费量、使用行为特征、付款记录、信用记录、维护行为、注册行为等。

根据细分角度，可以分为以下几种类型的客户：

（1）VIP 客户：金字塔中最上层的客户，也就是在特定期间内，依购买金额所占最多的前 1% 客户。若所有客户数为 1000 位，则 VIP 客户所指的是花最多钱的 10 位客户。

（2）主要客户：客户金字塔中，在特定期间内，消费金额占最多的前 5% 客户中除了 VIP 客户外剩余的客户。若所有客户数为 1000 位，则主要客户是扣除 VIP 客户后，花最多钱的 40 位客户。

（3）普通客户：购买金额最多的前 20% 的客户中除了 VIP 客户和主要客户外剩余的客户。若所有客户数为 1000 位，则普通客户是扣除 VIP 客户与主要客户后，花最多钱的 150 位客户。

（4）小客户：除了上述三种客户外的客户。若所有客户数为 1000 位，则小客户是扣除 VIP 客户、主要客户以及普通客户后，其余的 800 位客户。

因为客户对企业的价值是不尽相同的，因此，企业应把有限的资源放到重点客户上。

2. 客户分析的三阶段

（1）客户行为分析。

1）行为分组。根据客户行为的不同划分为不同的群体，各个群体有着明显的行为特征。通过分组，可以更好地理解客户，发现群体客户的行为规律。和手工销售体系中采用的“二元客户反应模式”不同，CRM 采用的“分类反应行为模式”，允许定义多种反应行为。定义反应行为的方法取决于企业所从事的商业领域。例如企业主营业务是服装销售，一种反应行为可以定义为“从产品目录中选购了女式服装”，也可定义为“从产品目录中选购了男式服装”。这些行为模式可以根据需要定义得非常具体（例如，购买了一件红色的男式马球牌衬衫）。

2）客户理解。其目标是将客户在行为上的共性与已知资料结合起来，对客户进行具体分析：哪些客户具有这样的购买行为？客户分布地区如何？此类客户给企业带来多少利润？忠诚如何？客户拥有企业的哪些产品？客户购买高峰期是什么时间？完成了这些客户理解，将为企业在确定市场活动的时间、地点、对象等方面提供确凿的依据。

3）组间交叉分析。组间交叉分析对企业来说也很重要，许多客户同属于两个不同的行为分组，且这两个分组对企业的影响相差很大。假若有“购买新款商品”和“购买 50 元以下商品”两个行为分组，企业认为第一个分组对企业的收益影响大，第二分组对企业的收益影响小，因此希望通过新款商品来扩大市场。此时，如果客户同属两组，就需要充分分析客户发生这种现象的原因。组间交叉分析为企业提供了解决方案，企业可以了解：哪些客户能够从一个行为分组跃进到另一个行为分组中；行为分组之间的主要差别是什么；客户从一个对企业价值较小的组上升到对企业有较大价值的组的条件是什么。这些分析可以帮助企业准确地制定市场策略，获得更多的利润。

（2）重点客户发现。

CRM 理论有一个经典的 20/80 原则，即 80% 的利润来自 20% 的客户。重点客户发现主要应考虑以下方面：潜在客户（有价值的新客户）；交叉销售（指企业向老客户提供新产品、新服务的营销过程）；增量销售（更多地使用同一种产品或服务）；客户保持（保持客户的忠诚度）。

假设一个银行的市场经理想向现有的客户推销房屋抵押贷款和信用金卡这两个新产品以进行交叉销售，则需要进行以下三个步骤：

1）数据收集。从数据仓库中收集与客户有关的所有信息，包括客户个人信息（年龄、收入）、交易记录（最近的收支情况、消费次数和信用等级）等。

2）进行建模。用数据挖掘的一些算法（如统计回归、逻辑回归、决策树、神经网络等）对数据进行分析，产生一些数学公式，用来对客户将来的行为进行预测分析。

3）对数据进行评分。评分过程就是计算数学模型的结果。

（3）效能评估。根据客户行为分析，企业可以更准确地制定市场策略和策划市场活动。然而，这些市场活动能否实现预定的目标是改进市场策略和评价客户行为分组性能的重要指标。因此，CRM 系统必须对行为分析和市场策略进行评估。这些效能评估都是以客户所提供的市场反馈为基础的，针对每个市场目标设计一系列评估模板，从而使企业能够及时跟踪市场的变化。同时在这些报告中，给出一些统计指标来度量市场活动的效率，这些报告应该按月份更新，并根据市场活动而改变。在一定的时间范围内（3～6个月）给出行为分组的报告，精确锁定目标客户。

二、客户流失分析

1. 客户流失的类型

客户流失通常分为四种类型：自然流失、恶意流失、竞争流失和过失流失。

（1）自然流失。这种类型的客户流失不是人为因素造成的，典型的例子如搬迁等。所以面对这种情况，企业几乎无能为力。但幸好这种类型的客户流失并不严重，而且对企业的影响也比较小。

当然，有些客户的自然流失是由于公司管理上的不规范、长期与客户缺乏沟通造成的。因此企业还可以采取一些措施来尽量减少由此带来的损失。一个典型的做法是广泛建立企业的连锁服务网点和经营分公司，让客户在更多的地方见到企业的身影。

（2）恶意流失。所谓的“恶意流失”，是从客户的角度来说的。一些客户为了满足自己的某些私利而选择了离开企业。这种情况虽然不多，但是也时有发生。例如很多电信运营商的用户在拖欠了大额的通信费用后选择离开这家电信运营商，去投靠其他运营商，从而达到不交费的目的等。

这种类型的客户流失还是有一定数量的。可以建立完善的客户信用管理机制：一方面在客户初次与企业合用时让其登记下必要的个人资料；另一方面，建立详细的客户信用档案，在开展业务时进行客户信誉评定。

（3）竞争流失。这种类型的客户流失是由于企业竞争对手的影响而造成的。市场上没有常胜将军，任何企业都处在激烈的竞争环境中，稍有不慎就会导致客户流失。

任何一个行业，客户毕竟是有限的，特别是优秀的客户更是弥足珍稀的。优秀的客户自然会成为各大企业争夺的对象。

（4）过失流失。除去上述三种情况之外的客户流失统称为过失流失。之所以用这个名字，是对企业而言的，因为这些客户的流失都是由于企业自身工作中的过失造成的。这种类型的流失是占客户流失总量比例最高的、带给企业影响最大的，也是最需要重点考虑的。

1）公司人员流动导致客户流失。这是现今客户流失的重要原因之一，特别是公司高级营销管理人员的离职变动，很容易带来相应客户群的流失。因为职业特点，营销人员是每个公司最大、最不稳定的“流动大军”，如果控制不当，在他们流失的背后，往往伴随着客户的大量流失。其原因是这些营销人员手上有自己的渠道，也是竞争对手企业所看到最大的个人优势和资源。这样的现象在企业里比比皆是。

2）细节的疏忽使客户离去。客户与企业是由利益关系纽带连在一起的，但情感也是一条很重要的纽带，一些细节部门的疏忽往往也会导致客户的流失。企业常常忽视客户是“上帝”。

3）诚信问题让客户离去。客户最担心和没有诚信的企业合作。一旦企业的诚信出现问题，例如向客户随意承诺条件，结果又不能兑现，或者返利、奖励等不能及时兑现，客户往往会选择离开。

4）企业管理不平衡，令中小客户离去。营销人士都知道20/80原则，很多企业都设立了大客户管理中心，对小客户则采取不闻不问的态度。广告促销政策也都向大客户倾斜，使得很多小客户产生心理不平衡而离去。其实不要小看小客户 20% 的销售量，例如一个年销售额达 10 亿元的公司，按照推算其小客户产生的销售额有 2 亿元，且从小客户身上所赚取的纯利润率往往比大客户高，算下来绝对是一笔不菲的数目。因此，企业应该重视一些小客户。

2. 借助 CRM 系统避免客户流失

从相关的数据统计来看，一个公司平均每年要流失 10% ~30% 的客户。当客户的流失发生的时候，企业接下来应该关心以下问题：

（1）企业是什么时候失去这些客户的？当企业自己淘汰客户时，一般是企业将系统中设置的该客户不交易的日子当作是企业失去客户的日期。

当企业不幸被客户淘汰时，又可以根据企业的需要，设置两种情形：①企业可以设置当客户多久没下单时视为客户流失，如三个月没有相关交易；②设置手工指定，当企业后续和客户沟通无效，最终被客户淘汰时，在系统中设置该客户无效的日期。

CRM 系统操作要点：有些企业的客户下单有明显的季节性，如空调、电风扇等产品，则最好不要根据未交易时间确认，否则，CRM 系统容易误判。

日期的确定其实对企业的价值不是很大，主要应以销售收入出现异常的波动来判断。如一家企业某个月的销售收入突然比去年同期或者上个月减少了 30%，则企业可能想了解这个月失去了哪些客户。

（2）失去客户的原因是什么？失去客户的最终原因是什么，这是企业比较感兴趣的问题，是由于价格方面的原因，还是由于客户的投诉未及时处理，又或者是交货延迟等原因。CRM 系统可以自动收集这些信息，并汇总给决策者使用。

如果企业发现一客户流失，则只要利用 CRM 系统的客户流失原因分析功能查询，就可以清楚地了解到以下信息：①该客户的历史投诉信息及相关处理情况。CRM 系统还会统计相同或者类似投诉发生的概率，判断是否有些原因的投诉经常发生、未得到有效解决，还可以判断哪些投诉的解决期限超过了公司的要求，哪些投诉还悬而未决。②交货的延迟情况。CRM 系统同时会收集该客户历次订单的交货延迟率，会详细列举哪张订单因为什么未及时交货给客户。

有了这些情况，企业大致可以知道自己哪里没把客户照顾好，使得他们另寻更好的合作伙伴。

CRM 系统操作要点：要使此功能产生实际效果，信息要及时更新；要使出货延迟率准确，则要及时审核出货单，若发生延迟，最好能够在单据内注明延迟交货的原因，是由于客户的要求，还是由于公司自己的原因，以便于后续的分析。当然，此原因不会出现在出货单中。

（3）失去的客户是什么等级的客户？在企业查询丢失了什么客户的同时，CRM 系统还会显示是什么级别的客户，及其最近的级别变动情况。

（4）这些客户的失去对企业的销售收入有什么影响？不同客户对企业的销售贡献率不同，对企业的影响也不同。有的客户，其销售订单量不是很大，这些客户流失时，企业也不心痛；但是，若其销售量虽然不大，然而利润很大，即这些客户购买的产品，成本低但价格高，企业也会另眼相看。而有的客户，其订单量虽然很大，但是最后的利润不是很高，这些客户流失时，企业也不会太重视。所以，在分析客户流失对企业的损失时，还要考虑客户的订单量及其采购产品的利润率。

CRM 系统可以提供这些功能：可以查询某一客户历年的销售订单、订单金额及其采购的产品，这些产品的成分分析、利润率分析等数据，管理层可作为参考。

CRM 系统操作要点：这部分功能在很大程度上是和其他功能结合在一起的，如成本分析。也就是说，这部分功能想要用好，就必须先保证成本分析数据的准确性，如成本价格、销售价格等数据的准确。从这里可以看出，CRM 系统是个统一体，任何一个功能的缺陷，都会影响其最后的功能。这种互相牵涉的关系，就是 CRM 系统实施成功率不高的一个重要原因。

（5）销售员是否努力尝试挽回客户？当有失去客户的危险时，企业当然不会坐以待毙，会积极地去争取最后挽回的机会。企业的老总或者销售经理想知道，当客户流失时，其销售员是放任不管还是作过一番努力。发现情况而不作为，是销售员的责任；努力过了，而不能改变最后的格局，那销售员的责任就轻得多。这有利于销售经理对员工进行考核。

第四节　客户关系管理系统的实施

CRM 系统实施是结合软件与组织状况，在调研分析的基础上作出解决方案。实施之初就要确定实施的目标与范围，确保在限定的资源与时间内完成项目，规避风险或将风险降低到最低点。树立风险意识是 CRM 系统实施成功的重要保障，实施的目标不是越高越好，实施的范围也不是越大越好，风险意识是需要双方协调一致的，70% 的 CRM 项目最终以失败而告终，很大的原因就是风险机制的不健全。CRM 系统实施是一个艰苦而渐进的过程（国际标准的厂商都有严格规范的实施方法论），立竿见影、拔苗助长、一蹴而就的做法都是危险和错误的。需要设定分阶段的目标，达成每一阶段目标后再前行，信心建立、经验增加、工作扎实，CRM 系统实施就会完美无缺。CRM 系统的实施能力是许多厂商所缺乏的，而实施又是许多组织容易忽视的，购买前期通过谨慎的选择、激烈的竞标，但购买后没有认真实施或是认为没有必要花费人力、物力实施，使得 CRM 软件没有经过多长时间就束之高阁，成为“食之无味、弃之可惜的鸡肋”。因此，准备引入 CRM 软件的企业不但要评价软件本身，也要从实施能力的角度考虑，厂商的实施能力需要经过大量实战的千锤百炼，并拥有专业敬业的专家队伍，在软件与实施两方面具优的厂商应是企业的首选。

一、实施 CRM 系统前的准备

企业在实施 CRM 系统前一定要有精心的准备。直接进行投资前，先邀请一些专家，评估一下企业现在的环境，并与部门经理讨论有关与 CRM 系统相适应的组织和流程变化的可行性。

CRM 系统的出现，改变了以往客户资料分散、客户管理复杂烦琐的状况，还让企业对客户数据、产品信息、员工数据实现了统一。自 20 世纪 90 年代以来，CRM 系统的经营理念和运作体系迅速被企业界所接受，并在大企业得到广泛应用。CRM 系统对于很多中小企业来说，只是一个“看上去很美”的画饼，这是因为，中小企业的流动资金短缺，这就使得中小企业在进行信息化建设的时候，成本控制成为了它们的第一思考方向。而传统的 CRM 系统需要的不仅仅是系统自身的成本，连带的基础网络硬件平台、IT 维护等软硬两方面的成本成为了中小企业对于信息化工作的推进瓶颈。

实施前需要评估的问题如下：

(1) 是否准备了有关 CRM 系统的商业计划。CRM 系统商业计划能为企业和有关部门提供 CRM 项目的基本要点。

(2) 是否知道谁负责 CRM 系统实施，期望是什么。在准备开始实施以前，谁是项目负责人应该十分清楚。而且，在定义并确定要求、管理项目执行的期望值以及协助定义成功的标准时，他的角色应当让所有的企业高层了解清楚。

(3) 是否已定义高水准的业务需求。在 CRM 项目中，此项工作应该与正式的发展项目区分开，其原因有两个：①根据这些业务需求，确定 CRM 项目是否需要继续进行；②这些业务需求要求那些没能参加 CRM 实施的企业高层的参与。

(4) 是否已制定成功标准。虽然许多企业不要求制定成功标准，然而它们要求能建立一个有效的安全网，作为今后系统配置的考虑。

(5) 是否确定该项目已获得资金。如果只有概念上的批准，那么计划整个 CRM 项目是毫无用处的。

(6) 对于目标客户行为是否达成一致，这些已定义的业务功能是否支持目标客户。根据 CRM 项目的规模，CRM 系统商业计划中可能会包含一份有关潜在客户行为的描述。在希望客户如何表现上达成一致观点十分重要。例如，如果销售人员使用 CRM 系统管理销售渠道，就应该对信息作出正确的回应。

(7) 是否每个部门都对“客户”的定义达成一致。汽车公司的营销部门会将“客户”定义为经销商，但是呼叫中心部门会将其定义为单个的驾驶员。要对这类名词的定义达成一致意见，并在遇到新的数据需求时完善这些定义。

(8) 是否能根据各类数据需求描绘其功能。客户数据通常比较复杂，并非一目了然。这就意味着在确定业务需求时通常需要确定数据需求。从某种意义上说，必须了解某些客户数据是否必要，以及数据来源于什么系统。

(9) 是否想过外界数据也很必要。并非一开始就要从外界购买数据，但它能补充有关的客户资料，例如家庭成员的数目、预计收入、家庭成员的状况、邮编、房地产信息和其他能够显示客户行为和偏好的一些资料。

(10) 目前的平台环境是否支持 CRM 产品的客户化。确定对 CRM 产品进行客户化要求什么类型的工作环境，其他的工具如 Microsoft’s Visual Studio 或硬件（如 Database Servers）是必要的二次开发的工具。

(11) 是否存在需要和 CRM 产品整合的其他应用软件或系统。应该预先了解 CRM 产品会对企业其他系统产生的影响，以及数据是怎样在系统中有效传递的。另外，如果有些员工使用的系统与 CRM 系统相关，那应该让他了解需要整合的部分。

(12) 企业或体制上阻碍 CRM 系统开展的屏障是什么，是否已被解决。

(13) 是否真正确立了保密体制。不管 CRM 项目是否以网站为基点，都要了解企业掌握客户数据的人员的权限。CRM 项目应该做好保密工作，应该是企业围绕客户数据所作出的各种行为的准则。正如 60% 的 CRM 项目中所申述的那样，这样的发现能使 CRM 小组成员预先积极地提出和解决问题，而不是在 CRM 项目失败后评头论足。

如果理想的话，则对以上所有问题的答案都应该是肯定的，并且能在如何解决所遇到的问题上达成一致意见。至少，CRM 小组成员应该充分了解以上的每个问题，并当问题产生时，做好充分的准备来解决。

二、客户关系管理系统实施步骤

信息系统的实现，可从两个层面进行考虑：其一是解决管理理念问题，其二是向这种新的管理模式提供信息技术的支持。其中，管理理念的问题是客户关系管理系统成功的必要条件。这个问题解决不好，客户关系管理系统就失去了基础。而没有信息技术的支持，客户关系管理系统工作的效率将难以保证。

1. 获得公司上下的支持

像其他大型的、复杂的信息系统一样，CRM 系统涉及公司内很多业务领域，如销售、营销、客户服务、财务、制造、库存、分销等，它的实现离不开各工作岗位上员工的支持、推动、努力和合作。获得公司员工的支持对 CRM 系统的成功实现具有决定性意义。如果能在项目小组中吸纳这些部门的代言人，确保企业各部门的充分合作和对新系统的支持，就会使得 CRM 系统在选择和安装之前，就具备了很好的组织上的保障。获得公司范围的支持包括：获得从上到下的承诺；从下到上地获得系统用户的支持；能全心全力投入系统实施的项目小组；从高层和财务部门获得对整个解决方案的预算。

2. 成立客户关系管理项目小组

一般来讲，项目小组应该包括高层领导（一般为副总）、销售、营销和服务等部门的系统用户、IT 部门的人员、财务部门的人员，还要包括所有的最终用户的代言人。他们作为 CRM 系统实施的输入。

（1）高层领导。其作用是支持、领导和推动 CRM 系统的实现。高层领导可从如下一些方面对 CRM 系统的解决方案进行评价：此系统能否提供决策所需的信息？此系统能否大幅度地改善现有的流程？此系统能否很好地降低成本？同样的解决方案在其他企业是否获得了成功？此系统的投资收益率是否合理？

（2）IT 部门的人员。IT 部门的主要工作是选择和安装 CRM 系统。他们应该对所选择的系统有充分的信心，并在系统实施的每个阶段提供技术上的支持。

（3）销售、营销和服务等部门的系统用户。这些部门的用户要从如下一些标准对 CRM 系统解决方案进行评估：是否容易学会？是否容易使用？能否节约时间和降低管理费用？能否简化客户和潜在客户与企业的互动？能否促进公司和客户的沟通？能否提升销售的效果？

（4）财务部门的人员。财务部门可以从如下一些方面对 CRM 方案进行分析：对提高的生产效率的评价；对减少的运营费用的评估；以后的系统扩展所需的可能费用；系统的投资收益分析。

除了上面的人员外，项目小组还要包含一个重要的组成部分，那就是外部的顾问人员。一个合格的 CRM 咨询顾问具有丰富的项目实施经验，能在 CRM 系统实施之前和实施中提供企业所需的帮助。他们可以分析并确定企业真正的业务需求，改进对系统功能的设置。对顾问人员的选择、确定何时和怎样引入顾问人员是项目成功与否的重要决定因素。

3. 业务需求分析

大多企业都有一种不经对当前流程的仔细评估就直接进入软件选型阶段的倾向。实际上，如果没有识别企业业务流程存在的问题并制定改善方案，即使应用了 CRM 系统，也只会使得企业以更快的速度完成以前的效率不高和效果不好的工作。

为了了解企业当前存在的问题，确定对系统的需求，了解各部门对系统所持的期望，应该以一种正式的方式在企业内部搜集信息。下面是一个进行CRM业务需求调查的提纲。

（1）你所在部门的主要职责是什么？

（2）你主要利用哪些方面的信息？

（3）你是怎样与客户进行互动的？

（4）为了帮助你更好地了解客户，你当前能获得哪些信息？

（5）在增强与客户的沟通方面，请提供一些建议。

（6）在你看来，我们怎样可以减少行政性或官僚性的时间浪费，从而把更多的时间交给客户？

（7）你主要以何种方式进行与客户的互动，如电话营销、信件、电子邮件等？

（8）你怎样对潜在客户进行跟踪，怎样进行数据的共享？你打算怎样逐步改善这些过程？

在进行这份调查时，牢记这一点很重要：尽量多地从系统的最终用户、销售人员、客户服务人员、营销人员、订单执行人员、客户管理人员获取信息。引导那些每天与客户打交道、从事日常工作的系统用户讲出为了建立良好的客户关系所需的工具。他们最清楚为了改善客户关系，应该作出哪些改变。有人认为，随着管理层次的增高，信息的含金量逐渐降低。

通过CRM系统调查和业务分析，可以发现是哪些业务领域最需要自动化，哪些领域需要业务流程的改善，在选择CRM解决方案时应该考虑哪些技术特点。

4. 客户关系管理软件选型

应用CRM系统的目标是支持和推动优化过的销售、营销和客户服务流程，这意味着软件的选择应该建立在公司现有的IT技术和业务要求的基础之上。复杂的软件包含了一系列可以选择的模块，用于管理所有与客户的互动活动，基本上要提供下列功能：

（1）联系人和客户管理。

（2）销售管理。

（3）电话营销和电话销售。

（4）客户服务。

（5）营销。

（6）商业智能。

（7）潜在客户管理。

（8）电子商务。

（9）技术因素。世界上没有两个企业是相同的，因此没有万能的CRM系统解决方案。在选择技术时，解决方案应该充分反映出企业的个性。也就是说，所选择的技术应该是为企业量身定制的、开放的，而且能够与企业现有的计算机系统相集成。主要有如下一些方面的要求：

1）应用程序快速开发工具。允许用户方便地改变数据流和其他配置。这些应用程序根据用户的特定工作流设计，能大大减少完成工作所需的键盘输入时间和鼠标移动时间。这些特色使得企业重新设计和改进客户关系的业务流程成为可能。

2）支持多种SQL数据库。CRM系统应该支持多种数据库平台。随着便携式计算机、移动通信工具的发展，越来越多的CRM系统用户要求提供现场销售应用软件，与企业范围的数据库相连。

3）各平台间的数据同步化。应该能够支持多数据库平台，实现局域网、广域网、手持终端间的数据同步。

4）用户和数据安全措施。

5）网络技术。CRM的网络应用使得客户、合作伙伴和潜在客户能通过网络进行自助服务，与企业进行互动。网络技术是CRM技术基础的重要组成部分，已经对CRM系统的应用产生了极大的影响，并正在加大这种影响的力度。

5. 选择供应商

在进行供应商选择时，供应商的已有经历是重要的评价因素。总体来讲，那些有多年的经验、诸多成功的案例、在未来的相当长时期内能生存下来的供应商是值得信赖的。另外，这个供应商还应该能够很好地沟通，对于企业的要求和需求能很快地回应，提供良好的售后、售中和售前服务。一个良好的供应商能：

（1）识别企业的业务流程需求。

（2）培训项目小组。

（3）设计、配置系统。

（4）提供实施和技术支持。

（5）培训系统用户、经理人员和系统维护人员。

（6）提供持续的技术支持服务。

解决方案供应商的选择决定了CRM项目的咨询、实施、安装和培训的有效性。

6. 系统的实施和安装

（1）需求分析和系统要素。这主要是进行详细的需求分析，确定CRM项目的实施范围，确定对CRM系统的要求。

（2）项目计划和管理。这主要是设计项目实施方案。软件供应商应该提供专门的项目管理人员负责与企业的沟通，而企业的系统管理员作为内部的系统专家。项目小组的成立和对项目小组成员的培训也是在这个阶段。最后，还要进行投资收益的分析，从而有效地衡量新系统所带来的回报。

（3）系统配置和客户化。在这个阶段，实现CRM系统的配置和客户化，满足大部分的各种各样的业务需求。应该就这个系统对企业员工进行培训，使得他们掌握尽量多的技术知识。所需的新的软硬件也要在这个阶段进行安装。

（4）原形、兼容性测试和系统试运行。在这个阶段，建立系统的原型，并进行测试。企业的员工应能够熟悉系统安装过程和所安装系统的各个方面。数据转换的工作也将在这个阶段完成。为了保证数据转换工作的顺利进行，供应商方面的实施专业人员应该和企业的MIS人员进行充分的沟通。数据的转换过程包含很多工作，很多的CRM系统实施案例都表明，设计并严格遵循数据转换工作的时间表有很大难度。

（5）局部实施和质量保证测试。在这个阶段进行培训工作。可以在各部门中选择几个员工参加由软件商提供的培训，然后再由他们负责对所有的系统用户和管理人员进行培训。为了使得这种方法有效，这些培训人员应该通过参加软件供应商提供的培训，变成新系统方面的专家。

这个局部实施的系统应该是一个良好的系统原型。有一个用户小组利用该系统进行工作和测试，写出质量保证测试报告，并送交项目小组经理。

（6）最终实施和项目的铺开。这是系统实施的最后阶段。这个步骤对技术人员提出了时间要求。给每个技术人员一份实施时间表，在表中说明项目实施的每个阶段所应完成的工作和在此阶段之前该完成的工作。

对所有用户的正式培训也发生在这个阶段。首先设定对培训的期望，然后通过正式的培训来实现这些期望。只有用户意识到使用该系统可带来切实的好处，系统的实施才会少遇到阻力。这个培训是在计划阶段所确定需求的基础上进行的。切实的培训计划和它的严格实施将是成功培训的重要保障。

（7）对系统运营的支持。这需要公司内部设置一个全日制的系统管理员，获得技术上的自给自足和便利。为了培养内部的专家，可以在项目的计划阶段就让他参与 CRM 项目。鉴于 CRM 系统的技术支持工作是很复杂的，因此要确保解决方案提供商能向内部的专家提供技术上的帮助。

7. CRM 系统的维护

很多 CRM 系统提供了性能指标功能。系统应该能向相关人员提供合适的数据，并使得他们能方便地获得这些数据。为了确保系统能产生预期的好处，应该在系统向全部用户开放前就对其进行测试。如果不能满足需求的话，就要花时间对工具进行改进，直到它能满足需求。用户的反馈可为这种改进提供很好的反馈。

最后，CRM 系统也要向领导小组和项目组提供反馈，如哪些功能运行良好、哪些功能难以驾驭，可以采取哪些措施来充分利用现有的技术投资。

三、客户关系管理系统成功实施的要点

（1）高层领导的支持。总的来讲，成功的 CRM 项目都有一个行政上的项目支持者，他们一般是企业高层领导，他们的主要任务是确保本公司或本部门在日趋复杂的市场上能有效地参与竞争。在当今的环境中，产品或价格的优势总是很短暂的，产品质量是既定的，所以，需要通过对企业营销、销售和服务方式的改造来获取竞争优势。

这个高层领导从总体上把握这个项目，扫除障碍，保证项目的顺利开展。如果缺少了这样的支持者，前期的研究、规划也许会完成，也会完成一些小流程的重新设计，也可能会购买技术和设备，但企业出现有意义的改进的可能性很低。CRM 系统更多的是关于营销、销售和服务的优化，而不仅仅是关于营销、销售和服务的自动化。当 CRM 系统涉及跨业务部门的业务时，为了保证企业范围的改进，有一个行政领导的支持是必需的。

（2）开发要专注于流程。好的开发小组应该专注于流程而不是技术，技术只是促进因素，它本身不是解决方案。因此，开发小组开展工作后的第一件事就是花时间研究现有的营销、销售和服务策略，并找出改进方法。

为了发现现有流程的问题，开发小组应该事先分析公司是怎样营销、销售和服务的，客户在何种情况下、什么时候会购买产品。首先，要对营销、销售和服务部门的人员进行访谈，了解他们做些什么、为了做好工作需要哪些信息。接着，了解客户认为存在的问题，如难以获得产品专家的支持、难以获得最近或即时的信息、难以给出没有错误的产品配置等。

开发小组还应对客户购买产品的过程进行了解和研究，如客户如何对各种产品进行评估、选择厂商、评估产品价格，并对流程进行审视，找出是哪些环节阻碍了潜在的客户购买产品，如对客户要求的回复速度过慢、给出的建议不完全、售后服务不良等。

找出了流程中的问题后，分析其原因，如为什么在发现潜在客户、向其提供服务之间要有很长时间，为什么销售人员不能获得关键的客户支持数据。分析这些问题继续存在所造成的损害。

（3）技术和工具的灵活运用。在成功的 CRM 系统项目中，技术的选择总是与要改善的特定问题紧密相关。选择标准是，根据业务流程中存在的问题来选择合适的技术，而不是调整流程来适应技术要求。

虽然很多企业的 CRM 系统的实施是从单个部门（如营销、现场销售或客户服务）开始的，但在选择技术时要重视其灵活性和可扩展性，以满足未来的扩展需要。因为企业要把企业内的所有用户集中到一个系统中，使得每个员工都能得到完成工作所需的客户信息，所以项目初期选择的技术要比初期所需要的技术复杂，这样才能满足未来成长的需要。

对 CRM 系统工具进行评估时，不仅要明白该产品能完成什么工作，而且要重视该产品的工作机理。应该了解软件商所编写程序的系统框架，并根据自己的管理信息系统规划来选择合适的解决方案。

（4）组织良好的团队。CRM 系统的实施队伍应该包括具有如下人员：熟悉企业业务流程并对其不满意的人员，熟悉系统设计环境的人员，熟悉信息技术的人员，具有改变管理方式的技能的人员。

CRM 系统并不是使得企业在每个业务环节上都有显著提高，而是使得在某几个环节上获得巨大的提高。要求企业对其流程的关键部分自愿进行改造，这就需要开发小组中有对企业现状不满意的人，他们会研究企业流程存在的缺陷，并在合适的时间和合适的地方对流程进行改变。不论企业选择什么解决方案，一定程度的客户化工作经常是需要的。应根据企业的工作流程对 CRM 系统工具进行修改，这就需要对系统的设计环境很熟悉的人员加入到 CRM 系统的实施团队中来。CRM 系统的开发需要应用信息技术、网络技术等，需要信息技术人员参与。实施 CRM 系统需要用户改变工作的方式，这需要实施小组具有改变管理方式的技能，并为企业提供桌面帮助。

（5）极大地重视人的因素。成功的 CRM 系统项目最重要的策略是用户参与。重视业务流程重组中人的因素对项目的成功是很重要的，如果系统的最终用户对系统持消极态度，有最新、最有力的技术支持的最合理的业务流程也可能会产生不理想的结果。

（6）分步实施。在项目规划时，具有三至五年的远景很重要，但成功的 CRM 系统项目通常把这个远景划分成几个可操作的阶段。毕其功于一役，给企业带来的冲击太大，往往欲速则不达。可以通过流程分析，识别业务流程重组的一些可以着手的领域，确定实施优先级，每次只解决几个领域。

（7）系统的整合。系统各个部分的集成对 CRM 系统的成功也很重要。CRM 系统的效率和有效性的获得有一个过程，它们依次是：终端用户效率的提高、终端用户有效性的提高、团队有效性的提高、企业有效性的提高、企业间有效性的提高。

本章小结

客户关系管理是一种将企业的客户作为最重要的企业资源，通过信息系统整合企业和客户间在营销及服务上互动的所有企业流程，旨在改善企业与客户之间关系的新型管理机制和管理技术的结合，其目的是提升企业客户的价值，提高企业利润。本章通过介绍客户关系管理的概念、策略和框架，阐述了组织如何利用CRM系统进行客户管理，从而获取商业价值。

【MIS案例分析】
腾讯微信：移动互联网上最大的CRM入口

微信自2011年年初上线以来，上线433天就积累了约1亿名用户，速度是Twitter、Facebook的4~5倍，用户基数从最初1年突破1亿，到现在4亿多。微信包含社交、移动、娱乐、商务四大功能，用户可以通过手机、计算机快速发送语音、视频、图片和文字。同时，微信提供公众平台、朋友圈、消息推送等功能，用户可以通过摇一摇、搜索号码、附近的人、扫二维码方式添加好友和关注公众平台，同时微信帮将内容分享给好友以及将用户看到的精彩内容分享到微信朋友圈。

微信利用其最大的优势之一——其聚集的庞大用户群，将通过微博、QQ、114订票、网站、自由热线电话等范式接触的客户很好地汇聚起来，形成一个用户数据库，在如此庞大的用户群面前，一些人利用微信作为企业推广的营销工具，将需要传达的信息直接推送给潜在用户实现精准营销。用户通过自主关注电商的品牌微信公众号，对品牌有一定的认知度，针对这些用户定向推送内容，通过后台的互动，解答用户的问题，从而获得更高的转化率，促成交易。微信无疑是最精准的品牌营销工具。

但微信自身认为自己不仅仅是营销工具，而是旨在通过与用户的直接沟通，更加希望成为一个CRM功能性的平台。

所谓客户关系管理（Customer Relationship Management，CRM），是一个不断加强与客户交流，不断了解客户需求，并不断对产品及服务进行改进和提高以满足客户需求的连续的过程。其内涵是企业利用信息技术和互联网技术实现对客户的整合营销，是以客户为核心的企业营销的技术实现和管理实现。

微信公众平台将是“移动互联网上最大的CRM入口”，微信不单纯只是帮助企业和消费者之间进行沟通，还可以帮助企业内部作协同管理。例如，以前区域经理要巡店，并要拍照片，发电子邮件，或者发传真，现在不用了，想知道店面情况，只要让区域经理通过微信将照片发出来，再加一些陈列货架的说明，就了解得清清楚楚。

如果把微信比作一个管道，那上面可以架接的服务将会令人充满想象。对于电商来说CRM最重要的就是对于用户的管理和细分，微信是具备强沟通属性的移动互联网信息平台，所以它具备了IM+CRM的智能，可以通过它和用户直接对话，也可以做好用户管理。

微信正在和一批合作伙伴测试公众平台的自定义接口功能，这个接口可以接入任何公司的CRM系统。公众账号背后的商家将能够通过这个接口为用户提供更个性化的服务。相信后期通过接口可以细分用户，如根据年龄、性别、地域、喜好来细分，实现在通过微信的公众平台的用户管理，进而按照分组来做精准推送。相信未来CRM接口的桌布开放，将可以直接对接很多大型CRM系统后端。特别是通过微信的自定义回复功能，每个行业都会有自己的微信客服系统。

CRM 中有一个重要功能模块，就是呼叫中心。在通信层的架构设计上，号码将成为微信的资源，如与企业 400/800 电话相同的微信号将成为需要申请的资源；流量虽然基于运营商网络，但计费将采取计时或者套餐模式；同时，微信可以构建公共微信虚拟呼叫中心，向企业提供外包服务。如果将感知层的基础服务构架起来，那么微信可以成为一个企业的手持智能二维码终端，可以进行产品识别（产品编码扫描），了解库存、销售等；可以进行促销识别（促销编码扫描），提供促销、优惠、折扣等；可以进行消费者的识别（会员卡扫描），提供会员服务和积分礼品等。

当微信无意间成为腾讯最重要的移动入口时，微信也带给业界更多的想象。微信在不到两年的时间之内，一路打造个人通信工具，移动社交平台、微信开放平台 APP、微信公众平台、强大的 API 接口将会在 O2O 新商业模式、物联网等领域大显身手。试想一下，结合了二维码 + 位置 + 微信/APP + 富媒体 + 移动支付 + Social CRM 的微信，其未来平台趋势和商业价值很值得每个电商关注。

（资料来源：管鹏，CRM 利器 + O2O 新模式！微信或将改变电商格局，http：//it. sohu. com/20130227/n367251381 shtml。）

思考题：

1. 试分析微信利用 O2O 和 CRM 探索新盈利模式的发展前景。

2. CRM 系统中的客户信息被泄露途径有哪些？从技术和管理层面上，有哪些可控方式？

本章习题

一、选择题

1. CRM 系统的三个主要业务流程是（　　）

A. 市场、销售和服务　　B. 宣传管理、订单处理和客户支持/服务

C. 市场、订单处理和服务　　D. 营销管理、服务管理、销售管理

2. 目前市场上大多数的 CRM 产品关注的焦点是（　　）产品

A. 分析型 CRM　　B. 专项型 CRM

C. 协作型 CRM　　D. 操作型 CRM

3. 一个客户关系管理系统的核心是（　　）。

A. 客户数据的管理　　B. 客户关系管理的业务流程

C. 建立客户中心　　D. 客户关系管理的组织结构

二、简答题

1. 将 CRM 系统功能分为哪几个方面？请分别加以解释。

2. CRM 系统成功实施的要点是什么？

参考文献

[1] 吕廷杰，尹涛，王琦．客户关系管理与主题分析［M］．北京：人民邮电出版社，2002.

[2] 何荣勤．CRM 原理·设计·实践［M］．北京：电子工业出版社，2003.

第十一章　企业资源计划

【引例】
一位家庭主妇的日常“ERP”

一天中午，丈夫在外给家里打电话：“亲爱的老婆，晚上我想带几个同事回家吃饭可以吗?”（订货意向）

妻子：“当然可以，来几个人，几点来，想吃什么菜?”

丈夫：“6个人，我们晚上7点左右回来，准备些酒、烤鸭、番茄炒鸡蛋、凉菜、蛋花汤……你看可以吗?”（商务沟通）

妻子：“没问题，我会准备好的。”（订单确认）

妻子记录下需要做的菜单（MPS计划），具体要准备的东西：鸭、酒、番茄、鸡蛋、调料……（BOM物料清单），发现需要：1只烤鸭，5瓶酒……（BOM展开），炒蛋需要6个鸡蛋，蛋花汤需要4个鸡蛋（共用物料）。

打开冰箱一看（库房），只剩下2个鸡蛋（缺料）。

来到自由市场，妻子：“请问鸡蛋怎么卖?”（采购询价）

小贩：“1个1元，半打5元，1打9.5元。”

妻子：“我只需要8个，但这次买1打。”（经济批量采购）

妻子：“这有一个坏的，换一个。”（验收、退料、换料）

回到家中，准备洗菜、切菜、炒菜……（工艺线路），厨房中有燃气灶、微波炉、电饭煲……（工作中心）。

妻子发现拔鸭毛最费时间（瓶颈工序，关键工艺路线），用微波炉自己做烤鸭可能来不及（产能不足），于是在楼下的餐厅里买现成的（产品委外）。

下午4点，接到儿子的电话：“妈妈，晚上几个同学想来家里吃饭，你帮忙准备一下。”（紧急订单）

“好的，你们想吃什么，爸爸晚上也有客人，你愿意和他们一起吃吗?”

“菜你看着办吧，但一定要有番茄炒鸡蛋，我们不和大人一起吃，下午6:30左右回来。”（不能并单处理）

“好的，肯定让你们满意。”（订单确定）

“鸡蛋又不够了，打电话叫小店送来。”（紧急采购）

下午6:30，一切准备就绪，可烤鸭还没送来，急忙打电话询问：“我是李太太，怎么订的烤鸭还不送来?”（采购委外单跟催）

“不好意思，送货的人已经走了，可能是堵车吧，马上就会到的。”

门铃响了。

“李太太，这是您要的烤鸭。请在单上签一下字。”（验收、入库、转应付账款）

下午6:45，女儿的电话："妈妈，我想现在带几个朋友回家吃饭可以吗?"（呵呵，又是紧急订购意向，要求现货）

"不行呀，女儿，今天妈已经需要准备两桌饭了，时间实在是来不及，真的非常抱歉，下次早点说，一定给你们准备好。"（哈哈，这就是ERP的使用局限，要有稳定的外部环境，要有一个起码的提前期）

送走了所有客人，疲惫的妻子坐在沙发上对丈夫说："亲爱的，现在咱们家请客的频率非常高，应该要买些厨房用品了（设备采购），最好能再雇个小保姆（连人力资源系统也有缺口了）。"

丈夫："家里你做主，需要什么你就去办吧。"（通过审核）

妻子："还有，最近家里花销太大，用你的私房钱来补贴一下，好吗?"（最后就是应收货款的催要）

记住，每一个合格的家庭主妇都是生产厂长的有力竞争者。

思考题：

1. 家庭主妇为完成这顿晚餐都做了哪些事情? 对应企业生产的哪些业务?
2. 家庭主妇为什么能够满足丈夫和儿子的要求，却满足不了女儿的要求?
3. 家庭主妇所做的事情是否可以做得更好?

学习目标

通过对本章的学习，重点了解和掌握：

1. 企业资源计划的基本概念与思想。
2. 企业资源计划系统的功能目标。
3. 企业资源计划系统的实施要点及风险。

关键概念

物料需求计划（MRP）；制造资源计划（MRPⅡ）；企业资源计划（ERP）

第一节　企业资源计划概述

一、企业资源计划的内涵

所有企业几乎无一例外地追求基本相似的运营目标，即实现企业资源（包括资金、设备、人力等）的合理、有效利用，以期企业利润最大化。这一基本目标的追求使制造业的管理者面临一系列的挑战：生产计划的合理性、成本的有效控制、设备的充分利用、作业的均衡安排、库存的合理管理、财务状况的及时分析等。在全球竞争激烈的大市场中，无论是连续型的还是离散型的制造业，无论是单件生产、多品种小批量生产还是少品种大批量生产的生产类型，运营管理人员都可能遇到过以下一些问题，如企业产品市场需求很大，但是生产线上的工人却没有办法如期交货，车间管理人员则抱怨采购部门没有及时供应他们所需要的原料。实际上，仓库里囤积的某些材料库位饱和，资金周转缓慢；许多公司要用6~13个星期的时间才能计算出所需要的物料量，导致订货周期只能为6～13个星期；订货单和采购单上的日期以及缺料单上的日期不相同；财务部门由于不信赖仓储部门的数据，不以它来计算制造成本等。日趋激烈的市场竞争环境使上述挑战对企业具有生死存亡的意义，于是，应对上述挑战的各种理论和实践也就应运而生，其中包括企业资源计划。

企业资源计划（Enterprise Resource Planning，ERP）系统，是指建立在信息技术基础上，以系统化的管理思想，为企业决策层及员工提供决策运行手段的管理平台。ERP系统集信息技术与先进的管理思想于一身，成为现代企业的运行模式，反映时代对企业合理调配资源、最大化创造社会财富的要求，成为企业在信息时代生存、发展的基石。

下面从管理思想、软件产品、管理系统三个层次给出它的定义：

（1）管理思想层次。企业资源计划是由美国著名的计算机技术咨询和评估集团Gartner Group提出的一整套企业管理系统体系标准，其实质是在制造资源计划（Manufacturing Resource Planning，MRP Ⅱ）基础上进一步发展而成的面向供应链的管理思想。

（2）软件产品层次。企业资源计划是综合应用了C/S体系、关系数据库结构、面向对象技术、GUI、4GL、网络通信等信息产业成果，以ERP管理思想为灵魂的软件产品。

（3）管理系统层次。企业资源计划是整合了企业管理理念、业务流程、基础数据、人力物力、计算机硬件和软件于一体的企业资源管理系统。

ERP无论是在中国，还是在全世界都掀起了一场关于管理思想和管理技术的革命。ERP所能带来的巨大效益对很多企业具有相当大的诱惑力。在MPR Ⅱ还没有被我国企业界人士完全认同之前，它已经在短短的几年时间内一跃发展成为现今的电子商务时代下的ERP。

随着实践和发展，ERP如今已有了更深的内涵，概括起来主要有三方面：

（1）ERP是面向供应链管理的管理信息系统。ERP除了传统MRPⅡ系统的制造、供销、财务功能外，还增加了支持物料流通体系的运输管理、仓库管理（供需链上供、产、需各个环节之间都有运输和仓储的管理问题）；支持OLAP、售后服务及质量反馈，实时、准确地掌握市场需求；支持生产保障体系的质量管理、实验室管理、设备维修和备品备件管理；支持跨国经营的多国家地区、多工厂、多语种、多币制需求；支持多种生产类型或混合型制造企业，汇合了离散型生产、流水作业生产和流程型生产的特点；支持远程通信、Web/Internet/Intranet/Extranet、电子商务、EDI；支持工作流（业务流程）动态模型变化与信息处理程序命令的集成。

此外，还支持企业资本运行和投资管理、各种法规及标准管理等。事实上，目前一些ERP软件的功能已经远远超出了制造业的应用范围，成为一种适应性强、具有广泛应用意义的企业信息系统。但是，制造业仍然是ERP系统的基本应用对象。

（2）采用计算机和网络通信技术的最新成就。网络通信技术的应用是ERP同MRPⅡ的区别之一。ERP系统除了具有已经普遍采用的诸如GUI、SQL、RDBMS、OOT、4GL/CASE、C/S和分布式数据处理系统等技术之外，还要实现更为开放的不同平台互操作，采用适用于网络技术的编程软件，加强用户自定义的灵活性和可配置性功能，以适应不同行业用户的需要。网络通信技术的应用使ERP系统得以实现供需链管理的信息集成。

（3）ERP系统同企业BPR是密切相关的。信息技术的发展加快了信息传递速度和实时性，扩大了业务的覆盖面和信息的交换量，为企业进行信息的实时处理、作出相应决策提供了极其有利的条件。为了使企业的业务流程能够预见并响应环境的变化，企业的内外业务流程必须保持信息的敏捷通畅。正如局限于企业内部的信息系统是不可能实时掌握瞬息万变的全球市场动态一样，多层次臃肿的组织机构也必然无法迅速、实时地对市场动态变化作出有效的反应。因此，为了提高企业管理的竞争优势，必然会带来企业业务流程、信息流程和组织机构的改革。这一改革已不限于企业内部，而是把供需链上的供需双方合作伙伴包罗进来，系统考虑整个供需链的业务流程。ERP 系统应用程序使用的技术和操作必须能够随着企业业务流程的变化而相应地调整。只有这样，才能把传统 MRP Ⅱ系统对环境变化的“应变性（Active)”上升为 ERP 系统通过网络信息对内外环境变化的“能动性（Proactive)”。BPR 的概念和应用已经从企业内部扩展到企业与需求市场和供应市场整个供需链的业务流程和组织机构的重组。

二、企业资源计划发展历程

ERP 是一个庞大的管理信息系统，了解 ERP 原理，首先要了解 ERP 发展的三个主要的阶段。

（一）物料需求计划阶段（1970~1980 年）

在自由竞争的市场环境下，企业的竞争优势在于自己生产的产品成本是否低于自己的竞争对手，降低产品生产成本的有效途径就是进行库存优化管理。订货点法是为改变这种被动的状况而提出的一种按过去的经验预测未来的物料需求方法，着眼于“库存补充”的原则，即保证在任何时候仓库里都有一定数量的存货，以便需要时随时取用。订货点法的假设条件是：对各种物料的需求是相互独立的；物料需求是连续发生的；提前期确定；库存消耗之后，应被重新填满。由于这些假设条件在现实中很难成立，从而难以解决“何时订货”这一库存管理中的核心问题。

MRP 就是为解决订货点法存在的缺陷而提出的，早期 MRP 主要用于订货管理和库存控制，所要解决的主要矛盾是库存积压与短缺问题。它首先将物料需求区分为独立需求和非独立需求并分别加以处理，其次在库存状态数据中引入了时间分段的概念。所谓时间分段，就是给库存状态数据加上时间坐标，亦即按具体的日期或计划时区记录和存储状态数据，从而解决了何时订货以及订货数量问题。

相关性需求的库存订购及其补充，通常通过应用下列逻辑分析来处理：

（1）要生产什么产品（时间、品种、数量、质量）？——主生产计划

（2）需要哪些组件或成分？——物料清单（BOM）

（3）这些物品已在手头的有多少？——库存信息

（4）此外已经订了货的有多少，它们将在何时到达？——库存信息

（5）何时需要更多些，而且需要多少？——数量

（6）这些物品应何时订货？——时间

这就是 MRP 的基本逻辑，即“制造业的方程式”。通过实施 MRP，建立产品结构和 BOM，定义了每个物料的期量标准，把企业的三项主要业务销、产、供信息集成起来，同步地将生产计划和采购计划一次生成。

运行 MRP 系统的前提条件包括：①要有一个主生产计划；②要求赋予每项物料一个独立的物料代码；③要有一个通过物料代码表示的物料清单（BOM)；④要有完整的库存记

录。在满足这些条件的情况下，MRP 系统输入：主生产计划、来自厂外的零部件订货、独立需求项目的需求量预测、库存记录文件、物料清单。这些输入信息经过系统加工处理后输出：下达计划订单的通知、日程改变通知、撤销订单的通知、物料库存状态分析的备用数据；未来一段时间的计划订单。根据用户的需求，MRP 系统还可以输出如下信息：不一致或超出界限的各种反常信息报告；库存量预报、采购任务单、作业完成情况等。

（二）制造资源规划（MRP Ⅱ）阶段（1980~1990 年）

MRP 系统在 20 世纪 70 年代发展为闭环 MRP 系统。闭环 MRP 系统除物料需求计划外，还将生产能力需求计划、车间作业计划和采购作业计划全部纳入，是一个集计划、执行、反馈为一体的综合性封闭系统。其原理是根据长期生产计划制订短期主生产计划，而这个主生产计划必须经过生产能力负荷分析，才能够真正具有可行性。然后再执行物料需求计划、能力需求计划、车间作业计划，并在计划执行过程中，将来自车间、供应商和计划人员的反馈信息，进行计划的平衡调整，从而使生产计划方面的各个子系统得到协调统一。其工作过程是一个“计划——实施——评价——反馈——计划”的封闭循环过程。它能对生产中的人力、机器和材料各项资源进行计划与控制，这一点已大大超越了 MRP 系统的资源计划范围，从而使生产管理对市场的应变能力大大增强。

但闭环的 MRP 仅局限在生产中物的管理方面，所涉及的是物流，而与物流密切相关的还有资金流。这在许多企业中是由财会人员另行管理的，这就造成了数据的重复录入与存储，甚至造成数据的不一致性。MRP Ⅱ实现了资金流与物流的统一管理，将“物料”延伸到“制造资源”，结合传统 MRP 系统、财务分析及业务管功能。MRP Ⅱ系统具有如下特点：

（1）把企业中各子系统有机结合起来，组成了一个全面生产管理的集成优化管理系统。其中，生产和财务两个子系统的关系尤为密切。

（2）所有数据来源于企业的中央数据库。各子系统在统一数据环境下工作，实现了各方面的数据共享，同时也保证了数据的一致性。

（3）具有模拟功能，能根据不同的决策方针模拟出各种未来将会发生的结果。例如模拟将来物料需求而提出任何物料短缺的警告；模拟生产能力需求，发出能力不足的警告。这就大大提高了原 MRP 系统的应用效果，与此同时，它也是企业高层管理机构的决策工具。

（三）企业资源规划阶段（1990 年至今）

随着市场竞争的进一步加剧，企业竞争空间与范围的进一步扩大，以及市场与客户需求变化的进一步加速，20 世纪 80 年代 MRP Ⅱ主要面向企业内部资源全面计划管理的思想逐步发展为 90 年代面向全社会资源怎样进行有效利用与管理的思想。ERP 就是在这种时代背景下产生的。

在 ERP 系统设计中考虑到仅靠自己企业的资源不可能有效地参与市场竞争，还必须把经营过程中的相关方如供应商、制造商、分销商、客户等纳入一个紧密的供应链中，才能有效地安排企业的产、供、销活动，满足企业利用全社会一切市场资源快速、高效地进行生产经营的需求，以期进一步提高效率和在市场上获得竞争优势；同时也考虑了企业为了适应市场需求变化不仅组织“大批量生产”，还要组织“多品种小批量生产”，在这两种情况并存时，需要用不同的方法来制订计划。

ERP 系统的这种设计思想体现出：①它把客户需求和企业内部的运营活动以及供应商的资源整合在一起，体现了完全按客户需求制造的思想，这使得企业适应市场与客户需求快速变化的能力增强。②它将企业的运作流程看作是一个在全社会范围内紧密连接的供应链，其中包括供应商、制造商、分销商和客户等；同时将分布在各地所属企业的内部划分成几个相互协同作业的支持子系统，如财务、市场营销、运营、质量控制、服务、工程技术等，还包括对竞争对手的跟踪管理。

与 MRPⅡ相比，ERP 具有以下一些特点：

（1）在资源管理范围方面，MRPⅡ主要侧重对企业内部人、财、物等资源的管理，ERP 系统在 MRP Ⅱ的基础上扩展了管理范围，它把客户需求和企业内部的制造活动以及供应商的制造资源整合在一起，形成企业一个完整的供应链，并对供应链上的所有环节进行有效管理。

（2）在运营方式管理方面，MRP Ⅱ系统把企业归类为几种典型的生产方式，如批量生产、按订单生产等，对每一种类型都有一套管理标准。但随着多品种、小批量以及准时制（JIT）等生产方式的采用，单一的生产方式向混合型生产发展，ERP 则能很好地支持和管理混合型运营环境，满足了企业的这种多样化经营需求。

（3）在管理功能方面，ERP 除了 MRP Ⅱ系统的制造、分销、财务管理功能外，还增加了支持整个供应链上物料流通体系中供、产、需各个环节之间的运输管理和仓库管理；支持生产保障体系的质量管理、实验室管理、设备维修和备品备件管理；支持对工作流（业务处理流程）的管理等内容。

（4）在事务处理控制方面，MRP Ⅱ通过计划的及时滚动来控制整个生产过程，实时性较差，一般只能实现事中控制。而 ERP 系统则支持 OLAP、售后服务及质量反馈，强调企业的事前控制能力，它可以将设计、制造、销售、运输等通过集成来并行地进行各种相关的作业，为企业提供了对质量、适应变化、客户满意、绩效等关键问题的实时分析能力。

（5）在计划体系内容方面，在 MRP Ⅱ中，财务系统只是一个信息的归结者，它的功能是将供、产、销中的数量信息转变为价值信息，是物流的价值反映。而 ERP 系统将财务计划功能和价值控制功能集成到整个供应链上，在整个计划系统中，除了保留原有的主生产计划、物料需求计划和能力计划外，ERP 还扩展了销售执行计划和利润计划。而且这些计划功能与价值控制功能已完全集成到整个供应链系统中。

（6）在跨国（或地区）经营事务处理方面，ERP 系统应用完善的组织机构，可以支持跨国经营的多国家地区、多工厂、多语种、多币制应用需求。

（7）在计算机信息处理技术方面，ERP 系统可以对整个供应链的信息进行集成管理。C/S 体系结构和分布式数据处理技术，ERP 可以支持 Internet/Intranet/Extranet、电子商务、EDI，此外，还能实现在不同平台上的互操作。

Lawrence S. Gould（1999）提到着眼于企业内部资源整合和规划，已无法应付外在环境的变化，及供应链中对一家企业之要求，ERP 将逐渐朝 SCM 的上下游供应链整合以及 B2B、B2C 的电子商务发展，因此，ERP 强调的是企业对外与客户和供应链中上、下游之间企业的整合以及电子商务。

上述整个企业资源整合系统的演化历程，如表 11-1 所示。

表 11-1　企业资源整合系统的演化历程

特性 \ 阶段	MRP 阶段（1970～1980 年）	MRP Ⅱ阶段（1980～1990 年）	ERP 系统（1990 年至今）
消费群特性	大众	部分	小群、个人
市场需求重点	成本、功能	弹性、质量	时效
生产模式	少品种、大量生产	多品种、小量生产	客户定制化大量生产
组织结构	集中组织	分散组织	分散组织、虚拟组织
管理重心	降低成本	生产弹性化，消除无附加价值的作业	快速反应 全球运筹管理
系统的功能	原物料的采购与生产规划整合	将企业内部所有功能的资源整合规划	将跨地区、币别的企业内部所有资源整合规划并做最佳的运用
系统应用区域	大区域	大区域	全球
营运周期	定期	定期	实时

资料来源：整理自 Stephen，J. Mraz，*Keeping up with ERP*，Machine Design，Jul20，2000，p. 56-60.

三、ERP 的特征

1. ERP 是承载先进管理思想的媒体

ERP 首先是先进管理哲理、理论和方法的软件封装。基本的 MRP Ⅱ系统以 MRP 为基本原理，计划管理模型符合相关需求、最少投入、关键路径三项基本原则，主要面向多品种、小批量生产；现代 ERP 软件包容了 JIT、精益生产（LP）、最佳生产技术（OPT）等更多的新的生产管理思想、理论和方法，扩展成为面向不同生产类型和多种计划模式的企业，是各种有效管理方法的综合计算机化。当前的 ERP 又吸收了供应链管理的敏捷制造（AM）技术，适应面向客户的管理模式和企业动态联盟型企业。由于 ERP 软件开发商对市场份额和利润的追逐，由于企业对适应不断变化市场竞争的需求，企业计划与控制系统软件总在不断地丰富和改进。从 MRP、MRP Ⅱ到 ERP，都是当时制造企业管理理论与实践经验的汇总，代表着当时最先进的管理思想、方法和技术。

2. ERP 管理企业的计划与控制

ERP 是企业资源计划与控制的计算机优化的工具，其首要功能特征是计划。从 MRP 到 MRPⅡ再到 ERP，名称组成中的 R 由 Requirement（需求）变成 Resource（资源）；M 由 Material（物料）变为 Manufacturing（制造），又变成 E——Enterprise（企业）。唯一没有变化的是 P——Planning，即计划。作为一个 ERP 软件，能不能按照 MRP 原理作计划是辨其真伪的试金石。ERP 将制造企业资源的计划与控制的范围、深度逐步扩大、加深和精细化。ERP 将企业的计划方法引入现代概念的优化轨道，为企业以计划为核心的 BPR 提供坚实、高效的基础，是现代制造企业信息化的切入点。

3. ERP 是高度集成的管理信息系统

与传统的管理软件相比，ERP 系统是高度集成的。在 MRP Ⅱ系统中，企业各种管理业务数据经过统一设计，或存放在一个统一的数据库中，或采用分布式数据库，但同一数据必须是单一数据源。MRP Ⅱ实现了企业业务流的集成，即企业横向业务过程物流——信息流——资金流的集成。企业各业务作业之间不必通过手工或“接口”传递数据、指令、报表等信息。历史上被计算机管理单项应用肢解了的企业又恢复了统一。而 ERP 是企业的三维集成系统：除物流——信息流——资金流的集成外，还有全球供应链从采购——制造——分销各环节的资源无间断的集成和办公自动化——业务事务处理——决策支持的集成。

4. ERP 是企业的战略工具

在改进企业管理、提高企业竞争能力的措施中，文献资料上或商品化的计算机软件中，有许多使人眼花缭乱的名词。其中有的是作用在某个业务范围内的方法技术，如 CAD、MRP、DNC、CAPP 等。有些是作用于全局的战略理论和武器，如 CIMS、LP、AM。ERP 是企业的战略工具，它作用范围广、影响深重、自身庞大复杂。正因为 ERP 是战略工具，企业应用也是不易的。ERP 对任何企业来说都不是太小的投入，较长的实施周期和短时间不很显现的收益，全员动员的工业工程“补课”，BPR 的巨大工作量和阻力，管理者的决心、毅力和对全局的控制能力，都是实施这种战略工具的风险。因而在描述应用 ERP 诱人前景的同时，必须注意到与之相伴的风险。

第二节 企业资源计划系统的功能

一、ERP 系统的功能目标

ERP 管理体系作为支持企业谋求新形势下竞争优势的手段，其涉及面很广，包含了企业的所有资源，同时，其应用又起到“管理驱动”的作用。总的来说，ERP 在原有功能的基础上，使 MRPⅡ向内、外两个方向延伸，向内主张以精益生产方式改造企业生产管理系统，向外则增加战略决策功能和供应链管理功能。这样，ERP 管理系统主要由以下六大功能目标组成：

（1）建立支持企业整体发展战略的战略经营系统。该系统的目标是在多变的市场环境中建立与企业整体发展战略相适应的战略经营系统。具体地说，就是实现 Intranet 与 Internet 相连接的战略信息系统；完善决策支持服务体系，为决策者提供企业全方位的信息支持；完善人力资源开发与管理系统，做到既面向市场又注重培训企业内部的现有人员。

（2）实现全球大市场营销战略与集成化市场营销。这是对市场营销战略的一个扩展。目标是实现在市场规划、广告策略、价格策略、服务、销售、分销、预测等方面进行信息集成和管理集成，以顺利推行基于“客户永远满意”的经营方针；建立和完善企业商业风险预警机制和风险管理系统；进行经常性的市场营销与产品开发、生产集成性评价工作；优化企业的物流系统，实现集成化的销售链管理。

（3）完善企业成本管理机制，建立全面成本管理（Total Cost Management）系统。目前，我国企业所处的环境可以说是一个不完全竞争的市场环境，价格在竞争中仍旧占据着重要的地位。ERP 中这部分的作用和目标就是建立和保持企业的成本优势，并由企业成本领先战略体系和全面成本管理系统予以保障。

（4）应用新的技术开发和工程设计管理模式。ERP 的一个重要目标就是通过对系统各部门持续不断的改进，最终提供给客户满意的产品和服务。从这个角度出发，ERP 致力于构筑企业核心技术体系；建立和完善开发与控制系统之间的递阶控制机制；实现从顶向下和从底至上的技术协调机制；利用 Internet 实现企业与外界良好的信息沟通。

（5）建立敏捷后勤管理系统。ERP 的核心是 MRPⅡ，而 MRPⅡ的核心是 MRP。很多企业存在着供应链影响企业生产柔性的情况。ERP 的一个重要目标就是在 MRP 的基础上建立敏捷后勤（Agile Logistics）管理系统，以解决制约新产品推出的瓶颈——供应柔性差，缩短生产准备周期；增加与外部协作单位技术和生产信息的及时交互；改进现场管理方法，缩短关键物料供应周期。

（6）实施精益生产方式。由于制造业企业的核心仍是生产，应用精益生产方式对生产系统进行改造不仅是制造业的发展趋势，而且也将使 ERP 的管理体系更加牢固，所以，ERP 主张将精益生产方式的哲理引进企业的生产管理系统，其目标是通过精益生产方式的实施使管理体系的运行更加顺畅。作为企业谋求 21 世纪竞争优势的先进管理手段，ERP 系统所涉及的方面和应当实现的目标是不断扩展的，相信还会有更新的管理方法和管理模式产生。在日趋激烈的市场竞争中，任何管理方法和手段的最终目标只有一个，即开发、保持和发展企业的竞争优势，使企业在竞争中永远立于不败之地。

二、ERP 的功能模块

ERP 是将企业所有资源进行整合集成管理，简单地说是将企业的三大流——物流、资金流、信息流进行全面一体化管理的管理信息系统。它的功能模块可应用于生产型企业和服务型企业的管理。这里仍然以典型的生产企业为例子来介绍 ERP 的功能模块。

在企业中，一般的管理主要包括三方面的内容：生产控制（计划、制造）、物流管理（分销、采购、库存管理）和财务管理（会计核算、财务管理）。这三大系统之间有相应的接口，能够很好地整合在一起对企业进行管理。另外，要特别一提的是，随着企业对人力资源管理重视的加强，已经有越来越多的 ERP 厂商也将人力资源管理纳入了 ERP 系统。

由于各个厂家产品的风格与侧重点不尽相同，因而其 ERP 产品的模块结构也相差较大。下面将以速达 5000 ERP 的业务模块为例，从企业应用的角度来简单描述一下 5000 ERP 系统的功能结构。

（一）财务管理模块

企业中，清晰分明的财务管理是极其重要的。所以，在 ERP 整个方案中它是不可或缺的一部分。ERP 中的财务模块与一般的财务软件不同，作为 ERP 系统中的一部分，它和系统的其他模块有相应的接口，能够相互集成。例如，它可将由生产活动、采购活动输入的信息自动计入财务模块生成总账、会计报表，取消了输入凭证烦琐的过程，几乎完全替代以往传统的手工操作。一般的 ERP 软件的财务部分分为会计核算与财务管理两大块。

1. 会计核算

会计核算主要是记录、核算、反映和分析资金在企业经济活动中的变动过程及其结果。它由总账、应收账与应付账、现金银行、固定资产核算、多币制、工资核算等部分构成。

（1）总账模块。它的功能是处理记账凭证输入、登记，输出日记账、一般明细账及总分类账，编制主要会计报表。它是整个会计核算的核心，应收账与应付账、固定资产核算、现金银行、工资核算、多币制等各模块都以其为中心来互相传递信息。图 11-1 所示为速达 5000 ERP 总账模块。

（2）应收账与应付账模块。应收款模块是向往来单位收取商品赊销货款或预收货款的业务行为，此模块可处理企业销售应收款、销售预收款等收款业务，还可以处理一张销售单分次收款，或一张收款单同时处理几张销售单的业务。它和客户订单、发票处理业务相联系，同时将各项事件自动生成记账凭证，导入总账。

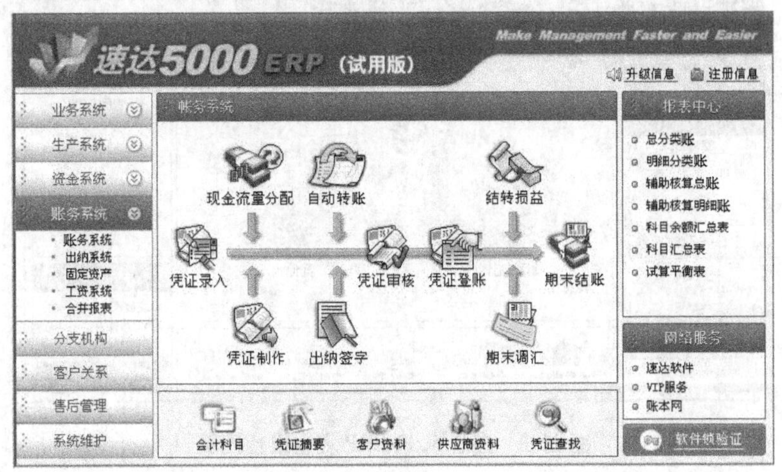

图 11-1　速达 5000 ERP 总账模块

应付款模块是向供应商支付赊购货款或预付货款的业务行为，此模块可处理企业采购单付款、采购预付款等付款业务，此外，还可以处理一张采购单分次付款，或一张付款单同时处理几张采购单的业务。

图 11-2 所示为速达 5000 ERP 应收账与应付账模块。

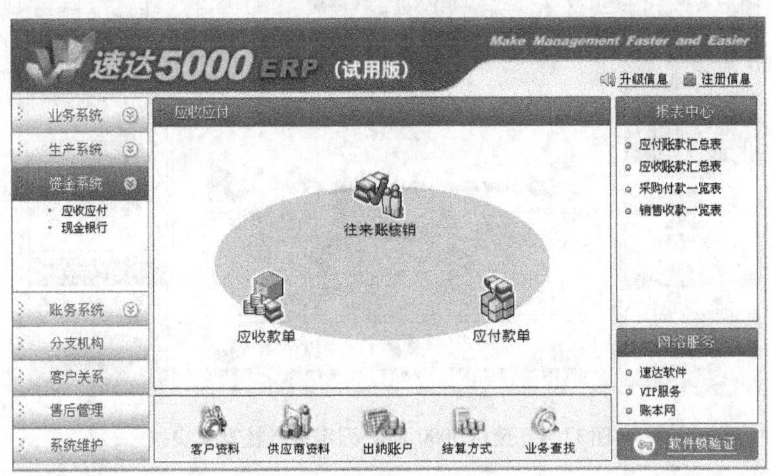

图 11-2　速达 5000 ERP 应收账与应付账模块

（3）现金银行模块。如果企业日常的现金（银行存款）收付业务发生得比较频繁，则可以使用系统的“现金银行”功能来进行处理，如日常费用的开支、其他业务收入款项、银行存款不同账户间的转账等业务。

此外，它还和应收账、应付账、总账等模块集成，自动产生凭证，过入总账。

图 11-3 所示为速达 5000 ERP 现金银行模块。

（4）固定资产核算模块。该模块完成对固定资产的增减变动以及与折旧有关基金计提和分配的核算工作。它能够帮助管理者对目前固定资产的现状有所了解，并能通过该模块提

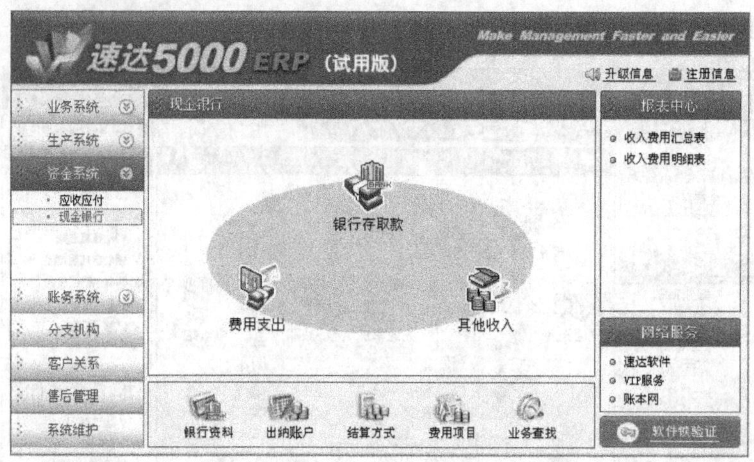

图 11-3　速达 5000 ERP 现金银行模块

供的各种方法来管理资产，以及进行相应的会计处理。

它的具体功能有：登录固定资产卡片和明细账，计算折旧，编制报表，以及自动编制转账凭证，并转入总账。它和应付账、成本、总账模块集成。

图 11-4 所示为速达 5000 ERP 固定资产核算模块。

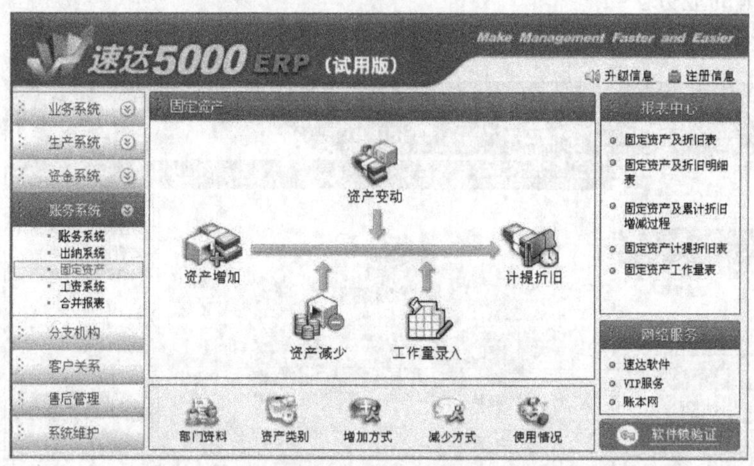

图 11-4　速达 5000 ERP 固定资产核算模块

（5）多币制模块。这是为了适应当今企业的国际化经营，对外币结算业务的要求增多而产生的。多币制将企业整个财务系统的各项功能以各种币制来表示和结算，且客户订单、库存管理及采购管理等也能使用多币制进行交易管理。

图 11-5 所示为速达 5000 ERP 外币核算设置项。

多币制和应收账、应付账、总账、客户订单、采购等各模块都有接口，可自动生成所需数据。

（6）工资核算模块。该模块自动进行企业员工的工资结算、分配、核算以及各项相关经费的计提。它能够登录工资、打印工资清单及各类汇总报表，计提各项与工资有关的费用，自动作出凭证，导入总账。这一模块是和总账、成本模块集成的。

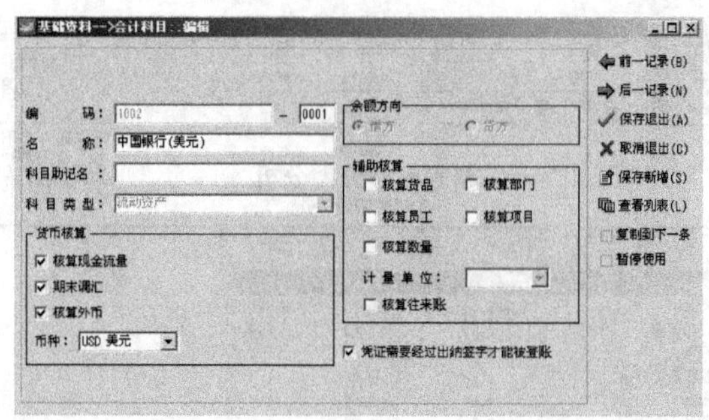

图 11-5　速达 5000 ERP 外币核算设置项

图 11-6 所示为速达 5000 ERP 工资核算模块。

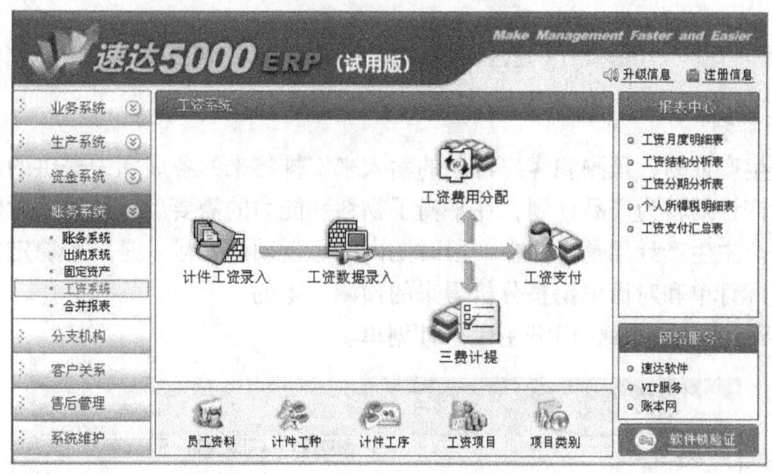

图 11-6　速达 5000 ERP 工资核算模块

2. 财务管理

财务管理的功能主要是基于会计核算的数据，再加以分析，从而进行相应的预测、管理和控制活动。它侧重于财务计划、控制、分析和预测。

（1）财务计划：根据前期财务分析作出下期的财务计划、预算等。

（2）财务分析：提供查询功能和通过用户定义的差异数据的图形显示进行财务绩效评估、账户分析等。图 11-7 为速达 5000 ERP 科目汇总分期分析报表。

（3）财务决策：财务管理的核心部分，中心内容是作出有关资金的决策，包括资金筹集、投放及资金管理。

（二）生产控制管理模块

这一部分是 ERP 系统的核心所在，它将企业的整个生产过程有机地结合在一起，使得企业能够有效地降低库存，提高效率。同时各个原本分散的生产流程的自动连接，也使得生产流程能够前后连贯地进行，而不会出现生产脱节，耽误生产交货时间。

生产控制管理是一个以计划为导向的先进的生产、管理方法。首先，企业确定它的一个总生产计划，再经过系统层层细分后，下达到各部门去执行。即生产部门按此生产，采购部门按此采购等。

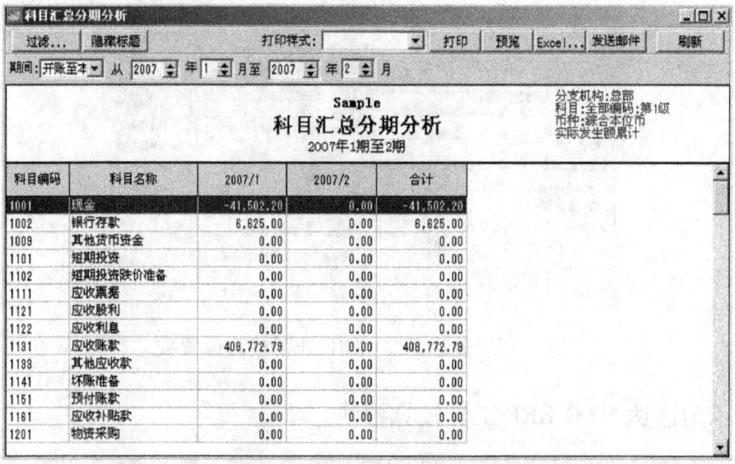

Sample

科目汇总分期分析

2007年1期至2期

分支机构：总部
科目：全部编码：第1级
币种：綜合本位币
实际发生额累计

科目编码	科目名称	2007/1	2007/2	合计
1001	现金	-41,502.20	0.00	-41,502.20
1002	银行存款	6,625.00	0.00	6,625.00
1009	其他货币资金	0.00	0.00	0.00
1101	短期投资	0.00	0.00	0.00
1102	短期投资跌价准备	0.00	0.00	0.00
1111	应收票据	0.00	0.00	0.00
1121	应收股利	0.00	0.00	0.00
1122	应收利息	0.00	0.00	0.00
1131	应收账款	408,772.79	0.00	408,772.79
1133	其他应收款	0.00	0.00	0.00
1141	坏账准备	0.00	0.00	0.00
1151	预付账款	0.00	0.00	0.00
1161	应收补贴款	0.00	0.00	0.00
1201	物资采购	0.00	0.00	0.00

图 11-7　速达 5000 ERP 科目汇总分期分析报表

1. 主生产计划

它是根据生产计划、预测和客户订单的输入来安排将来的各周期中提供的产品种类和数量，它是将生产计划转为产品计划，在平衡了物料和能力的需要后，精确到时间、数量的详细的进度计划。主生产计划是企业在一段时期内的总活动的安排，是一个稳定的计划，是以生产计划、实际订单和对历史销售分析得来的预测产生的。

图 11-8 所示为速达 5000 ERP 主生产计划单。

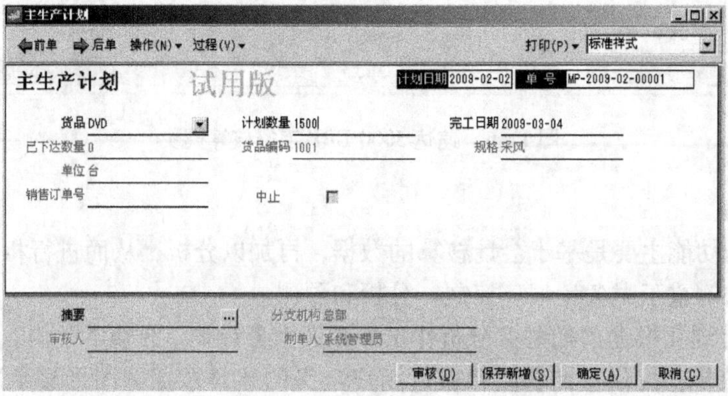

图 11-8　速达 5000 ERP 主生产计划单

2. 物料需求计划

在主生产计划决定生产多少最终产品后，再根据物料清单，把整个企业要生产的产品的数量转变为所需生产的零部件的数量，并对照现有的库存量，可得到还需加工多少、采购多少的最终数量。这才是整个部门真正依照的计划，即物料需求计划。

图 11-9 所示为速达 5000 ERP 物料需求计划 Ⅱ 运算界面，以供参考。

3. 能力需求计划

它是在得出初步的物料需求计划之后，将所有工作中心的总工作负荷，在与工作中心的能力平衡后产生的详细工作计划，用以确定生成的物料需求计划是不是企业生产能力上可行的需求计划。能力需求计划是一种短期的、当前实际应用的计划。

图 11-9　速达 5000 ERP 物料需求计划Ⅱ运算界面

图 11-10 所示为速达 5000 ERP 粗能力计算仿真样式。

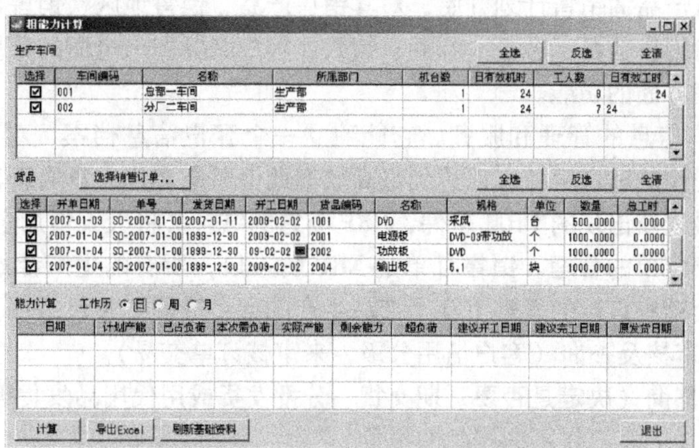

图 11-10　速达 5000 ERP 粗能力计算仿真样式

4. 制造标准

在编制计划中需要许多生产基本信息，这些基本信息就是制造标准，包括零件、产品结构、工序和工作中心，都用唯一的代码在计算机中识别。

图 11-11 所示为速达 5000 ERP 加工单仿真样式，可以看到一些生产的基本信息。

下面简单介绍几个基本信息。

（1）零件代码：对物料资源的管理，对每种物料给予唯一的代码识别。

（2）物料清单：定义产品结构的技术文件，用来编制各种计划。

（3）工序：描述加工步骤及制造和装配产品的操作顺序。它包含加工工序顺序，指明各道工序的加工设备及所需要的额定工时和工资等级等。

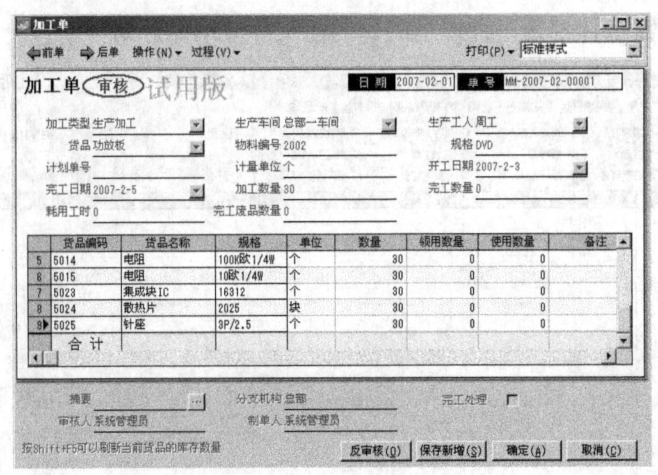

图 11-11 速达 5000 ERP 加工单仿真样式

(4) 工作中心：使用相同或相似工序的设备和劳动力组成的，从事生产进度安排、核算能力、计算成本的基本单位。

(三) 物流管理

1. 分销管理

分销管理是从产品的销售计划开始，对其销售产品、销售地区、销售客户各种信息的管理和统计，并可对销售数量、金额、利润、绩效、客户服务作出全面的分析，这样在分销管理模块中大致有三方面的功能。

(1) 对于客户信息的管理和服务。它能建立一个客户信息档案，对其进行分类管理，进而对其进行针对性的客户服务，以达到最高效率地保留老客户、争取新客户。在这里，要特别提到的就是最近新出现的 CRM 软件，ERP 与它的结合必将大大增加企业的效益。

(2) 对于销售订单的管理。销售订单是 ERP 的入口，所有的生产计划都是根据它下达并进行排产的。而销售订单的管理贯穿了产品生产的整个流程。它包括：

1) 客户信用审核及查询（客户信用分级，来审核订单交易）。

2) 产品库存查询（决定是否要延期交货、分批发货或用代用品发货等）。

3) 产品报价（为客户作不同产品的报价）。

4) 订单输入、变更及跟踪（订单输入后，变更的修正及订单的跟踪分析）。

5) 交货期的确认及交货处理（决定交货期和发货事物安排）。

(3) 对于销售的统计与分析。这时系统根据销售订单的完成情况，依据各种指标作出统计，如客户分类统计、销售代理分类统计等，再就这些统计结果对企业实际销售效果进行评价：

1) 销售统计（根据销售形式、产品、代理商、地区、销售人员、金额、数量来分别进行统计）。

2) 销售分析（包括对比目标、同期比较和订货发货分析，来从数量、金额、利润及绩效等方面作相应的分析）。

3) 客户服务（客户投诉记录、原因分析）。

图 11-12 所示为速达 5000 ERP 分支管理模块，从中可以看到分销管理的功能。

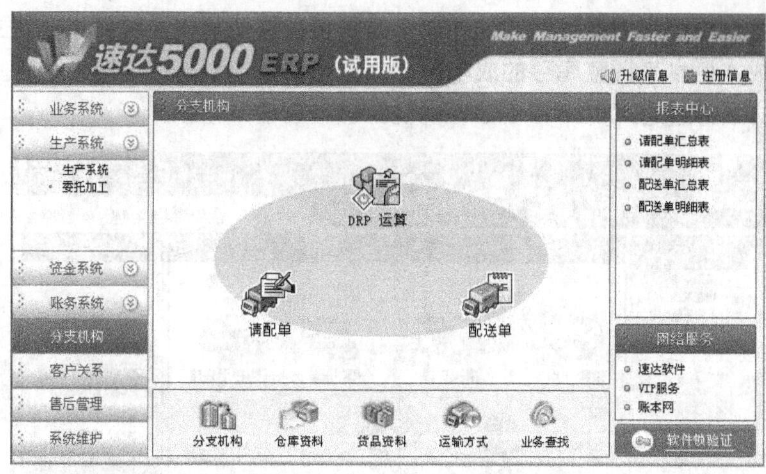

图 11-12　速达 5000 ERP 分支管理模块

2. 库存控制

库存控制用来控制存储物料的数量，以保证稳定的物流支持正常的生产，但又最小限度地占用资本。它是一种相关的、动态的及真实的库存控制系统。它能够结合、满足相关部门的需求，随时间变化动态地调整库存，精确地反映库存现状。

图 11-13 所示为速达 5000 ERP 库存控制设置方法。

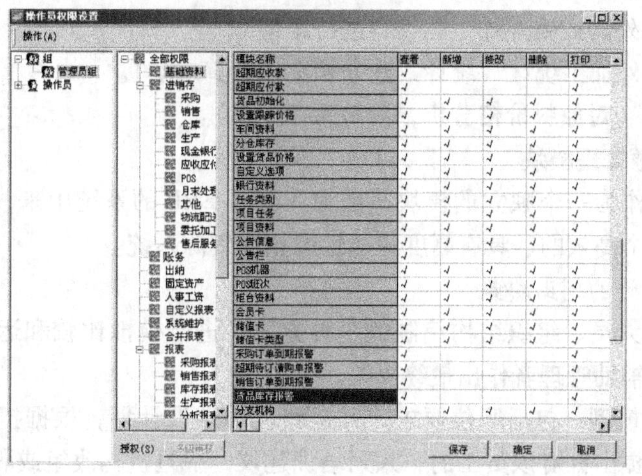

图 11-13　速达 5000 ERP 库存控制设置方法

这一系统的功能又涉及：

（1）为所有的物料建立库存，决定何时订货采购，同时作为交予采购部门采购、生产部门作生产计划的依据。

（2）收到订购物料，经过质量检验入库，生产的产品也同样要经过检验入库。

（3）收发料的日常业务处理工作。

3. 采购管理

采购管理即确定合理的订货量、优秀的供应商和保持最佳的安全储备；能够随时提供订购、验收的信息，跟踪和催促外购或委外加工的物料，保证货物及时到达；建立供应商的档案，用最新的成本信息来调整库存的成本。

图 11-14 所示为速达 5000 ERP 采购系统仿真样式。

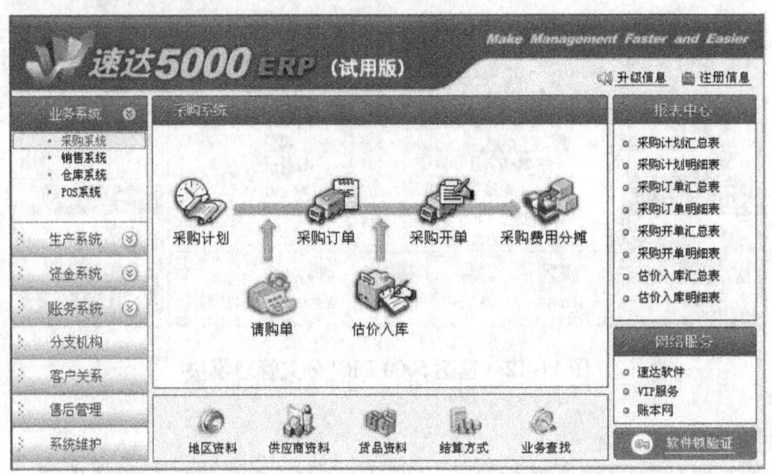

图 11-14　速达 5000 ERP 采购系统仿真样式

具体的功能有：

（1）供应商信息查询（查询供应商的能力、信誉等）。

（2）催货（对外购或委外加工的物料进行跟催）。

（3）采购与委外加工统计（统计、建立档案，计算成本）。

（4）价格分析（对原料价格分析，调整库存成本）。

（四）人力资源管理模块

人力资源管理作为一个独立的模块，被加入到了 ERP 的系统中来，和 ERP 中的财务、生产系统组成了一个高效的、具有高度集成性的企业资源系统。

1. 人力资源规划的辅助决策

（1）对于企业人员、组织结构编制的多种方案，进行模拟比较和运行分析，并辅之以图形的直观评估，辅助管理者作出最终决策。

（2）制定职务模型，包括职位要求、升迁路径和培训计划，根据担任该职位员工的资格和条件，系统会提出针对该员工的一系列培训建议，一旦机构改组或职位变动，系统会提出一系列的职位变动或升迁建议。

（3）进行人员成本分析，可以对过去、现在、将来的人员成本作出分析及预测，并通过 ERP 集成环境，为企业成本分析提供依据。

2. 招聘管理

人才是企业最重要的资源。优秀的人才能保证企业持久的竞争力。招聘系统一般从以下几个方面提供支持：

（1）进行招聘过程的管理，优化招聘过程，减少业务工作量。

（2）对招聘的成本进行科学管理，从而降低招聘成本。

（3）为选择聘用人员的岗位提供辅助信息，并有效地帮助企业进行人才资源的挖掘。

3. 工资核算

系统能根据公司跨地区、跨部门、跨工种的不同薪资结构及处理流程制定与之相适应的薪资核算方法。工资核算不仅包含了人事档案管理的功能，还能够自动分配工资费用、计算个人所得税、生成工资条及各种工资报表，为企业人力资源管理和财务核算日常工作提供了简便快捷的解决途径。

（1）与时间管理直接集成，能够及时更新，对员工的薪资核算动态化。

（2）回算功能。通过和其他模块的集成，自动根据要求调整薪资结构及数据。

4. 工时管理

（1）根据本国或当地的日历，安排企业的运作时间以及劳动力的作息时间表。

（2）运用远端考勤系统，可以将员工的实际出勤状况记录到主系统中，并把与员工薪资、奖金有关的时间数据导入薪资系统和成本核算中。

5. 差旅核算

系统能够自动控制从差旅申请、差旅批准到差旅报销整个流程，并且通过集成环境将核算数据导入财务成本核算模块。

第三节　企业资源计划系统的实施

在引入ERP系统的过程中，实施是一个极其关键也是最容易被忽视的环节，因为实施的成败最终决定着ERP效益的充分发挥。例如，据不完全统计，在ERP系统应用中，存在三种情况：按期按预算成功实施系统集成的只占10%～20%；没有实现系统集成或实现部分集成的只有30%～40%；而失败的却占50%。并且在实施成功的10%～20%中，大多数为外资企业。如此令人沮丧的事实无疑表明：ERP实施情况已经成为制约ERP效益发挥的瓶颈。因此，企业的ERP项目只有在一定科学方法的指导下，才能够成功实现企业的应用目标。

一、项目的前期工作

这个阶段非常重要，关系到项目的成败，但往往为实际操作所忽视。这个阶段的工作主要包括：

1. 领导层培训及ERP原理的培训

培训的主要对象是企业高层领导及今后的ERP项目组人员，目的是使他们掌握ERP的基本原理和管理思想。这是ERP系统应用成功的思想基础。因为只有企业的各级管理者及员工才是真正的使用者，真正了解企业的需求。只有他们理解了ERP，才能判断企业需要什么样的ERP软件，才能更有效率地运用ERP。

2. 企业诊断

企业诊断即由企业的高层领导和今后各项目组人员用ERP的思想对企业现行管理的业务流程和存在的问题进行评议和诊断，找出问题，寻求解决方案，用书面形式明确预期目标，并规定评价实现目标的标准。

（1）进行需求分析，确定目标。企业在准备应用ERP系统之前，还需要理智地进行立项分析：

1）企业是不是到了该应用 ERP 系统的阶段？

2）企业当前最迫切需要解决的问题是什么，ERP 系统是否能够解决？

3）ERP 系统的投资回报率或投资效益的分析结果如何？

4）在财力上企业能不能支持 ERP 的实施？

5）上马 ERP 项目的目的是什么？系统到底能够解决哪些问题和实现哪些目标？

6）基础管理工作有没有理顺或在准备上马 ERP 项目之前有没有让咨询公司帮助理顺？人员的素质够不够高？

（2）将分析的结果写成需求分析和投资效益分析正式书面报告，从而作出是否上马 ERP 项目的正确决策。

3. 软件选型

在选型过程中，一是要知己知彼。知己，就是要弄清楚企业的需求，即先对企业本身的需求进行细致的分析和充分的调研，这在需求分析阶段已经完成；知彼，就是要弄清软件的管理思想和功能是否满足企业的需求。这两者是相互交织进行的，可以通过软件先进的管理思想来找出企业现有的管理问题。特定的软件则可能由于自身的原因，不能够满足企业一定的特殊需求，也需要一定的补充开发。二是要了解实施的环境。这里的环境包括两个方面：国情（像财务会计法则等一些法令法规等）；行业或企业的特殊要求。

二、实施准备阶段

这一阶段要建立的项目组织和所需的一些静态数据可以在选定软件之前就着手准备和设置。在这个准备阶段中，要做这样几项工作：

1. 项目组织

ERP 系统的实施是一个大型的系统工程，需要领导层的保证。如果项目的组成人选不当、协调配合不好，将会直接影响项目的实施周期和成败。项目组织应该由三层组成，而每一层的组长都是上层的成员。

（1）领导小组。领导小组由企业的一把手牵头，并与系统相关的副总一起组成。这里要注意的是人力资源的合理调配，像项目经理的任命、优秀人员的发现和启用等。

（2）项目实施小组。主要的、大量的 ERP 项目实施工作是由他们来完成的。一般是由项目经理来领导组织工作，其他成员应当由企业主要业务部门的领导或业务骨干组成。

（3）业务组。这部分工作的好坏是 ERP 实施能不能贯彻到基层的关键所在。每个业务组必须有固定的人员，带着业务处理中的问题，通过对 ERP 系统的掌握，寻求一种新的解决方案和运作方法，并用新的业务流程来验证，最后协同实施小组一起制定新的工作规程和准则。其工作还包括对基层单位的培训等。

2. 数据准备

在运行 ERP 系统之前，要准备和录入一系列基础数据，这些数据是在运用系统之前没有或未明确规定的，故需要做大量分析研究的工作，包括一些产品、工艺、库存等信息，还包括了一些参数的设置，如系统安装调试所需信息、财务信息、需求信息等。

3. 系统安装调试

在人员、基础数据已经准备好的基础上，就可以安装系统，并进行一系列的调试活动。

4. 软件原型测试

这是对软件功能的原型测试（Prototyping），也称为计算机模拟（Computer Pilot）。由于ERP系统是信息集成系统，所以在测试时，应当是全系统的测试，各个部门的人员都应该同时参与，这样才能理解各个数据、功能和流程之间相互的集成关系，找出不足的方面，提出解决企业管理问题的方案，以便接下来进行用户化或二次开发。

三、模拟运行及用户化

这一阶段的目标和相关的任务是：

（1）模拟运行。在基本掌握软件功能的基础上，选择代表产品，将各种必要的数据录入系统，带着企业日常工作中经常遇到的问题，组织项目小组进行实战性模拟，提出解决方案。模拟可集中在机房进行，也称之为会议室模拟（Conference Room Pilot）。

（2）制定工作准则与工作规程。进行了一段时间的测试和模拟运行之后，针对实施中出现的问题，项目小组会提出一些相应的解决方案，在这个阶段就要将与之对应的工作准则与工作规程初步制定出来，并在以后的实践中不断完善。

（3）验收。在完成必要的用户化的工作、进入现场运行之前，还要经过企业最高级别管理者的审批和验收通过，以确保ERP系统的实施质量。

四、切换运行

这要根据企业的条件来决定应采取的步骤，可以各模块平行一次性实施，也可以先实施一两个模块。在这个阶段，所有最终用户必须在自己的工作岗位上使用终端或客户机操作，使系统处于真正应用状态，而不是集中于机房。如果手工管理与系统还有短时并行，可作为一种应用模拟（Live Pilot）看待，但时间不宜过长。

五、新系统运行

一个新系统被应用到企业后，实施的工作其实并没有完全结束，而是将转入到业绩评价和下一步的后期支持阶段。这是因为有必要对系统实施的结果作一个小结和自我评价，以判断是否实现了最初的目标，从而在此基础上制定下一步的工作方向。另外，由于市场竞争形势的发展，不断有新的需求提出，系统的更新换代、主机技术的进步也会对原有系统构成新的挑战。所以，无论如何，都必须在巩固的基础上，通过自我业绩评价，制定下一目标，再进行改进，不断地巩固和提高。

以上对ERP系统的实施过程作了简要的介绍。当然，这些阶段是密切相关的，一个阶段没有做好，决不可操之过急进入下一个阶段，否则，只能是事倍功半。值得注意的是，在整个实施进程中，培训工作是贯彻始终的。上文只是对第一个阶段的领导层培训和MRP Ⅱ原理培训作了详细的介绍。而那些贯穿于实施准备、模拟运行及用户化、切换运行、新系统运行过程中的有关培训，如软件产品培训、硬件及系统员培训、程序员培训和持续扩大培训也都是至关重要的。这个道理是显而易见的。因为员工是系统的真正使用者，只有他们对相关的ERP软件产品及所要求的硬件环境有了一定的了解，才能够保证系统最终的顺利实施和应用。

第四节　企业资源计划系统实施中的风险及其控制

由于信息技术实现的高度不确定性和企业管理环境的复杂性，ERP 项目在实施过程中，因风险因素导致服务的功能不能满足要求、费用超出预算、进度延迟或项目被迫取消等现象频频出现。据统计，在我国，一般只有 10% ~20% 的 ERP 实施项目能按期、按照预算成功实施，实现系统集成；约有 30% ~40% 没有实现系统集成或只实现部分集成。ERP 实施成功的模块主要集中在财务和供应链上，生产管理等其他模块大多以失败告终，失败比率超过 50%。更多的企业陷入了信息系统的“黑洞”或“IT 生产率悖论”的怪圈。吴敬琏先生曾用“四轻四重”对我国企业信息化过程产生的问题进行了很好的总结：重新建、轻整合；重硬件、轻软件；重管理、轻服务；重电子、轻政务。ERP 项目失败与信息化建设意识单薄、资金投入力度不够、人才培养缺失，以及管理基础薄弱等不足都是紧密相关的，并且，ERP 项目涉及企业诸多部门的运作、协调和管理，使得 ERP 不再是简单的 IT 工具，而是在组织结构、文化和流程等多方面的一种综合变革，ERP 项目是一个复杂的系统工程。

ERP 项目的风险在具体实施过程中会以种种形式表现出来，主要体现为软件风险、实施风险和转变风险。

一、软件风险

软件风险主要包括软件本身存在的功能风险和企业选择软件时产生的选择风险。

1. 软件功能风险

由于 ERP 系统的纷繁复杂，ERP 软件本身可能存在各种功能不足或潜在的软件缺陷，称之为“软件功能风险”。针对目前中国市场上的 ERP 软件，主要存在的软件功能风险有：软件功能对企业需求的满足程度，系统的集成性，软件的成熟性和稳定性，对 2000 年问题的解决方案，以及对中文界面和数据的支持程度等。目前在中国市场上的 ERP 系统主要有两大类：由国外软件厂商开发的系统和由国内软件厂商开发的系统。国外的 ERP 软件在一些发达国家已经经历了一个较长的开发和使用阶段，因而在软件功能对企业需求的满足程度、系统的集成性、软件的成熟性和稳定性上表现比较理想；而国内的 ERP 软件一般都是从财务核算软件开发提高而来，在符合中国会计制度上占有一定的优势，但软件功能在除财务核算以外的企业财务数据加工分析、生产计划和制造管理、分销物流管理及集成化等方面很多都在开发及试运行中。

例如在 2000 年问题上，除部分较早推出的版本外，很多软件基本上都有解决 2000 年问题的方案，但是还需要非常谨慎地了解是否真正解决了 2000 年问题。在对汉字的支持上，国内开发的软件体现出一定的优势，而国外开发的软件经过汉化处理，也渐渐能满足企业日常的使用需要。

2. 软件选择风险

面对中国市场上令人眼花缭乱的 ERP 软件，企业在软件选择上同样会遇到所谓的“软件选择风险”。软件选择风险包括：企业是否清晰地定义了自己的需求和期望？企业如何综合地评估 ERP 系统，包括软件功能、价格、软件商的技术支持能力等各方面？企业如何将自身的实际需求与软件系统很好地进行匹配，从而选择最适合自己的 ERP 系统？企业中由哪个部门和人员对软件作出评估选择？

在企业实际选择 ERP 系统时，往往有很多用户未能意识到上述的软件选择风险，从而影响到最终系统实施的成败。曾有不少国内大型企业的老总在提出要求实施 ERP 系统时，原因仅仅是“其他很多像我们一样的大企业已经用上了某某 ERP 软件……”同时在软件选择过程中往往仅由技术主管和技术人员负责，缺乏实际业务人员和高级管理人员的参与，原因往往是“反正这是世界目前最先进的软件，选择不会有太大的差错……”导致选出的软件在日常业务中不一定适合企业的实际需要。缺乏明确的实施期望和业务目标往往是导致最终系统实施失败的根本原因。

同时，有相当多的企业在清晰阐明自己的具体需求和全面评估及匹配软件上缺乏经验。很多企业在挑选 ERP 系统时，往往会邀请一些专家和企业的专业技术人员一起对市场上的主要软件产品进行评估，最终专家组未必达成一致意见，导致企业选择软件的流产。应该承认，这些专家具有相当专业的软件技术知识，但由于企业在选择软件的过程中缺少管理业务人员的积极参与，没有制定明确的整体选择目标，没有对不同管理业务需求的重要性进行先后排序，没有较多地从各使用部门出发考虑软件的选择问题，从而造成了最终选择软件的不完整配比。

需要注意的是，除了上述提及的软件选择风险，由于参与软件选择人员的贪污舞弊，收取不正当的软硬件回扣，也会给企业带来损失。

二、实施风险

实施风险是企业在实施 ERP 系统的过程中可能遇到的各种风险，主要包括：实施队伍的组织、项目时间和进度的控制、实施成本的控制以及实施质量的控制和实施结果的评价。

1. 实施队伍的组织

实施队伍和实施人员对于 ERP 系统的成功实施至关重要。由具有丰富 ERP 系统项目实施和企业流程管理经验的咨询人员和企业内部的管理人员、业务人员以及技术人员一起组成项目实施小组，共同进行项目实施工作，可以提高 ERP 系统实施的成功率，缩短实施周期，减少实施风险。

有的企业采取将 ERP 系统实施完全外包给软件供应商或系统集成商，或者相反，完全由企业内部的技术人员单独进行项目实施，这些做法都将增加系统实施的风险。没有企业内部人员的参与，软件供应商或系统集成商无法对企业的业务和流程有深刻的了解，从而难以按照企业的实际需要进行 ERP 系统实施；反之，企业内部的技术人员缺乏对软件的深入了解和项目实施的经验，在协调企业内部各部门机构的工作时存在种种不便，对推动和控制整个项目的进展存在困难。

由企业内部人员和外部咨询顾问共同组成项目实施小组的另一目的是为了将软件系统的知识和项目实施的经验传授给企业的用户，使企业能够通过一个项目的实施，经历“知悉——接受——拥有”的过程，最终实现企业自身持续改善的目的。如果企业内部的实施人员经常变动、不能专职稳定地参与项目的实施工作，则把实施项目视为外来咨询人员的责任而不是企业自己的工作，则将直接影响到咨询人员对企业用户进行知识和经验的传授，从而造成系统上线、咨询顾问离开、企业用户不会维护使用的尴尬局面。在实施项目的组织中另一个突出的问题是：由于 ERP 系统的复杂性，在实施过程中涉及的部门很多，许多实施工作需要各部门的协作才能完成，因而，如何协调部门之间的工作，统筹安排跨部门的实施人员，避免出现扯皮现象是一个亟须解决的问题。

2. 项目时间和进度的控制

ERP 系统实施通常需要三至六个月，甚至一年以上。在这一漫长过程中，进行项目管理、控制项目进度、确保整个实施过程能够按照预计的时间表进行，对项目的成败至关重要。许多 ERP 实施项目在一开始就没有制订明确、可行的实施计划，在实施过程中不能按时实现里程碑性的目标，造成项目最终半途而废或系统上线严重延误。

在许多 ERP 系统的实施中，软件供应商或系统集成商往往按照服务天数提供服务并收取费用，如果在实施过程中出现种种预料之外或不可控制的情况，由于双方既定的服务天数已到，服务者或者停止服务或者增加费用，给用户带来损失或额外支出。这种按照服务天数提供服务并收取费用的方式容易造成实施成果与费用脱钩的现象。

3. 实施成本的控制

ERP 系统的实施成本通常包括：硬件费用、软件使用许可费用和软件培训费用、实施咨询费用及维护费用等。根据国外 ERP 系统实施的成熟经验，一般实施咨询费用是软件使用许可费用的 1.5 ~2 倍。国外企业已经普遍意识到咨询顾问在 ERP 系统实施过程中不可替代的作用，但国内不少实施 ERP 系统的企业尚未认识到这一点，从而在系统实施过程中遇到种种困难，甚至最终不能成功实施。

在实施过程中，如何合理分配实施成本，结合项目进度和时间安排，将实施成本控制在计划之内，是每一家实施 ERP 系统的企业需要认真对待的问题。不少企业由于不能按照项目时间进度计划开展实施，造成时间的延误和实施成本上升，即使最终系统上线，也不能符合时间和预算的要求，客观上造成实施的不成功。

4. 实施质量的控制和实施结果的评价

除了对 ERP 项目实施需要进行时间和成本的控制，对实施的质量和最终实施的结果也需要作出评价。不少企业在实施之初没有制定实施的目标和期望，在实施过程中未能随时控制实施质量，在实施完成时不知道如何进行实施成败的评估，造成“为上系统而上系统”“系统上线就算成功”的现象，这对企业的长远发展埋下了危险的种子。

三、转变风险

1. 管理观念的转变

ERP 系统的实施是一个管理项目，而非仅仅是一个 IT 项目。不少企业高层管理人员尚未认识到这一点：在选择系统时仅由技术主管负责，缺少业务部门的参与；在实施系统时仅由技术部门负责，缺少管理人员和业务人员的积极参与；项目经理由技术部门的领导担任，高级管理人员，尤其是企业的最高级别领导者未能亲自负责系统实施。由此种种现象，需要企业管理人员转变认识加以改善。管理观念的转变还体现在 ERP 系统实施过程对企业原有管理思想的调整上。ERP 系统带来的不仅仅是一套软件，更重要的是带来了整套先进的管理思想。只有深刻理解、全面消化吸收了新的管理思想，并结合企业实际情况加以运用，才能充分发挥 ERP 系统带来的效益。因此，在实施过程中企业管理人员和业务人员转变管理思想是一个必不可少的痛苦过程，顺利转变管理思想，在某种意义上而言是 ERP 系统成功实施最关键的因素。

2. 组织架构的调整

为适应ERP系统带来的改变，企业必须在组织架构和部门职责上作相应的调整。因此，实施ERP系统往往需要同时进行企业流程重组和改善的工作。在流程重组中，会涉及部门职能的重新划分、岗位职责的调整、业务流程的改变、权力利益的重新分配等复杂因素，如果企业不能妥当地处理这些问题，将会给企业带来不稳定因素。

3. 业绩考评体系的转变

由于企业组织架构和业务流程的调整，企业必须对业绩考评体系进行相应的调整，以适应新的岗位职责和业务要求。能否顺利地将原有的业绩考评体系转变到适应新系统的业绩考评体系，是对企业的一个考验。

综上所述，企业应用ERP系统，存在一定的风险，分析风险的目的不是要企业放弃实施ERP系统，而是要企业充分估计风险，正确对待风险，认识到ERP系统的实施是管理项目而不仅仅是IT项目，并通过项目管理有针对性地管理风险，从而成功实施ERP系统。

本章小结

企业资源计划系统给企业提供了整合与协调主要的内部企业流程的技术平台，解决了企业由于信息孤岛、不同企业流程与技术带来的组织效率低下等问题。在改善组织的协调性、效率及决策制定效果的同时，建立企业资源计划系统更多的是企业运作模式、管理思维的改变。实践证明，企业资源计划系统的实施成本高，成功率低，因此，本章在阐述其管理思想的同时，重点突出了系统的功能和实施风险。

【MIS案例分析】
ERP为何总是与成功失之交臂

失利原因之一：企业管理基础过于薄弱

案例1：王经理是一家家具制造企业的老总。业务开展得红红火火，甚至一些国内知名的家具品牌慕名而来，希望与王经理的公司洽谈合作。但公司的规模和对方相去甚远，管理水平也不在一个档次。于是，本身对IT就有所偏好的王经理有了上线ERP系统的念头。

可是经过咨询几家服务供应商，它们都认为王经理的公司业务过于灵活，采购、销售、人力资源等环节根本没有固定的流程模式，这样，ERP系统的功能设计就很难成型。急于改变公司面貌的王经理，这时候根本听不进这些意见，坚决地拍了板，ERP系统不久后便启动了。

开始随着一项项功能得以实现，公司的管理规范有序。可好景不长，ERP系统上线不到一个月，各种各样的问题便接踵而至：原先在采购原料时，都是按月或者按年结账，这在ERP系统里是不被允许的；原先当一些老客户急于上货时，可以先完成交易，再签署合同，这些在ERP系统中也都无法实现。一个又一个的问题不断出现，最终，原以为能为公司业务添光添彩的ERP系统，落得了被弃置不用的下场。

管理基础薄弱对于急于实施ERP系统的企业无疑是致命的。ERP系统实施是一个复杂的系统工程。ERP 系统的管理理论基础是供应链管理，而供应链牵涉到企业的采购、供应、财务、人力资源、生产、设备、销售等，因此 ERP 系统的实施非常复杂。

其实在企业信息化建设过程中不难发现这样的规律：系统规模越大、与管理联系越密切、集成度越高的系统，风险也越大，失败概率越高，其中最明显的例子就是 ERP 系统。

失利原因之二：拿 ERP 当软件，不重视规划、培训

案例 2：A 公司是一家经营汽车零配件加工的制造型企业。经过几年的发展，公司业务规模取得了一定的增长，甚至已经开始准备向海外市场发展。

经过一段时间对业内同行的信息化状况分析，公司决定启动 ERP 系统。

半年紧张的选型、实施，A 公司价值上百万元的 ERP 系统也顺利上线了。很快，又是半年过去了，ERP 系统却丝毫没有起到预期的作用。

询问之下，员工一一反映："对 ERP 系统操作不熟悉"；"我们的 ERP 流程和一些业务有冲突，不够合理"；"用 ERP 审核原料入库，比原先用表格记录还要麻烦"……

"为什么花大笔金钱换来的 ERP 系统会成为摆设？一套小小的软件在我们公司怎么就应用不起来呢？" A 公司领导百思不得其解。

很多企业认为，实施 ERP 就是花钱买来一套软件系统，把 ERP 首先看成是软件问题然后才是管理问题。这种认识上的错误导致许多企业将 ERP 项目预算的 90% 都花在购买功能齐全的 ERP 软件系统上，而忽视了对人员的培训和系统流程的调整。实际上，ERP 不仅是现代企业向国际化发展的管理模式，它更是一种以现代资源管理为基础的企业管理集成化的思想及新管理理论。

首先，ERP 更加注重与供应商、分销商与制造商的联系；其次，ERP 更加强调企业业务流程，支持企业的流程重组；最后，ERP 更多地强调财务，具有较完善的企业财务管理体系。

失利原因之三：对 ERP 期望值过高

案例 3：欧主管是 B 公司的信息部门领导。面对 B 公司管理、经营逐渐走入了发展的瓶颈，欧主管向总经理主动请缨，希望公司能够尽快上线 ERP 系统。

一年后，B 公司的 ERP 系统应用已经进入了正轨，公司各项业务开展正处于稳定运行期，公司业务管理也一一步入了规范化、流程化。

可令欧主管意想不到的是，公司领导却对 ERP 系统的效果产生了质疑。领导认为，为上线 ERP 系统花了大笔金钱，可一年多过去了，却没见它创造出了什么效益，与之前的预想相差太远。

企业无法正确评价 ERP 系统的真实价值是一种比较普遍的现象。要么把它看成是包治百病的灵丹妙药，认为企业的所有问题都可以通过实施 ERP 系统来解决；要么认为 ERP 系统是鸡肋，没有多大价值。这两种认识都是对 ERP 系统投资回报的极端化表现。

ERP 系统主要目的是为了帮助企业充分通过流程重组及资源整合，从而谋求利润的最大化。通过实施 ERP 系统，企业可以实现从"手工操作"向"信息集成化"的转变，从而使企业的资源尽可能得到利用。

ERP 系统力图解决的是企业在竞争中最直接和最关键的问题——资源配置、业务效率，以及由此引起的成本问题。但它不可能解决企业的所有问题，如企业战略的选择、企业文化的塑造、企业制度的确立、企业融资等问题。

因此，要想通过ERP系统直接、快速地实现巨大的利益回报，肯定是一种不切实际的想法。而抱有这种想法来实施ERP系统，最终的失利也是在所难免的。

失利原因之四：对ERP功能不了解

案例4：C公司实施ERP系统已经有一年多的时间了。通过ERP系统，C公司在财务管理、库存管理方面效率也有了明显改善。可公司领导钱经理却总是觉得：别人家用ERP系统，生产效率、业务管理都有了很大改进，可本公司为什么只在财务、库存两方面有效果呢？钱经理听到了来自同行业企业ERP系统的实施经验。配送系统管理、客户需求分析管理、各式各样的报表生成……一个个实用的功能听得他一头雾水，“为什么我们公司的ERP系统没有这些功能呢?”

其实，这些功能应用在C公司的ERP系统中一个也不少。只是由于大家对ERP系统的应用还并不习惯，许多操作还停留在原始的手动或半手动状态，结果许多的功能应用都变成了摆设。

有不少人认为：ERP系统的功能仅仅在于库存、物流、财务、会计等层面上。甚至有些人认为，ERP系统的使用只是把财务或物流管理的工作转嫁到其他部门罢了。

举个例子，企业在未使用ERP系统前，为了满足管理需求，经常会用到一些信息统计表格，诸如投入产出率统计表、产量明细表、销量明细表、生产进度表等。这些报表往往会由人工对日常业务发生的内外部交易进行统计得出。而在使用ERP系统后，很多报表都可以从系统直接生成；但部门负责人如果对系统不了解，要么会以为什么报表都可以从ERP系统里面直接生成；要么就是根本不知道哪些报表本来可以从ERP系统中直接生成。

失利原因之五：过度依赖实施方

案例5：食品加工制造企业D公司实施ERP系统，并选择了一家在当地企业中小有名气的服务供应商实施系统。

由于D公司内上上下下没有人对ERP系统有所了解，所以D公司只能依赖于这家服务供应商。从需求分析、功能选择、方案设计，到部署实施，几乎完全是由服务供应商一方完成，D公司则只是提供相应的配合。

经过几个月的实施，D公司的ERP系统上线了。上线后的ERP系统结构纷繁复杂、功能多种多样。然而在应用一段时间之后，D公司却发现：这套ERP系统虽然功能全面，但许多功能对D公司而言根本没有用武之地，而且很多模块也很难和公司的业务相容，结果整套ERP系统近70%的功能设计都成为了多余。

过度依赖实施方是中小企业应用ERP系统失利最为常见的一种状况。许多中小企业想用ERP系统，但又不懂ERP系统，于是过度吸收和接受软件提供商、实施方的咨询建议，流程策划时不结合自身的实际情况，到头来不但未能提高工作效率，还为此赔进不少的人力、物力。

据了解，国外企业实施ERP系统，实施方的服务链应具有三个层次：①环境服务链，即要事先进行风险鉴定和评估，但这一点在国内还没有得到普及；②实施服务链，即企业在实施ERP系统时，要有第三方的咨询，从而获得客观声音；③运行服务链，即实施方应对企业进行对应性的ERP系统培训，并进行完整流程的复合性验证。

同时，企业也应对自身业务特点、对ERP系统的各种需求有清醒的认识，起码要能够向实施方清楚地表明自身的业务体系如何规划、需求在哪里。否则，完全由实施方来进行规划决策，最终受苦的只能是自己。

失利原因之六：一把手工程推行不利

案例6：小张刚刚被E公司提升为公司信息化部门的主管，全面掌控公司的信息化建设。经过几个月对公司上上下下业务模式、管理结构，以及操作方式的仔细研究，小张立即向公司领导层提交了一份“E公司实施ERP系统可行性分析报告”。随后，为E公司选择了一套非常适合本公司的ERP系统和一家有着丰富专业经验的服务商。

尽管公司的领导对于ERP系统并不熟悉，但看到小张对公司发展如此热心，加上已经找到了适合的产品及实施方，便也未加干预。

在对ERP系统功能需求进行规划时，小张也曾多次找到销售、生产、财务等部门的领导与之沟通，这其中，不免出现很多的分歧。为了保证工程进度，小张并没有理会各个部门提出的意见，继续埋头于项目当中。而看到整个项目实施进展快速，E公司的领导也就没有再过问此事。

三个月的鏖战，ERP系统终于在最短的时间内成功上线了。而令小张意想不到的事情，也从ERP系统应用进入正轨的第一天起陆续发生了。

从采购开始，生产、财务、服务等部门的同事纷纷对这套ERP系统提出质疑，一位销售部的同事更是直言：“这个系统的业务流程设计与我们以往的工作习惯大相径庭，我们根本无法适应。”

面对此起彼伏的反对之声，小张显得无所适从。最终，E公司在最短时间内完成的ERP系统，也在最短的时间内成为了“摆设”。

ERP系统的“一把手”问题已经是老生常谈了。但在现实中，仍有许多企业认为实施ERP系统是ERP系统推进小组的事情，无可厚非地应由ERP系统推进小组负责实施。而正确答案应是与公司资源及业务流程有关的全体管理人员都要对ERP系统负责任，因为ERP系统的最终目标是通过流程重组和资源合理配置，达到企业信息快速化、资源配置合理化。

所以ERP系统的成功实施首先需要企业的领导者给予高度关注并亲力亲为，缺乏他们的支持和参与，ERP项目在开始就注定要失败。其次，需要全体员工达成共识，齐心协力。

失利原因之七：只认价格，忽视可用性

案例7：林总是一家服装企业的老总，决定为自己的企业上线ERP系统。ERP系统的选型工作立即开始。两个月中，林总与不下十家的实施方进行了细致的沟通，可每一次在谈到产品和服务的价格问题时，却一一都被林总否决了下来。

“毕竟我们企业规模不算大，能够留给信息化的资金很有限。所以ERP系统的费用无论如何也要压下来。”最终，久经商场的林总取得了价格上的“成功”，与一家实施方签订了协议。实施方在一套为其他企业设计的ERP方案的基础上，为林总的企业稍加修改，便开始了实施，而整体价格只有原先的2/3。

然而好景不长，刚刚上线没有几天，这套“廉价ERP系统”与公司原有管理体制就出现了“排斥现象”，一些重要的业务流程在这套ERP系统上很难得以实现，而一些原先希望能够通过ERP系统得以改善的功能也并不存在。

"只认价格，不顾质量"，这种想法同样会经常出现在中小企业中。由于自身资源的限制，中小企业在选择信息化方式和产品时对于"性价比"的热衷，往往会导致信息化的效果不够理想，甚至没有作用。

企业实施 ERP 系统，就要选择该企业的最优信息化解决方案。对于中小企业而言，ERP 系统的成败将关系到企业下一步的未来。但现阶段很多企业 ERP 系统的选型却步入了一个怪圈：选型负责人从一开始就是"只向钱看"，甚至不讲自己企业自身的特点、管理流程、生产流程及特点，就让各个厂商来先报一个基本价格，使 ERP 系统的选型过程成了热热闹闹"价格竞拍"。

失利原因之八：认为 ERP 系统是一步到位，忽视系统升级

案例 8：F 公司是一家中型制造业企业，由于在同行业中率先部署实施了 ERP 系统，因而使企业获得了快速地发展。几年间，已经将业务涉及面扩展到了全国。

F 公司能够得以快速发展，实现业务规范化、系统化管理，ERP 系统功不可没。可是随着企业业务面的扩大、部门间职能的调整，原有的 ERP 系统逐渐体现出了疲态，许多功能模块都已经很难适应企业现有业务的运营。

公司信息部门主管向领导层提交了请示报告，希望能够在现有的 ERP 系统基础上增加一些新的模块及新的业务功能。

可当时公司领导考虑：原有 ERP 系统数十万元的投入对 F 公司来说，并不是一个小数目，需要慎重考虑；更何况要加入新的功能模块，又将是一笔不小的开销。于是，便回绝了这一想法。

两次请示均没有得到批准，信息主管也就没有再提起此事。然而，一年之后，当 F 公司的业务管理多点都出现了问题时，公司领导才发现，原有的 ERP 系统已经近乎成为了"废品"。

国内很多企业在实施 ERP 系统时，都抱着"一锤子买卖"的心态，"只要当时合适，其他一切都无所谓"，至于 ERP 系统以后的完善和功能的增加就与自己没有关系了。

应用 ERP 系统，企业首先应该认识到：ERP 系统是为企业的发展战略和目标服务的。而要想使 ERP 系统能够实现这一功能目标，它的功能则需要对企业的发展、业务的转变有所跟进。

这就好比我们所使用的计算机，当硬盘、内存的容量无法满足应用需求时，就需要对系统进行相应的扩容。只是对企业的 ERP 系统进行系统升级时，更应注重企业的实际功能需求，同时，具体的开发、实施相对也更加复杂。

此外，仔细了解实施方是否具备专业的研发能力、丰富的实战经验、持续的服务和强大系统升级能力等综合情况，也是非常重要的。否则，最后吃亏的将是企业自身。

（资料来源：http：//www.csdn.net/。）

思考题：

1. ERP 系统对组织的主要作用是什么？
2. 除了上面案例中所提到的失败原因外，我国 ERP 系统实施失败的因素还有哪些？

本章习题

一、选择题

1. 一般来说，在生产型制造企业的各项支出中，（　　）对利润的影响最大。

A. 销售成本　　B. 生产成本　　C. 采购成本　　D. 存货成本

2. 物料需求计划的对象是（　　）。

A. 工作中心　　B. 物料　　C. 最终产品　　D. 关键工作中心

3. MRP 系统的三个主要依据包括（　　）。

A. 主生产计划　　B. 物料清单　　C. 库存信息　　D. 人员安排

E. 作业流程

4. ERP 系统的理解可以基于（　　）进行定义。

A. 管理思想　　B. 管理系统　　C. 软件产品

5. ERP 的形成大致经历了以下哪几个阶段？（　　）

A. 库存控制　　B. 物料需求计划　　C. 制造资源计划　　D. 企业资源计划

二、简答题

1. “企业信息化不仅是企业的形象工程，更是企业的生命工程。”你对这句话怎么理解，为什么？

2. 企业实施 ERP 项目的前期工作有哪些？ERP 项目实施中有哪些风险？

参考文献

[1] 刘伯莹，周玉清，刘伯钧 . MRPⅡ/ERP 原理与实施［M］. 天津：天津大学出版社，2001.

[2] 蔡谊 . ERP 维护十一招［N］. 中国计算机报，2001-10-22.

[3] 闫锡泽 . ERP 将走向何方［N］. 经理人世界，2004-04-19.

[4] 胡彬 . ERP 项目管理与实施［M］. 北京：电子工业出版社，2004.

互联网学习

速达软件公司，速达网 http：//www. superdata. com. cn

第十二章　供应链管理

【引例】

沃尔玛的供应链变革

2002 年 1 月 22 日，美国著名的商业连锁企业凯马特（Kmart）公司向法院提出破产保护，从而成为美国历史上申请破产保护最大的一家商业零售商。就在凯马特倒闭的同时，美国的另一家零售业巨头沃尔玛（Wal mart）却坐上了全球 500 强之首的宝座。沃尔玛 2001 年的营业收入总额达到了 2200 亿美元，超出此前排名第一的埃克森石油 70 亿美元之多。沃尔玛公司从 1962 年创建于美国阿肯色州的一个乡村小杂货店开始，在传统的商业零售业里经过短短 50 年的发展，超过了"制造业之王"的汽车工业和"产业霸主"的石油业企业，超过了全世界所有的银行与保险金融机构，成为全球第一大营业收入企业，创造了传统零售业"不灭的神话"。

沃尔玛获得巨大成功的原因有很多，其价格营销、服务营销、形象营销都是成功的基石。但沃尔玛成功的最重要经验之一，就是基于信息系统的供应链变革。早在 20 世纪 70 年代，沃尔玛就通过激光扫描技术与计算机信息系统建立了统一配送中心与中转配送中心，改变了过去由总部直接面向各连锁店的配送模式，解决了大规模物流配送的成本和效率等"瓶颈"问题。20 世纪 80 年代初，沃尔玛又将 EDI 系统应用于连锁店和总部之间的信息交换。通过 EDI 来自动提示和控制商品库存量，使公司总部能够全面掌握销售情况，合理安排进货结构，同时补充库存和不足，降低存货水平，大大减少了资金成本和库存费用。1987 年，公司投入 4 亿美元巨资与休斯公司合作发射了专用卫星，用于全球店铺的信息传送与运输车辆的定位及联络。通过该系统，沃尔玛总部可在 1h 之内对全球 4000 多家分店内每种商品的库存、上架以及销售量全部盘点一遍。当库存减少到一定量的时候，系统会发出信号提醒商店向总部要求进货，在商店发出订单后 36h 内所需货品就会出现在货架上。公司在 5500 辆运输货车全部装备了全球定位系统（GPS），对每辆车的位置、货物装载情况和货物运送目的地一目了然，可以合理安排运量和路程，最大限度地发挥运输潜力。公司还投资 2400 万美元建立了全美最大的私人卫星视频通信系统，可以同时和 1000 多家商店进行视频通话，传达总部的会议情况和决策。正是凭借上述先进的信息系统和现代化的管理模式，沃尔玛能够喊出"天天平价"的口号，在激烈的商业竞争中以极低的库存成本、高效的物流配送体系和快速满意的客户服务水平始终保持着领先于竞争对手的优势。

思考题：

1. 像沃尔玛这样的大型连锁店，其成功的关键要素是什么？
2. 沃尔玛在供应链的变革中采用了哪些信息系统，获得了怎样的竞争优势？
3. 采用了信息系统后，沃尔玛的供应链管理方式有什么变化？你认为沃尔玛的供应链下一步应如何发展?

学习目标

通过对本章的学习，重点掌握：

1. 供应链管理的产生和发展历程。
2. 供应链管理系统的功能及其实施步骤。

关键概念

供应链（Supply Chain）；供应链管理（SCM）；物流（Logistics）；价值链（Value Chain）

第一节 供应链管理的内涵

一、供应链管理产生的背景

供应链管理思想的出现有其历史必然性。长期以来，市场供不应求，企业所面对的市场相对稳定，供应链中各组织之间、各部门之间的协调问题相对比较容易，企业绩效也主要取决于本组织与部门的绩效。在传统管理思想的指导下，供应链中的各职能部门以及各组织通常只追求本部门的利益，而且各部门、各组织之间缺少有效的信息沟通与集成，其后果是会出现 Forrester 教授在 20 世纪 60 年代提到的“牛鞭效应（Bullwhip Effect）”㊀。

这种现象将会给企业造成产品库存积压严重、服务水平不高、产品成本过高及质量低劣等问题，使企业在市场竞争中处于不利地位。进入 20 世纪 80 年代以来，市场中供、需双方的关系出现了转变，客户在买卖关系中占据了主导地位。

推动供应链管理的关键因素是近二十年来科学技术尤其是 IT 的飞速发展。EDI、PDI（产品数据交换）、Internet、Intranet 及各种信息系统应用的发展，极大地促进了现代供应链管理理念的实现以及组织结构转变。日本企业将用户需求纳入企业管理系统内部，采用柔性制造系统（FMS），提高企业应变能力和服务水平。克莱斯勒公司在为 Dodge Intrepid、Eagle Vision、Chrysler Concorde 等新型汽车设计生产线时，将至少 70% 的零部件外包给少数几个供应商，并邀请供应商参与到早期的关键研究开发阶段。结果表明新产品开发周期由通常情况下的 5 ~6 年减少到 39 个月。

另外，管理理念的发展与变化同样促进了供应链管理的发展。管理理念的变化源自于企业的权威由制造商向零售商的转变，一切由市场需求来主导。集成、信息技术和管理权威成为供应链发展的“催化剂”。最终，令供应链管理成为现实的是电子商务的提出和发展。电子商务使得供应链管理可以以虚拟企业的形式管理，集成的重要性也被大大发挥出来。到

㊀ 即向供应商订货量的波动程度大于向其用户销售量的波动程度，并且这种波动程度沿着供应链向上游不断放大。

20 世纪 90 年代，供应链管理的应用已取得很大进展，已成为企业管理的一个重要方面。

二、供应链与供应链管理

（一）供应链的定义

早期的观点认为供应链是制造企业中的一个内部过程，是指把从企业外部采购的原材料和零部件，通过生产转换和销售等活动，再传递到零售商和用户的一个过程。传统的供应链概念局限于企业的内部操作层上，注重企业自身的资源利用。

后来供应链的概念注意了与其他企业的联系，注意了供应链的外部环境，认为它应是一个通过链中不同企业的制造、组装、分销、零售等过程将原材料转换成产品，再到最终用户的转换过程。例如美国的史迪文斯（Stevens）认为："通过增值过程和分销渠道控制从供应商的供应商到用户的用户的流就是供应链，它开始于供应的源点，结束于消费的终点"。

目前供应链的概念更加注意围绕核心企业的网链关系，如核心企业与供应商、供应商的供应商乃至与一切前向的关系，与用户、用户的用户及一切后向的关系。例如哈理森（Harrison）进而将供应链定义为："供应链是执行采购原材料、将它们转换为中间产品和成品、并且将成品销售到用户的功能网链。"丰田、耐克、尼桑、麦当劳和苹果等公司的供应链管理都是从网链的角度来实施的。这种定义下的供应链强调供应链的战略伙伴关系问题。

（二）供应链管理

供应链管理即为对供应链的计划、组织、领导、协调和控制。主要涉及四个领域：供应（Supply）、生产计划（Schedule Plan）、物流（Logistics）、需求（Demand）。在以上四个领域的基础上，可以将供应链管理细分为职能领域和辅助领域。职能领域主要包括产品工程、产品技术保证、采购、生产控制、库存控制、仓储管理、分销管理。而辅助领域主要包括客户服务、制造、设计工程、会计核算、人力资源、市场营销。除了企业内部与企业之间的运输问题和实物分销以外，供应链管理还包括以下主要内容：

（1）战略性供应商和用户合作伙伴关系管理。

（2）供应链产品需求预测和计划。

（3）供应链的设计（全球节点企业、资源、设备等的评价、选择和定位）。

（4）企业内部与企业之间的物料供应与需求管理。

（5）基于供应链管理的产品设计与制造管理、生产集成化计划跟踪和控制。

（6）基于供应链的用户服务和物流（运输、库存、包装等）管理。

（7）企业间资金流管理（汇率、成本等问题）。

（8）基于 Internet/Intranet 的供应链交互信息管理和知识管理等。

供应链管理注重总的物流成本（从原材料到最终产成品的费用）与用户服务水平之间的关系，为此要把供应链各个职能部门有机地结合在一起，从而最大限度地发挥出供应链整体的力量，达到供应链企业群体获益的目的。

（三）供应链管理的特点

1. 以顾客为中心

从某种意义上讲，供应链管理本身就是以顾客为中心的"拉式"营销推动的结果，其出发点和落脚点都是为顾客创造更多的价值，都是以市场需求的拉动为原动力。顾客价值是供应链管理的核心，企业是根据顾客的需求来组织生产；以往供应链的起始动力来自制造环节，先生产物品，再推向市场，在顾客购买之前，是不会知道销售效果的。在这种“推式系统”里，存货不足和销售不佳的风险同时存在。现在，产品从设计开始，企业已经让顾客参与，以使产品能真正符合顾客的需求。这种“拉式系统”的供应链是以顾客的需求为原动力的。

2. 强调企业的核心竞争力

在供应链管理中，一个重要的理念就是强调企业的核心业务和竞争力，并为其在供应链上定位，将非核心业务外包。由于企业的资源有限，企业要在各式各样的行业和领域都获得竞争优势是十分困难的，因此它必须集中资源在某个专长领域，即核心业务上。这样在供应链上定位成为供应链一个不可替代的角色。

沃尔玛作为一家连锁商业零售企业，高水准的服务以及以此为基础构造的顾客网络是它的核心竞争力。于是，沃尔玛超越自身的“商业零售企业”身份，建立起了高效供应链。首先，沃尔玛不仅仅是一家等待上游厂商供货、组织配送的纯粹的商业企业，而且也直接参与到上游厂商的生产计划中去，与上游厂商共同商讨和制订产品计划、供货周期，甚至帮助上游厂商进行新产品研发和质量控制等方面的工作。这就意味着沃尔玛总是能够最早得到市场上最希望看到的商品，当其他零售商正在等待供货商的产品目录或者商谈合同时，沃尔玛的货架上已经开始热销这款产品了。其次，沃尔玛高水准的客户服务能够做到及时地将消费者的意见反馈给厂商，并帮助厂商对产品进行改进和完善。过去，商业零售企业只是作为中间人，将商品从生产厂商传递到消费者手里，反过来再将消费者的意见通过电话或书面形式反馈给厂商。当然这一供应链实施前提是先进的信息技术和信息系统，离开了统一、集中、实时监控的供应链管理系统，沃尔玛的直接“控制生产”和高水准的“客户服务”将无从谈起。

3. 相互协作的双赢理念

传统的企业运营中，供销之间互不相干，是一种敌对争利的关系，系统协调性差。在供应链管理的模式下，所有环节都被看作一个整体，链上的企业除了自身的利益外，还应该一同去追求整体的竞争力和盈利能力，合作是供应链与供应链之间竞争的一个关键。

在供应链管理中，不但有双赢理念，更重要的是通过技术手段把理念形态落实到操作实务上。企业要特别注重战略伙伴关系管理，管理的重点是以面向供应商和用户取代面向产品，增加与主要供应商和用户的联系，增进相互之间的了解（产品、工艺、组织、企业文化等），相互之间保持一定的一致性，实现信息共享等。企业应通过为用户提供与竞争者不同的产品和服务或增值的信息而获利。供应商管理库存（VMI）和共同计划、预测与库存补充的应用就是企业转向建立、改善良好的合作伙伴关系的典型例子。通过建立良好的合作伙伴关系，企业就可以更好地与用户、供应商和服务提供商实现集成和合作，共同在预测、产品设计、生产、运输计划和竞争策略等方面设计和控制整个供应链的运作。

4. 优化信息流程

信息流程是企业内员工、客户和供货商的沟通过程。利用电子商务、电子邮件，甚至互联网进行信息交流，虽然手段不同，但内容并没有改变。而计算机信息系统的优势在于其自动化操作和处理大量数据的能力，使信息流通速度加快，同时减少失误。然而，信息系统只是支持业务过程的工具，企业本身的商业模式决定着信息系统的架构模式。

为了适应供应链管理的优化，必须从与生产产品有关的第一层供应商开始，环环相扣，直到货物到达最终用户手中，真正按链的特性改造企业业务流程，使各个节点企业都具有处理物流和信息流的自组织和自适应能力。要形成贯穿供应链的分布数据库的信息集成，从而集中协调不同企业的关键数据，如订货预测、库存状态、缺货情况、生产计划、运输安排、在途物资等数据。为便于管理人员迅速、准确地获得各种信息，应该充分利用 EDI、Internet 等技术手段，实现供应链的分布式数据库信息集成，共享采购订单的电子接收与发送、多位置库存控制、批量和系列号跟踪、周期盘点等重要信息。

思科公司是运用因特网实现虚拟供应链的典范，超过 90% 的公司订单来自因特网，而思科的工作人员直接过手的订单不超过 50%。思科公司通过公司外部网连接零部件供应商、分销商和合同制造商，以此形成一个虚拟的、适时的供应链。当客户通过思科的网站订购一种典型的思科产品如路由器时，所下的订单将触发一系列的消息给其生产印制电路板的合同厂商，同时分销商也会被通知提供路由器的通用部件如电源，组装成品的合同制造商通过登录到思科公司的外部网并连接至其生产执行系统，可以事先知道可能发生的订单类型和数量。

信息整合也使整个供应链上的企业都能共享有用的信息。例如，沃尔玛与宝洁公司共享宝洁产品在沃尔玛零售网络中的销售信息，使宝洁能够更好地管理这些产品的生产，从而也保障了沃尔玛商场中这些产品的供货。

第二节　供应链管理的信息技术与信息系统

一、信息技术

（一）条码技术

条码技术是供应链管理系统的一部分。条码作为一种及时、可靠、经济的数据输入手段已被物流信息系统所采用，已成为商品在世界通用的“身份证”。条码技术（Bar-coding Technology）由美国的 N. T. Woodland 在 1949 年首先提出，近年来，随着计算机技术及应用的不断发展及普及，条码的应用得到了很大的发展。

条码技术通过图像来表示数字和符号信息，是建立在计算机科学和现代光学基础上的一门技术。它以黑白相间的条纹来表示商品的名称、产地、价格、种类等相关信息。这种条纹由若干个黑色的“条”和白色的“空”的单元组成，其中，黑色条对光的反射率低而白色空对光的反射率高，再加上条与空的宽带不同，就能使扫描光线产生不同的反射接收效果，在光电转换设备上转换成不同的电脉冲，形成了可以传输的电子信息。条码系统则是由条码符号设计、制造及扫描阅读组成的自动识别系统。条码系统的工作原理如图 12-1 所示。

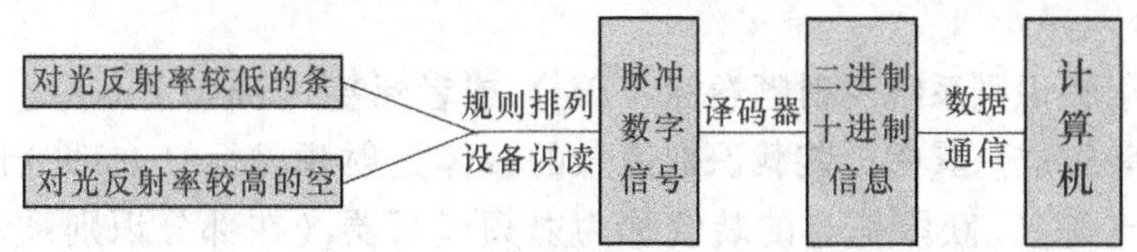

图 12-1　条码系统的工作原理

在实际生活中，条码技术包括商品条码和物流条码等，商品条码与物流条码在内容、数位构成、应用对象、应用领域和包装形状等方面具有不同的特点，见表 12-1。

表 12-1 条码的相关特征

类型	商品条码	物流条码
内容	按照国际惯例，采用 EAN 商品条码作为统一的商品条码	用在商品装卸、仓储、运输和配送过程中的识别符
数位构成	13 位数字码及相应的条码符号（包括前缀码，也称国家代码，共 3 位，由国际物品编码协会统一分配；制造商代码，共 4 位，由国家编码中心统一注册分配，一厂一码；商品代码，共 5 位，表示每个厂商的商品，由厂商确定；校验码，共 1 位，用以校验前面各码的正误）	14 位标准码（包括物流标识码，共 1 位；国家代码，共 3 位；厂商代码，共 4 位；商品代码，共 5 位；校验码，共 1 位）及 16 位扩大码（包括校验码，共 2 位；物流标识码，共 2 位；国家代码，共 3 位；厂商代码，共 4 位；商品代码，共 5 位）
应用对象	向消费者销售的商品	物流工程中的商品
应用领域	POS 系统、订货、补货管理	运输、仓储、分拣等
包装形状	单个商品包装	集体包装

条码技术具有先进、适用、容易掌握和见效快等特点，在信息（数据）采集中发挥着极大的优势。无论在商品入库、上架，还是结算的过程中，都要面对如何将数据量巨大的商品信息输入计算机的问题。如果在商品的包装上印制上条码的符号，利用条码阅读器，就可以高速、准确、及时地掌握商品的品种（货号）、数量、单价、生产厂家以及出场日期等信息。

货物的条码是建立整个供应链的最基本要素，是实现自动化管理的第一步，有利于进货、销售和仓储管理一体化。条码技术提供了一种对物流中的物品进行标识和描述的方法，借助自动识别技术、POS 系统、EDI 等现代技术手段，企业可以随时了解有关产品在供应链上的位置，并及时作出反应。当今流行的有效客户反应（ECR）、QR、自动连续补货等供应链管理策略，都离不开条码技术的应用。条码是实现 POS 系统、EDI、电子商务和供应链管理的技术基础，是物流管理现代化、提高企业管理水平和竞争能力的重要手段。

（二）射频识别技术

射频识别（Radio Frequency Identification，RFID）技术是无线电技术在自动识别领域的应用。利用射频方式可以进行非接触式双向通信交换数据以达到识别目的，提供不直接接触采集物品信息的手段，可以远距离识别动态或静态的对象。RFID 技术是条码的升级技术，具有一些非常明显的优点：非接触识读，识读距离可从十厘米到几十米；可穿透多种材料，且不需要光源；可识别高速移动物体，并能同时识别多个对象；卷标内容可以动态改变，数据容量大；数据存取具有秘密保护，安全性高；可以唯一地标示每个产品，进行跟踪定位。

一个典型的射频识别系统由射频卷标（Tag）或者标签（Smart Label）、读写器以及数据交换、管理系统等组成。其中，装载识别信息的载体是射频卷标（在部分识别系统中也称为应答器、射频卡等），获取信息的装置称为射频读写器（在部分识别系统中也称为问询器、收发器等）。射频标签与射频读写器之间利用感应、无线电波或微波能量进行非接触双向通信，实现数据交换，从而达到识别的目的。

射频识别系统的工作过程是这样的：读写器在一个区域发射能量形成电磁场，射频卷标经过这个区域时检测到读写器的信号或发送存储的数据，读写器就接收射频卷标发送的信号，译码并校验数据的准确性以达到识别的目的。

射频识别系统是以无线通信技术和内存技术为核心，伴随着半导体、大规模基础电路技术的发展而逐步形成的。其应用过程涉及无线通信协议、发射功率、占用率等因素，目前尚未形成在开放系统中应用的统一标准，因此射频识别技术主要在一些闭环系统中应用。

目前，射频识别系统在物流管理中的应用表现在以下几个方面：

1. 高速公路自动收费与城区交通管理

高速公路自动收费系统是 RFID 技术最成功的应用之一。RFID 技术在高速公路自动收费上的应用能充分体现它的非接触识别的优势，避免人工收费所造成的交通堵塞、不法收费员贪污路费的问题等。例如，广东省佛山市政府已经安装了 RFID 系统用于自动收取路桥费以提高车辆通过率，缓解公路瓶颈。车辆可以在 250km/h 的速度下用少于 0. 5ms 的时间被识别，正确率达 99. 95%。

在城市交通方面，基于 RFID 技术的实时交通督导和最佳路线电子地图的应用能使交通的指挥自动化、法制化，有助于改善交通状况。

2. 人员识别与物资跟踪

在门禁保安系统中应用 RFID 技术可以识别身份，实现安全管理，提高工作效率，如工作证、出入证、上下班打卡等。只要人员佩戴了分装成 ID 大小的射频卡，进出口有一台读写器，则在人员出入时就会自动识别身份，非法闯入会报警提示。

RFID 技术还可以用来保护和跟踪财产。将射频卡贴在重要物资如计算机、传真机、文件、复印件或其他实验室用品上，以自动跟踪管理这些有价值的财产。既可以跟踪一个物品从某一建筑处离开，又可以用报警的方式限制物品离开某地，如超市商品管理中应用的电子物品监视技术；结合 GPS 利用射频卡，还可以对货柜车、货舱等进行有效跟踪。

3. 生产流水线自动化控制

在生产流水线应用 RFID 技术可以实现自动控制和监视，提高生产率，节约生产成本，如汽车装配流水线。德国宝马汽车公司在装配流水线应用射频卡可以尽可能大量地生产用户定制的汽车，用户可以从上万种内部和外部选项中选定自己所需车的颜色、发动机型号还有轮胎式样等，如果没有一个高度组织的、复杂的控制系统是很难完成这样复杂的任务的。具体来说，就是在其装配流水线配有 RFID 系统，使用可重复使用的射频卡，该射频卡上带有详细的汽车所需的所有要求，在每个工作点处都有读写器，这样可以保证汽车在各个流水线位置能毫不出错地完成装配任务。

4. 仓储管理

将 RFID 系统与条码结合，可用于智能仓库货物管理，有效解决仓库与货物流动有关的信息管理，不但可增加一天内处理货物的件数，还能识别这些货物的一切流动信息。

将条码与 RFID 技术相结合，也是 RFID 在现阶段应用的一种方式。可以将条码贴在物品上，射频电子卷标贴在存放物品的托盘或叉车上，电子卷标存放托盘或叉车上所有物品的信息，读写器则安置在仓库的进出口。当时物品入库时，读写器自动识别电子卷标上的物品信息，并将信息存储到与之相连的管理系统中；当物品出库时，同样由读写器自动识别物品信息，并传送到管理系统，由系统对信息进行出库处理。

【MIS 视窗】

在不久的将来，许多产品都会被附上带射频的标签，这就免去了对产品逐个扫描的必要，满满一购物车商品的价格在一瞬间就算出来了，给消费者既节省了时间，也带来了便利。想象一下，你只要推着购物车通过射频感应器，刷一下身份证一次交易就完成了，这样省下的时间是多么可观。同样，商店的货架上也将运用射频技术，以便跟踪产品是否被取走，同时，这些电子标签还可以提供包括价格在内的许多信息。时髦的服装店采用射频技术，可以帮助消费者找到更多关于产品的信息，如加大尺寸或者其他颜色产品，甚至还可以推荐其他的搭配品，所以消费者无需等待相关售货员去查看库存。现在使用的一种类似技术是手持型条码扫描计算机。这种设备通过无线技术与商品存货系统相连，从而让售货员能够随时查询本店甚至是其他店商品的储存情况。

【行业动态】
无线射频识别技术市场正在爆炸

无线射频识别技术（俗称电子标签）市场正在爆炸。电子标签是一种高科技设备，能够使企业通过无线射频传送器和接收器追踪特定的产品。电子标签成为自手机首次出现以来最热的无线产品。专家预测供应链元素，如运输纸箱和标签，将是电子标签市场的第一大增长点。第二大增长点则是消费项目——从药品容器到服装的所有物品。在总收入方面，最大的 RFID 市场是安全和访问控制应用（62.6%），接着是动物（28.8%）和供应链应用（4.9%），消费产品、大型货运和 RFID 人体植入物则以每个低于总收入 1% 的比例远远落后。

（三）GPS 技术

全球定位系统（Global Positioning System，GPS）是利用分布在 2 万 km 高空的 24 颗卫星对地面目标的状况进行精确测定，以进行定位、导航的系统。它主要应用于船舶和飞机的导航、对地面目标的精准定时和精密的定位、地面及空中交通管制、空间与地面灾害的检测等。GPS 能对静态或动态对象进行动态空间信息的获取，快速、精度均匀、不受天气和时间限制地回馈空间信息。GPS 不仅是一种可以定时和测距的定点导航系统，它还可以向全球用户提供连续、实时、高精度的三维位置、三维速度和时间信息，满足军事部门和民用部门的需要。

GPS 包括三大部分：GPS 空间卫星星座、地面监控系统和用户设备（GPS 信号接收机）。GPS 的工作概念是基于卫星的距离修正。用户通过测量到太空各个可视卫星的距离来计算他们的当前距离，卫星的作用相当于精确地已知参考点。每颗 GPS 卫星可发布其位置和时间数据信号，用户接收机可以测量每颗卫星信号到接收机的时间延迟，根据信号传输的速度就可以计算出接收机到卫星的距离。同时收集到至少四颗卫星数据时，就可以解算出三维坐标、速度和时间。

GPS 在物流领域可以应用于汽车自动定位、货物跟踪管理，并可与 GIS（地理信息系统）结合解决物流配送。

首先，利用GPS进行汽车自动定位、跟踪调度。利用GPS的计算机管理信息系统，可以通过GPS和计算机网络实时收集公路汽车所运货物的动态信息，可以实现汽车、货物追踪管理，并及时地进行汽车的调度管理。车辆导航已经成为GPS应用的主要领域之一。

其次，利用GPS技术实现货物跟踪管理。货物跟踪是指物流运输企业利用现代信息技术及时获取有关货物运输状态的信息（如货物品种、数量、货物在途情况、交货期间、发货地和到达地、货物的货主、送货责任车辆和人员等），提高物流运输服务质量的方法。货物跟踪系统的应用大大提高了运营的精确性和透明性，同时也提高了物流企业的服务水平，可以实现差别化物流服务。

最后，GPS可以与GIS结合解决物流配送。物流包括订单管理、运输、仓储、装卸、送递、保管、退货处理、信息服务及增值业务，对全过程的控制是物流管理的核心问题。GPS/GIS技术是全过程物流管理不可缺少的组成部分。通过GPS/GIS技术可以实现运输车辆的动态调度及运能管理，实现路线规划及路线优化，有助于物流配送企业有效地利用现有资源，降低消耗，提高效率。

（四）GIS技术

在现代物流中，常会遇到如何选择车辆运输的最佳路径、如何避免中途迷路、如何准确跟踪重要货物运输途中的地理位置等问题。为了解决这些问题，就需要用到GPS和GIS。GIS（Geographic Information System）即地理信息系统，是在20世纪60年代开始快速发展起来的地理学研究新成果，是由地理学、计算机科学、测绘遥感学、城市科学、环境科学、信息科学、空间科学、管理科学等融合为一体的新兴科学。GIS集成多学科并应用于多领域，这种集成是对信息的各种加工、处理过程的应用、融合和交叉渗透，并实现各种信息的数字化的过程，具有数据采集、输入、编辑、存储、管理、空间分析、查询、输出和显示功能，为系统用户进行预测、监测、规划管理和决策提供科学依据。

GIS以地理空间为基础，利用地理模型的分析方法及时提供多种空间、动态的地理信息，从而为有关经济决策服务。GIS将表格型数据（无论它来自数据库、电子表格文件或直接在程序中输入）转换为地理图形显示，然后对显示结果浏览、分析和操作。其显示范围可以从洲际地图到非常详细的街区地图，显示对象包括人口、销售数据、运输路线等。

GIS在物流领域中的应用主要是指利用GIS强大的地理数据功能来完善物流分析技术，合理调整物流路线和流量，合理设置仓储设施，科学调配运力，提高物流业的效率。目前，已经开发出专门的物流分析软件用于物流分析。完整的GIS物流分析软件集成了车辆路线模型、最短路径模型、网络物流模型、分配集合模型和设施定位模型等。

（1）车辆路线模型。它主要用于解决一个起点、多个终点的货物运输中，如何降低物流作业费用并保证服务质量的问题。它包括决定使用多少车辆以及每辆车的路线等。

（2）网络物流模型。它主要用于解决有效分配货物路径问题，也就是物流网点布局问题。例如将货物从N个仓库运往M个商店，每个商店都有固定的需求量，因此，需要确定由哪个仓库提货送给哪个商店，使得运输代价最小。

（3）分配集合模型。它是根据各个要素的相似点把同一层上所有或部分要素分成几个组，用以解决确定服务范围和销售市场范围等问题。例如某一公司要设立X个分销点，要求这些分销点要覆盖某一地区，而且要使每个分销点的客户数目大致相同。

（4）设施定位模型。它用于确定一个或多个设施的位置。在物流系统中，仓库和运输线路共同组成了物流网络，仓库处于网络的节点上，节点决定着线路。如何根据供求的实际需要并结合经济效益的原则，在既定区域内设立多少仓库，每个仓库的位置、每个仓库的规模，以及仓库之间的物流关系等，运用此模型均能轻松解决。

二、信息系统

1. POS 系统

在目前商业竞争愈演愈烈，并将由价格竞争向管理竞争过渡之际，各大商场纷纷在商场管理中引入商业销售终端（Point of Sale，POS）系统，以提高自己的竞争力。POS 系统正是在此形势下应运而生的。POS 系统是指通过自动读取设备（如收款机）在销售商品时直接读取商品销售信息（如商品名、单价、销售数量、销售时间、销售店铺、购买顾客等），并通过通信网络和计算机系统传送至有关部门进行分析加工以提高经营效率的系统。

POS 系统的基本运行步骤是：①商品都贴有表示该商品信息的条码或 OCR 标签。②POS 终端机使用扫描读数仪自动记录原始材料及其他相关数据，采用实时（On-line）或批处理（Batch）的方式保存完整的信息记录。③各种销售终端信息通过 VAN 以在线连接的方式实时传送给总部或流通中心。④流通中心利用销售终端信息来进行库存调整、配送管理、商品订货等作业。⑤流通中心利用 VAN 以在线连接的方式把销售时点信息实时传送给伙伴企业。这样伙伴企业可以利用最及时、准确的销售信息进行销售预测，以此为基础制订生产计划和库存连续补充计划。

POS 系统采用先进的计算机网络及数据库技术，并和现代化商业管理模式有机结合，博采众长，集技术的先进性和管理的有效性于一体，带给企业的不仅仅是一种管理手段，更重要的是为企业打开现代管理之门，为企业科学、高效、规范地进行商业管理铺平道路。企业应用 POS 系统可以在信息面、管理面和企业内部稽核面上增加效益。

2. EOS

电子订货系统（Electronic Ordering System，EOS）是指用户、流通中心、生产企业之间利用通信网络（VAN 或互联网）和终端设备以在线连接方式进行订货作业和订货信息交换的系统。EOS 按应用范围可以分为各企业内 EOS（如连锁店经营中各个连锁分店与总部之间建立的 EOS），零售商与批发商之间的 EOS 以及零售商、批发商和生产商之间的 EOS。

EOS 能及时、准确地交换订货信息，它在企业物流管理中的作用如下：

（1）相对于传统的订货方式，如上门订货、邮寄订货、电话订货、传真订货等，EOS 可以缩短从接到订单到发出订货的时间，缩短订货商品的交货期，减少商品订单的出错率，节省人工费。

（2）有利于减少企业库存水平，提高企业的库存管理效率，同时也能防止商品特别是畅销商品缺货现象的出现。

（3）对于生产厂家和批发商来说，通过分析零售商的商品订货信息，能准确判断畅销商品和滞销商品，有利于企业调整商品生产和销售计划。

（4）有利于提高企业物流信息系统的效率，使各个业务信息子系统之间的数据交换更加便利和迅速，丰富企业的经营信息。

在商业化迅速发展的今天，EOS 也越来越显示出它的重要性。同时，随着科学技术不断发展和 EOS 的日益普及，EOS 的标准化和网络化已经成了当今 EOS 的发展趋势。要实施

EOS，必须做一系列的标准化准备工作，包括对代码、传递、通信及网络传输的标准化研究，如商品的统一代码、企业的统一代码、传递的标准格式、通信程序的标准格式以及网络数据交换的标准格式等。可以说，计算机、网络通信是支持EOS的硬件基础，而商品的统一标识、企业代码的统一等是支持EOS的软件基础。

EOS的基本流程说明如下：

（1）在零售点的终端利用条码阅读器获取准备采购的商品条码，并在终端机上收入订货材料，并利用电话线通过调制解调器传到批发商的计算机中。

（2）批发商开出提货传票，并根据传票，同时开出拣货单，实施拣货，然后根据送货传票进行商品发货。

（3）送货传票上的资料便成为零售商的应付账款资料及批发商的应收账款资料，并传送到应收账款系统中。

（4）零售商对送到的货物进行检验后，即可陈列和出售。

3. 呼叫系统

呼叫系统是在随着互联网普及和深入应用的今天，以最少的成本解决企业与客户之间的实时通信，完成客户服务与销售所提供的最优解决方案。它完全符合了通信技术中视频、语音、数据的完全融合的发展趋势。

呼叫中心（Call Center）是一种利用先进的通信技术，对信息和物资流程优化处理和管理，集中实现沟通、服务和生产指挥的系统。与传统意义上以电话接入为主的呼叫响应中心不同，基于计算机电话集成（Computer Telephony Integration，CTI）技术的现代呼叫中心可通过电话、传真、互联网访问、电子邮件、视频等多种媒体渠道进行访问，同时提供主动外拨服务。这种呼叫中心也称个人业务电话交换机（Personal Business Exchange，PBX）。呼叫中心主要组成部分包括：

（1）自动呼叫分配（ACD）系统。它成批地处理来话呼叫，并将这些来话按规定路由传送给具有类似职责或技能的各组业务代表。

（2）交互式语音应答（IVR）系统。它实际上是一个“自动的业务代表”。通过IVR系统，顾客可以利用音频按键电话或语音输入信息，从该系统中获得预先录制的数字。先进的IVR系统甚至已具备了语音信箱、互联网和语音识别的能力。

（3）CTI技术。该技术可使电话与计算机系统实现信息共享，并允许根据呼叫者、呼叫原因、呼叫所处时间段和呼叫中心通话状况等，来选择呼叫路由、启动功能和更新主机数据库。

（4）来话呼叫管理系统。该系统是一种用于管理来话呼叫和话务流量的计算机应用，可提供订单输入和信息填充等功能，并协助呼叫中心有效地利用昂贵的劳动力资源。

（5）去话呼叫管理（OCM）系统。该系统负责去话呼叫并与用户建立联系。该系统可以广泛用于市场调查分析和产品促销等场合。

（6）呼叫管理系统（CMS）。该系统负责为来话呼叫中心管理有关中继线、业务代表、队列、路由选择方案和应用的信息，以协助企业有效地管理资源。管理人员可以通过CMS信息监视呼叫中心各部分的运作、检查成本，并且预测改进现有运作的潜在需求等。

呼叫中心是利用现代通信手段集中处理企业与客户交互过程的机构，对于时域、地域跨度都很大的物流企业而言，它更担负着不同物流环节、不同部门之间有效沟通的职能，对于物流企业的顺利运行起着重要的作用。

随着多媒体和互联网的广泛应用，呼叫中心在物流行业中的应用日益频繁。呼叫中心凭借其高度的灵活性和柔韧性，通过营运管理的逐步完善，可无缝地嵌入物流配送网络的各个环节，成为真正满足现代物流企业需要的综合性服务和营运中心。呼叫中心不仅仅是物流企业和客户联系的桥梁，更将为物流企业带来更多的收益，为客户带来更优良的服务。

4. 仓储管理系统

仓储管理系统（Warehouse Management System，WMS）是以条码技术、数据库技术、无线通信技术、自动识别技术为基础，实现仓储管理中货物的进货、出货、库存点控制、点仓等管理功能，并可依托互联网进行客户订单和查询管理。换句话说，WMS 是一个实时的计算机软件系统，它能够按照运作的业务规则和运算法则，对信息、资源、行为、存货和分销运作进行更完美的管理，使其最大化满足有效产出和精确性的要求。这里所称的“仓储”包括生产和供应领域中各种类型的储存仓库和配送中心，当然包括普通仓库、物流仓库以及货代仓库。在实际物流中，WMS 通过扫描仪读取条码数据，经过无线通信，传送给计算机控制系统，由计算机控制系统进行信息处理并进行下一个作业。

WMS 基本有以下模块：收货处理、上架管理、拣货作业、站台管理、补货管理、库内作业、越库操作、循环盘点、RF 操作、加工管理、矩阵式收费。从功能上讲，WMS 具有计划和执行两大功能。计划功能包括订货管理、运送计划、员工管理、仓库面积管理等；执行功能包括进货接收、分拣配货、发货运送等。WMS 能够提供及时的信息和连续的回馈，使仓储在面对不断变化的环境时具有灵活性，能够协调和整合各个物流活动，实现现代物流网络化。

5. 运输管理系统

运输管理系统（Transportation Management System，TMS）是一套基于运输作业流程的管理系统，该系统以运输任务、货品、商务为三条线索设计开发。运输任务是该系统管理的核心，系统通过对运输任务接收、调度、运输状态跟踪过程确定任务的执行状态。货品是系统管理的对象，通过对进入系统货品的质量、状态的管理，实时回馈货品所处的状态，即实现动态跟踪功能。商务是伴随运输任务发生的应收应付费用的过程。通过对应收应付费用的管理及运输任务对应的收支的核算，能够统计分析实际发生的费用和每笔业务的利润等。

TMS 主要的功能模块包括：组织管理、客户管理、合约管理、供货商管理、车辆管理、执行管理、商务、台账、报表、系统维护等。TMS 可以实现运输企业的基础数据管理、业务过程管理、辅助决策、财务管理等要求。它通过互联网，为企业提供了全球分支机构之间的数据传输、数据汇总、中心/分支财务处理、多币种结算等功能。

TMS 具有以下几方面的特点：①TMS 是基于网络环境开发的支持多网点、多机构、多功能作用的立体网络运输软件。②TMS 是在全面衡量、分析、规范运输作业流程的基础上，运用现代物流管理方法设计的先进的、标准的运输软件。③TMS 采用先进的软件技术实现计算机优化辅助作业，特别是对于网络机构庞大的运输体系，TMS 能够协助管理人员进行资源分配、作业匹配、路线优化等操作。④TMS 与现代化信息识别技术及物流技术可以实现无缝连接，在基于条码作业的系统内可以实现全自动接单、配送、装运、跟踪等。

第三节 供应链管理系统功能及实施

一、供应链管理系统的特点

1. 涉及不同的业务过程

（1）计划。监控供应链，管理所有资源，使之能够有效而低成本地为客户提供高质量和高价值的产品或服务。

（2）采购。与供应商建立一套定价、配送和付款流程，进行监控和改善管理，包括提货、核实货单、转送货物、批准对供应商的付款等。

（3）制造。安排生产、测试、打包和准备送货所需的活动，是供应链中测量内容最多的部分，包括质量水平、产品产量和工人的生产效率等。

（4）配送。调整用户订单收据，建立仓库网络，递送人员提货并送货到客户，建立货品计价系统，接收付款。

（5）退货。问题处理部分。建立网络接收客户退回的次品和多余产品，在客户使用产品出问题时提供支持。

以上业务过程与销售、采购、财务、运营/管理、物流/库存等关键功能模块紧密相关。例如财务部门准备票据，而销售部门控制装运和票据处理。通过 ERP 系统实现业务流程与功能模块的集成，建立企业内部供应链体系，是实现整个供应链的基础。

2. 内外部系统集成

供应链管理较好地通过管理信息流、产品流和需求流的合理流动，实现内部与外部的集成，包括 SCP（供应链计划）和 SCE（供应链执行）两个部分。最有价值（最复杂和最易出错）的是需求计划，它决定着企业需要制造什么样的产品和多少产品。SCP 软件运用数学运算辅助改进供应链的流转和效率，降低库存，其精确性完全依赖于信息。

SCE 软件用于实现供应链各个部分的自动化，使操作简单明了。例如企业为了获得原料，可以从制造工厂发送电子订单给供应商。通常，供应链管理功能经由不同的组件组成的系统来实现，包括高级计划和优化（APO）、企业采购（BBP）、商贸信息数据仓库（BW）、后勤执行系统（LES）、原料管理（MM）、产品计划（PP）、销售和配送（SD）。

3. 采用专项手段实现专门管理

供应链管理系统大量采用各种先进的管理和技术，它们是革新供应链的基本手段，包括：

（1）通过 JIT、全面质量管理（TQM）等先进管理技术，促请供应商进行管理革新，提升设计能力，管理和控制中间供应商网，保证交货的可靠性和准确性。

（2）通过融入代理技术和 RFID，使供应链穿越传统界限并进一步延展，增强供应链管理系统的可视性，有效应对变化莫测的市场。

（3）借助因特网技术拓展供应链应用，为企业、合伙人和客户提供可见的交易评价数据，提供订购、预报、产品计划等关键指标的即时指示器，使企业掌握存货水平和供应速度，强化提高服务质量的能力和减少存货所需资本的能力。

（4）其他专项管理手段包括采购管理系统（EPS）、供货商关系管理系统（SRM）、

WMS、FMS、销售管理系统（SMS）、订单管理系统（OMS）、需求计划系统（DP）等。

二、供应链管理系统的功能

供应链管理的功能主要由采购管理、产品管理、库存管理、销售机构管理、销售管理（包括渠道管理）、订单管理、销售统计、竞争对手分析、信誉额度管理、渠道健康情况监测、预算和计划、分析和预测几部分组成。

1. 采购管理

采购管理系统包括生产资料和非生产资料等各种业务采购。采购企业可以通过虚拟的在线产品目录，迅速而实时地访问产品信息；通过价格和品质的比较，选定产品供应商；通过在线交易来实现传统采购交易中的多种功能，降低采购周期与成本，保证自身业务高效地进行。对于专业的采购人员，他们可以通过系统对库存状况的分析来评估供应商的实力；实时而迅速地了解供应商的信息，避免传统交易中的种种障碍，对于采购时间有限定的产品极为有利。

采购管理系统可分为以下几个模块：

（1）目录管理。建立买方私有目录，查询产品信息及供应商。

（2）请购管理。生成请购单，可以根据常用的采购行为设置请购模板。

（3）采购单管理。由请购单汇总成采购单，并维护采购协议。

（4）询价模块。根据采购类型按照不同流程获取产品价格。询价单的内容包括供应商名称和产品名称、数量、期望交货日期、截止日期等。

（5）送货地点、备注、附件、送货方式和付款方式（可选）。

（6）审批管理。根据审批流程实现对采购的审批。

2. 产品管理

用户可以方便地在网上查询产品分类、新产品介绍、产品价格、产品库存（相关的供求情况）等，也可以通过产品的搜索引擎进行查找。后台进行产品信息的录入、删除、修改。

3. 库存管理

库存管理完成出入库管理、分仓管理（仓库档案增、删、改）、存量查询（一览表、汇总、明细）、盘点结存、移库调拨、残损管理、退换货管理、安全库存管理等库存业务管理的基本过程。

4. 销售机构管理

销售机构管理可任意设置销售区域及区域的层次关系，加强对各区域的分级管理。用户还可根据需要建立适合自己的多层组织结构，定义组织职能和组织关系，进行人员配置，设置人员权限，管理人员信息。部门、人员的组织层次、角色、权限都可以任意划分，可以灵活地实现组织与部门的重组。

5. 销售管理

销售管理是对分销业务进行管理的主要功能，包括销售流程的管理、产品价格的管理、客户信用额度的管理以及优惠策略的管理。

销售管理系统可分为以下几个模块：

（1）销售流程的管理（订单管理）。客户在网上进行选购、在线支付、状态查询等。

（2）产品价格的管理。从后台管理产品的报价，针对不同的客户（等级）设定产品不同的报价（折扣）。

（3）促销管理。例如返点的申请，销售人员根据各级代理商和经销商的业绩，为它们申请返点，管理人员对返点申请进行审批，审批有效后系统自动把返点加在代理商和经销商账户上。返点可在系统中冲减应收款，在系统中可查询返点的明细情况等。

（4）赠品的管理。

（5）退换货管理。申请表单流程处理。

6. 订单管理

对于客户下的订单要通过订单履行来完成，这即订单的处理。订单管理包括订单的确认、订单状态管理（包括取消、付款、发货等多种状态），以及订单出库和订单查询等。

7. 销售统计

可以通过销售统计查询某个产品、某地区的下级分销商及其销售情况，还可形成周/月报表。

8. 竞争对手分析

竞争对手的存在经常会阻碍销售的顺利进展，甚至会直接因此而造成销售失败，所以知己知彼就显得尤为关键。在这个模块中，将允许输入并查看竞争对手的产品、部件、价格、企业情报，并允许与竞争对手进行企业实力与背景、产品、价格等的比较，包括竞争对手产品、价格、市场策略等的收集和分析。

9. 信誉额度管理

该系统管理客户的信誉额度，信誉额度用来约束客户在使用先取货后付款方式下可以成交订单的最大金额，以控制风险。

10. 渠道健康情况监测

它包括：货物周转周期过长或有货物超期未到、信用透支严重等，可以用颜色来示警；基于渠道的销售统计，包括日常交易量、查询交易明细、渠道成本、流通率、效率计算等；建立在线的客户服务，解决客户的投诉和反馈信息。

11. 预算和计划

根据企业业务要求，参考本月发生额，就下个月份的资金（进出）、库存（进出）、人员、运输等因素进行预算申请及相应的业务计划，并通过内部流程的审批。

12. 分析和预测

对销售管道中的线索来源、销售机会、销售进度、账户区域分布、客户组织结构等进行图表分析，能够最直观地展现销售业绩，便于销售人员和经理人员及时发现问题的关键所在，正确作出决策。

三、供应链管理系统的实施原则

1. 以公司整体战略为基础

首先，一个公司必须锁定自己的战略目标，并制定供应链策略来适应这个战略目标。在供应链管理基本适用于成品库存配置的时期，超前的公司都会在关键事项上使用战略思维，如订货至交货的时间、供货服务水平、生产能力等。领导者们用“外延企业”的广阔思维来考虑战略决策，如物流的外部采购、全球采购，甚至新产品战略。

2. 整体考虑战术转变

供应链管理系统实施的第二个原则是公司必须整体考虑战术转变。尽管有了清晰的战略目标和方针，战术转变还是需要的。例如，公司面对因为没有达到预计销售额而在配送环节上出现积压库存时该如何反应？是不是应该停工一个星期或者是不是应该用打折来增加销售额？销售和运作计划会议（SOP），生产、销售和存货会议（PSI）或者是交叉功能决策会议对公司进行战术转变是非常重要的。现在的供应链革新家正试图扩展战术决策过程，以便适用于更多的企业，整个过程被称为合作、预测和补给计划（CPFR）。尽管 CPFR 不一定要求会议具备 SOP/PSI 的特征，但是它试图保证客户和供应商在相同的前提下工作，并达成共识。零售商和供应商统一促销计划和运输线路可以降低成本，如直接把货物从工厂运出就可避免配送中心不必要的操作。

3. 使用功能交叉支持系统

供应链管理系统实施的第三个原则是使用功能交叉支持系统，特别是在信息技术上。正像前两个原则一样，这个原则把眼光集中在战略和战术水平的突破上，公司需要连接交叉功能的支持系统，并且在每一个功能区域都有独立的系统。

4. 顾及用户期望

尽管很多公司通过遵从供应链管理系统实施的基本原则获得了丰厚的回报，但是依然面临着挑战：互联网提高了用户对快速送货的期望，并且在继续改变着用户的行为。

四、供应链管理系统的实施步骤

企业从传统的管理模式转向供应链管理模式，一般要经过五个阶段，包括从最低层次的基础建设到最高层次的供应链动态联盟管理，各个阶段的不同主要体现在组织结构、管理核心、计划与控制系统、应用的信息技术等方面。

1. 第一阶段：基础建设

这一阶段是在原有企业供应链的基础上分析、总结企业现状，分析企业内部影响供应链管理的阻力和有利之处，同时分析外部市场环境，对市场的特征和不确定性作出分析和评价，最后相应地完善企业的供应链。

在传统型的供应链中，企业职能部门分散、独立地控制供应链中的不同业务。企业组织结构比较松散。这时的供应链管理主要具有以下特征：

（1）组织部门界限分明，单独操作，往往导致相互之间的冲突。采购部门可能只控制物料来源和原材料库存，制造和生产部门通过各种工艺过程实现原材料到成品的转换，销售和分销部门可能处理外部的供应链和库存，部门之间的关联业务往往因为各自为政而发生冲突，这可能会导致成本过高，所以企业的目标在于以尽可能低的成本生产高质量的产品，以解决成本—效率障碍。

（2）销售、制造、计划、物料控制、采购等控制系统和业务过程是相互独立、不相匹配的，由于部门合作和集成业务失败而导致多级库存等问题。

（3）企业的核心注重于产品质量，由于过于注重生产、包装、交货等环节的质量，处于这一阶段的企业主要采用短期计划，出现困境时需要逐个解决。虽然企业强调办公自动化，但这样一种环境往往导致整个供应链的效率低下，同时也增加了企业对供应和需求变化影响的敏感度。

2. 第二阶段：职能集成管理

职能集成管理阶段集中于处理企业内部的物流，企业围绕核心职能对物流实施集成化管理，对组织实行 BPR，实现职能部门的优化集成，通常可以建立交叉职能小组，参与计划和执行项目，以提高职能部门之间的合作，以克服这一阶段可能存在的不能很好满足用户订单的问题。

职能集成管理强调满足用户的需求，事实上，用户需求在今天已经成为驱动企业生产的主要动力，而成本尚在其次，但这样往往导致第二阶段的生产、运输、库存等成本的增加。此时供应链管理主要有以下特征：

（1）将分销和运输等集成到物流管理，制造和采购职能集成到生产职能。

（2）强调降低成本而不注重操作水平的提高。

（3）积极为用户提供各种服务，满足用户需求。

（4）职能部门结构严谨，均有库存作缓冲。

（5）具有较完善的内部协定，如关于采购折扣、库存投资水平、批量的协定等。

（6）主要以订单完成情况及其准确性作为评价指标。

在该阶段一般采用 MRP 系统进行计划和控制。对于分销网，需求得不到准确的预测和控制，分销的基础设施也与制造没有有效连接，因为用户的需求得不到精确的理解，从而导致计划的不准确和业务的失误，所以在第二阶段要采用好的预测技术和工具对用户的需求作出有效的预测、计划和控制。

但是，以上采用的技术之间、企业业务流程之间以及技术与业务流程之间都缺乏集成，库存和浪费等问题仍可能困扰企业。

3. 第三阶段：内部集成化供应链管理

该阶段，供应链的集成局限在核心企业内部，强调企业内部市场、销售、计划、制造和采购等部门之间的协调，并实现内部供应链与外部的供应商和用户管理有一定的协调或部分集成。集成的结果是集成化的计划和控制系统。主要通过采用基于 C/S 体系的 SCP 或 MRP Ⅱ/ERP 系统在企业内部实行横向集成。

本阶段管理的核心是内部供应链的效率问题，主要考虑在优化资源、能力的基础上，以最低成本和最快的速度生产最好的产品，最快地满足客户的需求，以达到生产反应能力和效率的提高。应考虑对企业实施 BPR，以构建新的交叉职能（Cross Function）业务流程取代传统的职能模块，由用户需求和高质量的预测信息驱动整个企业供应链的运作，同时尽量平衡满足用户需求和服务成本之间的关系。

企业可以考虑采用 DRP 系统、MRP Ⅱ系统管理物料，运用 JIT 等技术支持物料计划的执行。运用同步化的需求管理，将用户的需求、制造计划和供应商的物流同步化，减少不增值的业务处理过程。

此阶段的供应链管理具有以下特征：

（1）强调战术问题而非战略问题。

（2）制订中期计划，实施集成化的计划和控制体系。

（3）强调效率而非有效性，即保证要做的事情尽可能好、尽可能快地完成。

（4）形成从采购到分销的完整体系。

（5）应用信息技术。广泛地运用 EDI 和 Internet 等信息技术支持与供应商及用户的联系，并获得快速的反应能力。EDI 是集成化供应链的重要工具，特别是在进行国际贸易合作需要大量关于运输的文件时，利用 EDI 可以快速获得信息、提供更好的用户服务、更便捷地联系、增加生产力、提高跟踪能力和提高竞争力等。

（6）与用户建立良好的关系，不是单纯地“管理”用户。

我国目前许多大的公司进行的供应链管理改造就处于该层次，主要解决销售、生产、供应和后勤部门的不同步等问题，同时，要求尽量实时掌握经销商的业务信息和市场动态，强调供应链过程统一、协调地计划。采用 C/S 结构的各子系统实现供应链的集成。

4. 第四阶段：外部集成化供应链管理

外部集成化供应链管理强调核心企业与外部供应商和客户集成起来形成一个集成化的供应链网。此阶段特别注重战略伙伴关系的管理，与主要供应商和客户建立良好的关系是其中的核心目标。

管理的焦点是要以面向供应商和客户取代面向产品，增进与主要供应商和用户的关系，增进相互之间的（对产品、供应、组织、企业文化等）了解，相互之间保持一定的一致性，相互之间信息共享，对市场的变化及时协调反应。企业通过为用户提供比竞争者更好的服务（产品质量、服务质量）或增值信息获取更多利益。

企业与供应商的合作包括在预测、产品设计、生产、运输计划和竞争策略等方面共同设计和控制整个供应链的动作。对于主要用户，企业一般建立以用户为核心的具有多个领域职能功能的管理小组，从而使企业更贴近客户并提供更好的服务。同时，企业的生产系统应具备高度的柔性，以提高对用户需求的反应能力和速度。生产系统应能根据不同用户的需求，既能按订单生产（Make-to-order）、按订单组装包装（Assemble of Package-to-order），又能按库存生产（Make-to-stock），根据客户的不同需求对资源进行不同的优化配置，这即动态用户约束点策略（Dynamic Customer Commit Point Strategy）。

由于企业之间的合作往往需要牺牲个别企业的利益以达到整个供应链的整体效益最大，因此，在企业与相关企业建立良好的合作关系过程中，相互之间的协调对于各方是至关重要的。这种协调包括企业战略、业务操作流程各层面的协调，尤其是企业在企业战略、策略上的协调。

与外部供应链的集成必须采用基于 Internet/Intranet 的技术，使企业内部的信息系统与外部节点企业的信息系统具有良好的接口，即构建企业 Extranet，以便于信息共享和信息交互，实现操作的一致性。

5. 第五阶段：供应链动态联盟管理

企业动态联盟是为响应已经或即将出现的市场机遇而组成的公司或集团，它一般都有一个发起者，联盟中的每一个企业（部门）都具有自身的优势或核心生产技术，以一定的方式共享利益，共担风险。通过参与企业动态联盟，企业（部门）能够在设计、制造、市场等各方面更关心局部的专长，而不需要做到面面俱到，这为企业（部门）以其本身有限的资源，最大限度地获取市场利益提供了可能。与传统的企业相比，企业动态联盟具有以下方面的特点：

（1）地域范围广。参与形成同一联盟的企业（部门）可能分布在全国各地甚至世界各地。

（2）时效性。联盟具有明显的组建、运作和分解过程，当市场条件发生变化或消失时，联盟也将进行相应的调整或随之解体。

(3) 异构性。参与联盟的企业（部门）可能有不同的企业文化和管理模式，以及现行的支持企业（部门）运作的信息系统基础。

(4) 有限性或相对独立性。参与联盟的各企业（部门）之间一般不存在任何隶属关系，各企业在联盟范围内合作，而在其他领域内则可能是竞争对手。

在动态联盟企业中的供应链形成动态网链化结构，称为供应链联盟（Supply Chain Communities），其核心是占据市场的领导地位。供应链动态联盟随着企业动态联盟的变化、重组和解体而变化、重组和解体，它是一个具有高度柔性和自组织性的网链结构，以适应市场对企业柔性、速度、时间和成本的需要，不能适应这种要求的企业将从供应链中淘汰出局。在供应链动态联盟中，企业通过全球电子商务集成在一起，及时共享和交换商业信息，共同应付市场的变化。

本章小结

供应链是企业赖以生存的商业循环系统。供应链的效率低下，如零件短缺、工厂产能未能充分利用、过剩的最终产品存货与飞涨的运输成本，都是由不正确或滞后的信息造成的。供应链管理是当前企业管理的重要内容，是企业得以生存和发展，赢得客户、赢得市场的重要拉动力量。本章重点介绍了供应链的管理思想和内涵、供应链管理的系统功能及实施步骤。

MIS 案例分析
京东商城的物流与供应链管理

京东商城创始于2004年。当时，刘强东带领公司进入了电子商务领域，正式创办了“京东多媒体网”（京东商城的前身）。在紧随其后的六年中，京东商城在刘强东的带领下以每年200%的速度腾空而起。从一家年销售额为1000万元的电子商务企业发展到目前中国最大的网络零售商，同时也是国内首家销售额突破百亿元的电子商务企业。京东商城之所以能够异军突起，成为中国最成功的电子商务平台之一，与其独特、先进的物流和供应链体系是密不可分的。

京东商城一直追求低成本、高效率，因为物流平台效率比供应商更高，而运营成本却低于供应商自建电子商务平台，那么京东商城就不会被供应商抛弃，就有存在的价值。具体来说，京东商城的优势主要体现在以下方面：

1. 通过物流压低成本

如果品牌商自己做B2C的电子商务平台，自建物流、配送和货到付款的支付体系的话，则后台体系的成本是销售额的12%～18%。京东商城却能把成本压到6%左右，这对于品牌供应商具有极大的吸引力。正因为如此，后台成本的超过五个百分点的降低成为了打动供应商的理由。

在京东商城，库存周转的周期是12天，而实体店面竞争对手通常达到了40～60天。这对于更新速度极为快速的电子产品行业（京东商城最主要的业务范围）来说，供应链速度快一天，就能在产品过时掉价之前多卖一天，也就能多获得一天的利润，所以，这也凸显了京东商城强大的竞争力。

2. 仓储规模与配送速度

对于B2C平台来说，供应链的提速依赖于后台的仓储物流体系的高效运转。而京东商城这些年来，一直把物流作为第一任务来发展，不断加大对仓储物流后台的扩建。京东商城在华北、华东、华南、西南建立了四大覆盖全国各大城市的物流中心；在天津、苏州、杭州、南京、深圳、宁波、无锡、济南、武汉、厦门等40余座重点城市建立了配送站；此外，京东商城目前正在筹建一个新的项目——“亚洲一号”。京东商城在上海嘉定购置了260亩土地，用于打造亚洲最大的现代化B2C物流中心，其中包括单体15万~20万m^2的库房。“亚洲一号”将至少支持百万级的SKU（Stock Keeping Unit，库存量单位），目标是适应京东商城未来5~10年的发展。京东商城自建的物流体系不仅为用户提供了更好的服务，更重要的是缩短了供应链流程，大大缩减了运营成本。商品从厂商生产基地到京东商城库房，再到配送站，最后送达客户，只经过三个环节，而且没有店面，成本降低，用户也得到了更大的实惠。以“满足用户对电子商务的需求”为根本的物流体系，为用户提供优质的配送服务，这已经成为京东的一大竞争力。

3. 发挥逆向物流的价值

一个完整的供应链除了包括正向物流之外，还应包括逆向物流。逆向物流是以市场和顾客为导向，以信息技术为基础，通过渠道成员将物资从消费点返回原产地的过程，这主要是对因损坏、召回、使用寿命到期、多余库存等造成的退货进行回收。它包括不符合要求品退回、维修与再制造、废弃物回收处理等流程，从而使这些物资得到正确处置，重新获得价值。逆向物流的形成可以有很多原因，而且逆向物流的形成可以发生在终端顾客、零售商、批发商、运输商等任何一个节点上。

虽然B2C电子商务市场成功地打破了时空界限，简化了贸易流程，但由于市场所独具的虚拟性，也大大增加了其不稳定性。首先，信息技术带来的低成本优势让产品入门障碍低，大量信息涌入，给消费者提供参考的同时也增加了虚假信息误导的可能。其次，电子商务市场中有形产品的交易（订购和配送）与经营者是分离的，这种方式体现了电子商务领域交易的方便性，但同时也给交易安全带来了隐患。最后，无形产品（信息商品）的比例大增，消费者使用之前并不知该产品的质量如何，而在电子商务环境中，消费者可以方便地在不同页面中进行跳转。一旦消费者购买了一次赝品，他便有可能马上转向替代品市场。因此，把逆向物流战略作为其降低成本、增加顾客满意度、强化竞争优势的重要手段，对于大多数涉足电子商务领域的企业来说，显得尤为重要。

京东商城承诺永久免除运输“保价费”，在配送环节上承担保险费用，运输过程的风险一律由京东商城承担，客户收到货物如有损坏、遗失等情况，只要当场声明，京东商城会立即发送全新的商品予以更换。显然，这种承诺的实现得益于其身强大的物流体系。京东商城在实践中还发现，正确的逆向物流不仅能够降低成本，而且还会提高收入。其调查更是表明，退货渠道和措施足以影响到客户的决策，尤其是那些潜在客户。因此，电子商务企业选择了正确可行的逆向物流解决方案，便可为企业留住现有客户，挖掘潜在客户，从而保持较高的客户忠诚度。

4. 先进人性化的信息系统

总裁刘强东在接受记者采访时提到，京东商城的信息系统都是自己做的，没有一个代码是买的。作为京东商城运营中枢的ERP系统可以提供每一款产品的详细信息：什么时间入库、采购员是谁、供应商是哪一家、进价多少、质保期多长、在哪个货架。客户在京东商城购物页面下单后，信息系统就开始高速运转起来。它首先确定这个商品在哪个库房，是否需要内部调拨，然后把该订单对应到相应的仓储管理系统（WMS）；该库房的管理系统就会作出相应的定位，即找到该商品在哪个货架，同时将信息发送到库房工作人员随身携带的个人数字助理（PDA）上；工作人员收到信息后，去相应的货架取货，将货物放到已经在相应位置弹出来的周转箱。如果一个客户同时购买了几种商品，那么周转箱将根据订单顺序依次在这几种商品的相应位置弹出，库房工作人员将相应的商品放进去。在拣完货以后，周转箱又被传送到复核扫描台，出货前工作人员再检查一遍，确认无误后，打印发票和购物清单，完成打包后转到发货组。发货组再将这些货物放到暂存区，到配送时间后发货，驾驶员将货物运送到配送站，配送站将货物分给配送员，由配送员完成送货。整个过程ERP系统都有记录。

另外，京东商城的网页信息更新技术采用了中间件的方式，从而避免了缓存，消除了时间差问题，使客户在购物时可随时查询到所订购商品的具体状态，这为京东商城客服部门省去了很大一部分工作。其自身完备的信息技术更是可以预测将来15天之内的销量。正是由于这种强大的信息系统成为了物流体系的一部分，使得京东商城比其他网上商城的产品价格要低10%～20%，这种优势无疑对消费者有着极大的吸引力。

思考题：

1. 供应链设计中应该考虑的关键要点是什么？
2. 京东商城供应链管理系统对我国其他电商企业有哪些启发？

本章习题

一、选择题

1. 在合作博弈中，供应链成员需要紧密合作，共享信息才能消除供应链中的不确定性因素，实现供应链效益的最大化。供应商与订货商状况都得到了改善，达到了（　　）的目的。

A. 价格最低　　B. 及时交货　　C. 满足客户需要　　D. “双赢”（Win—win）

2. 供应商决定每一种商品的恰当库存水平，以及维持这些库存水平的恰当策略是(　　)。

A. JIT　　B. EOQ　　C. VMI　　D. QR

3. 下列关于21世纪全球市场竞争的主要特点说法正确的是（　　）。

A. 产品生命周期越来越短　　B. 产品品种数飞速膨胀

C. 对交货期的要求越来越高　　C. 对产品和服务的期望越来越高

4. 下列（　　）在供应链管理中的应用比较广泛。

A. Internet/Intranet技术、Web技术

B. MRP、MRP Ⅱ、ERP、CRM、JIT、CIMS

C. CAD/CAM

D. BPR、RFID、GIS、GPS、EDI

二、简答题

1. 供应链管理的特点有哪些？
2. 供应链管理系统的实施原则是什么？

参考文献

[1] 马士华，林勇．供应链管理［M］．北京：机械工业出版社，2000.
[2] 唐纳德 J 鲍尔索克斯，戴维 J 克劳斯．物流管理——供应链过程一体化［M］．林国龙，等译．机械工业出版社，北京：1999.
[3] 蒋长兵．现代物流学导论［M］．北京：中国物资出版社，2006.
[4] 王健．现代物流概论［M］．北京：北京大学出版社，2005.
[5] 陈福集．物流信息管理［M］．北京：北京大学出版社，2007.
[6] 彭扬，傅培华，陈杰．信息技术与物流管理［M］．北京：中国物资出版社，2009.
[7] 李波，王谦．物流信息系统［M］．北京：清华大学出版社，2008.
[8] 许良，刘安生，陈立新，等．物流信息技术［M］．上海：立信会计出版社，2007.

第十三章 电子商务

【引例】

亚马逊：从卖“书”到卖“云计算”

在美国，亚马逊和ebay分别代表了两种主流的电子商务模式，前者被称为B2C，后者被称为C2C。不过，在亚马逊CEO杰夫·贝索斯的眼里，亚马逊是一家IT公司。事实上，尽管亚马逊把电子商务做得异常成功，但很多人都不认为亚马逊可以成为微软、苹果这类IT技术公司的竞争对手。然而事实是，即使在云计算这样的尖端领域，亚马逊都比微软行动得更快。当人们还在将云计算当作时髦的IT词汇讨论时，亚马逊早已从云计算中获益。亚马逊云计算战略师JeffBarr在接受《互联网周刊》专访时表示：“目前云计算已经成为亚马逊增速最快的业务之一。”

云计算可理解为基于互联网的计算，云计算中心辐射覆盖的区域用户只需提出自己想要使用什么网络服务，就可以通过互联网购买自己需要的计算处理资源，由云计算中心帮用户按需计算、按需服务，用户无须担心后台繁杂的IT基础设置部署。云计算的本质是改用高度标准化的大众化服务器，借助软件来管理这些服务器，让客户可以通过自助服务，在服务器上面运行应用程序。

1. 输出IT能力

作为最大的电子商务平台，亚马逊后台的服务器是按照每年圣诞节采购最高峰时配置的，而这些“豪华”的设备平时只能闲置在那里。于是，亚马逊把这些设备、网络存储空间出租给开展电子商务的企业。很多企业不愿意开展电子商务就是因为一开始需要投入较多的IT资源，还要为此组建专门的团队，因此，它们不敢贸然进行这种尝试。亚马逊的无心插柳却赢得了企业的喜爱，亚马逊开始增加更多的配置，建设更大的云，为电子商务企业提供从后台到前台的全套服务，这慢慢就演变成亚马逊的云计算。这不仅是交易的平台，而是涵盖营销、管理和交易的全部电子商务流程的平台，该平台也向着电子商务孵化器方向发展，或者说成为一个电子商务交易平台加上电子商务服务平台的集合体。

亚马逊向外输出的云计算服务分为三层架构：

底层是名为在线服务的基础应用，即向用户提供带宽、服务器、存储等基础应用，这一服务才推出两年，就已经成为亚马逊仅次于在线产品销售的第二大主营业务。

在线服务之上是在线交易平台服务，这类服务包括帮助企业用户建立电子商务网站、交易流程、订单管理、商品上架、搜索、评价等体系。目前在线交易平台服务吸引了大量用户，而且近年来用户明显呈上升趋势。

最高层级的是交付类的服务，包括亚马逊提供的模块化的订单处理、仓储物流等服务。推出在线服务业务之后，亚马逊的开放行动不断深化，从基础IT设施，延伸到了整个电子商务环节，目前亚马逊已经向第三方开放其完整的销售程序，其中包括存储和实施两大部分，而实施部分又包含了实施、客户服务、库存管理、征税服务支付服务、第三方认证服务等，这是一个非常完整的电子商务服务流程。目前，亚马逊交付服务已经发展成为其第四大业务单元。

通过开放式服务，亚马逊本身的客户结构也发生了变化，除了习惯在亚马逊平台上购买商品的普通消费用户之外，亚马逊还引来越来越多的企业级客户：卖家用户和开发者用户。卖家用户主要使用亚马逊的销售前台，利用它的网站或者将流量引导到自己网站来实现销售，亚马逊会向它们收取系统维护费、销售分成和活跃用户费等三项费用，或者这些费用的组合。而开发者用户是亚马逊网站服务的主要使用者，它们大多青睐亚马逊网站成熟的基础架构，使它们能够迅速实现销售。

2. 开放性平台

近100年来，平台化变革引发了各行各业商业模式的变革，这种变革又总伴随着巨大的商业机遇。那些搭建平台、制造平台的企业，都在变革的浪潮中成为王者，微软、苏宁无一不是依靠平台成就了它们的帝国。从2002年起，亚马逊就有意无意地展开了它的“平台化”战略。它通过销售自己的电子商务技术，成功迈出了“平台化”的第一步。2007年，亚马逊将其平台价值进一步提升，引入了亚马逊物流（Fulfillment by Amazon, FBA）服务，不仅将自身的平台开放给第三方卖家，还将它们的库存也纳入亚马逊全球的物流网络中，并为卖家们提供拣货、包装以及终端配送等服务。这也是电子商务平台史无前例的一步跨越。根据亚马逊2008年的年报，其营业收入由高到低为：按比例交易提成、在线服务、联名信用卡、交付服务、杂货市场服务、诸如在线广告在内的促销和市场推广服务等。这一业务结构正好和我国以在线广告为主的淘宝相反。这表示，真正为亚马逊挣钱的已不再是零售，而是平台。

一路走来，亚马逊似乎一直没有偏离“平台化”的演进之路。而且，它的每一步都在赚钱。表面上看，亚马逊依旧在做电子商务的生意，但伴随其云计算服务与电子商务服务的融合，亚马逊对传统企业的吸引力已经越来越大，依赖亚马逊平台生存的传统企业不再局限于零售、出版这样的行业，金融、证券、服务、制造，甚至是IT行业的众多企业用户都在使用亚马逊的服务。这意味着，亚马逊的平台将会影响更多行业的商业模式，而这种变化也让它更接近互联网平台的王座。

3. 亚马逊网络服务

亚马逊网络服务（AWS）是基于一个简单的想法：亚马逊已经建立了一个跨越全球的硬件和软件基础设施，来支持该公司的互联网业务，那么为什么不将那些基础设施的组件模块化并且出租？这种服务范围包括从硬件（尽管虚拟）到处理。AWS通过REST或者基于SOAP的网络服务呼叫使亚马逊业务体系的各个模块都能够连接和使用。最为关键的是，你可以租用大量的虚拟机，存储数太字节的数据，或建立一个互联网范围的消息队列，并且你将只需向亚马逊支付你消费的资源费用。因此，如果你的业务需要一组CPU群和数百十亿字节的储存空间来处理你每个星期三才要处理的工作，也就是说，你并不需要一间房子来存放一个星期有六天不工作的服务器，那你可以使用AWS。因此，AWS对有间歇性或短暂处理需求的商业系统尤其具有吸引力。这些服务分为三类：基础设施服务，电子商务服务和网络信息服务。

正是因为这些独特的优势，亚马逊云计算服务增长显著。亚马逊云计算的注册开发人员数量在2008年已经超过49万。它推出的最主要的云计算服务产品不仅服务分类灵活、收费方式多样，而且定价方式还体现了零售企业一贯做法。

据悉，弹性云E2C服务能够同时调用亚马逊全球的从一个到几千个服务器，这些服务还可细分为CPU处理系统、随机存储容量、硬盘空间等，根据用户的需求或者规格可以支持所有的操作系统，并安装各种各样的开放源代码或商业软件。用户甚至可以直观地看到支持某种操作时调用的全球服务器的物理地址。而E2C的报价也因此呈现多样化，租用费用从0.1美元/h到0.8美元/h不等。

简单存储服务S3可以提供一个字节到数吉字节的支持，整个系统里大概有520亿个对象进行数据交换。S3的存储备份服务则是按照每个月的使用字节来收费，根据每天检测的流量，每吉字节大约0.15美元/月。亚马逊还推出了内容分发网络服务（CloudFront），可以把一个内容迅速地复制到全球至少40个服务器上，以便快速地登录和获取。为了体现地域特色，亚马逊针对欧洲用户的售价会比美国高出10%左右。

亚马逊还尝试了云计算的价格促销。JeffBarr表示，亚马逊云计算价格体系的设置是自下而上的，也就是说亚马逊并不是通过关注市场上的竞争产品或用户承受程度来确定产品价格，而是根据自身的成本核算加上合理的利润空间后将价格尽量定到最低，因此定价也富有竞争力，这也源于亚马逊的经营理念。作为零售企业，亚马逊有一个天天低价的承诺："我们每天想的是怎么样能够把价格降下来，在云计算方面，我们也采用这种价格体系策略。"

此外，目前云计算的服务对象多是中小企业，亚马逊也在尝试将其推广到政府、科研等研究领域和大型企业的关键应用当中——亚马逊推出了针对大型数据库的简单数据库服务，该服务在安全性、登录管理、账户管理方面都有独特的设置方式。尤其在账户管理方面，不仅有整体的账户，还会有分账户的复杂管理。该服务将按照字节单独计费。值得一提的是，美国某些地方的个税系统已经开始应用云计算架构，也许让云架构涉及核心应用已为时不远。

亚马逊作为行业的领路者始终坚持创新，从全球最大的网上零售书店到百货再到引入第三方商户，打通了B2C和C2C；在打造了全新的商业模式时，它又面向企业用户推出了"弹性云"，继而是Kindle，为出版业和信息终端带来了颠覆式创新。它是全球第一个注意到Web2.0、长尾经济和口碑营销的企业，它最早提出"云计算"概念并将其商业化。亚马逊持久的技术创新能力也给电子商务行业内其他企业带来了巨大的压力。

（资料来源：摘自：陈翔，《亚马逊：像卖书一样卖云计算》，中国计算机报，2009年。）

思考题：

1. 亚马逊的IT策略如何服务其竞争战略？
2. 云计算的发展如何？

学习目标

通过对本章的学习，重点掌握：

1. 电子商务的类型。

2. 电子商务的盈利模式。

关键概念

电子商务（EC）；盈利模式（Profit Model）；电子商务系统（ECS）

第一节　电子商务概述

一、电子商务的概念

广义上讲，电子商务（Electronic Commerce）是指利用计算机技术、网络技术和远程通信技术，实现整个商务过程中的电子化、数字化和网络化。另外，电子商务是以商务活动为主体，以计算机网络为基础，以电子化方式为手段，在法律许可范围内所进行的商务活动过程，是对企业的各项活动进行持续优化的过程。

中国互联网络信息中心（CNNIC）发布的报告显示：截至2013年7月底，中国网民规模突破5.91亿人，较2012年年底增加2656万人。手机网民规模达4.64亿人，网民中使用手机上网的人群占比提升至78.5%。巨大的网民数量为电子商务的发展提供了坚实的顾客基础，其影响之一，就是网上零售业务日趋活跃，交易额呈现出不断扩大的势头。随着网民的快速增加以及网民对网上购物的普遍认知，网络购物在中国还有很大的发展空间。各个B2C电子商务网站均有很大的发展潜力。从目前电子商务产业的发展来看，中国的电子商务市场有其鲜明特点：国际上以亚马逊、ebay为代表的B2C模式迅猛发展，而在国内，以阿里巴巴为代表的B2B模式独领风骚，中国本土B2C模式电子商务市场的发展呈现以卓越亚马逊、当当、淘宝为代表的多元化发展趋势。

二、电子商务的特点

（1）便捷性。不受时间的限制，不受空间的限制，不受传统购物的诸多限制，用户可以随时随地在网上交易。通过跨越时间、空间，在特定的时间里，一个商家可以面对全球的消费者，而一个消费者可以在全球的任何一家商家购物。一个商家可以去挑战不同地区、不同类别的买家客户群，在网上能够收集到丰富的买家信息，进行数据分析。例如通过网络银行能够全天候地存取账户资金、查询信息等，同时使企业对客户的服务质量得以大大提高。

（2）高效性。电子商务减少了商品流通的中间环节，节省了大量的开支，从而也大大降低了商品流通和交易的成本，提高了效率。通过电子商务，企业能够更快地匹配买家，实现真正的产、供、销一体化，能够节约资源，减少不必要的生产浪费。同时，电子商务能够规范事务处理的工作流程，将人工操作和电子信息处理集成为一个不可分割的整体，这样不仅能提高人力和物力的利用率，另外，对商务活动的各种功能进行了高度的集成，同时也对参加商务活动的商务主体各方进行了高度的集成。

（3）安全性。在电子商务中，安全性是一个至关重要的核心问题，它要求网络能提供一种端到端的安全解决方案，如加密机制、签名机制、安全管理、存取控制、防火墙、防病毒保护等，这与传统的商务活动有着很大的不同。

(4) 协调性。商务活动本身是一种协调过程，它需要客户与公司内部、生产商、批发商、零售商间的协调，在电子商务环境中，它更要求银行、配送中心、通信部门、技术服务等多个部门的通力协作，电子商务的全过程往往是一气呵成的。

三、电子商务的分类

电子商务的分类有很多种角度，下面主要从交易对象和运营模式的角度来进行分类：

1. 企业对企业

企业对企业（Business to Business，B2B）方式是电子商务业务的主体。它将企业内部网通过 B2B 网站与客户紧密结合起来，通过收集和整理企业的供求信息，为供求双方提供一个开放、自由的交易平台，为企业带来更低的价格、更高的生产率和更低的劳动成本以及更多的商业机会。企业可以使用 Internet 或其他网络为每笔交易寻找最佳合作伙伴，完成从订购到结算的全部交易行为。其代表是阿里巴巴电子商务模式，全球买家和进口商在此寻找来自中国和其他制造业国家的供应商。阿里巴巴为全球首家拥有 211 万商人的电子商务网站，成为全球商人网络推广的首选网站。据中国电子商务研究中心监测数据显示，截至 2013 年 6 月，全国电子商务交易额达 4.35 万亿元，同比增长 24.3%。其中，B2B 交易额达 3.4 万亿元，同比增长 15.25%。

2. 企业对消费者

企业对消费者（Business to Consumer，B2C）方式是企业通过网络销售产品或服务给个人消费者。企业厂商直接将产品或服务推上网络，并提供充足资讯与便利的接口吸引消费者选购，这也是目前一般最常见的作业方式。例如网络购物、证券公司网络下单作业、网站的资料查询作业等，都是属于企业以直接接触消费者的作业方式利用因特网进行全部的贸易活动。B2C 模式的典型代表是网上商城，它通过出租空间给一些网上零售商，网上商城负责客户管理、支付管理和物流管理等后勤服务，如新浪网为拓展电子商务，在网上提供页面空间帮助一些传统的零售商在网上销售产品，淘宝商城、京东商城、卓越亚马逊、当当网等也是这种模式。B2C 电子商务网站的三个基本组成部分为：为消费者提供在线购物场所的网站；负责为消费者所购商品进行配送的配送系统；负责消费者身份的确认及货款结算的银行及认证系统。

3. 消费者对消费者

消费者对消费者（Consumer to Consumer，C2C）方式通过为买卖双方提供一个在线交易平台，使卖方可以主动提供商品上网拍卖，而买方可以自行选择商品进行竞价。C2C 并不局限于物品与货币的交易，在这虚拟的网站中，买卖双方可选择以物易物，或以人力资源交换商品。从形式上有以下几种：提供消费者之间拍卖中介服务的，即个人与个人间的直接交易，如淘宝网；提供消费者拍买商家产品中介服务的，以及商家之间的拍卖服务的，如我国著名的拍卖电子商务服务公司雅宝；还有从消费者到商家的集体竞价服务等。

4. 代理商—商家—消费者

代理商—商家—消费者（Agents-Business-Consumer，ABC）模式是新型电子商务模式的一种，是由代理商（Agents）、商家（Business）和消费者（Consumer）共同搭建的集生产、经营、消费为一体的电子商务平台。它是继阿里巴巴 B2B 模式、京东商城 B2C 模式、淘宝 C2C 模式之后的新型模式。淘福啦是运用电子商务 ABC 模式的网站，它以“网店 + 服务店+营销服务系统+消费联盟”的复合型营销模式为手段，把网络营销、连锁经营、传统渠道、服务和消费链等相整合，从一方提供给另一方或多方的过程中体现双方或多方的价值以实现多方共赢，从而建立一条交互式、立体式、全方位的无限流通渠道。

5. 消费者对企业

消费者对企业（Consumer to Business，C2B）方式是一种创新型的电子商务模式，不同于传统的供应商主导商品，这是通过汇聚具有相似或相同需求的消费者，形成一个特殊群体，经过集体议价，以达到消费者购买数量越多、价格相对越低的目的。C2B是商家通过网络搜索合适的消费者群，真正实现定制式消费。对消费者而言，是一种理想化的消费模式，如团购。

6. 企业对政府

企业对政府（Business to Administrations，B2A）方式是企业与政府机构通过网络进行各项事务的处理，包括政府采购、税收、商检、管理条例发布，以及法规政策颁布等。一方面，政府作为消费者，可以通过Internet发布自己的采购清单，公开、透明、高效、廉洁地完成所需物品的采购；另一方面，政府对企业宏观调控、指导规范、监督管理的职能通过网络以电子商务方式充分、及时地发挥。例如，政府在Internet上公布采购的细节，通过网上竞价方式进行招标，企业也要通过电子的方式进行投标。除此之外，政府还可以通过这类电子商务实施对企业的行政事务管理，如政府用电子商务方式发放进出口许可证、开展统计工作，企业可以网上办理交税和退税等。

7. 消费者对政府

消费者对政府（Consumer to Government，C2G）方式即消费者对行政机构的电子商务。这类电子商务活动目前还没有真正形成，然而，在个别发达国家，如在澳大利亚，政府的税务机构已经通过指定私营税务或财务会计事务所用电子方式来为个人报税。这类活动虽然还没有达到真正的报税电子化，但是，它已经具备了消费者对行政机构电子商务的雏形。随着商业机构对消费者、商业机构对行政机构的电子商务的发展，政府将会向社会个人提供更全面的电子方式服务。政府各部门向社会纳税人提供的各种服务，如社会福利金的支付等，将来都会在网上进行。

从电子商务运营模式来分，除了综合性平台（可服务于多个行业与领域的电子商务网站）、垂直型平台（指定位于某一特定专业领域的电子商务网站）等外，还有下面这几种模式：

（1）SNS-EC。社交电子商务是电子商务的一种新的衍生模式。它借助社交媒介、网络媒介的传播途径，通过社交互动、用户自生内容等手段来辅助商品的购买和销售行为。该模式是让终端用户也介入到商品销售过程中，通过社交媒介来销售商品。在Web2.0时代，越来越多的内容和行为是由终端用户产生和主导的，如微博。一般可以分为两类：一类是专注于商品信息的，主要是通过用户在社交平台上分享个人购物体验、在社交圈推荐商品的应用；另一类是通过社交平台直接介入商品的销售过程。

（2）团购模式。团购（Group Purchase）就是团体线上购物，是指认识或不认识的消费者联合起来，加大与商家的谈判筹码，取得最优价格的一种购物方式。根据薄利多销的原则，商家可以给出低于零售价格的团购折扣和单独购买得不到的优质服务。团购作为一种新兴的电子商务模式，通过消费者自行组团、专业团购网、商家组织团购等形式，提升用户与商家的议价能力，并极大程度地获得商品让利，引起消费者及业内厂商，甚至是资本市场关注。

(3) O2O模式。这即线上订购、线下消费模式，是指消费者在线上订购商品，再到线下实体店进行消费的购物模式。这种商务模式能够吸引更多热衷于实体店购物的消费者，尽量规避传统网购的以次充好、图片与实物不符等虚假信息等缺陷。传统的O2O核心是在线支付，而有的是将O2O经过改良，把在线支付变成线下体验后再付款，消除消费者对网购诸多方面不信任的心理。消费者可以在网上的众多商家提供的商品里面挑选最合适的商品，亲自体验购物过程，不仅有保障，而且也是一种快乐的享受过程。

四、电子商务的功能

电子商务的范围涉及人们的生活、工作、学习及消费等广泛领域，其服务和管理也涉及政府、工商、金融及用户等诸多方面。电子商务可应用于小到家庭理财、个人购物，大至企业经营、国际贸易等诸方面。具体地说，其内容大致可以分为三个方面：企业间的商务活动、企业内的业务运作以及个人网上服务。

电子商务可提供网上交易和管理等全过程的服务，因此它具有广告宣传、咨询洽谈、网上订购、网上支付、电子账户、服务传递、意见征询、交易管理等各项功能。

1. 广告宣传

电子商务可凭借企业的Web服务器和客户的浏览，在Internet上发播各类商业信息。客户可借助网上的检索工具（Search）迅速地找到所需商品信息，而商家可利用网上主页（Home Page）和电子邮件在全球范围内作广告宣传。与以往的各类广告相比，网上的广告成本最为低廉，而给客户的信息量却最为丰富。

2. 咨询洽谈

电子商务可借助非实时的电子邮件、新闻组（News Group）和实时的讨论组（Chat）来了解市场和商品信息、洽谈交易事务，如有进一步的需求，还可用网上的白板会议（Whiteboard Conference）来交流即时的图形信息。网上的咨询和洽谈能超越人们面对面洽谈的限制，提供多种方便的异地交谈形式。

3. 网上订购

电子商务可借助Web中的邮件交互传送实现网上订购。网上订购通常都是在产品介绍的页面上提供十分友好的订购提示信息和订购交互格式框。当客户填完订购单后，通常系统会回复确认信息单来保证订购信息的收悉。订购信息也可采用加密的方式使客户和商家的商业信息不会泄露。

4. 网上支付

电子商务要成为一个完整的过程，网上支付是重要的环节。客户和商家之间可采用信用卡账号进行支付。在网上直接采用电子支付手段将可省略交易中很多人员的雇佣。网上支付需要更为可靠的信息传输安全性控制，以防止欺骗、窃听、冒用等非法行为。

5. 电子账户

网上支付必须要有电子金融来支持，即银行或信用卡公司及保险公司等金融单位要为金融服务提供网上操作的服务。而电子账户管理是其基本的组成部分。信用卡号或银行账号都是电子账户的一种标志。而其可信度需配以必要技术措施来保证。例如数字证书、数字签名、加密等手段的应用提供了电子账户操作的安全性。

6. 服务传递

对于已付了款的客户应将其订购的货物尽快地传递到其手中。而有些货物在本地，有些货物在异地，电子邮件将能在网络中进行物流的调配。而最适合在网上直接传递的货物是信息产品，如软件、电子读物、信息服务等。它能直接从电子仓库中将货物发到用户端。

7. 意见征询

电子商务能十分方便地采用网页上的“选择”“填空”等格式文件来收集用户对销售服务的反馈意见。这样使企业的市场运营能形成一个封闭的回路。客户的反馈意见不仅能提高售后服务的水平，更使企业获得改进产品、发现市场的商业机会。

8. 交易管理

整个交易的管理将涉及人、财、物多个方面，包括企业和企业、企业和客户及企业内部等各方面的协调和管理。因此，交易管理是涉及商务活动全过程的管理。

第二节　电子商务系统

电子商务系统（Electronic Commerce System，ECS）是保证以电子商务为基础的网上交易实现的体系。它在 Internet 信息系统的基础上，由参与交易主体的信息化企业、信息化组织和使用 Internet 的消费者主体，提供实物配送服务和支付服务的机构，以及提供网上商务服务的电子商务服务商组成。由上述几部分组成的基础电子商务系统，将受到一些市场环境的影响，这些市场环境包括经济环境、政策环境、法律环境和技术环境等几个方面。

一、Internet 信息系统

电子商务系统的基础是 Internet 信息系统，它是进行交易的平台，交易中所涉及的信息流、物流和现金流都与信息系统紧密相关。Internet 信息系统是指企业、组织和电子商务服务商，在 Internet 网络的基础上开发设计的信息系统，它可以成为企业、组织和个人消费者之间跨越时空进行信息交换的平台，在信息系统的安全和控制措施保证下，通过基于 Internet 的支付系统进行网上支付，通过基于 Internet 的物流信息系统控制物流的顺利进行，最终保证企业、组织和个人消费者之间网上交易的实现。因此，Internet 信息系统的主要作用是提供一开放的、安全的和可控制的信息交换平台，它是电子商务系统的核心和基石。

二、电子商务服务商

Internet 作为一个蕴藏巨大商机的平台，需要有一大批专业化分工者进行相互协作，为企业、组织与消费者在 Internet 上进行交易提供支持。电子商务服务商便起这种作用。根据服务层次和内容的不同，可以将电子商务服务商分为两大类：一类是为电子商务系统提供系统支持服务的，它主要为企业、组织和消费者在网上交易提供技术和物资基础；另一类是直接提供电子商务服务者，它为企业、组织与消费者之间的交易提供沟通渠道和商务活动服务。

对于第一大类为电子商务系统提供系统支持服务的，根据技术与应用层次的不同，提供系统支持服务的电子商务服务商可以分为四类：

第一类是 Internet 接入服务商（Internet Access Provider，IAP）。它主要提供 Internet 通信和线路租借服务，如我国电信企业中国电信、联通提供的线路租借服务。

第二类是 Internet 服务提供商（Internet Service Provider，ISP）。它主要为企业建立电子商务系统提供全面支持，一般企业、组织与消费者上网时只通过 ISP 接入 Internet，由 ISP 向 IAP 租借线路。

第三类是 Internet 内容提供商（Internet Content Provider，ICP）。它主要为企业提供信息内容服务，如财经信息、搜索引擎，这类服务一般都是免费的，ICP 主要通过其他方式如发布网络广告获取收入。

第四类是应用服务提供商（Application Service Provider，ASP）。它主要是为企业、组织建设电子商务系统时提供系统解决方案，这些服务一般都由属于 IT 行业的公司提供，如 IBM 公司为企业、政府和银行提供的电子化企业、电子化政府和电子化银行电子商务系统解决方案。有的 IT 企业不但提供电子商务系统解决方案，还为企业提供电子商务系统租借服务，用户只需要租赁使用，无须维护电子商务系统的运转。对于消费者，主要通过 ISP 上网连接到 Internet，参与网上交易。对于企业与组织，根据自身的资金和条件，如果需要大规模发展的，则企业或组织可以通过 ISP 直接连接到 Internet；对于小规模的应用，则可以通过租赁 ASP 的电子商务服务系统来连接到 Internet。

电子商务服务商起着中间商的作用，但它不直接参与网上的交易。一方面，它为网上交易的实现提供信息系统支持和配套的资源管理等服务，是企业、组织和消费者之间交易的技术基础。另一方面，它为网上交易提供商务平台，是企业、组织与消费者之间交易的商务活动基础。

三、企业、组织与消费者

企业、组织与消费者是 Internet 网上市场交易主体，它们是进行网上交易的基础。Internet 本身的特点及加入 Internet 网民的倍速增长趋势，使得 Internet 成为非常具有吸引力的新兴市场。一般说来，组织与消费者上网比较简单，因为它们主要是使用电子商务服务商提供的 Internet 服务来参与交易。企业上网则是非常重要而且是很复杂的。这是因为，一方面企业作为市场交易一方，只有上网才可能参与网上交易；另一方面，企业作为交易主体地位，必须为其他参与交易方提供服务和支持，如提供产品信息查询服务、商品配送服务、支付结算服务。因此，企业上网开展网上交易，必须进行系统规划，建设好自己的电子商务系统。

电子商务系统由基于 Intranet 基础上的企业管理信息系统、电子商务站点和企业经营管理组织人员组成。

1. Intranet 系统

Intranet 的组网方式与 Internet 一样，但使用范围局限在企业内部。为方便企业同业务紧密的合作伙伴进行信息资源共享，为保证交易安全，在 Internet 上通过防火墙（Firewall）来控制不相关的人员和非法人员进入企业网络系统，只有那些经过授权的成员才可以进入网络，一般将这种网络称为企业外部网（Extranet）。如果企业的信息可以对外界进行公开，那么企业可以直接连接到 Internet 上，实现信息资源最大限度的开放和共享。

企业在组建电子商务系统时，应该考虑企业的经营对象是谁，如何采用不同的策略通过网络与这些客户进行联系。一般说来，将客户可以分为三个层次并采取相应的对策：对于特别重要的战略合作伙伴，企业允许它们进入企业的 Intranet 系统直接访问有关信息；对于与企业业务相关的合作企业，企业同它们共同建设 Extranet 实现企业之间的信息共享；对普通的大众市场客户，则可以直接连接到 Internet。由于 Internet 技术的开放、自由特性，在 Internet 上进行交易很容易受到外来的攻击，因此企业在建设电子商务时必须考虑到经营目标的需要，以及保障企业电子商务安全。否则，可能由于非法入侵而妨碍企业电子商务系统正常运转，甚至会出现致命后果。

2. 企业管理信息系统

企业管理信息系统是功能完整的电子商务系统的重要组成部分，它的基础是企业内部信息化，即企业建设有内部管理信息系统。企业管理信息系统是一些相关部分的有机整体，在组织中收集、处理、存储和传送信息，以及支持组织进行决策和控制。企业管理信息系统最基本的系统软件是 DBMS，它负责收集、整理和存储与企业经营相关的一切数据资料。

3. 电子商务站点

电子商务站点是指在企业 Intranet 上建设的具有销售功能的，能连接到 Internet 上的 WWW 站点。电子商务站点起着承上启下的作用，一方面它可以直接连接到 Internet，企业的顾客或者供应商可以直接通过网站了解企业信息，并直接通过网站与企业进行交易。另一方面，它将市场信息同企业内部管理信息系统连接在一起，将市场需求信息传送到企业管理信息系统，然后，企业根据市场的变化组织经营管理活动；它还可以将企业有关经营管理信息在网站上进行公布，使企业业务相关者和消费者可以上网直接了解企业经营管理情况。

在企业电子商务系统中，企业 Intranet 是信息传输的媒介，企业管理信息系统是信息加工、处理的工具，电子商务站点是企业拓展网上市场的窗口。同时，企业经营管理人员，如运营经理、采购经理、营销管理经理，以及企业信息系统和网络管理人员等，是电子商务系统有效运转的直接参与人员。因此，企业的信息化和网络平台的构建是一个复杂的系统工程，它直接影响着整个电子商务的发展。

四、实物配送

进行网上交易时，如果消费者通过 Internet 订货、付款后，企业不能及时送货上门，便不能实现满足消费者的需求。因此，一个完整的电子商务系统，如果没有高效的实物配送物流系统支撑，是难以维系交易顺利进行的。

五、支付结算

支付结算是网上交易完整实现很重要的一环，关系到购买者是否讲信用，能否按时支付；出售者能否按时回收资金，促进企业经营良性循环。信用问题及网上安全问题，导致部分电子虚拟市场交易并不是完全在网上完成交易的，许多交易只是在网上通过了解信息而形成意向，然后利用传统手段支付结算。网上交易是在网上完成的，交易时交货和付款在空间和时间上是分割的，消费者购买时一般必须先付款后送货，可以采用传统支付方式，也可以采用网上支付方式。

上述五个方面构成了电子虚拟市场交易系统的基础，它们是有机结合在一起的，缺少任何一个部分都可能影响网上交易的顺利进行。Internet 信息系统保证了电子虚拟市场交易系统中信息流的畅通，它是电子虚拟市场交易顺利进行的核心。企业、组织与消费者是网上市场交易的主体，实现其信息化和上网是网上交易顺利进行的前提，缺乏这些主体，电子商务就失去了存在意义，也就谈不上网上交易。电子商务服务商是网上交易顺利进行的手段，它可以推动企业、组织和消费者上网和更加方便利用 Internet 进行网上交易。实物配送和支付结算是网上交易顺利进行的保障，缺乏完善的实物配送及支付结算系统，将阻碍网上交易的完成。

第三节　电子商务的盈利模式

电子商务的盈利模式（Profit Model）是指企业运用互联网开展经营取得营业收入的基本方式。电子商务的盈利模式的实施途径为以下三种：

（1）利用已有资源。例如某服装企业通过网络销售产品（企业产品即其资源）、某营销顾问公司通过网络提供顾问服务、门户网站利用已有的巨大流量卖广告位等。对于这种模式的电子商务企业，只要向客户提供良好的产品（自有的资源），找到合适的销售渠道，并进行必要的宣传推广即可。

（2）利用积累的某种资源。例如音乐网站上的海量乐曲、中国知网上的海量学术文献、英语听力站点上的海量英文音频、讲座网上的海量视频讲座。对于这种模式的电子商务企业，只要积累丰富的资源、建设一个良好的平台，并加大宣传推广的力度就可以取得成功。这种模式可通过提供免费服务吸引大量网民访问从而获得广告收入，也可以采取付费会员制，如果资源具有不易获得性，采取付费会员制最佳。

（3）利用汇聚的两种访客资源。例如淘宝网和阿里巴巴汇聚商品的买家和卖家资源、任务中国网站汇聚劳务的买家和卖家资源、商祺软文广告联盟汇聚软文广告位的买家和卖家资源、智联招聘网汇聚求职者信息和招聘方信息资源、网络游戏汇聚众多游戏者（每一个游戏者兼具双重身份，既是玩家也是其他玩家所处游戏环境中的一个组成部分）。这种模式的电子商务企业需要建设一个优秀的平台，并通过强力的宣传推广吸引平台所面向的两种访客，通常起步阶段对两种访客同时采取免费策略。

从电子商务网站的收入来源，具体分析其盈利模式，又有以下几种：

1. 广告支持盈利模式

广告支持盈利模式早期是美国的电视网络采用的模式，提供带广告信息的免费节目，广告收入永远支持电视网络的运营和节目制作成本，也称为“眼球经济”。但由于没有测量网站访问的统计方法，很难确定网络广告收费标准，另外，网站黏度（即网站吸引用户重复访问的能力）越高，表明用户停留的时间越长，广告信息接触度就越高。

2. 网上目录盈利模式

目录销售也称“邮政贩卖”，是旨在运用目录作为传播信息的载体，通过直邮渠道向目标市场发布，从而获得消费者直接反应的营销活动。例如，有以交易为主导的电子商务零售企业，通过交易产生收益，如亚马逊、当当网等在线零售商。另外还有以制造商为主导的网上直销模式，制造商通过电子商务平台，直接将生产的产品销售给终端消费者。由于减少批发商、零售商等中间环节，并且节约了制造和包装等方面的成本，网上商品比实体店销售的产品便宜很多。在这类模式中，收入的来源是一样的，不同的是实现收入的方式。

3. 数字内容盈利模式

为解决用户对特定信息的查询产生的信息过载和信息迷向问题，传统的信息服务企业，在向互联网迁移的过程中，利用其自身的信息优势，依托互联网向用户提供更好、更方便的检索手段，有效解决信息分类、深入加工和提供专业检索等问题。这种盈利模式的核心竞争力不在于信息技术，而在于它能提供给用户高质量、具有知识产权的数字信息内容。例如电子数据库资源、报纸电子版内容、研究报告、音乐电影等数字产品，其收入主要为订阅费用、单位流量费用等。例如中国经济网定位在为政府、为企业提供高质量的经济信息服务，主要收入来源是企业信息收费。中国知识基础设施工程（CNKI）把国内六七千种学术期刊搬到网上（即中国知网）进行信息资源共享，其市场细分非常明确——为高校和学术团体进行信息查询和学术研究提供服务等。

4. 在线服务盈利模式

在线能提供的服务是多样的，如网络游戏、广告收费、在线交流、在线音乐、在线电影、电子邮箱、虚拟空间等，有的盈利模式目前非常明晰，如盛大网络依靠网络游戏实现盈利。而主要的收入一般来源于服务费、会员费、广告费以及与运营商合作带来的业务分成。中国的几大综合网站，如网易、搜狐、新浪等，很大一部分收入都来自以搜索引擎服务为主的广告业务，企业通过购买关键字使信息排名靠前，支付服务费用。

5. 交易费用模式

交易费用即佣金。交易费用模式是指网站为交易的双方提供一个交易的平台，从中收取佣金。这包括拍卖交易佣金，如 ebay 网，解决的是交易双方的信用问题。携程旅行网从出售机票、预订旅馆、租用汽车和导游等活动中收取佣金。这类网站在网上大量存在，如很多的行业网站、招商网站、旅游代理网、在线银行和金融业等网站均采用交易费用模式。但做得最好的往往都有自己的核心竞争能力，如先入优势、行业优势或者是其他方面的优势。

毋庸置疑，几乎所有电子商务模式不止采取一种盈利模式，更多的是多种模式混合或转变。随着 Web 2.0 的快速发展，博客、微信、视频分享、网络社区、维基、微博等受到更多的关注，也随着产生了博客类、即时通信类的盈利模式。博客类网站的收入来源基本包括广告收入、无线增值服务以及向博客用户提供增值服务和应用程序收取的服务费。即时通信是以软件为执行手段，依靠移动互联平台，以多种信息格式沟通为目的，实现同平台、跨平台的低成本高效率的综合性通信工具。其盈利点主要包括即时通信服务，如传输信息、号码服务、电子贺卡、校友录、短信互通、微信等，又如门户网站的广告收入，以及品牌授权，如授权开发 QQ 玩具、QQ 头像。

第四节　电子商务在我国的发展与挑战

电子商务概念在 1993 年引入中国。1996 年中国出现了第一笔网上交易。1998 年以推动国民经济信息化为目标的企业间电子商务示范项目开始启动。自 1999 年以来，电子商务在中国开始了由概念向实践的转变。从一开始的 B2C 模式，到 1999 年的 C2C 网上拍卖以及 1999 年年末兴起的 B2B 模式，经历了个人网络购物、电子营销、电子商务、全程信息化等阶段，实现了网络应用从低级到高级、从单一到丰富的转变。互联网也逐渐由早期的门户、新闻、娱乐向电子商务和生活服务应用为主转变，电子商务正以低成本、高效率、覆盖广、协调性强、透明度高等一系列明显的交易优势席卷经济的各个层面。

电子商务在中国的未来将呈现如下发展趋势与挑战：

1. 电子商务进一步发展

随着国家和地方各政府部门对电子商务政策扶持力度的加强，市场不断规范整顿，市场交易规模和企业营业收入不断增加。另外，随着移动通信技术的突破以及政策环境的优化，移动电子商务正在广泛地应用到社会的各个领域，促进用户开展电子商务交流活动。同时，行业的细分和专业化将成为发展趋势，已经有越来越多的电子商务网站开始走细分道路。电器、服装以及母婴用品等领域有望成为细分领域中的佼佼者。采用产品、服务、客户或商务模式的差异化战略，也加剧了电子商务应用的个性化。

2. 行业竞争加剧

目前中国为数不少的网站属于重复建设之列，定位相同或相近，业务内容趋同。由于资源有限，并且在互联网“赢家通吃”原则下，最终胜出的只是名列前茅的网站。另外还有互补性兼并。那些处于领先地位的电子商务企业在资源、品牌、客户规模等诸方面具有很大的优势，但与国外著名电子商务企业相比还有很大差距。日趋激烈的市场竞争让电子商务行业不惜掷下巨资进行各种形式的市场营销活动：秒杀、促销、团购以及铺天盖地的广告已经充斥人们左右。数十亿元的各路资金进入电子商务，门户的广告位价格不停疯涨，成本不断飙升，盈利困难成为电子商务的通病。

3. 信用风险与安全风险

随着信息化的纵深发展，网络虚拟特点引起的信用问题在电子商务行业越来越显露，当前电子商务企业和消费者所面临的信用风险主要是虚假交易、假冒行为、合同诈骗、网上拍卖哄抬标的、侵犯消费者合法权益、网上盗窃等，这些违规现象限制了电子商务的应用范围，侵害了网络交易主体的利益。

据统计，有59.2%的网民在使用互联网的过程中遭到病毒或木马的攻击，总数有2.5亿人；有30.9%的网民账号或密码被盗，这说明网络安全的问题仍然制约着互联网行业的应用，包括电子商务。长期以来，由于网络的开放，电子线路可以被窃听、电子信息被复制及其他局限性，使得黑客攻击、病毒侵入、欺骗盗窃等非法现象屡禁不止，再加上技术的提高使得攻击工具专业化等导致防护难度日夜增大，电子商务的安全性在起初就受到质疑，这大大降低了交易主体对电子商务的信赖程度，阻碍电子商务的快速发展。

另外，我国相对落后的物流配送体系日益成为电子商务发展的桎梏。电子商务时代的物流配送应具有信息化、网络化、现代化等特点，企业在配送决策上必须在配送成本和服务上之间进行平衡博弈。我国现阶段由于物流配送基础的落后、相关政策的不完善、集成化管理程度不高等因素导致电子商务物流配送体系与国外有相当大的差距。

本章小结

电子商务是利用计算机技术、网络技术和远程通信技术，实现电子化、数字化和网络化的整个商务过程。本章对电子商务的基本类型、盈利模式，以及电子商务系统进行了系统的介绍，并对我国的电子商务发展过程中的挑战进行了分析。

【MIS 案例分析】
消失的实体店：线上商店冲击，零售业扩张受损

电子商务并不是实体零售店的“终结者”，只不过顾客正在变聪明和变懒，需要实体店把他们“诱拐”进去。

2012 年，中国零售商和在中国经营的国际零售商一共关闭了成千上万家实体门店。实体零售业真的不行了吗?

大多数受访者认为，中国的消费领域仍然充满希望。一些机构的调研数据也在发出同样的声音。瑞银证券预测，到 2020 年中国的消费总额会在现有基础上翻一番多，达到 10 万亿美元，中国将成为未来 10 年中对全球消费增长贡献最大的国家。地产咨询公司世邦魏理仕则看到，全球的新建购物中心有一半在中国，建成后的营业总面积约为 1500 万 m^2。开发商们显然认为，中国的爆炸式消费增长还会继续。

那么症结在哪里呢? 人们未来希望以什么样的方式来消费?

“我们几乎每天都会与同事和客户谈论关于多渠道的话题。”普华永道中国及亚太区零售与消费品行业主管合伙人余叶嘉莉在 2012 年的一份行业报告里写道，消费者的信息获得方式和购买渠道变得越来越多样化，这看似给很多传统零售商带来了麻烦。电子商务的兴起促使实体零售店的角色发生改变，中国零售业乃至全球零售业确实已经走到了迫切需要转型和创新的关口。

但大多数零售商不是多渠道发展的引领者，而是落后于这个趋势。传统零售商在时代潮流的冲击下涉足线上业务后，仍然将两种渠道的顾客区分对待，未能认识或衡量线上业务促使顾客光临实体店的作用。

实际上，电子商务并不是实体零售店的“终结者”，只不过接触到多种购物渠道的消费者更加“老练”，他们要求更丰富的购物选择，和其他购物者交换信息和经验，以及可以随时随地购物。

宜家就是深谙此道的典范。宜家网站提供每一件商品的详细信息，目的是吸引人们去当地的门店购买。而其门店又被打造成一个贩卖生活方式和休闲的场所，让来此的顾客乐不知疲。

多渠道显然为整个零售业带来了巨大的风险和新机遇，无论是对亚马逊这样的纯网络零售商，还是对开始涉足电子商务的传统零售商。前者在图书、3C 等适用于配送网络的品类上更胜一筹，但是后者如果能适当运用实体店的优势，通过移动互联网和社交媒体将多渠道融合，实力将不容小觑。

最有可能的情形是，未来实体门店将承担两种截然不同的用途：第一种是作为展厅，顾客在这里感受氛围、了解和体验产品；第二种是作为便利的交易和提货点，顾客在网上选购，然后在门店完成交易。“展示 + 服务”的零售模式已经有了一些成功案例，如苹果零售店。

从我们了解到的情况来看，在意识到实体门店的两种角色后，中国的零售商确实开始把它们的门店分成不同的类型，如以展示功能为主的旗舰店和在有利地点开设的大量小型门店。“从今年开始，零售商的开店策略普遍转向，一方面是在商业中心开设超大型卖场，一方面则是开设大量深入社区的小型超市和便利店。” Chain Reaction 分析师高倩说。

（资料来源：http：//finance. jrj. com. cn/industry/2012/12/19161814845504-6. shtml。）

思考题：

1. 网店给实体店及相应产业链带来怎样的冲击？“网店会让实体店和厂家先后死去”吗？

2. 实体店如何才能通过战略转型，或利用信息技术同网店进行竞争？

本章习题

一、选择题

1. 与传统的商务活动相比，电子商务具有以下的特点：（　　）。

A. 便捷性　　B. 高效性　　C. 安全性　　D. 协调性

2. 从收入来源看，电子商务网站的盈利模式主要有：（　　）。

A. 广告支持盈利模式　　B. 网上目录盈利模式

C. 数字内容盈利模式　　D. 在线服务盈利模式

3. 制造商和外部原材料供应商之间的电子商务属于（　　）。

A. 企业之间的电子商务　　B. 企业与政府部门之间的电子商务

C. 企业内部的电子商务　　D. 企业与消费者之间的电子商务

4. 下列关于电子商务的说法正确的是（　　）。

A. 电子商务的本质是商务，而非技术　　B. 电子商务就是建网站

C. 电子商务的重点是信息技术和信息系统　　D. 电子商务就是网上销售产品

二、简答题

1. 简述电子商务发展的趋势与挑战。

2. 试述企业开展电子商务的利益体现在哪几方面？

参考文献

张润彤．电子商务［M］．北京：清华大学出版社，2006.

互联网学习

中国互联网络信息中心，www. cnnic. net. cn.

附录　信息系统常用缩略语

1. **AI（Artificial Intelligence，人工智能）**：又称为智能模拟，是计算机技术的一个分支，如何利用计算机完成以人的智慧才能完成的工作是它研究的主要内容。

2. **AM（Agile Manufacturing，敏捷制造）**：它强调通过动态联盟这样一种组织合作伙伴的方式，把优势互补的企业联合在一起，用最有效和最经济的方式组织企业活动，并参加竞争，迅速响应市场瞬息万变的需求。

3. **AMT（Advanced Manufacturing Technology，先进制造技术）**：是指集机械工程技术、电子技术、自动化技术、信息技术等多种技术为一体所产生的技术、设备和系统的总称。

4. **ASP（Application Service Provider，应用服务提供商）**：一般是指通过网络给企业上网提供租赁式应用软件的服务商。企业只需支付少量成本就可通过这些应用软件进行数字化管理，并获得 ASP 专业人士的外部支援。一句话，ASP 就是给企业提供“网上外脑”的服务。

5. **B2B（Business to Business）**：一种企业对企业的电子商务方式，企业与企业间的订货、销售、发货等全部交易行为均以电子商务的方式进行。

6. **B2C（Business to Consumer）**：一种企业对个人的电子商务方式，它利用计算机网络使消费者直接参与经济活动。

7. **BOM（Bill of Material，物料清单）**：用计算机辅助管理，首先要使系统能够识别企业制造的产品结构和所有涉及的物料。在计算机辅助企业管理的过程中，物料清单是最重要的基础数据，是企业各项业务数据共享和信息集成的基础和关键。

8. **BPR（Business Process Reengineering，业务流程重组）**：就是对企业的业务流程进行根本性的再思考和彻底性的再设计，从而获得在成本、质量、服务和速度等方面的戏剧性改善。

9. **B/S（Browser/Server，浏览器/服务器）**：是 Web 兴起后的一种网络结构模式。Web 浏览器是客户端最主要的应用软件。这种模式统一了客户端，将系统功能实现的核心部分集中到服务器上，简化了系统的开发、维护和使用。

10. **CAD（Computer Aided Design，计算机辅助设计）**：就是利用计算机帮助工程设计人员进行设计，主要应用于机械、电子、宇航、纺织等产品的总体设计、结构设计等环节。

11. **CAE（Computer Aided Engineering，计算机辅助工程）**：CAE 方面使用最广泛的是有限分析系统，就是将复杂问题分解为较简单的问题后再求解。它将求解域看成是由许多称为有限元的小的互联子域组成，对每一单元假定一个合适的（较简单的）近似解，然后推导求解这个域总的满足条件（如结构的平衡条件），从而得到问题的解。

12. **CAM（Computer Aided Manufacturing，计算机辅助制造）**：利用计算机来进行生产设备管理控制和操作的过程。它的输入信息是零件的工艺路线和工序内容，输出信息是刀具加工时的运动轨迹（刀位文件）和数控程序。

13. **CAPP（Computer Aided Process Planning，计算机辅助工艺过程设计）**：也叫作计算机辅助工艺过程规划，是由计算机自动生成并输出零件的工艺路线和工序内容等工艺文件的过程。简而言之，CAPP 就是利用计算机来制定零件的加工工艺过程的系统。

14. **CAQ（Computer Aided Quality，计算机辅助质量管理）**：是运用计算机实现产品质量数据采集分析、处理和传递的自动化的系统。

15. **CASE（Computer Aided Software Engineering，计算机辅助软件工程）**：是一套方法和工具，可按系统开发商规定的应用规则，并由计算机自动生成合适的计算机程序。其重要的技术包括应用生成程序、前端开发过程面向图形的自动化、配置和管理以及生命周期分析工具。

16. **CE（Concurrent Engineering，并行工程）**：是对产品及其相关过程（包括制造过程和支持过程）进行并行、集成设计的一种系统化工作模式，最大特点是利用计算机的仿真技术，采用上、下游共同决策方式，在计算机上进行产品整个生命周期各个阶段的设计，使生产制造等后期工作中产生的问题能在设计早期发现，及时处理。

17. **CGI（Common Gateway Interface，通用网关接口）**：其主要的功能是在 WWW 环境下，借由从客户端传递一些讯息给 WWW 服务器，再由 WWW 服务器去启动所指定的程式码来完成特定的工作。

18. **CIMS（Computer Integrated Manufacturing System，计算机集成制造系统）**：是以计算机系统为基础，综合生产过程中信息流、资金流和物资流的运动，集市场研究、生产决策、经营管理、设计制造与销售服务等功能为一体，使企业走向高度集成化、自动化和智能化的生产技术与组织方式。

19. **CORBA（Common Object Request Broker Architecture，通用对象请求代理体系）**：是对创建、分布和管理分布式程序对象的体系结构的说明。也就是说，客户可以不用清楚请求的对象在什么地方、接口是什么，而直接使用此对象。

20. **CRM（Customer Relationship Management，客户关系管理）**：CRM 产品专注于销售、营销、客户服务和支持等方面的业务。CRM 通过实现与客户需求的互动，努力减少销售中间环节，降低销售成本，发现新市场和渠道，提高客户价值、客户满意度、客户利润贡献度、客户忠诚度，最终实现效益的提高。

21. **C/S（Client/Server，客户机/服务器）**：Client 和 Server 常常分别处在相距很远的两台计算机上，Client 程序的任务是将用户的要求提交给 Server 程序，再将 Server 程序返回的结果以特定的形式显示给用户；Server 程序的任务是接收 Client 程序提出的服务请求，进行相应的处理，再将结果返回给 Client 程序。

22. **DBMS（Database Management System，数据库管理系统）**：是处理数据库存储和各种管理控制的软件。它是数据库系统的中心枢纽，与各部分有密切的联系，应用程序对数据库的操作全部通过 DBMS 进行，一般都具有数据库定义、数据库管理、数据库维护、数据库通信等功能。

23. **DDN（Digital Data Network，数字数据网）**：是一个半永久连接电路的公共数字数据传输网络，它为用户提供高质、高带宽的数字传输通道。DDN 由数字通道、DDN 节点、网络控制和用户环路组成。

24. **DNS（Domain Name System，域名系统）**：DNS 是寻找 Internet 域名并将它转化为 IP 地址的系统。

25. **DRP（Distributed Resource Planning，分销资源计划）**：是管理企业分销网络的系统，目的是提高企业对订单和供货快速反应和持续补充库存的能力。

26. **DSS（Decision Support System，决策支持系统）**：是围绕着决策行动主体支持管理人员进行非程序性决策的一种信息系统。目前的 DSS 一般由一个数据库、一个模型库以及复杂的软件系统构成。

27. **DW（Data Warehouse，数据仓库）**：是计算机和数据库技术的最新发展成果，就是把整个企业的数据，不管其地址的位置、格式和通信要求，统统集成在一起，并能把当前使用业务信息分离出来，保证关键任务的联机事务处理（OLTP）应用的安全性和完整性，同时可以访问各种各样的数据库。

28. **EDI（Electronic Data Interchange，电子数据交换）**：将商业或行政事务处理按照一个公认标准，形成机构化的处理报文数据的格式，从“计算机到计算机的电子传输方式”在贸易方面的应用，已经成为当今风行全球的所谓“无纸贸易”。

29. **EIS（Executive Information System，领导信息系统）**：是指为了满足无法专注于计算机技术的领导人员的信息查询需求，而特意制定的以简单的图形界面访问数据仓库的一种应用。

30. **EOS（Electronic Ordering System，电子订货系统）**：是零售商、批发商、制造商运用计算机对订购商品进行全面管理的技术。它可以迅速准确地传递订货信息，掌握商品情报，构筑出一个不缺货、不出错、不延迟的进货、检货、补货系统。

31. **ERP（Enterprise Resource Planning，企业资源计划）**：是由美国 Gartner Group 于 20 世纪 90 年代初提出来的概念，它是在 MRP Ⅱ 的基础上发展起来，采用计算机技术的新成就。它是将 SCM 和 BPR 放在重要位置的管理理论，是一种应用信息技术的管理系统。

32. **ES（Expert System，专家系统）**：是指使用某专业领域中专家的知识构成的计算机系统，其目标是让计算机具有与该领域专家同等水平的解决问题的能力。

33. **ESS（Executive Support System，高级经理支持系统）**：是综合了各种信息报告系统和决策支持系统的特色而构成的一种专为组织中高层领导使用的信息系统。从它所处理和提供信息的特点来看，它主要是为满足高层领导对战略信息的需求而构筑的。

34. **Extranet（外部网）**：是一部分像 Internet 和一部分像 Intranet 的混合物。它允许公司让供应商、合作伙伴和客户访问公司 Intranet 的某些部分——甚至可以通过连接到客户机/服务器系统访问业务数据。这些要跨 Internet 实现。

35. **Firewall（防火墙）**：一种运行特定计算机安全软件的计算机系统，它在外部网和内部网之间形成了一个保护层，是目前企业保证计算机网络安全的主要措施之一。

36. **FMS（Flexible Manufacturing System，柔性制造系统）**：是由统一的信息控制系统、物料储运系统和一组数字控制加工设备组成，能适应加工对象变换的自动化机械制造系统。

37. **FTP（File Transfer Protocol，文件传输协议）**：一个标准协议，它是在计算机和网络之间交换文件的最简单的方法。像传送可显示文件的 HTTP 和电子邮件的 SMTP 一样，FTP 也是应用 TCP/IP 的应用协议标准。FTP 通常用于将网页从创作者上传到服务器上供人使用，而从服务器上下载文件也是一种非常普遍的使用方式。

38. **GT（Group Technology，成组技术）**：成组技术的核心原理是把尺寸、形状、工艺相近似的零件组成一个零件组，按零件组制定工艺进行生产制造，以扩大批量、减少品种，便于采用高效率、大生产方法，从而提高劳动生产率，为多品种、小批量生产提高经济效益开辟了一条途径。

39. **GW（Groupware，群件）**：帮助用户更好地进行合作或更有效地进行工作的一种工具，包括应用在网络上的一些软件和硬件。群件的目的在于帮助人们共享信息，协调好彼此的角色，更好地进行合作。

40. **HTML（Hyper Text Markup Language，超文本标志语言）**：用 HTML 编写的文件（文档）的扩展名是 . html 或 . htm，它们是可供浏览器解释、浏览的文件格式。可以使用记事本、写字板或 FrontPage Editor 等编辑工具来编写 HTML 文件。

41. **Hub（集线器）**：它应用于使用星形拓扑结构的网络中，连接多个计算机或网络设备。

42. **ICP（Internet Content Provider，互联网内容提供商）**：是指利用 ISP 线路，通过设立的网站提供信息服务，其内容包括允许用户在其域名范围内进行信息发布和信息查询。

43. **ID（Industrial Design，工业设计）**：就批量生产的工业产品而言，凭借训练、技术知识、经验及视觉感受而赋予材料、结构、构造、形态、色彩、表面加工以及装饰以新的品质和资格。在我国也称之为工业美术、工业产品造型等。

44. **Intranet（内部网）**：是基于 Internet 的 TCP/IP，使用 WWW 工具，采用防止外部侵入的安全措施，为企业内部服务，并有连接 Internet 功能的企业内部网络。

45. **IP 地址**：不同的物理网络技术有不同的编址方式，不同物理网络中的主机有不同的物理网络地址。网间网技术是将不同物理网络技术统一起来的高层软件技术。网间网技术采用一种全局通用的地址格式，为全网的每一网络和每一主机都分配一个网间网地址，以此屏蔽物理网络地址的差异，该地址格式称为 IP 地址。

46. **ISDN（Integrated Service Digital Network，综合业务数字网）**：能在一根普通电话线上提供语音、数据、图像等综合业务，故俗称“一线通”。

47. **ISP（Internet Service Provider，互联网服务提供商）**：在中国特指互联网接入商，负责为人们提供计算机到互联网的连接服务，如 163、169 等。人们上网先通过电话拨通 163、169 等，由它们将线路与互联网连接。

48. **JIT（Just-in-time，准时制）**：是当年由日本丰田汽车公司首先创立并且推行的先进生产方式，也叫做“丰田生产方式”。其主要思想就是按照用户的订货要求，以必要的原料、在必要的时间和地点生产出必要的产品，既减少了制造过程中的种种浪费，提高了效率，同时又使系统增强了对客户订货的应变能力。

49. **KM（Knowledge Management，知识管理）**：知识管理是对企业中集体的知识和技能（以数据库、纸张、思维等形式出现）的捕获，然后将这些知识发送到需要的地方去，帮助企业实现最大产出。其目标是将最恰当的知识在最恰当的时间传送给最恰当的人，帮助他们作出决策。

50. **LAN（Local Area Network，局域网）**：共享一个处理器或服务器的局限于相对小的地理范围内的互联网。通常它只在一个办公室或办公楼内。

51. **LP（Lean Production，精益生产）**：是一种企业经营战略体系，汇集了物流保证体系和供应链的核心思想及准时制生产的哲理，用较少的投入生产出能满足客户多方面需求的高质量产品。LP将客户纳入产品开发过程，把销售代理和供应商、协作单位纳入生产体系，按客户不断变化着的需求同步组织生产。为了减少投入、降低成本，LP要求杜绝浪费、合理利用企业资源，最大限度地消除一切不对产品起增值作用的无效工作。

52. **MAN（Metropolitan Area Network，城域网）**：是为了配合“城市信息港”建设而兴建的大型宽带城域信息网络，是连接城市政府机关、厂矿、教育科研等企事业单位、公司和家庭用户的宽带接入网，以及和国外连接的Internet高速接口。

53. **Middleware（中间件）**：为了适应大型企业多层Client/Server或Browser/Server计算结构的需要，保证在异构、分布的环境中完成各类企业生产业务和管理业务数据的可靠传输与处理，实现各类计算资源共享，需要一种软件将所有的应用连在同一个平台上，这样的软件就叫做中间件。

54. **MRP（Material Requirement Planning，物料需求计划）**：是在订货点法（Order Point System）基础上发展形成的一种新的库存计划与控制方法，是建立在计算机基础上的生产计划与库存控制系统。

55. **MRPⅡ（Manufacturing Resource Planning，制造资源计划）**：是采用以企业整体与控制为主体的计算机辅助管理手段，实现企业对制造资源进行有效的计划、管理和控制的科学管理思想。它以满足产品供货期为目标，将产品结构逐层展开，制定出对各种零部件的需求数量和需求时间，反馈库存和车间在制信息，使制订的滚动计划既能保证按期交货，又能减少在制品和原材料的资金占用，对提高企业的经济效益起到了很好的保证作用。

56. **NII（National Information Infrastructure，国家信息基础设施）**：包括：①一系列不断扩展的仪器设备；②信息本身，这些信息可以通过电视节目、科学或商业数据库、影像、录音、图书馆档案及其他媒体等形式体现；③各类应用程序和软件；④各种网络标准和传输编码。依靠它们实现网络间的互联和互操作，确保个人秘密和网络的安全与可靠；⑤人。

57. **OA（Office Automation，办公自动化系统）**：是指在办公室的职能中应用计算机和通信设备，进行包括语言、文字、数据和图像等信息处理的自动化信息系统。办公自动化的目标是充分利用现代科学技术的最新成果，实现办公活动的科学化、自动化，最大限度地提高办公效率，改进办公质量，改善办公环境和条件，辅助决策，较少或避免各种差错和弊端。

58. **PDA（Personal Digital Assistant，个人数字助理）**：这种手持设备集中了计算、电话、传真和网络等多种功能。它不仅可用来管理个人信息（如通信录、计划等），更重要的是可以上网浏览、收发电子邮件、发传真，甚至还可以当作手机来用。尤为重要的是，这些功能都可以通过无线方式实现。

59. **POS（Point of Sale，销售终端）**：是指摆放在商户收银台，可受理银行卡的设备。消费者消费时，无须携带现金，即可持银行卡付款。商户接受消费者用银行卡付款，可任意选择一家银行开立账户作为资金清算账户，所有上网卡交易的资金即可在结算后一个工作日内轻松划转至该账户上，更可有效防范假钞，使理财变得更灵活。

60. **PPP（Point to Point Protocol，点对点协议）**：是为在同等单元之间传输数据包这样简单的链路而设计的。这种链路提供全双工操作，并按照顺序传递数据包。人们有意让 PPP 为基于各种主机、网桥和路由器的简单连接提供一种共通的解决方案。

61. **PSTN（Public Switched Telephone Network，公共交换电话网）**：是目前普及程度最高、成本最低的公用通信网络，在网络互联中也有广泛的应用。PSTN 的应用一般可分为两种类型：一种是同等级别机构之间以按需拨号（DDR）的方式实现互联，另一种是通过拨号上网 ISP 为用户提供的远程访问服务的功能。

62. **Router（路由器）**：用于连接多个逻辑上分开的网络、几个使用不同协议和体系结构的网络。当一个子网传输信息到另外一个子网时，可以用路由器完成。它具有判断网络地址和选择路径的功能，过滤和分隔网络信息流。

63. **RP（Rapid Prototyping，快速原型）**：是一种基于离散堆积成型思想的新型成型技术，是集计算机、数控、激光和新材料等最新技术而发展起来的先进的产品研究与开发技术。快速原型制造（Rapid Prototyping Manufacturing，RPM）技术是使用 RP 技术，由 CAD 模型直接驱动的快速完成任意复杂形状三维实体零件的技术的总称。

64. **SCM（Supply Chain Management，供应链管理）**：是对企业供应链的管理，是对供应、需求、原材料采购、市场、生产、库存、订单、分销发货等的管理，包括了从生产到发货、从供应商的供应商到顾客的顾客的每一个环节。供应链是企业赖以生存的商业循环系统，是企业电子商务管理中最重要的课题。统计数据表明，企业供应链可以耗费企业高达 25% 的运营成本。

65. **SMTP（Simple Mail Transfer Protocol，简单邮件传输协议）**：互联网上的一种通信协议，主要功能是用来传送电子邮件。当我们通过电子邮件程序寄电子邮件给另外一个人时，必须通过 SMTP，将邮件送到对方的邮件服务器上；对方上网的时候，就可以收到该邮件。

66. **SNMP（Simple Network Management Protocol，简单网络管理协议）**：是由 Internet 工程任务组织（Internet Engineering Task Force，IETF）的研究小组为了解决 Internet 上的路由器管理问题而提出的，提供了一种从网络上的设备中收集网络管理信息的方法，也为设备向网络管理中心报告问题和错误提供了一种方法。

67. **TCP/IP（Transmission Control Protocol/Internet Protocol，传输控制协议/互联网协议）**：是一种网络通信协议，它规范了网络上的所有通信设备，尤其是一个主机与另一个主机之间的数据往来格式以及传送方式。

68. **TOC（Theory of Constraint，约束理论）**：是关于进行改进和如何最好地实施这些改进的一套管理理念和管理原则，可以帮助企业识别出在实现目标的过程中存在着哪些制约因素——TOC 称之为“约束”，并进一步指出如何实施必要的改进来一一消除这些约束，从而更有效地实现企业目标。

69. **Topology（拓扑）**：是将各种物体的位置表示成抽象位置。在网络中，拓扑形象地描述了网络的安排和配置，包括各种节点和节点的相互关系。拓扑不关心事物的细节，也不在乎相互的比例关系，只将讨论范围内的事物之间的相互关系表示出来，将这些事物之间的关系通过图表示出来。

70. **URL（Uniform Resource Locator，统一资源定位器）**：一种识别 Internet 上的文档或资源的标准化方法。例如，http：//www. svi. org/svi/events. html 表明采用 HTTP 协议从名

为 www. svi. org 的服务器上的目录 svi 中获得文件 events. html。

71. **VPD（Virtual Product Development，虚拟产品开发）**：是一种环境，提供了完整和精确的产品表示和产品相关数据电子化创建、测试、草绘、制造的服务和市场。在其最高形式，产品开发过程的各方面可以跨越部门、场所、地区、联盟、供应商和地理的限制，协作、并行地运作。VPD 是产品开发的最高级形式，企业中各部门和有关供应商将在统一的 VPD 环境中，不分地域、不分时间共同协作，以最快、最好、最经济的方式开发出新的产品。

72. **VPN（Virtual Private Network，虚拟专用网）**：俗称 600 业务，它是基于公共网的一种灵活组网方式，即在逻辑上将不同地方、不同号码的话机组成一个专用网络，在网络内通信如同分机通信一样，并可发起网外呼叫或从外部登录。同时可对此网络中每个成员进行权限设置，从而控制通信费用。

73. **WAN（Wide Area Network，广域网）**：是通过长距离连接用户的网络，其连接范围常常跨越城市或国家。

74. **WAP（Wireless Application Protocol，无线应用协议）**：是在数字移动电话、因特网或其他 PDA、计算机应用之间进行通信的开放全球标准。它由一系列协议组成，用来标准化无线通信设备，可用于 Internet 访问，包括收发电子邮件、访问 WAP 网站上的页面等。WAP 将移动网络和 Internet 以及公司的局域网紧密地联系起来，提供一种与网络类型、运营商和终端设备都独立的移动增值业务。

75. **WFMS（Work Flow Management System，工作流管理系统）**：是一种在工作流形式化表示的驱动下，通过软件的执行而完成工作流定义、管理及执行的系统，其主要目标是对业务过程中各步骤（或称活动、环节）发生的先后次序及同各步骤相关的相应人力或信息资源的调用等进行管理而实现业务过程的自动化。当然，此种管理可能会在不同的信息及通信环境下实现，所涉及的范围可以小至一个几人的工作组，也可以大到企业（机构）与企业（机构）之间。它包含三大功能模块：建立时功能、运行时实例控制功能、运行时同用户及应用的交互功能。

76. **WWW（World Wide Web，全球信息网或称万维网）**：是基于超文本（Hyper Text）的信息检索工具，它通过超链接把世界各地不同 Internet 节点上相关的信息有机地组织在一起。用户只需发出检索请求，它就能自动地进行相应的定位，找到相应的检索信息。